Intelligente
Softwareagenten

Springer-Verlag Berlin Heidelberg GmbH

Walter Brenner   Rüdiger Zarnekow
Hartmut Wittig
unter Mitarbeit von Claudia Schubert

Intelligente Softwareagenten

Grundlagen und Anwendungen

Mit einem Vorwort von Dr. Hagen Hultzsch,
Mitglied des Vorstandes der Deutschen Telekom AG

 Springer

Professor Dr. Walter Brenner
Lehrstuhl für Wirtschaftsinformatik
TU Bergakademie Freiberg
Gustav-Zeuner-Str. 8-10
D-09599 Freiberg

Dipl.-Inf. MSc. Rüdiger Zarnekow
Multimedia Software GmbH Dresden
Risaer Straße 5
D-01129 Dresden

Dipl-Inf. Hartmut Wittig
Multimedia Software GmbH Dresden
Risaer Straße 5
D-01129 Dresden

Mit 211 Abbildungen

ISBN 978-3-662-12104-7

Die Deutsche Bibliothek – CIP-Einheitsaufnahme

Brenner, Walter:
Intelligente Softwareagenten: Grundlagen und Anwendungen/Walter
Brenner; Rüdiger Zarnekow; Hartmut Wittig. Unter Mitarb. von
Claudia Schubert. Vorw. von Hagen Hultzsch.

ISBN 978-3-662-12104-7   ISBN 978-3-662-12103-0 (eBook)
DOI 10.1007/978-3-662-12103-0

Umschlaggestaltung: Künkel & Lopka, Werbeagentur, Heidelberg
Satz: Reproduktionsfertige Vorlagen der Autoren
SPIN: 10638130   33/3142– 5 4 3 2 1 0 – Gedruckt auf säurefreiem Papier

Vorwort

Dr. Hagen Hultzsch
Mitglied des Vorstandes der Deutschen Telekom AG

Wirtschaft, Wissenschaft und Politik sind sich heute zumindest in einer Aussage einig: Wir stehen an der Schwelle zur Informationsgesellschaft. In naher Zukunft werden Unternehmen, öffentliche Verwaltungen und private Haushalte durch *Telekommunikationsnetzwerke* miteinander verbunden sein. Von jedem Ort der Welt aus wird es möglich sein, mit einem anderen Benutzer Informationen auszutauschen. Dabei kann jeder Benutzer auf eine kaum überschaubare Menge an Informationen zugreifen. Der tägliche Informationsbedarf eines Menschen wird steigen. Beträgt dieser heute nur wenige Gigabytes, so wird nach Schätzungen von Experten ein Anstieg des Informationsbedarfs im Jahr 2007 auf mehr als 20 Gigabytes erwartet (eine Stunde Film benötigt bei der heute üblichen Speicherungstechnik MPEG2 ca. 2,3 Gigabyte Speicherkapazität). Der größte Teil dieser Informationen wird in Zukunft in digitalisierter Form aus den Telekommunikationsnetzwerken bezogen werden.

Ohne geeignete *Werkzeuge* ist die Bewältigung dieser großen Menge an Informationen nicht möglich. Browser, wie zum Beispiel der Navigator von Netscape oder der Internet Explorer von Microsoft, sowie Suchmaschinen, wie beispielsweise AltaVista oder WebCrawler, gehören zur ersten Generation von Werkzeugen der Informationsgesellschaft. Auf die Dauer werden Effizienz und Effektivität entscheiden, ob es gelingt, die Potentiale der digitalen und vernetzten Welt zu nutzen. Der Gebrauch der Werkzeuge wird zur Normalität, wie heute der Gebrauch eines Textverarbeitungssystems oder eines Tabellenkalkulationsprogrammes.

Intelligente Softwareagenten bilden eine neue Kategorie von Werkzeugen für die Informationsgesellschaft. Sie erledigen im Auftrag des Benutzers selbständig Aufgaben in der vernetzten Welt. So suchen sie beispielsweise nach den billigsten Angeboten für ein Auto oder zeigen dem Autofahrer alternative Routen auf, um Staus während der Autofahrt zu umgehen.

Die Nutzung der Potentiale der Informationstechnik darf sich nicht nur darauf beschränken, in Wirtschaft und privaten Haushalten die vorhandenen Werkzeuge zu nutzen. Hochentwickelte Staaten, wie zum Beispiel Deutschland, müssen auch Werkzeuge der Informationsgesellschaft im Sinne des Aufbaus einer zukunftsorientierten Softwareindustrie entwickeln. Zur Erreichung beider Zielsetzungen leistet das Buch von Brenner/Zarnekow/Wittig einen Beitrag. Es beschreibt die Grundlagen intelligenter Agenten und zeigt anhand konkreter Beispiele auf, welche Einsatzmöglichkeiten es für intelligente Agenten bereits heute gibt. Der interessierte Leser kann sich auf dieser Grundlage ein sehr genaues Bild über den gegenwärtigen 'State of the Art' und die wichtigsten Entwicklungstendenzen im Bereich der intelligenten Agenten verschaffen. Anwendungsschwerpunkte für den Einsatz intelligenter Agenten, aber auch heute noch bestehende Grenzen, werden erkennbar. Die präzise Darstellung der theoretischen Grundlagen der intelligenten Agenten bildet eine hervorragende Basis, um neue intelligente Agenten zu konzipieren und zu implementieren.

Durch diese doppelseitige Ausrichtung leistet dieses Buch einen wichtigen Beitrag, wenn es um die Sicherung der Konkurrenzfähigkeit der Wirtschaft und die Erhaltung der Arbeitsplätze in Europa geht. Denn ohne Nutzung der neuen Werkzeuge der Informationsgesellschaft ist die Konkurrenzfähigkeit vieler Unternehmen gefährdet. Welche Potentiale in der Entwicklung neuer Werkzeuge der Informationsgesellschaft stecken, zeigt der Erfolg von Netscape. Das Unternehmen konnte an der Börse eingeführt werden, bevor es schwarze Zahlen schrieb.

Ich empfehle dieses Buch sowohl zukünftigen Benutzern intelligenter Agenten als auch aktiven und potentiellen Unternehmern der Softwarebranche zur Lektüre.

Bonn, im August 1997   Hagen Hultzsch

Inhalt

1 Einleitung[1]

Dieses Buch beschäftigt sich mit intelligenten Softwareagenten. So wie James Bond, der Agent 007, im Auftrag Ihrer Majestät, der Königin von England, schwierige Probleme eigenständig löst und dabei seinen Auftrag nie aus den Augen verliert, helfen intelligente Softwareagenten privaten und geschäftlichen Benutzern bei der Suche nach Informationen und der Erledigung von Aufgaben in einer vernetzen und digitalen Welt. Eine erste Vorstellung, wie diese digitale und vernetzte Welt aussehen wird, liefert uns heute das Internet. Intelligente Agenten werden sich in Zukunft zu einem wichtigen Werkzeug für private und geschäftliche Benutzer entwickeln. Sie stellen eine neue Kategorie von Software dar, die nach Meinung vieler Experten in den nächsten Jahren stark an Bedeutung gewinnen wird.

Die Entwicklung intelligenter Agenten steht erst am Anfang. Auf dem Internet sind aber bereits eine Reihe von Agenten in Form von Prototypen verfügbar. Die Agenten BargainFinder und Firefly (bf.cstar.ac.com/bf/ und www.firefly.com) vermitteln dem Leser einen ersten Eindruck, wofür intelligente Agenten verwendet werden und welchen Nutzen sie stiften können.

Dieses Buches stellt die grundlegenden Konzepte intelligenter Agenten dar und erläutert anhand konkreter Beispiele, soweit es heute absehbar ist, ihre Einsatzmöglichkeiten. Der Einleitung folgt im zweiten Kapitel eine Positionierung der Agenten als Instrumente der Informationsgesellschaft. Beispiele für potentielle Einsatzmöglichkeiten aus dem geschäftlichen und privaten Umfeld vermitteln einen ersten Eindruck von der Leistungsfähigkeit intelligenter Agenten und von dem zu erwartenden wirtschaftlichen Nutzen. Das dritte Kapitel widmet sich im Sinne eines Grundlagenkapitels der Definition und den Charakteristika dieser neuen Software. Das vierte Kapitel geht auf die Basisbausteine intelligenter Agenten ein. Einer Beschreibung der Einflußgebiete, wie zum Beispiel der Künstlichen Intelligenz und der Netzwerke, folgt eine Diskussion der Architektur intelligenter Agenten und Ausführungen zu Kooperation und Kommunikation in Mul-

---

[1] Dieses Kapitel wurde von Prof. Dr. Walter Brenner erstellt.

ti-Agentensystemen. Abschnitte über das Lernen und das Planen, die Sicherheit und die Anforderungen an die informationstechnische Infrastruktur schließen dieses Kapitel ab. Im fünften Kapitel stehen die Entwicklungsmethoden und -werkzeuge für intelligente Agenten im Mittelpunkt. Beschrieben werden Analyse- und Designtechniken sowie verschiedene Programmiersprachen, in denen intelligente Agenten programmiert werden können. Das sechste Kapitel beinhaltet die Beispiele intelligenter Agenten. Sie sind entsprechend ihren Anwendungsgebieten gegliedert. Kapitel sieben schließlich enthält einen Ausblick auf die zukünftige Entwicklung intelligenter Agenten.

Jeder der sich mit dem Internet und den neuen Möglichkeiten der Informations- und Kommunikationstechnik beschäftigt, weiß, daß es heute keinen Bereich gibt, der sich schneller entwickelt. Die Autoren sind sich der Dynamik dieses Forschungsbereiches und ihren Auswirkungen bewußt, wenn sie ein sich so schnell entwickelndes Gebiet in einem trägen traditionellem Medium wie einem Buch beschreiben. Denn eines ist bereits heute sicher: Wenn das Buch auf den Markt kommen wird, existieren bereits neue intelligente Agenten und einige Hypothesen dieses Buches werden sich als falsch erwiesen haben. Warum lohnt es sich trotzdem, ein klassisches Buch über dieses Gebiet zu schreiben? Gibt es eine Alternative? Die Erfahrung zeigt, daß die Mehrheit der Persönlichkeiten, die in Wirtschaft und öffentlichen Verwaltungen über den Einsatz neuer Technologien entscheiden, immer noch Bücher und Zeitschriftenartikel elektronischen Quellen, wie dem Internet, vorziehen. Oder gibt es einen anderen Grund für den überwältigenden Erfolg des Buches 'Being Digital' von N. Negroponte, dem wir Multimedia und viele Konzepte der digitalen und vernetzten Welt und letztendlich auch die intelligenten Agenten verdanken?

Heute noch geht kein Weg an einem Buch vorbei, wenn ein neues Gebiet etabliert werden soll. Die Autoren sind sich aber sicher, daß sich die Informationsgewohnheiten hoher und höchster Entscheidungsträger in den nächsten Jahren verändern werden. Wahrscheinlich werden deshalb auch in mittlerer Zukunft Bücher über neue Entwicklungen der Informations- und Kommunikationstechnik nur noch digital und auf Medien, wie dem Internet, herauskommen.

Parallel zu diesem Buch haben wir eine eigene Homepage eingerichtet: www.softagent.com. Unter dieser Adresse finden Sie eine Zusammenfassung unseres Buches, die Referenzen der im Buch verwendeten Beispiele sowie eine Diskussionsplattform. Wir werden diese Seite ständig aktualisieren, so daß der interessierte Leser jederzeit die Möglichkeit hat, durch einen Besuch unserer Homepage die

'Trägheit' des Mediums Buch zu überwinden und sich über den letzten Stand der Entwicklung intelligenter Agenten zu informieren.

Die Autoren sind für jede Hilfe und jede Anregung, vor allem über Erfahrungen im Umgang mit intelligenten Agenten, dankbar. Bitte richten Sie Bemerkungen an folgende Adresse: Prof. Dr. Walter Brenner, TU Freiberg, Gustav-Zeuner-Straße 10, D-09596 Freiberg oder Rüdiger Zarnekow und Hartmut Wittig, Multimedia Software GmbH Dresden, Riesaer Str. 5, D-01129 Dresden, oder treffen Sie uns im Internet unter den Email-Adressen brenner@bwl.tu-freiberg.de, ruediger.zarnekow@mms-dresden.telekom.de und hartmut.wittig@mms-dresden.telekom.de.

Bevor Sie mit der Lektüre des Buches beginnen, noch ein Hinweis zum Aufbau des Buches: Teil I beschäftigt sich mit den Grundlagen intelligenter Agenten, Teil II mit den Anwendungen. Leser mit Vorkenntnissen in der Informatik können das Buch sequentiell lesen, daß heißt sie beginnen mit Kapitel 2 und arbeiten sich durch das Buch. Lesern mit geringen Kenntnissen in der Informatik empfehlen wir, als erstes die Kapitel 2 und 3 zu studieren und sich dann mit dem Kapitel 6 zu beschäftigen. Bei weiterem Interesse können sie die Kapitel 4 und 5 lesen.

Nach dieser kurzen Einführung wünschen wir Ihnen viel Spaß beim Lesen des Buches. Eine Erfahrung aus unserer langjährigen Arbeit mit dem Internet und intelligenten Agenten möchten wir Ihnen mit auf den Weg geben: Vielleicht reservieren sie sich während des Lesens immer wieder ein wenig Zeit, um die Beispiele im Internet nachzuvollziehen. Sie gewinnen so einen persönlichen Eindruck von der Kraft dieser neuen Werkzeuge in der digitalen, vernetzten Welt.

Danksagung

Ohne die Hilfe unserer Mitarbeiter, Freunde und Kollegen wäre es unmöglich gewesen, dieses Buch zu schreiben.

Unser besonderer Dank gilt den beiden Geschäftsführern der Multimedia Software GmbH Dresden, Herrn Dr. Joachim Niemeier und Herrn Dipl.-Ing. Friedhelm Theis, sowie deren Mitarbeitern. Unser Dank gilt weiterhin Herrn Dipl.-Kfm. Torsten Fritsch und Herrn Dipl.-Inform. Jan Fiedler. Darüber hinaus danken wir Herrn Hermann Brenner, Herrn Dipl.-Wirtsch.-Inf. Georg Wilking und Herrn Dipl.-Chem. Thomas Lemke sowie Frau Sandra Kutschki und Herrn Michael Klaas für ihren großen Einsatz bei der Fertigstellung des Buches. In diesen Dank beziehen wir auch Herrn Hermann Engesser und Frau Dorothea Glaunsinger vom Springer-Verlag für die sehr gute Zusammenarbeit ein.

Freiberg, Dresden, im August 1997   Die Autoren

Teil I: Grundlagen

Der erste Teil des Buches setzt sich zum einen mit den theoretischen Grundlagen und Basisbausteinen intelligenter Softwareagenten auseinander und stellt zum anderen einschlägige Entwicklungsmethoden und -werkzeuge für agentenbasierte Systeme vor. Die architektonischen Gestaltungsmöglichkeiten intelligenter Agenten werden ebenso behandelt, wie Verfahren und Strategien zur Kommunikation und Kooperation in Multi-Agentensystemen. Weitere zentrale Aspekte bilden das Lernen und Planen in Multi-Agentensystemen, die Sicherheit und Vertraulichkeit intelligenter Agenten, die Anforderungen an das Basissystem und Ausführungen zu Entwicklungstendenzen. Im Anschluß an die Diskussion agentenorientierter Analyse- und Designmethoden werden die drei Entwicklungssprachen Java, Telescript und Tcl als Stellvertreter populärer Agentensprachen vorgestellt. Den Abschluß bildet eine kurze Einführung in die Prinzipien der komponentenbasierten Softwareentwicklung.

2 Agenten als Werkzeuge der Informationsgesellschaft[1]

2.1 Auf dem Weg zur Informationsgesellschaft

Wirtschaft und Gesellschaft befinden sich im Umbruch zur Informationsgesellschaft. Grundlage für die Informationsgesellschaft bildet die immer weiter fortschreitende Digitalisierung von Inhalten und die Vernetzung von Wirtschaft, Verwaltung und privaten Haushalten. Eine immer größere Anzahl von Unternehmen und öffentlichen Verwaltungen wird in Zukunft an elektronische Netzwerke angeschlossen sein, Informationen in digitaler Form aus diesen Netzen beziehen und Informationen für andere bereitstellen (vgl. Abbildung 2.1/1).

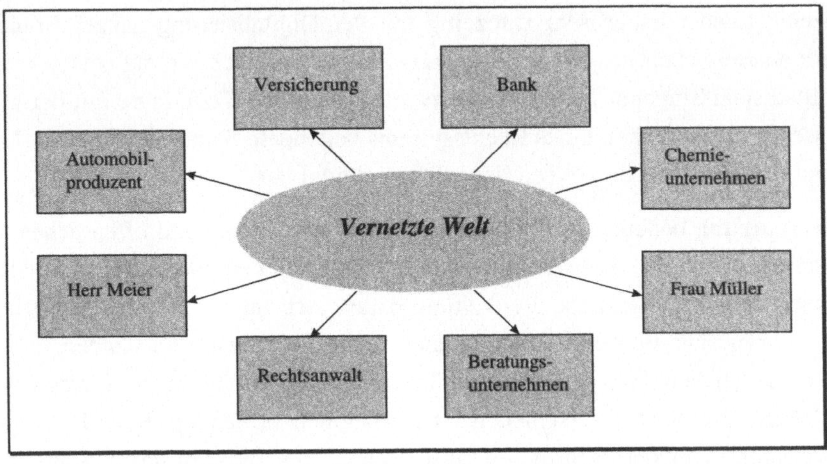

Abbildung 2.1/1: Strukturen der Informationsgesellschaft

---

[1] Dieses Kapitel wurde von Prof. Dr. Walter Brenner erstellt.

Digitalisierung verstehen wir als Transformation von Informationen, die beispielsweise auf Papier vorliegen, in eine Form, die eine elektronische Weiterverarbeitung erlaubt. So stellt beispielsweise das Schreiben eines Briefes auf dem Personal Computer mit Hilfe eines Textverarbeitungssystems eine Digitalisierung seines Inhaltes dar. In den 60er und 70er Jahren stand die Digitalisierung von formalisierbaren Informationen im Vordergrund. In diese Zeit reichen die Ursprünge der großen betrieblichen Datenbanken, in denen bis heute Informationen über Mitarbeiter, Kunden, Lieferanten oder Produkte gespeichert werden, zurück. Die 80er Jahre waren vor allem durch die Digitalisierung von Texten und Graphiken geprägt. Parallel zur Entwicklung der Personal Computer entstanden Textverarbeitungs- und Graphikprogramme, die es ermöglichten, mit geringem Aufwand Texte und Graphiken zu digitalisieren. Anfang der 90er Jahre formte sich das Schlagwort 'Multimedia'. Es steht für die Ausdehnung der Digitalisierung auf Bilder, Ton (Audio) und Bewegtbild (Video). In den letzten Jahren ist durch die immer umfassenderen und billigeren Möglichkeiten der Digitalisierung eine unüberschaubare Menge digitaler Inhalte entstanden. So ist das heutige Angebot an digitalen Büchern in Form von CD-ROMs riesig und auch die Inhalte im Internet sind nicht mehr überschaubar. Neue Dimensionen wird das digitale Fernsehen schaffen. In Zukunft wird es möglich sein, Fernsehprogramme in digitaler Form über die elektronischen Netzwerke hinweg, wie heute die Daten, zu übertragen. Einzelne Länder haben sehr frühzeitig mit der Digitalisierung ganzer Branchen oder von Bereichen der öffentlichen Verwaltung begonnen. So hat beispielsweise der Stadtstaat Singapur bereits in der zweiten Hälfte der 80er Jahre mit der systematischen Digitalisierung des Rechtssystems begonnen. Sämtliche Gesetze, Urteile und Eingaben seit dieser Zeit liegen heute digital vor.

Vernetzung bedeutet die Verbindung von Unternehmen und öffentlichen Verwaltungen durch elektronische Netzwerke. Schon seit den 70er Jahren sind Unternehmen und die öffentliche Verwaltung daran, sich intern zu vernetzten. In den 80er Jahren sind in vielen Unternehmen lokale Netzwerke entstanden, die den innerbetrieblichen Transport digitaler Informationen ermöglichen. Später wurden die lokalen Netzwerke verschiedener Unternehmen verbunden. Erste Formen des zwischenbetrieblichen Informationsaustausches, zum Beispiel der Austausch von Rechnungen und Aufträgen, wurden möglich. Die 90er Jahre sind durch eine umfassende Vernetzung der Arbeitsplätze in fast allen Bereichen der Wirtschaft und öffentlichen Verwaltungen sowie den privaten Haushalten gekennzeichnet (vgl. Abbildung 2.1/1). Ausgehend von der National-Information-Infrastruktur-Initiative der USA sind in vielen Industrie- und Schwellenländern Konzepte zur

Schaffung einer nationalen und in der Europäischen Union sogar einer supranationalen Informationsinfrastruktur entstanden. Besondere Bedeutung kommt der Einbindung der privaten Haushalte zu. Nur wenn es gelingt, in großem Ausmaß auch private Nutzer an die Netzwerke anzuschließen, wird die Vision der Informationsgesellschaft Wirklichkeit werden.

Das **Internet** vermittelt einen ersten Eindruck, wie mit Informationen in der zukünftigen Informationsgesellschaft umgegangen wird. Bereits heute bietet das Internet im Sinne einer globalen Vernetzung von Wirtschaft, öffentlicher Verwaltung und privaten Haushalten die Möglichkeit, mit relativ geringem Aufwand jeden Punkt der Erde zu erreichen und mit ihm Informationen auszutauschen, zum Beispiel via Email oder über das World-Wide-Web (WWW). Die Menge der weltweit zur Verfügung stehenden digitalen Informationen ist bereits heute unüberschaubar groß und nimmt täglich zu. Waren es zu Beginn der 90er Jahre noch in erster Linie Texte und Graphiken die im WWW zur Verfügung standen, gelangen derzeit immer mehr digitalisierte Audio- und Video-Inhalte in das Internet. Konzepte, die das Telefonieren über das Internet oder die Verbreitung von Fernsehsendungen über das Internet ermöglichen, werden die Telekommunikations- und Medienbranche in den nächsten Jahren stark verändern.

Das Internet stellt bereits heute für Wirtschaft, öffentliche Verwaltungen und private Haushalte Informationen aus einer Vielzahl von Wissensgebieten zur Verfügung. Das Spektrum reicht von Informationen über Institutionen wie zum Beispiel Unternehmen oder Universitäten (www.mms-dresden.de oder www.wiwi.tu-freiberg.de), über Elektronische Märkte (www.internet-mall.com), in den eine Vielzahl von Produkten angeboten werden, bis zu Spielen (www.sega.com). Einen Eindruck vom geschäftlichen Potential, das bereits heute im Internet steckt, läßt sich aus der Geschichte der Buchhandlung Amazon (www.amazon.com) ableiten. Sie ermöglicht den Kauf von Büchern über das Internet. Amazon bezeichnet sich heute bereits als der größte Buchladen der Welt. Im Frühjahr 1997 ging Amazon nach nur drei Jahren an die Börse. Der Wert der Aktien betrug bei der Börseneinführung ca. USD 30 Millionen.

2.2 Werkzeuge der Informationsgesellschaft

Das Nutzen der Möglichkeiten der Informationsgesellschaft erfordert neue Werkzeuge und Hilfsmittel. Ein Beispiel für ein neues Werkzeug stellen **Browser** dar (vgl. Abbildung 2.2/1). Browser sind die Schnittstelle zwischen dem Benutzer und dem Internet. Sie ermöglichen dem Benutzer mit relativ geringem Lernaufwand, die Möglichkeiten des Internet zu benutzen, da sie weitgehend intuitiv verständlich sind. So bietet zum Beispiel der Browser Communicator der Firma Netscape (www.netscape.com) die Möglichkeit, auf das WWW oder die Email-Möglichkeiten des Internet zuzugreifen.

Abbildung 2.2/1: Der Browser Netscape Communicator

Einen Hinweis auf das Geschäftsvolumen, das mit Werkzeugen der Informationsgesellschaft erzielt werden kann, liefern beispielsweise die Zahlen des Unternehmens Pointcast. Mehr als eine Million Personen nutzen regelmäßig den Dienst PointCast Network. Das sind mehr als 30 bis 50 Millionen Zuschauerstunden im Monat und entspricht dem Durchschnitt eines mittleren Fernsehnetzes [Wildstrom 1997].

Eine weitere Kategorie von Werkzeugen der Informationsgesellschaft stellen die **Suchmaschinen** dar. Sie unterstützen den Benutzer bei der gezielten Suche nach Informationen. Will sich beispielsweise ein Benutzer über ein Land oder ein Unternehmen informieren, benutzt er eine Suchmaschine, zum Beispiel AltaVista (www.altavista.com), um herauszufinden, welche Informationen sich im Internet befinden (vgl. Abbildung 2.2/2).

Abbildung 2.2/2: Die Suchmaschine AltaVista

Suchmaschinen stellen Werkzeuge des Information Retrieval dar, die es ermöglichen, relativ rasch aus der für den einzelnen Benutzer fast unüberschaubaren Breite des Angebots an Informationen diejenigen herauszufinden, die er für die Lösung eines bestimmten geschäftlichen oder privaten Problems benötigt.

2.3 Intelligente Softwareagenten

Eine neue Kategorie von Werkzeugen für die Informationsgesellschaft ist mit den intelligenten Agenten im Entstehen. Im Sinne einer ersten Arbeitsdefinition verstehen wir unter intelligenten Agenten Software, die in einer digitalen, vernetzten Umgebung selbständig Aufgaben im Auftrag eines Benutzers erledigt. Im Kapitel

3 dieses Buches werden wir uns noch detaillierter mit der Definition intelligenter Agenten beschäftigen. Die Wirkungsweise eines intelligenten Agenten läßt sich am besten anhand konkreter Beispiele erklären. Im folgenden Abschnitt gehen wir auf intelligente Agenten im geschäftlichen und privaten Umfeld ein.

2.3.1 Intelligente Agenten im geschäftlichen Umfeld

Versetzen Sie sich in die Lage eines Einkäufers in einem großen Unternehmen, der für den Einkauf von Büromaterial wie zum Beispiel Bleistiften, Kugelschreibern und Notizblöcken verantwortlich ist. Bis jetzt stand er in geschäftlicher Verbindung mit einigen lokalen Anbietern, mit denen er jeweils einmal im Jahr einen Rahmenvertrag aushandelte und danach wurde das Büromaterial von den Lieferanten bezogen.

Überträgt man den Einkauf des Büromaterials in die digitalisierte und vernetzte Welt und nutzt die Möglichkeit der intelligenten Agenten, ergibt sich ein völlig anderes Vorgehen. In einer ersten Stufe würde der Einkäufer eine Suchmaschine zum Beispiel AltaVista (vgl. Abbildung 2.2/2) benutzen und versuchen herauszufinden, wer im Internet Büromaterial anbietet. Die Suche gestaltet sich aber relativ zeitaufwendig AltaVista liefert dem Einkäufer die Adressen der einzelnen Anbieter. In einem zweiten Schritt müßte er jeden dieser Lieferanten im Internet 'aufsuchen' und herausfinden, ob er die von ihm gewünschten Büromaterialen anbietet und welchen Preis der Lieferant dafür verlangt. Trotz der Nutzung einer Suchmaschine sind sie nicht sicher, wie erste Erfahrungen im Umgang mit Suchmaschinen im Internet zeigen, ob sie wirklich den günstigsten Anbieter von Büromaterial gefunden haben.

An dieser Stelle könnte ein spezieller intelligenter Agent helfen. In einem ersten Schritt gibt der Einkäufer seinem intelligenten Agenten bekannt, welche Büromaterialien er benötigt. In einem zweiten Schritt macht sich der Agent selbständig auf die Suche nach Anbietern von Büromaterial im Internet und erkundigt sich bei jedem dieser Anbieter, ob sich die von Ihnen gewünschten Büromaterialien im Sortiment befinden und wieviel sie kosten. In einem dritten Schritt informiert der intelligente Agent den Einkäufer über die Angebote, die er im Netz gefunden hat. Er kann dann in einem vierten Schritt direkt zu dem günstigsten Anbieter im Internet gehen und die gesuchten Waren einkaufen.

Dieses erste Beispiel eines intelligenten Agenten veranschaulicht, wie der intelligente Agent einen Benutzer unterstützt, die Komplexität des Internet in den

Griff zu bekommen. Selbständig sucht er nach den gewünschten Informationen und erspart dem Benutzer repetitive und zeitaufwendige Tätigkeiten. **Intelligenz**, im Sinne einer ersten Arbeitsdefinition, bedeutet, daß der Agent mit Wissen über die Wünsche des Benutzers ausgestattet ist und dieses Wissen auch anwendet. Je mehr Intelligenz ein Agent aufweist, um so stärker kann er den Benutzer entlasten und weiteren Nutzen stiften.

Übertragen auf das Beispiel des Büromaterialeinkaufs kann eine Erhöhung der Intelligenz des Agenten beispielsweise bedeuten, daß der Agent systematisch die Anbieter von Büromaterial im Internet beobachtet und den Benutzer jeweils informiert, wenn sich die Preise verändern, Sonderangebote verfügbar sind oder neue Produkte in das Sortiment eines Lieferanten aufgenommen wurden, die eine Alternative zu den Wünschen des Benutzers darstellen.

Eine weitere Erhöhung der Intelligenz der Agenten könnte bedeuten, daß der Agent nicht nur nach Angeboten oder nach veränderten Preisen sucht, sondern im Auftrage des Benutzers die Produkte kauft. Der Benutzer informiert den Agenten vor der Suche mit seiner Kaufstrategie. Denkbare Strategien wären zum Beispiel, daß der Agent nur dann kaufen soll, wenn ein bestimmtes Preislimit erreicht oder unterschritten wird, oder daß der Agent die gewünschten Waren egal zu welchem Preis, aber bis zu einem bestimmten Zeitpunkt beschafft oder daß der Agent mit einem Anbieter über Menge und Preis verhandelt. Je nach Programmierung schließt der Agent die Geschäfte selber ab oder informiert seinen Benutzer vor Abschluß des Geschäfts, ob er die Waren zu diesen Konditionen auch tatsächlich kaufen will.

In einer nächsten Ausbaustufe könnte der Agent nicht nur im Internet nach Waren suchen und diese kaufen, sondern sogar selbständig in den internen Anwendungen des Unternehmens ermitteln, wann welcher Bedarf an Büromaterialien auftritt. Der intelligente Agent ist mit dem betriebsinternen Lager für Büromaterialien verbunden und beobachtet die Bestände selbständig. Immer wenn bestimmte Lagerbestände unterschritten werden, sorgt er selbständig über das Internet für Nachschub.

Die Beispiele zeigen die Anwendungsbreite, die heute für Agenten vorstellbar sind. Das Spektrum reicht von relativ einfachen Suchwerkzeugen ohne große Intelligenz bis zu Agenten, die weitestgehend einen Einkäufer für bestimmte Produktgruppen ersetzen können. Den Einsatzmöglichkeiten der Agenten sind in einer digitalisierten und vernetzten Welt eigentlich keine Grenzen gesetzt. Je mehr Inhalte im Internet verfügbar sind, im Fall unseres Beispiels heißt das, je mehr

Lieferanten auf dem Internet ihre Produkte anbieten, und um so leistungsfähiger die Netzwerk-Infrastruktur sein wird, um so größer werden die Einsatzmöglichkeiten für intelligente Agenten sein. Es ist deshalb nachvollziehbar, warum bereits heute eine Reihe von Informatikexperten intelligente Agenten als eine der wichtigsten neuen Entwicklungen für die Zukunft betrachten.

Die im nächsten Abschnitt beschriebenen Beispiele von intelligenten Agenten für private Haushalte untermauern diese These. Wir erwarten sogar, daß die entscheidenden Impulse für die Entwicklung der intelligenten Agenten in Zukunft nicht mehr vom geschäftlichen Umfeld, sondern vom privaten Umfeld ausgehen werden.

2.3.2 Intelligente Agenten im privaten Umfeld

Vor 30 Jahren existierten in Deutschland nur zwei Fernsehprogramme. Es waren revolutionäre Schritte, als zu Beginn der 70er Jahre die 'Dritten Programme' und in den 80er Jahren die privaten Programme hinzukamen. Je mehr Fernsehprogramme angeboten werden, um so zeitintensiver gestaltet sich die Suche nach interessanten Sendungen. Wenn man heute davon ausgeht, daß ein durchschnittlicher Haushalt auf ca. 30 Fernsehprogramme zurückgreifen kann, dauert es mindestens zwischen 60 und 90 Minuten, bis man aus dem Programm der nächsten Woche die Sendungen selektiert hat, für die man sich besonders interessiert.

In der Informationsgesellschaft wird das Angebot an Fernsehprogrammen erheblich ausgedehnt. Medienexperten gehen heute davon aus, daß kurz nach der Jahrtausendwende jedem Haushalt zwischen 300 und 500 Fernsehprogramme zur Verfügung stehen werden. Eine schnelle Überschlagsrechnung zeigt, daß eine systematische Suche nach interessanten Fernsehprogrammen soviel Zeit in Anspruch nimmt, daß kaum noch Zeit für den Konsum der ausgewählten Sendungen bleibt.

An dieser Stelle kann ein intelligenter Agent helfen. Der Benutzer informiert den Agenten über seine Fernsehpräferenz. So würde beispielsweise einer der Autoren dieses Buches seinem Agenten mitteilen, daß er sich vor allem für Sportsendungen über den Fussballverein Bayern München und die Formel 1 interessiert. Der intelligente Agent würde dann im Auftrag des Benutzers die digital vorliegenden Fernsehprogramme durchsuchen und dem Benutzer mitteilen, was in nächster Zeit über Bayern München und die Formel 1 im Fernsehen gezeigt wird.

Dem Benutzer wird durch den Agenten die mühselige Suche in vielen hunderten von Fernsehprogrammen erspart.

Ein intelligenter Agent, der laufend Nachrichten und Fernsehprogramme verfolgt, könnte dem Benutzer auf neue Informationen über seine Interessengebiete aufmerksam machen. Hat beispielsweise Bayern München gerade ein entscheidendes Match der Champions League gewonnen, könnte der Agent auf das mobile GSM-Telefon des Benutzers mit Hilfe der SMS-Technik das Ergebnis des Spiels und den aktuellen Tabellenstand senden und ihn informieren, in welchem Fernsehprogramm eine Zusammenfassung des Spiels zu sehen ist.

In einer weiteren Stufe könnte der Agent aus den Fernsehgewohnheiten einer Person lernen. Er registriert zum Beispiel, daß der Zuschauer sich nicht nur Sendungen mit Bayern München sondern auch mit Borussia Dortmund ansieht, und daß der gleiche Zuschauer Sendungen mit Werder Bremen lediglich streift. Aus diesem Verhalten schließt der intelligente Agent, daß der Zuschauer nicht nur, wie ursprünglich an ihn gemeldet, an Bayern München und Formel 1 interessiert ist, sondern daß er auch über Borussia Dortmund informiert sein will. Entsprechend beinhalten die zukünftigen Vorschläge des intelligenten Agenten auch Informationen über Borussia Dortmund. In der Tendenz ist aus diesem Beispiel bereits erkennbar, wie die Agenten durch ihre Intelligenz, die sich beispielsweise in einer gewissen Lernfähigkeit ausdrückt, im Laufe der Zeit zu einem 'Spiegelbild' des Benutzers im Internet werden. Der intelligente Agent filtert aus dem unüberschaubaren Angebot im Internet die Informationen heraus, die für eine bestimmte Person von Interesse sind.

Ein Beispiel aus dem Bereich des Reisens mit dem Automobil veranschaulicht einen weiteren potentiellen Einsatzbereich. Der dichte Verkehr hat dazu geführt, daß es heute fast keine größere Fahrt mehr gibt, bei der man nicht an irgendeiner Stelle im Stau steckt. Ein intelligenter Agent könnte hier den Fahrer unterstützen. Einige Zeit vor Beginn der Fahrt informiert der Fahrer seinen intelligenten Agenten über Fahrtziel und gewünschte Ankunftszeit. Daraufhin beginnt der Agent, sich über die im Internet verfügbaren Informationen ein Bild zu erstellen, welche Routen in Frage kommen, wie es um den Zustand der Straßen bestellt ist, ob es auf den Routen bereits gemeldete Staus gibt oder ob aufgrund von Ereignissen, zum Beispiel Großveranstaltungen, Staus erwartet werden. Auf Grundlage der ersten Analyse unterbreitet der intelligente Agent dem Fahrer einen ersten Vorschlag über Route und den Zeitpunkt, an dem spätestens losgefahren werden sollte. Der intelligente Agent, behält die Situation auf den Routen ständig im Auge.

Sobald sich eine Änderung ergibt, informiert er den Fahrer beispielsweise durch den Pager über wichtige Veränderungen, zum Beispiel wenn früher mit der Fahrt begonnen werden sollte. Auch nach Fahrtantritt beobachtet der Agent ständig die Situation. Über GPS ist er ständig über den aktuellen Standort informiert und kann bei einem Stau, den er im Internet identifiziert hat, sofort Ausweichrouten vorschlagen. Der intelligente Agent begleitet gewissermaßen digital den Fahrer und hilft ihm, möglichst schnell sein Ziel zu erreichen.

Ein Beispiel aus dem Bereich der privaten Vermögensverwaltung zeigt, wie intelligente Agenten helfen können, Geld auf den Finanzmärkten zu verdienen. Eine immer größer werdende Anzahl von Privatpersonen legt ihr Geld in Aktien und Wertpapieren an. Vieles spricht dafür, daß die Telekom-Aktie wie einstmals die Aktie der Volkswagen AG zu einer neuen 'Volksaktie' wird. In den USA gibt es bereits eine Reihe von Möglichkeiten, Börsengeschäfte über das Internet zu tätigen (www.lombard.com). Als zentrales Problem für Privatpersonen, die spekulieren, erweist sich die Zeit, die täglich aufgewendet werden muß, um sich über die Kurse an den Börsen und die Entwicklungen der Unternehmen zu informieren sowie die entsprechenden Geschäfte zu tätigen. Ein intelligenter Agent kann bei der Informationsbeschaffung helfen. Im Auftrage seines Benutzers beobachtet er ständig die Kurse der Aktien, die sich im Portfolio seines Benutzers befinden und informiert ihn, wenn die Aktienkurse eine vorher definierte Schwankungsbreite nach unten oder nach oben überschreiten. Intelligentere Agenten können einen Benutzer beispielsweise darüber informieren, daß er seine Aktien verkaufen will. Im Sinne einer 'Verkaufsstrategie' kann er dem Agenten mitteilen, daß er sie entweder innerhalb eines bestimmten Zeitraumes oder bei Überschreiten eines bestimmten Kurses verkaufen will. Wiederum beobachtet der Agent die Kursentwicklung und informiert den Benutzer, wenn er verkaufen kann, oder der Agent verkauft die Aktien selbständig.

Die Beispiele aus dem privaten Bereich zeigen, daß intelligente Agenten sich zu einem zentralen Werkzeug der Informationsgesellschaft entwickeln werden. Sie stellen eine neue Kategorie von Instrumenten dar, die den privaten Haushalten den Umgang mit der digitalen vernetzten Welt erleichtern werden.

2.4 Wirtschaftliche Potentiale

Bevor wir uns in den nächsten Kapiteln intensiv mit den Konzepten und konkreten Anwendungsbeispielen für intelligente Agenten beschäftigen, gehen wir auf ihre wirtschaftlichen Potentiale ein. Wir untergliedern die Darstellung des Nutzens der Agenten in die beiden Kategorien: Nutzenpotentiale aus der Sicht der Benutzer und Nutzenpotentiale aus der Sicht der Informations- und Kommunikationsindustrie. Einschränkend müssen wir aber anmerken, daß die Nutzenpotentiale heute nicht konkret nachgewiesen werden können, sondern es sich um Prognosen handelt, denn Softwareagenten sind heute nur als Prototypen verfügbar.

2.4.1 Nutzenpotentiale aus der Sicht der Benutzer

Benutzer intelligenter Agenten werden in Zukunft private und geschäftliche Personen sein, wobei sich bereits heute abzeichnet, daß die innovativen Agenten zunächst für private Benutzer entwickelt werden. Die im privaten Bereich bewährten Lösungen werden auf den geschäftlichen Bereich übertragen. Entscheidend für die Durchsetzung intelligenter Agenten als Werkzeug der Informationsgesellschaft ist, ob sie in der Lage sind, bei den Benutzern genügend meßbaren Nutzen zu erzeugen.

Folgende Nutzenpotentiale aus der Sicht der geschäftlichen und privaten Benutzer haben sich herauskristallisiert:

- **Erhöhung der Effizienz:** Intelligente Agenten erhöhen die Effizienz des Arbeitens mit dem Internet. Sie übernehmen im Auftrage eines Benutzers Arbeiten im Internet und melden ihm das Ergebnis zurück. Anstatt mit großem Zeitaufwand von einer Adresse im Internet zur nächsten zu gehen, informiert der Benutzer seinen Agenten über seinen Wunsch und der Agent löst das Problem je nach eingebauter Intelligenz mehr oder weniger selbständig im Internet. Ein weiterer Effekt, der zur Steigerung der Effizienz beiträgt, ist die Erhöhung der Geschwindigkeit bei der Lösung von Problemen im Internet. Erste Versuche mit den Prototypen zeigen, daß Agenten wesentlich schneller als erfahrene Internet-Benutzer zu den gewünschten Ergebnissen kommen. Agenten ermöglichen eine Individualisierung der Informationen aus dem Internet. Der Benutzer informiert seinen Agenten über seine Wünsche und der Agent bringt ihm nur die Informationen, die seinem Wunsch entsprechen. Die Beschäftigung mit irrelevanten Informationen wird auf ein Minimum reduziert.

- **Erhöhung der Effektivität:** Intelligente Agenten erhöhen die Effektivität des Arbeitens mit dem Internet, das heisst sie tragen dazu bei, daß man mit weniger Aufwand die gewünschten Informationen findet. Das Internet, obwohl erst am

Anfang seiner Entwicklung, enthält bereits heute eine unüberschaubare Menge an Informationen, die täglich mehr werden. Es ist auch für einen geübten Benutzer des Internet unmöglich, den Überblick zu behalten. Bei einer gezielten Suche nach Informationen besteht die Gefahr, daß die gewünschten Informationen zwar im Internet verfügbar sind, aber nicht gefunden werden. Der Agent erhöht die Effektivität der Netzbenutzung, in dem er so programmiert werden kann, daß er selbständig im Internet auf die Suche geht und versucht, möglichst viele Quellen in die Suche einzubeziehen. Zudem wirken die Agenten den Eigenschaften menschlichen Problemlösens entgegen. Der Nobelpreisträger Simon hat bereits nachgewiesen, daß der Mensch nicht nach der insgesamt optimalen Lösung sucht, sondern nach der erst besten Lösung für sein Problem [March/Simon 1958]. Übertragen auf das Internet bedeutet dies, daß ein Benutzer nur solange sucht, bis er etwas einigermaßen passendes gefunden hat und dann die Suche beendet. Dieser Mechanismus des menschlichen Problemlösens bewirkt, daß ein normaler menschlicher Benutzer, vor allem wenn er unter Zeitdruck steht, von der Vielfalt des Internets nicht profitieren kann. Ein Agent überwindet diese Grenzen. Er durchsucht im Auftrage seines Benutzers das ganze Netz und ist so in der Lage, auch völlig neue Quellen zu finden, die sich vielleicht erst seit kurzer Zeit im Netz befinden, und bezieht sie mit in die Problemlösung ein. Damit wird die Effektivität der Nutzung des Internet gesteigert. Der Benutzer profitiert durch die Arbeit seines intelligenten Agenten vom gesamten Angebot im Internet. Die eigenständige auftragsbezogene Suche mit einem intelligenten Agenten ist auch die einzige heute bekannte ökonomische Möglichkeit, mit dem raschen Wachstum des Internet Schritt zu halten. Nur ein intelligenter Agent ist bei seiner eigenständigen und auftragsbezogenen Suche in der Lage, systematisch die neuen Angebote im Internet zu berücksichtigen.

- **Erhöhung der Transparenz und Optimierungen**: Intelligente Agenten erhöhen die Transparenz der Inhalte des Internet, indem sie Informationen verschiedener Quellen einander gegenüberstellen. In Kapitel 6 dieses Buches werden wir Beispiele intelligenter Agenten kennenlernen, die im Rahmen des Einkaufes im Internet für ein bestimmtes Produkt, zum Beispiel eine CD oder ein Buch, alle verfügbaren Angebote mit den Preis- und Lieferkonditionen zusammentragen und so für den Benutzer eine relativ umfassende Transparenz des Marktes schaffen. Im Sinne einer Optimierung kann der Benutzer das für ihn günstige Angebot auswählen. Die von Adam Smith postulierte 'invisible

Hand' wird durch die intelligenten Agenten in der elektronischen Geschäftswelt sichtbar.

2.4.2 Nutzenpotentiale aus der Sicht der Informations- und Kommunikationsindustrie

Mit den intelligenten Agenten ist ein neues Geschäftsfeld im Entstehen, das in den nächsten Jahren große Wachstumsmöglichkeiten verspricht. Die englische Beratungsfirma OVUM ist in ihrer jüngsten Studie über intelligente Agenten zu folgenden Ergebnissen gekommen: die Umsätze für intelligente Agenten werden sich von ca. USD 19 Millionen im Jahr 1996 über USD 357 Millionen im Jahr 1998 auf USD 4.6 Milliarden im Jahr 2006 steigern. Den größten Anteil dieser Umsätze werden nach den Schätzungen von OVUM die 'Service Provider' und die Entwickler intelligenter Agenten erzielen [Guilfoyle et al. 1997].

OVUM schätzt, daß intelligente Agenten ca. 5% der Umsätze, die im Internet erzielt werden, ausmachen werden. OVUM geht allerdings auch davon aus, daß in den nächsten Jahren ständig neue intelligente Agenten auf dem Markt auftauchen werden und viele von ihnen sich als geschäftliche Fehlschläge erweisen werden. Weiterhin rechnet OVUM damit, daß die Agenten für private Haushalte zum primären Innovationsfaktor werden, und daß ab der Jahrtausendwende die Umsätze mit privaten Haushalten höher sind als die mit der Wirtschaft und der öffentlichen Verwaltung. OVUM schätzt, daß von den USD 4,6 Milliarden im Jahr 2006 nur noch ein Drittel durch Umsätze mit der Wirtschaft und öffentlichen Verwaltungen erzielt werden.

Die Beispiele für Einsatzmöglichkeiten intelligenter Agenten sowohl im geschäftlichen als auch im privaten Bereich zeigen uns ihr breites zukünftiges Anwendungsgebiet. Die Darstellung der wirtschaftlichen Potentiale unterstreicht die zukünftige Bedeutung intelligenter Agenten zusätzlich. Trotz dieser eindrucksvollen Beispiele und Zahlen bleibt bei den intelligenten Agenten ein nicht zu unterschätzendes Restrisiko. Werden sie sich am Markt wirklich durchsetzen oder nicht? Zu viele neue Entwicklungen der Informations- und Kommunikationstechnik in der Vergangenheit wurden euphorisch begrüßt und sind später in die Bedeutungslosigkeit versunken oder haben erst nach langen Verzögerungen die anfänglich prognostizierten Effekte entfaltet. Man denke in diesem Zusammenhang nur an die Diskussionen über computerunterstützte Softwareentwicklung oder Expertensysteme in der ersten Hälfte der 80er Jahre.

2.5 Stand der Forschung und Praxis

Intelligente Agenten, obwohl schon fast 30 Jahre alt, haben erst durch das Wachstum des Internet eine gewisse Bedeutung erreicht. Sie befinden sich in der Wissenschaft und in der Praxis jedoch erst am Anfang ihrer Entwicklung. Fast alle intelligente Agenten, die wir in Kapitel 6 dieses Buches vorstellen, sind Prototypen. Deshalb beinhalten viele Aussagen, wie zum Beispiel die Ausführungen über die wirtschaftlichen Potentiale im vorherigen Abschnitt, ein Risiko.

Aber weltweit sind große Anstrengungen in Forschung und Praxis zu beobachten, die sich intensiv mit intelligenten Agenten beschäftigen. Auf der Homepage des Buches (vgl. Abschnitt 1) kann sich der interessierte Leser über den Stand der Forschung und über Einsatzmöglichkeiten intelligenter Agenten informieren.

2.6 Zusammenfassung

Intelligente Agenten stellen Softwareprogramme dar, die in einer vernetzten und digitalen Welt im Auftrag eines Benutzers selbständig Aufträge, zum Beispiel die Suche nach Informationen, ausführen. Intelligente Agenten stellen Werkzeuge der Informationsgesellschaft dar, ohne die ein Arbeiten in einer vernetzten digitalen Welt unmöglich wird. Agenten werden sowohl für die Wirtschaft und die öffentlichen Verwaltungen als auch für die privaten Haushalte entwickelt. Zukünftige Innovation für intelligente Agenten werden von den privaten Haushalte ausgehen. Weltweit steht die Forschung über intelligente Agenten und ihre Anwendung erst am Anfang.

3 Grundlagen intelligenter Softwareagenten[1]

3.1 Definition intelligenter Softwareagenten

Bis heute ist es nicht gelungen, sich auf eine allgemein akzeptierte, umfassende Definition eines intelligenten Agenten zu einigen. Dies beruht vor allem auf dem interdisziplinären Charakter der Agenten, welcher sich in Einflüssen unterschiedlicher wissenschaftlicher Forschungsrichtungen einerseits und den von der Praxis gestellten Anforderungen andererseits widerspiegelt. Nähert man sich dem Gebiet der Agenten primär aus der Richtung der Künstlichen Intelligenz, so ergeben sich andere Schwerpunkte, als bei einer Betrachtung von Seiten der Informations- und Kommunikationssysteme. Und die Anforderungen eines Sozialwissenschaftlers werden wiederum anders ausfallen, als die eher technisch orientierten Betrachtungen der Informatiker.

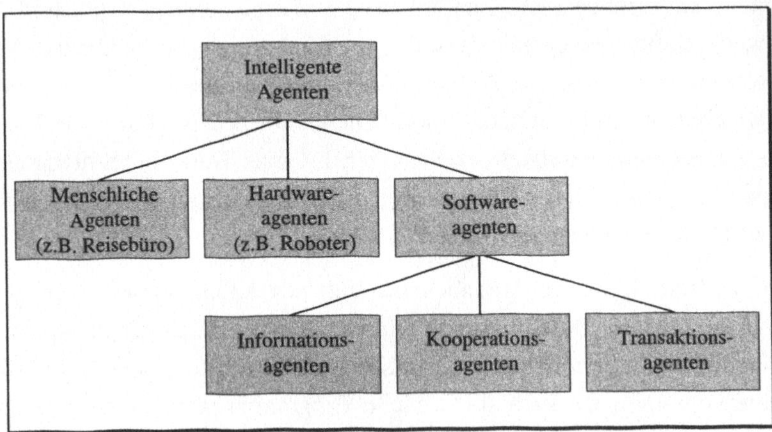

Abbildung 3.1/1: Kategorien intelligenter Agenten

---

[1] Dieses Kapitel wurde von Rüdiger Zarnekow erstellt.

Um zu einer sinnvollen Definition intelligenter Agenten zu gelangen, müssen aus diesen Gründen die unterschiedlichen Schwerpunkte der jeweiligen wissenschaftlichen Disziplinen analysiert und mit den Anforderungen der Praxis zu einer einheitlichen Gesamtmenge vereinigt werden.

Auf höchster Ebene lassen sich drei große Kategorien von Agenten unterscheiden: menschliche Agenten, Hardwareagenten und Softwareagenten (vgl. Abbildung 3.1/1). Allen Agententypen ist die Tatsache gemeinsam, daß sie für ihren Auftraggeber beziehungsweise Benutzer Aufgaben, für die ein spezielles Fachwissen notwendig ist, oder die aus vielen zeitaufwendigen Einzelschritten bestehen, größtenteils selbständig erledigen. Mit menschlichen Agenten hat jeder fast alltäglich zu tun. Möchte man beispielsweise eine Reise buchen, beauftragt man damit ein Reisebüro (engl. travel agent). Von diesem erwartet man, daß alle mit der Buchung der Reise zusammenhängenden Aufgaben zuverlässig, selbständig und schnell ausgeführt werden. Hierzu gehört unter anderem das Sammeln von Informationen aus unterschiedlichsten Informationsquellen, zum Beispiel Reiseangebote unterschiedlicher Anbieter, die Identifikation günstiger Reisekomponenten, die Vermeidung von Inkonsistenzen oder Widersprüchen bei der Auswahl einzelner Komponenten und letztendlich die Zusammenstellung der Komplettreise. Die Arbeit des Reisebüros erspart dem Kunden nicht nur das zur Buchung einer Reise notwendige Fachwissen, sondern bringt ihm zusätzlich eine erhebliche Zeitersparnis. Überträgt man diese Konzepte auf den Bereich der Computer, so ergeben sich unmittelbar die Hauptaufgaben von Hard- beziehungsweise Softwareagenten. Sie sollen, in Analogie zu menschlichen Agenten, für ihre Benutzer bestimmte Aufgaben ausführen, zu denen diese entweder aus Zeitmangel nicht bereit oder auf Grund fehlenden Wissens nicht in der Lage sind. Die folgenden Betrachtungen beziehen sich in erster Linie auf Softwareagenten, da diese Gegenstand dieses Buches sind. Allerdings lassen sich viele Konzepte auch auf Hardwareagenten übertragen.

Zur Ausführung seiner Aufgaben benötigt ein Agent immer einen gewissen Grad an Intelligenz. Deshalb spricht man auch von intelligenten Agenten. Ein nicht-intelligenter Agent ist nach der bisherigen Betrachtung jedes herkömmliche Softwareprogramm, da auch traditionelle Programme eine bestimmte Aufgabe erledigen und ihren Nutzern eine direkte Zeitersparnis bringen. Erst die Intelligenz ermöglicht es jedoch einem Agenten, seine Aufgaben weitestgehend autonom zu bearbeiten und nur bei wichtigen Entscheidungen Eingriffe des Benutzers zu erfordern. Ein Agent, der nicht zu selbständigem Handeln in der Lage ist, ist für seinen Benutzer nur von geringem Nutzen, da dessen Zeitersparnis auf Grund der häufigen Rückfragen minimal ist. Autonomes Arbeiten stellt aus diesem Grund eine wesentliche Anforderung an einen intelligenten Agenten dar und ist eines der Hauptunterscheidungskriterien zwischen intelligenten Agenten und traditionellen Softwareprogrammen.

Um seine Ziele zu erreichen, muß ein Agent mit seiner Umwelt interagieren. Er muß in der Lage sein, Informationen über seine Umwelt zu sammeln, aus diesen Informationen Schlußfolgerungen zu ziehen und letztendlich konkrete Handlungen, basierend auf den erzielten Schlußfolgerungen, einzuleiten. Auch diese Vorgehensweise eines Softwareagenten ist direkt analog zu der eines menschlichen Agenten. Die bloße Reaktion auf eingegangene Informationen reicht zu einer sinnvollen Interaktion mit der Umwelt in der Regel nicht aus. Häufig ist zusätzlich eine direkte Kommunikation oder sogar Kooperation mit anderen Objekten, zum Beispiel anderen Agenten oder menschlichen Nutzern, notwendig. Softwareagenten sollten entsprechende Fähigkeiten besitzen, das heißt sie sollten über eine Kommunikationssprache verfügen und mit anderen Objekten kooperieren können. Nur so können auch komplexe Problemstellungen gelöst werden.

Integriert man die beiden zentralen Aspekte der Intelligenz und Interaktion in die bisherigen Betrachtungen, so gelangt man zu folgendem Grundverständnis: Als intelligenten Softwareagenten bezeichnet man ein Softwareprogramm, das für einen Benutzer bestimmte Aufgaben erledigen kann und dabei einen Grad an Intelligenz besitzt, der es befähigt, seine Aufgaben in Teilen autonom durchzuführen und mit seiner Umwelt auf sinnvolle Art und Weise zu interagieren.

Aus der gewählten Definition ergeben sich eine Reihe unterschiedlicher Einsatzszenarien für intelligente Softwareagenten. Je nach allgemeinem Aufgabenschwerpunkt lassen sich dabei Informationsagenten, Kooperationsagenten und Transaktionsagenten unterscheiden (vgl. Abbildung 3.1/1). Die primäre Aufgabe eines Informationsagenten besteht in der Unterstützung seines Benutzers bei der Suche nach Informationen in verteilten Systemen beziehungsweise Netzwerken. Dazu muß ein Informationsagent in der Lage sein, Informationsquellen aufzuspüren, Informationen aus den Quellen zu extrahieren, aus der Gesamtmenge der gefundenen Informationen die dem Interessensprofil seines Benutzers entsprechenden herauszufiltern und die Ergebnisse in einer anschaulichen Form aufzubereiten und zu präsentieren. Nur wenn alle diese Einzelschritte durch den Agenten übernommen werden, stellt er eine sinnvolle Unterstützung für seinen Benutzer dar. Ein Informationsagent muß mit Wissen über verfügbare Informationsquellen, den betrachteten Problembereich und die Semantik der Informationen ausgestattet sein [Fiedler 1997]. Nur dann kann er die ihm gestellten Aufgaben zuverlässig, unabhängig und vor allen Dingen schneller als ein menschlicher Benutzer erledigen.

Kooperationsagenten besitzen einen anderen Schwerpunkt. Ihre Hauptaufgabe besteht darin, komplexere Problemstellungen durch die Kommunikation und Kooperation mit anderen Objekten. wie Agenten, Menschen oder externen Ressourcen, zu lösen. Kooperationsagenten kommen immer dann zum Einsatz, wenn die anstehenden Probleme die Fähigkeiten eines einzelnen Agenten übersteigen oder wenn bereits Agenten existieren, welche die Lösung einer bestimmten Aufgabe beherrschen und deren Wissen von anderen Agenten genutzt werden kann. Die Anforderung an die Intelligenz eines Kooperationsagenten ist höher als bei reinen Informationsagenten, da die Entwicklung gemeinsamer Problemlösungsstrategien und die Kooperation mehrerer Agenten eine deutlich komplexere und schwerer vorhersagbare Aufgabe, als die reine Suche nach Informationen darstellt.

Der dritte große Einsatzbereich intelligenter Softwareagenten liegt in den transaktionsorientierten Anwendungsumgebungen. Sowohl in klassischen Datenbankumgebungen, als auch in den Bereichen Netzwerkmanagement und elektronischer Handel besteht die Hauptaufgabe intelligenter Agenten in der Ausführung und Überwachung von Transaktionen. Transaktionsagenten sind speziell für diese Aufgaben geeignet. Sicherheit, Datenschutz, Robustheit und Vertrauenswürdigkeit sind Aspekte, die entscheidende Rollen bei der Konzeption von Transaktionsagenten spielen. Denn sie bewegen sich in der Regel in äußerst sensitiven Bereichen und vertreten ihre Benutzer bei Aufgaben, die ein hohes Maß an Verantwortung erfordern, zum Beispiel beim Kauf von Produkten mit Hilfe einer Kreditkarte des Benutzers. Fehlerhaftes Verhalten oder der Verlust vertraulicher Informationen kann schwerwiegende Folgen haben und ist für Transaktionsagenten nicht akzeptabel.

Die drei aufgeführten Ausprägungen intelligenter Softwareagenten schließen sich gegenseitig nicht vollständig aus. Obwohl die Schwerpunkte deutlich unterschiedlich gelagert sind, ist es möglich, daß ein Agent auf Grund seiner Aufgaben zu zwei oder sogar allen drei Ausprägungen gezählt werden kann. Insbesondere die Transaktionsfähigkeit ist mit den beiden anderen Gruppen kombinierbar. Beispielsweise kann ein Informationsagent, der für seinen Benutzer kostenpflichtige Informationen identifiziert hat, auch den Kauf der Informationen, das heißt die Verantwortung für die eigentliche Kauftransaktion, übernehmen. Muß er bei der Suche nach Informationen andere Agenten kontaktieren, so läßt er sich zusätzlich in die Gruppe der Kooperationsagenten einordnen. Allerdings sind derartig komplexe Agenten bis heute nur in ersten Ansätzen verfügbar. In der Regel lassen sich die existierenden Systeme klar einem der drei Bereiche zuordnen.

Neben der von uns vorgestellten Dreiteilung intelligenter Agenten in Informations-, Kooperations- und Transaktionsagenten existieren in der Literatur eine Reihe anderer Unterteilungen. Beispielhaft sei an dieser Stelle auf die Agentenkategorien Collaborative, Interface, Mobile, Information/Internet, Reactive, Hybrid und Smart Agents von [Nwana 1996] und die Interface, Task und Information Agents von [Sycara et al. 1996] hingewiesen.

3.2 Charakteristika intelligenter Softwareagenten

Um ein grundlegendes Verständnis über die Aufgaben und Funktionsweisen intelligenter Agenten zu erlangen, ist es notwendig, sich in einem ersten Schritt mit den charakteristischen Eigenschaften, die einen intelligenten Agenten von herkömmlichen Softwareprogrammen unterscheiden, auseinanderzusetzen. Von der Vielzahl der in der Literatur diskutierten Charakteristika, die zum Teil bereits im Rahmen des vorigen Abschnittes angeklungen sind, sollen im folgenden die wichtigsten im Detail vorgestellt werden. Dabei gilt es zu beachten, daß nicht jeder Agent zwangsläufig alle aufgeführten Eigenschaften besitzen muß. Vielmehr existiert in der Praxis eine Vielzahl an Systemen, deren Komplexitätsgrad sich deutlich voneinander unterscheidet: Einfache Agenten, mit einer sehr geringen Komplexität, besitzen unter Umständen nur ein oder zwei der im folgenden aufgeführten Charakteristika; hochkomplexe Agentensysteme können dahingegen im Idealfall alle genannten Eigenschaften zumindest ansatzweise unterstützen.

Die Charakteristika intelligenter Agenten lassen sich in die zwei großen Kategorien interne und externe Eigenschaften unterteilen (vgl. Abbildung 3.2/1). Als interne Eigenschaften bezeichnet man diejenigen, die das 'innere Wesen' eines Agenten ausmachen, indem sie die Vorgänge innerhalb des Agenten bestimmen. Hierzu zählen beispielsweise seine Lernfähigkeit, Reaktionsmechanismen, Autonomie oder Zielorientiertheit.

Zu den externen Eigenschaften zählen alle beim Zusammenspiel mehrerer Agenten oder bei der Mensch-Agenten-Kommunikation beobachtbaren Charakteristika. Dies sind zum Beispiel Fähigkeiten wie Kommunikation oder Kooperation. Nicht alle Charakteristika sind eindeutig einer der beiden Gruppen zuzuordnen, sondern können zu Teilen in beiden Bereichen angesiedelt sein. Als Beispiel sei der Charakter eines Agenten genannt, welcher zu wesentlichen Teilen die inneren Verhaltensweisen eines Agenten bestimmt, aber ebenso bei der externen Kommunikation des Agenten eine wichtige Rolle spielt.

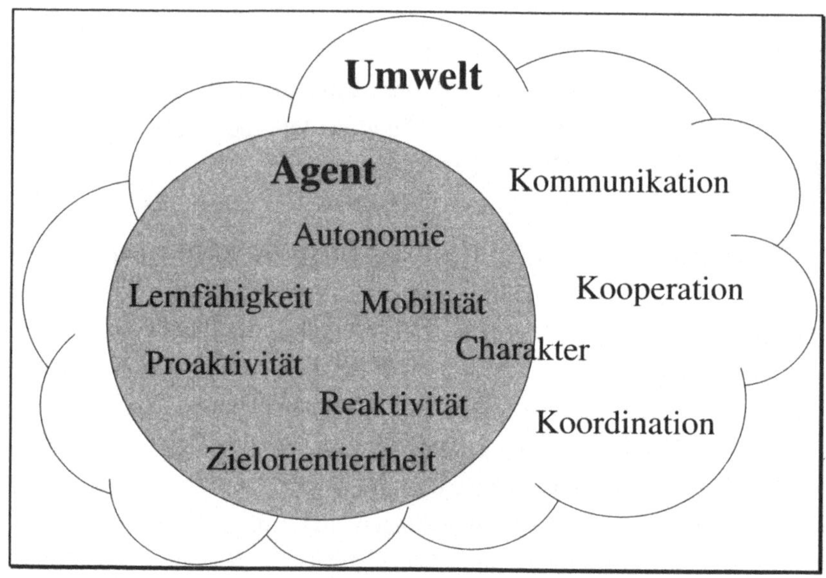

Abbildung 3.2/1: Charakteristika intelligenter Agenten

Im einzelnen lassen sich die folgenden Charakteristika beschreiben:

- **Reaktivität**: Reaktivität (engl. reactivity oder situated) bezeichnet nichts anderes als die Tatsache, daß ein Agent in der Lage sein muß, in einer angemessenen Art und Weise auf Einflüsse oder Informationen aus seiner Umwelt zu reagieren. Diese Umwelt kann aus anderen Agenten, menschlichen Benutzern, externen Informationsquellen oder physikalischen Gegenständen bestehen. Die Reaktivität stellt eine der Grundanforderungen an einen intelligenten Agenten dar und sollte von jedem Agenten zu einem gewissen Grad unterstützt werden. Um auf Änderungen der Umwelt reagieren zu können, muß der Agent entweder über geeignete Sensoren verfügen oder ein eigenes, internes Modell seiner Umwelt besitzen, aus dem er selbständig Schlüsse ziehen kann. Im ersten Fall spricht man von echten reaktiven Agenten, während Agenten mit internem Umweltmodell als deliberative Agenten bezeichnet werden (vgl. Abschnitt 4.2.1). Entscheidend ist an dieser Stelle jedoch nicht die interne Architektur des

Agenten, sondern einzig und allein dessen Fähigkeit zur Reaktion auf externe Einflüsse. Auch die Art und Weise der Reaktion spielt für das Kriterium der Reaktivität nur eine untergeordnete Rolle.

Als Beispiel für einen einfachen reaktiven Agenten sei auf die bereits heute zahlreich verfügbaren Watcher-Agenten verwiesen (vgl. Abschnitt 6.3). Diese haben die Aufgabe, bestimmte Informationsquellen, wie zum Beispiel Internet-Server, zu überwachen und bei Änderungen der Inhalte ihre Benutzer zu informieren. Sie besitzen dazu einen einfachen Sensor, mit dessen Hilfe sie die ihnen zugedachten Überwachungsfunktionen, wie beispielsweise die Überwachung einer WWW-Seite, ausüben können. Tritt eine Änderung ein, kann die entsprechende Informationsquelle vom Agenten erneut gelesen und nach neuen Informationen durchsucht werden.

- **Proaktivität/Zielorientiertheit**: Eine Stufe über die Reaktivität hinaus geht die Eigenschaft der Proaktivität. Reagiert ein intelligenter Agent nicht bloß auf Änderungen seiner Umwelt, sondern ergreift er in bestimmten Situationen selbständig die Initiative, so spricht man von einem proaktiven Verhalten. Eng damit verknüpft ist das Merkmal der Zielorientiertheit. Denn um selbständig initiativ werden zu können, muß ein Agent über wohldefinierte Ziele oder sogar ein komplexes Zielsystem verfügen. Nur dann macht es für einen Agenten Sinn, aktiv auf seine Umgebung einzuwirken um seine eigenen Ziele zu verfolgen. Von Bedeutung ist in diesem Zusammenhang die Tatsache, wie umfangreich und komplex das jeweilige Zielsystem ist. Hat ein Agent beispielsweise nur das nicht näher definierte Ziel, Informationen über einen bestimmten Bereich zu sammeln, so kann er nicht viel mehr tun, als bestimmte Informationsquellen zu überwachen und auf Änderungen, in diesem Fall das Eintreffen neuer Informationen aus dem für ihn interessanten Bereich, zu reagieren. Von echtem proaktiven Verhalten kann nur sehr eingeschränkt die Rede sein. Ein umfangreicheres Zielsystem würde dahingegen nicht nur aus einem generellen Gesamtziel bestehen, sondern sich aus einer Vielzahl von Teilzielen zusammensetzen, mittels derer der Agent seine Aufgaben wesentlich gründlicher erledigen kann. Nur mit derartigen komplexen Zielsystemen ist echtes proaktives Verhalten möglich.

- **Schlußfolgerungs-/Lernfähigkeit**: Jeder Agent muß einen bestimmten Mindestgrad an Intelligenz besitzen, um überhaupt als Agent bezeichnet werden zu können. Allerdings ist insbesondere im Bereich der Intelligenz eine sehr breite

Spanne zwischen einfachen, nur wenig intelligenten Agenten und komplexen, hochintelligenten Systemen denkbar. Die Intelligenz eines Agenten setzt sich aus drei Hauptkomponenten zusammen: seiner internen Wissensbasis, der Fähigkeit Schlußfolgerungen, basierend auf den Inhalten der Wissensbasis, zu ziehen (engl. reasoning) und die Fähigkeit zu lernen, beziehungsweise sich Änderungen der Umwelt anzupassen (engl. adaptive behavior). Die Schlußfolgerungen eines Agenten sollten einen gewissen Grad an Rationalität besitzen. Rational handelt ein Agent immer dann, wenn seine Handlungen ihn der Erfüllung seines Gesamtzieles oder eines seiner Teilziele einen Schritt näher bringen. Rationales Handeln setzt somit die Existenz eines Zielsystems voraus. Für das Schlußfolgern selbst bieten sich zum einen klassische KI-Techniken, wie zum Beispiel regelbasierte Systeme, wissensbasierte Systeme oder neuronale Netzwerke an (vgl. Abschnitt 4.6), zum anderen existieren aber auch rein agentenorientierte Ansätze. Hierzu zählt beispielsweise ein künstliches Evolutionsmodell, bei dem Agenten neue Generation von Agenten schaffen, welche immer komplexere Schlußfolgerungsmechanismen besitzen [Belgrave 1995].

Die Fähigkeit zur Schlußfolgerung versetzt einen Agenten in die Lage, seine Umwelt zu beobachten und bei Änderungen innerhalb dieser Umwelt bestimmte Schlußfolgerungen zu ziehen. Mindestens ebenso wichtig für das intelligente Verhalten eines Agenten ist jedoch die Fähigkeit, aus den bisherigen Erfahrungen zu lernen und die eigenen Verhaltensweisen Schritt für Schritt besser an die Umwelt anzupassen. Dies gilt sowohl in Bezug auf die Kommunikation mit Nutzern und anderen Agenten, als auch auf die zur Verfügung stehenden Ressourcen. Hat ein Agent beispielsweise für seinen Benutzer Informationen gesammelt und teilt ihm der Benutzer mit, daß er an einem Teil der gefundenen Informationen nicht interessiert ist, so muß der Agent daraus lernen, das heißt, er muß seine Wissensbasis derart modifizieren, daß bei der nächsten Informationssuche nicht erneut Informationen aus dem für den Benutzer uninteressanten Bereich miteinbezogen werden. Dasselbe gilt für die zur Verfügung stehenden Informationsressourcen. Stellen sich nach einer bestimmten Zeit einige Ressourcen als wenig ergiebig heraus oder entdeckt ein Agent neue Ressourcen, so gilt es für ihn, daraus zu lernen und seine Verhaltensweisen entsprechend anzupassen. Auf diese Weise entsteht im Laufe der Zeit ein Nutzerprofil, welches die spezifischen Interessengebiete und Eigenheiten des Benutzers berücksichtigt und welches dem Agenten eine qualitativ hochwertige, personalisierte Informationssuche ermöglicht. Der Lernprozeß eines Agenten sollte, ähnlich wie der Schlußfolgerungsprozeß, rationale Züge besitzen, das heißt er sollte den Agenten stets der Erfüllung eines seiner Ziele näher bringen.

- **Autonomes Handeln**: Einer der wesentlichen Unterschiede zwischen Agenten und herkömmlichen Softwareprogrammen besteht in der Fähigkeit eines Agenten, seine Ziele zu großen Teilen autonom, das heißt ohne Eingriffe oder Anweisungen der Umwelt, zu verfolgen. Ein Agent muß nicht jeden seiner Schritte mit seinem Benutzer oder mit anderen Agenten abstimmen, sondern vielmehr in der Lage sein, selbständig zu handeln. Autonomes Handeln entlastet nicht nur den Benutzer, da er viele Entscheidungen nicht mehr selber treffen muß, sondern bewirkt aus externer Sicht eine Steigerung der Intelligenz des Agenten. Denn für den Benutzer äußert sich die Intelligenz eines Agenten vor allem darin, daß er diesem Anweisungen, Vorstellungen und Interessengebiete übergeben kann und der Agent mit diesen Informationen die ihm gestellte Aufgabe selbständig löst.

  Um autonom Handeln zu können, muß ein Agent zum einen die Kontrolle über seine Aktionen und internen Zustände besitzen [Wooldridge/Jennings 1995] und zum anderen über die zur Lösung seiner Aufgaben notwendigen Ressourcen und Fähigkeiten verfügen. Hierzu zählen beispielsweise das Vorhandensein eines elektronischen Kommunikationsnetzwerkes, die Fähigkeit, sich durch das Netzwerk zu bewegen (vgl. Eigenschaft 'Mobilität') oder die Möglichkeit der Kontaktaufnahme mit anderen Agenten (vgl. Eigenschaft 'Kommunikation'). Auch die Zielorientiertheit und zu einem gewissen Grad die Lernfähigkeit sind Voraussetzungen für echtes autonomes Handeln. Besitzt ein Agent keine Ziele, deren Erfüllung er anstrebt, so muß er jeden seiner Schritte mit seinem Benutzer abstimmen.

  Häufig legt der Benutzer fest, wie weit die Autonomie des Agenten reichen soll. Es sind Situationen denkbar, in denen ein Agent zu einem vollständig autonomen Verhalten in der Lage ist, dies aber von seinem Benutzer nicht gewünscht wird. Insbesondere wenn der Agent Entscheidungen für den Benutzer treffen soll, die rechtliche oder finanzielle Konsequenzen haben, sind viele Benutzer nicht gewillt, die Entscheidungsbefugnis aus der Hand zu geben. Beispielsweise ist es einem Einkaufsagenten ohne weiteres möglich, einen von seinem Benutzer gewünschten Gegenstand nicht nur zu einem möglichst günstigen Preis ausfindig zu machen, sondern ihn auch direkt zu kaufen. In der Regel möchte der Benutzer aber die eigentliche Kaufentscheidung selber treffen und wird seinen Agenten daher anweisen, den Kauf nicht ohne vorherige Rückversicherung zu tätigen.

- **Mobilität**: Mobilität beschreibt die Fähigkeit eines Agenten, sich innerhalb elektronischer Kommunikationsnetzwerke zu bewegen. Mobile Agenten sind in der Lage, von einem Rechner eines elektronischen Netzwerkes zu einem anderen zu wandern. Stationäre Agenten sind dahingegen an einen bestimmten Rechner gebunden. Sie können zwar unter Umständen Nachrichten über ein vorhandenes Netzwerk versenden oder andere Agenten im Netzwerk kontaktieren, sich aber nicht selbst in diesem bewegen. Mobile Agenten stellen hohe Anforderungen an die Netzwerkumgebung und bringen eine Vielzahl von Fragen in bezug auf Sicherheit, Datenschutz und Management mit sich. Jeder beteiligte Rechner muß zum einen in der Lage sein, mobile Agenten zu verpacken und an andere Rechner zu verschicken, zum anderen müssen Agenten empfangen, überprüft und ausgeführt werden können. Eine detaillierte Einführung in die technischen und organisatorischen Aufgabenstellungen bei der Entwicklung mobiler Agenten findet sich in Abschnitt 4.2.2.

Erst die Mobilität bringt einige der wesentlichen Vorteile intelligenter Agenten zum Vorschein. Beispielsweise wird die Netzwerkbelastung reduziert. Denn ein mobiler Agent ist nicht gezwungen, die zur Erfüllung seiner Aufgaben notwendigen Informationen durch das Verschicken einer Vielzahl von Nachrichten über das Netzwerk einzusammeln. Er kann sich vielmehr selber zu dem Rechner oder Agenten mit den gewünschten Informationen begeben, was nur eine einmalige Netzwerkbelastung darstellt, und dann alle Aufgaben lokal auf dem Zielsystem erledigen. Eine derartige asynchrone Kommunikation ist zwar auch ohne Agenten denkbar, sie wird aber durch den Einsatz intelligenter Agenten auf eine höherwertige Ebene gestellt. Denn mit Hilfe seiner Intelligenz kann ein Agent die Vorteile asynchroner Kommunikation wesentlich effizienter und sinnvoller nutzen als traditionelle Softwareprogramme oder Client-Server-Architekturen.

Das bereits beschriebene Autonomie-Merkmal führt im Zusammenhang mit mobilen Agenten zu einem weiteren Vorteil. Handelt ein mobiler Agent autonom, so ist sein Benutzer nicht gezwungen, eine ständige Netzwerkverbindung aufrecht zu erhalten. Er kann vielmehr den Agenten mit einer Aufgabe beauftragen, ihn über das Netzwerk verschicken und daraufhin seine Netzwerkverbindung trennen. Sobald der Agent die gewünschten Ergebnisse erzielt hat, meldet er sich entweder selbständig zurück, indem er seinerseits eine Netzwerkverbindung zu seinem Benutzer aufbaut, oder er wartet bis zur nächsten Netzeinwahl des Benutzers. Auf diese Weise reduzieren sich die Verbindungskosten für den Benutzer. Nur mobile Agenten ermöglichen das Abschicken eines Agenten in ein Netzwerk und die darauffolgende Trennung der Netzwerkverbindung. Des weiteren können mobile Agenten sich zu bestimmten Treffpunkten, auch Agenturen genannt, begeben, dort mit anderen mobilen Agenten, die ähnliche Interessen besitzen, Kontakt aufnehmen und Gespräche beziehungsweise Verhandlungen führen. Eine Agentur kann zusätzlich eine Reihe von Dienstleistungen und Daten anbieten, die für die jeweiligen Agenten von Interesse sind. Sie dient somit als Marktplatz oder Diskussions- und Kommunikationsforum für einen bestimmten Interessensbereich. Mit stationären Agenten ist eine derartige Struktur nur sehr eingeschränkt zu verwirklichen.

- **Kommunikation/Kooperation**: Die Erfüllung seiner Aufgaben erfordert von einem Agenten in vielen Fällen die Interaktion mit seiner Umwelt. Zur Umwelt zählen vor allem menschliche Benutzer, andere Agenten sowie beliebige Informationsquellen. Im Rahmen der Interaktion lassen sich zwei aufeinander aufbauende Stufen unterscheiden: die Kommunikation und die Kooperation. Die Kommunikationsfähigkeit ermöglicht einem Agenten die Kontaktaufnahme mit seiner Umwelt. Eine Agenten-Kommunikationssprache, die ein fest definiertes Protokoll zum Austausch von Informationen zur Verfügung stellt, versetzt die Agenten in die Lage, miteinander zu kommunizieren (vgl. Abschnitt 4.3). Dem Agenten steht eine genau spezifizierte Menge von Anfragen zur Verfügung, die er an andere Agenten richten kann und auf Grund derer er eine ebenfalls genau spezifizierte Menge möglicher Antworten erhält.

  Der beschriebene Kommunikationsmechanismus ist in der Regel nur für einfache Agentensysteme und für die Kommunikation zwischen Agenten und externen Ressourcen ausreichend. Für einen Dialog zwischen mehreren Agenten, mit dem Ziel, gemeinsam eine Aufgabe zu lösen, reicht er nicht aus. In diesem Fall muß die Kommunikationsfähigkeit um eine darüber hinausgehende Eigenschaft, die Kooperation, ergänzt werden. Komplexe Aufgaben, die einen einzelnen Agenten überfordern, lassen sich durch die Kooperation mehrerer Agenten schneller und besser lösen. Jeder Agent profitiert von der Kooperation, da er seine eigenen Ziele in kürzerer Zeit erreichen oder sogar komplett von anderen Agenten lösen lassen kann. Miteinander kooperierende Agenten müssen über eine erweiterte Agenten-Kommunikations-Sprache verfügen, da sie nicht nur reine Kommunikationsprotokolle benötigen, sondern darüber hinaus auch ihre Zielvorstellungen, Absichten und bisherigen Wissensstände untereinander austauschen müssen.

Möchten beispielsweise mehrere Agenten ein identisches Teilziel erreichen, so kann dieses Teilziel von einem dafür besonders geeigneten Agenten für alle gemeinsam gelöst werden. Sobald dies geschehen ist, kann der Agent sein neu gewonnenes Wissen an die anderen Agenten übermitteln. Die Fähigkeit zur Kooperation erhöht somit die Leistungsfähigkeit aller beteiligten Agenten, löst bestehende Konflikte, beseitigt inkonsistente Informationszustände und verbessert letztendlich die Effizienz des gesamten Systems [Sycara et al. 1996]. Eine oft diskutierte Frage ist, inwieweit kooperierende Agentensysteme auf ein soziales Verhalten der beteiligten Agenten angewiesen sind. Einem Agenten sollte bewußt sein, daß er Teil einer Gruppe ist und daß der Erfolg der Gruppe auch von seinem eigenen Verhalten abhängt. Ist dies nicht der Fall, das heißt handelt ein Agent nicht als Teil einer Gruppe, so stellt er zwangsläufig seine eigenen Ziele in den Vordergrund oder versucht sogar, andere Agenten bewußt am Erreichen ihrer Ziele zu hindern, zum Beispiel durch Falschinformationen. In diesem Fall kann eine Kooperation nur bedingt sinnvolle Ergebnisse hervorbringen.

- **Charakter**: In vielen Fällen ist es wünschenswert, daß ein Agent nach außen ein möglichst menschen-ähnliches Verhalten demonstriert. Tritt ein Agent beispielsweise gegenüber seinen Benutzern als virtuelle Person auf, so muß er, um diese Rolle sinnvoll ausfüllen zu können, bestimmte menschliche Charaktereigenschaften besitzen. Für einen Agenten wichtige Eigenschaften sind vor allem Ehrlichkeit, Vertrauenswürdigkeit und Zuverlässigkeit. Kein Benutzer würde einem Agenten wichtige Aufgaben anvertrauen, wenn er die Befürchtung hätte, daß dieser nicht vertrauenswürdig wäre und mit Absicht ein nicht abgesprochenes Ziel verfolgen oder vertrauliche Informationen an andere Agenten oder Personen verraten würde. Hinzu kommt, daß Agenten häufig in Bereichen eingesetzt werden, die ein besonderes Maß an Vertrauen sowie absolute Zuverlässigkeit voraussetzen. Dies ist beispielsweise in der Luft- und Raumfahrt, in militärischen Systemen oder in geringerem Umfang auch in elektronischen Märkten der Fall. Solange ein Agent kein ausreichendes Vertrauen erworben hat, wird ein Benutzer die kritischen Aufgaben lieber persönlich oder mit Hilfe traditioneller Softwaresysteme erledigen, auch wenn dies für ihn einen erhöhten Zeitaufwand bedeutet.

Für Agenten, die viel mit menschlichen Personen interagieren, ist es von großer Bedeutung, emotionale Zustände, zum Beispiel Freude, Trauer, Ärger, in ihren Verhaltensweisen widerspiegeln zu können. Ohne Emotionen lassen sich viele Situationen und Resultate eines Agenten nicht vernünftig nach außen kommunizieren, da es leicht zu Mißverständnissen kommen kann. Insbesondere im Unterhaltungsbereich, in dem Agenten häufig nach außen hin die Form virtueller (dreidimensionaler) Personen annehmen, spielen emotionale Zustände eine zentrale Rolle. Nur mit ihrer Hilfe kann dem menschlichen Kommunikationspartner des Agenten die eigentliche Identität seines Gegenübers, nämlich die eines reinen Softwareprogrammes, weitgehend verborgen bleiben.

Hält man sich abschließend alle aufgeführten Charakteristika mit ihren jeweiligen Ausprägungen vor Augen, so wird es verständlich, daß die wenigsten derzeit verfügbaren oder in Entwicklung befindlichen Agenten alle genannten Eigenschaften besitzen. Der theoretische und software-technische Aufwand zur Implementierung derartiger 'perfekter' Agenten übersteigt die verfügbaren Ressourcen in der Regel um ein Vielfaches. Auch die wissenschaftliche Fundierung fehlt bisher in vielen Bereichen, beziehungsweise ist allenfalls in Ansätzen vorhanden. Insbesondere die Fähigkeiten zum intelligenten Handeln und zur Entwicklung menschlicher Charaktereigenschaften sind in derzeitigen Entwicklungen nur rudimentär ausgeprägt.

3.3 Klassifikation

Nach der Definition intelligenter Softwareagenten und einer Diskussion ihrer Charakteristika, folgt in einem nächsten Schritt die Klassifikation von Agenten und Agentensystemen. Eine sinnvolle Klassifikation muß dabei das Ziel haben, bestehende Agentensysteme und zukünftige Entwicklungen innerhalb eines fest definierten Schemas zu kategorisieren. Ein ideale Klassifikation könnte mit Hilfe der im vorigen Abschnitt diskutierten Charakteristika vorgenommen werden. In der aus den Charakteristika resultierenden mehrdimensionalen Matrix ließen sich alle Agenten hervorragend einordnen. Der praktische Wert der Matrix für den Leser ist allerdings beschränkt, da eine anschauliche Darstellung kaum möglich erscheint. Wir haben uns aus diesem Grund im folgenden auf die drei, unserer Meinung nach wesentlichen Klassifikationskriterien beschränkt und sind in der Lage, intelligente Softwareagenten in überschaubarer Form in einen dreidimensionalen Raum einzuordnen. Die drei gewählten Kriterien sind dabei völlig ausreichend, um eine sinnvolle Klassifikation derzeitiger und zukünftiger Agenten vornehmen zu können und zusätzlich so gestaltet, daß sich alle Charakteristika des vorigen Abschnittes in einem oder mehreren Kriterien widerspiegeln. Sie bieten des weiteren den Vorteil, nicht nur einzelne Agenten, sondern komplette Anwendungsfelder einzelnen Bereichen der Matrix zuordnen zu können.

Wie in Abbildung 3.3/1 dargestellt, lassen sich Agentensysteme nach den drei Kriterien Intelligenz, Mobilität und Anzahl von Agenten klassifizieren. Zwei der drei Klassifikationskriterien, Intelligenz und Mobilität, wurden bereits im vorigen Abschnitt ausführlich vorgestellt, weshalb an dieser Stelle nicht erneut darauf eingegangen wird.

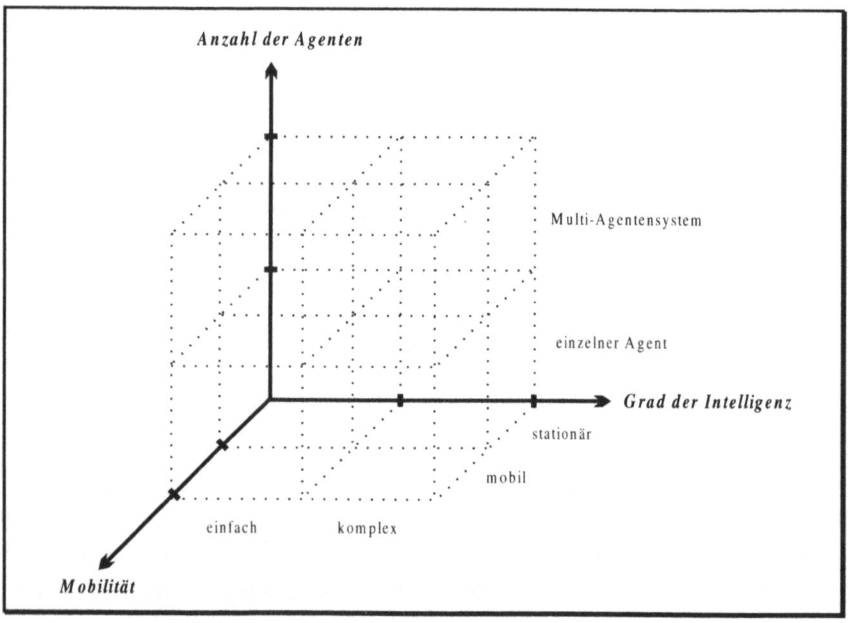

Abbildung 3.3/1: Klassifikationsmatrix für Agentensysteme

Der Einfachheit und Anschaulichkeit halber verwenden wir zur Beschreibung des Grades der Intelligenz die Ausdrücke einfacher und komplexer Agent. Einfache Agenten besitzen nur ein geringes Maß an Intelligenz, während komplexe Systeme ein hochgradig intelligentes Verhalten demonstrieren. Innerhalb des Klassifikationskriteriums der Mobilität lassen sich zwei Arten mobiler Agenten unterscheiden [Gilbert 1996]: Mobile Skripte und mobile Objekte. Mobile Skripte werden vor ihrer Ausführung an einen anderen Rechner versendet und dort ausgeführt. Im Gegensatz dazu können mobile Objekte jederzeit, also auch an einem beliebigen Punkt während ihrer Ausführung, den Ort wechseln. In diesem Fall muß allerdings nicht nur das eigentliche Objekt übertragen werden, sondern auch dessen momentaner Zustand und Systemumgebung. Mobile Objekte stellen deutlich höhere Anforderungen an die beteiligten Rechnersysteme.

Das dritte Klassifikationskriterium wird durch die Anzahl der an einem System beteiligten Agenten gebildet. Man unterscheidet einzelne Agenten und Multi-Agentensysteme. Einzelne Agenten bewegen sich in einer Umwelt, die keine anderen Agenten enthält. Genauer gesagt, sind sie nicht in der Lage, andere Agenten zu kontaktieren, selbst wenn diese in ihrer Umgebung vorhanden sind. Einzelne Agenten kommunizieren ausschließlich mit ihrem Benutzer und anderen Informationsquellen, wie zum Beispiel Datenbanken. Multi-Agentensysteme bestehen dahingegen aus einer Vielzahl von Agenten, die miteinander kommunizieren oder sogar kooperieren können (vgl. Abschnitt 4.3).

Alle Charakteristika des vorigen Abschnittes lassen sich in den drei Dimensionen der Matrix unterbringen: Reaktivität, Proaktivität, Schlußfolgerung/Lernfähigkeit und Charakter sind Eigenschaften, welche die Intelligenz eines Agenten maßgeblich mitbestimmen. Kommunikationsfähigkeit ist sowohl in einzelnen Agenten als auch in Multi-Agentensystemen notwendig und läßt sich der Kategorie Anzahl an Agenten zuordnen. Die Fähigkeit zur Kooperation betrifft sowohl das Intelligenzkriterium als auch die Anzahl der Agenten. Autonomes Handeln beeinflußt zum einen die Intelligenz und zum anderen die Mobilität eines Agenten. Der Einsatz eines mobilen Agenten ist nur dann sinnvoll, wenn er ein möglichst großes Maß an Autonomie besitzt. Muß er vor jeder Entscheidung bei seinem Benutzer rückfragen und zu diesem Zweck zu dessen Rechner zurückkehren oder eine Nachricht versenden, macht es nur wenig Sinn, denn Rechner des Benutzers überhaupt zu verlassen.

Die im Abschnitt 3.1 eingeführten allgemeinen Aufgabengebiete intelligenter Softwareagenten (Informations-, Kooperations- und Transaktionsagenten) lassen sich den Feldern der Klassifikationsmatrix zuordnen.

Informationsagenten (vgl. Abbildung 3.3/2) besitzen in der Regel nur einen verhältnismäßig geringen Grad an Intelligenz und fallen aus diesem Grund in den Bereich der einfachen Agenten. Es handelt sich außerdem fast immer um einzeln agierende Agenten, da für die Suche nach Informationen keine ausgeprägte Kooperation mehrerer Agenten notwendig ist. Die derzeit existierenden Informationsagenten sind überwiegend stationärer Natur. Allerdings wäre es gerade für Informationsagenten wünschenswert, sie in Form mobiler Agenten zu realisieren. Dies erhöht zum einen ihre Autonomie und führt zum anderen zu einer Verringerung der Netzwerkbelastung. Sobald die für mobile Agenten notwendige Infrastruktur vorhanden ist, ist daher mit einem stark wachsenden Anteil mobiler Informationsagenten zu rechnen.

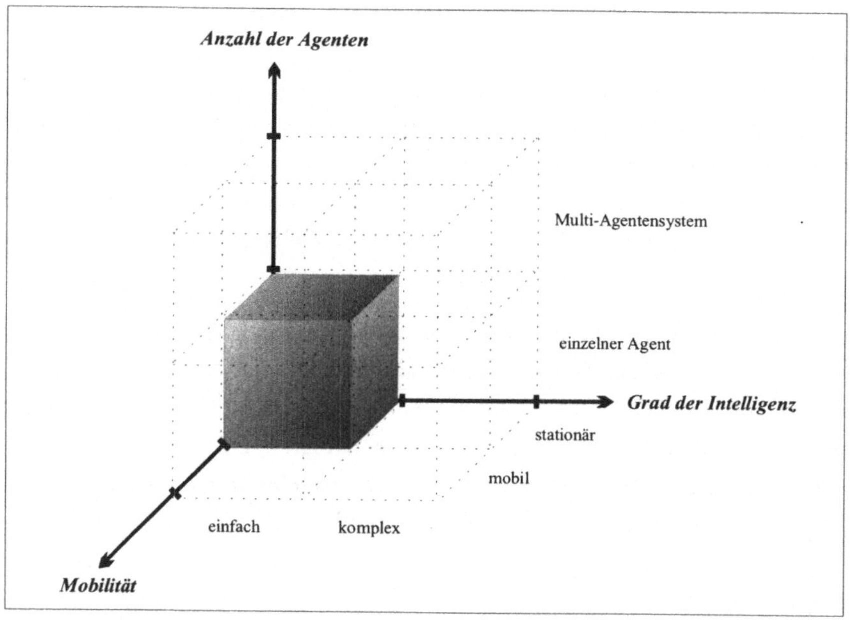

Abbildung 3.3/2: Die Einordnung der Informationsagenten in die Klassifikationsmatrix

Kooperationsagenten müssen einen relativ hohen Grad an Intelligenz besitzen und fallen in den Bereich der komplexen Agenten (vgl. Abbildung 3.3/3). Da sie zwangsläufig in Multi-Agentenumgebungen tätig sind, ist auch das zweite Klassifikationskriterium festgelegt. Mobilität ist nicht zwingend erforderlich, da bei kooperationsorientierten Agentensystemen der eigentliche Problemlösungsprozeß im Vordergrund steht und sie häufig für den Einsatz innerhalb eines Rechnersystems entwickelt und konzipiert sind. Allerdings ist auch an dieser Stelle anzumerken, daß die Mobilität durchaus ein wünschenswertes Kriterium für Kooperationsagenten darstellt. Das bereits vorgestellte Konzept der Agenturen (vgl. Abschnitt 3.2) läßt sich beispielsweise nur mit mobilen Agenten realisieren.

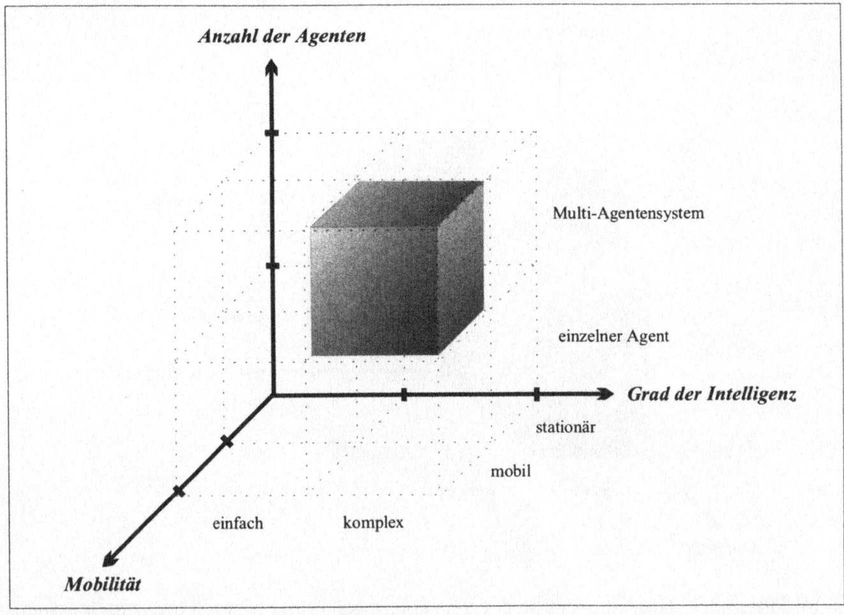

Abbildung 3.3/3: Die Einordnung der Kooperationsagenten in die Klassifikationsmatrix

Transaktionsagenten können sowohl als einzelner Agent als auch in Multi-Agentensystemen zum Einsatz kommen (vgl. Abbildung 3.3/4). Im agenten-basierten elektronischen Handel sind beispielsweise immer mehrere Agenten involviert, die untereinander Transaktionen abschließen. Andererseits sind Agenten zur Überwachung von Transaktionen innerhalb eines Kommunikationsnetzwerkes als Einzelsysteme konzipiert. An die Intelligenz werden keine außerordentlich hohen Anforderungen gestellt; im Vordergrund steht vielmehr die Robustheit der Architektur des Agenten. Eine Ausnahme kann der Einsatz von Transaktionsagen-ten in Multi-Agentensystemen bilden. Finden beispielsweise komplexere Verhand-lungen zwischen mehreren Agenten statt und muß ein Agent in Folge dessen aus-geklügelte Verhandlungsstrategien besitzen, so ist dies mit entsprechenden Anfor-derungen an seine Intelligenz verbunden. Transaktionsagenten können sowohl als stationäre als auch als mobile Agenten realisiert werden. Die Entscheidung ist abhängig vom jeweiligen Anwendungsszenario.

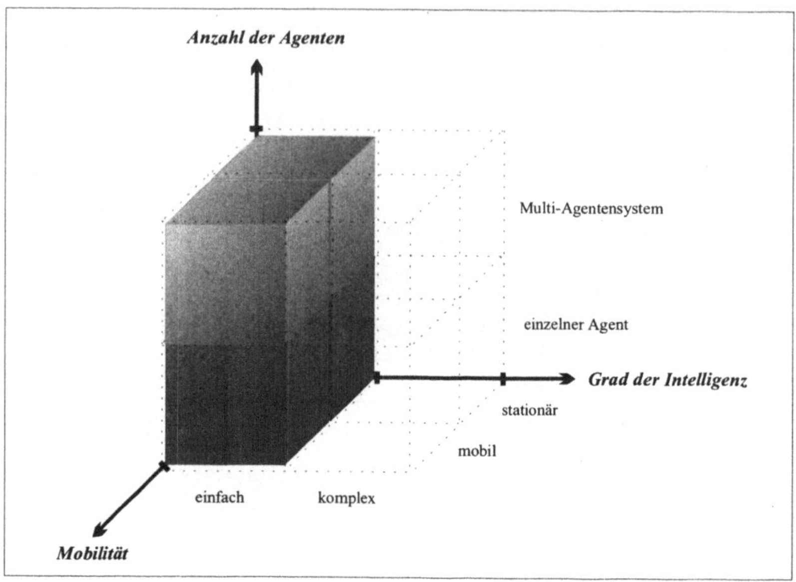

Abbildung 3.3/4: Die Einordnung der Transaktionsagenten in die Klassifikationsmatrix

3.4 Zusammenfassung

Im Bereich der intelligenten Softwareagenten lassen sich die drei allgemeinen Aufgabenbereiche Informations-, Kooperations- und Transaktionsagenten unterscheiden. Bei allen drei Ausprägungen handelt es sich um Softwaresysteme, die für ihre Benutzer bestimmte Aufgaben erledigen und dabei einen Grad an Intelligenz besitzen, der es ihnen ermöglicht, Teile ihrer Aufgaben autonom durchzuführen und mit ihrer Umwelt zu interagieren. Im Unterschied zu klassischen Softwareprogrammen besitzen intelligente Softwareagenten eine Reihe typischer Charakteristika, wie Autonomie, Lernfähigkeit, Reaktivität, Proaktivität, Mobilität, Zielorientiertheit, Kommunikation, Kooperation, Koordination und Charakter. Nicht jeder Agent muß zwangsläufig über alle genannten Eigenschaften verfügen, um als Agent bezeichnet werden zu können. In einer grundlegenden Klassifikationsmatrix lassen sich Agenten und Agentensysteme anhand der drei Klassifikationskriterien Anzahl an Agenten, Grad der Intelligenz und Mobilität unterscheiden. In diese Matrix können sowohl einzelne Agenten als auch die drei allgemeinen Aufgabenbereiche (Informations-, Kooperations-, Transaktionsagenten) eingeordnet werden.

4 Basisbausteine von Agentensystemen[1]

4.1 Einflußgebiete

Bereits im Rahmen der Definition intelligenter Agenten wurde deutlich, daß sich Einflüsse unterschiedlichster Forschungsrichtungen in der Entwicklung eines Agenten widerspiegeln. Die Abbildung 4.1/1 hebt diese Tatsache noch einmal hervor, indem sie die einem Agenten zugeordneten Charakteristika den jeweiligen Einflußgebieten gegenüberstellt.

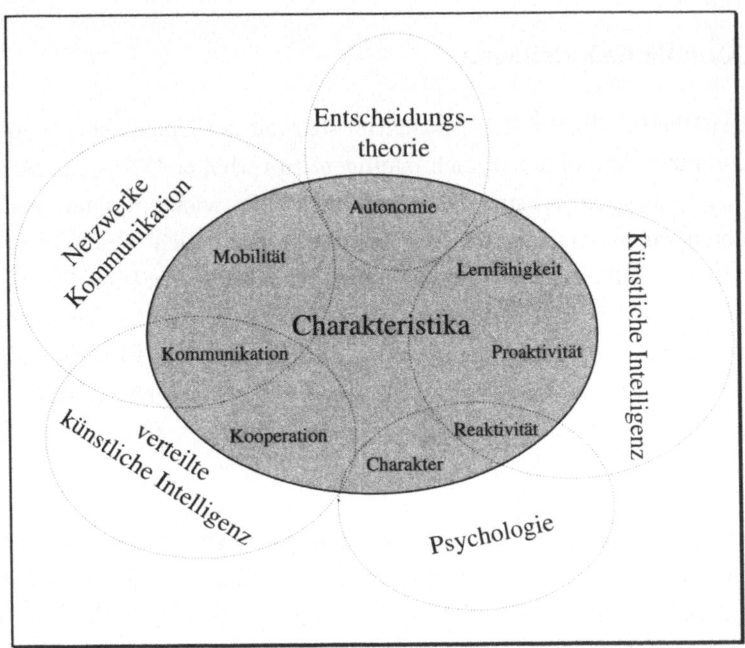

Abbildung 4.1/1: Einflußgebiete

---

[1] Die Abschnitte 4.1 bis 4.5 wurden von Rüdiger Zarnekow, die Abschnitte 4.6 und 4.7 von Hartmut Wittig erstellt.

Wie man erkennt, verbirgt sich hinter nahezu jeder Eigenschaft eine andere wissenschaftliche Disziplin. Reaktivität, Proaktivität und Lernfähigkeit sind klassische Forschungsgebiete der Künstlichen Intelligenz, wobei im Rahmen der Reaktivität auch Erkenntnisse der Kontrolltheorie eine wichtige Rolle spielen. Die verteilte Künstliche Intelligenz beschäftigt sich vor allem mit Fragestellungen der Kommunikation und Kooperation in Multi-Agentensystemen. Die Grundvoraussetzungen zur Mobilität und Kommunikationsfähigkeit eines Agenten schaffen Entwicklungen im Bereich der verteilten Netzwerk- und Kommunikationssysteme. Entscheidungstheoretische Ansätze ermöglichen einem Agenten autonomes Handeln, da sie ihn in die Lage versetzen, selbständig Entscheidungen zu treffen. Mit dem Charakter eines Agenten und zu einem gewissen Grad auch mit seiner Reaktivität beschäftigt sich die Psychologie.

Im folgenden werden die drei wichtigsten Einflußrichtungen näher vorgestellt. Hierbei handelt es sich um die klassische Künstliche Intelligenz, die verteilte Künstliche Intelligenz und die Netzwerk- beziehungsweise Kommunikationssysteme.

4.1.1 Künstliche Intelligenz

Die Künstliche Intelligenz (KI) beschäftigt sich mit der Untersuchung von Ideen, die es Computern ermöglichen, sich intelligent zu verhalten [Winston 1987]. Viele Inhalte der klassischen KI sind daher auch für die Entwicklung intelligenter Softwareagenten interessant, da, wie wir gesehen haben, auch diese ein möglichst intelligentes Verhalten demonstrieren sollten. Konkret beschäftigt sich die KI mit Themen wie der Repräsentation und dem Verstehen von Wissen, Problemlösungsparadigmen, Logik und Theorembeweisen, Sprach- und Bildanalyse oder der Entwicklung von Lernalgorithmen. All diese Forschungsgebiete sind auch für intelligente Softwareagenten durchaus relevant, allerdings gibt es eine Reihe beachtenswerter Unterschiede [Maes 1994b].

- Die klassische KI beschäftigt sich vor allem mit geschlossenen Systemen, deren Interaktion mit der Umwelt verhältnismäßig gering ist. KI-Systeme besitzen zwar durch ihre interne Wissensbasis Kenntnisse über ihre Umwelt, sie sind aber nicht in der Lage, direkt mit dieser zu interagieren. Vielmehr wird dem System durch einen speziell geschulten Benutzer die jeweilige Umwelt- beziehungsweise Problemsituation übermittelt, häufig in einer nur für Experten verständlichen Symbolik. Die vom System ermittelte Lösung wiederum muß von einem Experten interpretiert und umgesetzt werden. Diese bestenfalls als indirekte Kommunikation zu bezeichnende Interaktion zwischen KI-System und Umwelt findet somit ausschließlich über einen menschlichen Experten statt. Agenten müssen im Gegensatz dazu direkt mit ihrer Umwelt kommunizieren und interagieren können. Da sie häufig in sehr dynamischen Umgebungen zum Einsatz kommen, müssen sie in der Lage sein, Änderungen direkt und mit möglichst geringem Zeitverzug wahrzunehmen. Auch für die Lösung komplexer Problemstellungen ist eine direkte Kommunikation mit anderen Agenten notwendig.

- Systeme der klassischen KI besitzen in der Regel sehr komplexes, tiefgehendes Wissen innerhalb eines eng begrenzten Fachgebietes. Intelligente Agenten setzen sich dahingegen häufig aus vielen, weniger komplexen Modulen zusammen. Die Gesamtintelligenz eines Agentensystems wird durch die Zusammenarbeit vieler einfacher Agenten gebildet und nicht durch die Entwicklung einzelner hoch komplexer Systeme. Ein weiterer zu berücksichtigender Faktor äußert sich in der Tatsache, daß ein Agent auch von ungeschulten Benutzern bedient werden muß. Komplizierte Eingabemechanismen und komplexe Verfahren zur Wissens- beziehungsweise Problemübermittlung sind aus diesem Grund nicht praktikabel.

- Traditionelle KI-Systeme verwenden fest definierte Mechanismen zur Wissensrepräsentation, mit Hilfe derer sie spezielle Aufgabenstellungen bearbeiten und lösen können. Allerdings sind die meisten ihrer Komponenten statischer Natur, weshalb die Problemstellung im vorhinein bekannt sein muß. Die dynamische Änderung von Zielen während des Programmablaufs, zum Beispiel auf Grund neuer Umweltsituationen, ist in der Regel nicht möglich. Intelligente Agenten wählen einen genau entgegengesetzten Ansatz. Ihre interne Struktur muß auf dynamische Umgebungen ausgelegt sein. Nur so ist es ihnen möglich, selbständig neue Problemstellungen und Ziele zu formulieren (Proaktivität), die nicht zwangsläufig seitens ihres Benutzers vorgegeben wurden.

Die Kombination dieser Gründe führt zu der Erkenntnis, daß die traditionelle KI zwar zur Lösung einer Reihe von Problemen bei der Entwicklung intelligenter Agenten beitragen kann, daß sie aber nur bedingt in der Lage ist, wesentliche Anstöße zur Verbesserung seiner zentralen Komponenten und Aufgaben zu liefern.

4.1.2 Verteilte Künstliche Intelligenz

Die verteilte Künstliche Intelligenz (VKI) versucht, die Defizite der klassischen
KI in Bezug auf die Entwicklung intelligenter Agenten auszugleichen. Sie beschäftigt sich mit dem Entwurf verteilter, interagierender Systeme und den dabei
auftretenden Fragestellungen. Die Schwerpunkte liegen dementsprechend in der
Entwicklung von Organisationsstrukturen, Problemlösungsstrategien sowie Ko-
operations- und Koordinationsmechanismen für eine Menge verteilter, wissensbasierter Problemlösungsmodule. In Analogie zum menschlichen Problemlösungsprozeß spricht man innerhalb der VKI auch von Teams menschlicher Experten, die durch eine konstruktive Zusammenarbeit Problemstellungen lösen können,
welche auf Grund ihrer Komplexität die Fähigkeiten jedes einzelnen Teammit-
gliedes übersteigen.

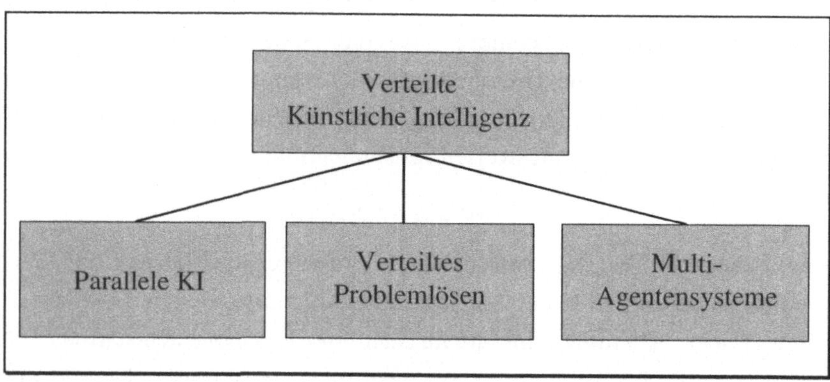

Abbildung 4.1/2: Teilgebiete der verteilten Künstlichen Intelligenz
[Bond/Gasser 1988]

Eine weit verbreitete Klassifikation der VKI wurde 1988 von Bond/Gasser entwickelt und unterscheidet die drei wesentlichen Teilgebiete parallele KI, verteiltes
Problemlösen und Multi-Agentensysteme (vgl. Abbildung 4.1/2) [Bond/Gasser
1988]. Im Rahmen der parallelen KI wird in erster Linie untersucht, inwieweit
sich komplexe Problemstellungen allein durch deren Verteilung auf eine größere
Zahl von Ressourcen beschleunigen lassen. Mit Hilfe verteilter Hard- und Software versucht man, traditionelle KI-Systeme in eine Reihe paralleler Prozesse zu
unterteilen und dementsprechend zu beschleunigen. Verteilte Problemlösungsstrategien oder Kooperations- und Koordinationsmechanismen spielen in diesem

Zusammenhang nur eine untergeordnete Rolle, weshalb der parallelen KI für die Entwicklung intelligenter Agenten keine größere Bedeutung zukommt.

Im Rahmen des verteilten Problemlösens versucht man, Lösungsansätze auf die Frage zu finden, in wie weit komplexe Probleme durch die Aufteilung auf miteinander kooperierende Module, die ihr Wissen untereinander austauschen, gelöst werden können. Im Gegensatz zur parallelen KI steht bei diesem Ansatz eindeutig der Kooperationsaspekt im Vordergrund. Der im Rahmen des verteilten Problemlösens gewählte Lösungsprozeß besteht aus den drei Einzelschritten Problemzerlegung, Lösung der Teilprobleme durch unabhängige Module und Zusammenführung der Teillösungen zu einer Gesamtlösung (vgl. Abschnitt 4.3.2). Jedes Modul bearbeitet das ihm zugewiesene Teilproblem und kann dazu auch das Wissen anderer Module in Anspruch nehmen. Als anspruchsvolle Aufgabe erweist sich die Entwicklung von Algorithmen, mit Hilfe derer sich Probleme sinnvoll zerlegen und aufteilen lassen und eine zielorientierte Kooperation der einzelnen Module ermöglicht wird. Die Algorithmen und Vorgehensmodelle des verteilten Problemlösens beruhen auf der Grundannahme, daß die innerhalb des Gesamtsystems agierenden Agenten von einem zentralen Entwickler konzipiert werden [Green et al. 1997]. Sie verfolgen somit stets miteinander harmonierende Ziele, da für ihren Entwickler die Effizienz des Gesamtsystems im Vordergrund steht und die Agenten entsprechend gestaltet sind. Aus diesem Grund kann man davon ausgehen, daß alle Agenten kooperationswillig sind, was in der Fachsprache auch als 'benevolent agent assumption' bezeichnet wird.

Verteiltes Problemlösen erfordert eine zu Beginn der Entwicklung bekannte Problemstellung. Nur so kann eine entsprechende Anzahl von Modulen konzipiert und die Bearbeitung der Teilprobleme durch Experten sichergestellt werden. Man spricht in diesem Zusammenhang von einer Top-Down Vorgehensweise, da das zu entwerfende System speziell für das anstehende Problem konzipiert wird. Der dritte Bereich der VKI, die Multi-Agentensysteme, wählen in dieser Hinsicht einen entgegengesetzten Ansatz. Sie erweitern existierende Agenten um Fähigkeiten der Kommunikation und Interaktion; es handelt sich also um einen Bottom-Up Prozeß. Der Vorteil liegt in der Tatsache, daß Multi-Agentensysteme auch bei der Systementwicklung noch nicht vorhergesehene Probleme lösen können. Sie sind eben nicht für eine spezielle Aufgabe entwickelt, sondern ganz allgemein für das gemeinsame Lösen von Problemen konzipiert worden. Anstatt sich primär auf die Zerlegung von Problemen zu konzentrieren, liegt der Schwerpunkt der Multi-Agentensysteme in der Gestaltung der eigentlichen Agenten. Dementsprechend stehen in diesem Bereich Themen wie Konflikterkennung und -auflösung, die

Erzeugung widerspruchsfreier Zielsysteme und das strategische Verhalten von Agenten im Vordergrund [Kirn 1996].

Im Gegensatz zum verteilten Systemlösen werden die Agenten eines Multi-Agentensystems in der Regel von unterschiedlichen Personen entwickelt und in das Gesamtsystem miteingebracht. Es kann daher nicht grundsätzlich davon ausgegangen werden, daß alle Agenten an der möglichst effizienten Erreichung eines Gesamtziels interessiert sind. Vielmehr werden in der Realität miteinander in Konflikt stehende Ziele bestehen, und für jeden Agent eines Multi-Agentensystems wird die Erfüllung seines speziellen Ziels im Vordergrund stehen. Die 'benevolent agent assumption' trifft in diesem Fall nicht zu.

Die VKI hat eine Reihe konkreter Paradigmen und Lösungsansätze hervorgebracht. Hierzu zählen insbesondere das Blackboard-Prinzip, das Kontraktnetz-System und das Verfahren des Partial Global Planning. Alle drei Verfahren werden im Abschnitt 4.3 ausführlich vorgestellt, weshalb an dieser Stelle nur eine kurze Einordnung erfolgt. Ein Blackboard bietet verteilten Problemlösungsmodulen einen gemeinsamen Datenbereich, auf dem sie alle notwendigen Informationen ablegen können. Die Kommunikation der Module, der Austausch von Wissen und die Sammlung von Teillösungen geschieht ausschließlich über das Blackboard. Die Koordination im Rahmen des Kontraktnetz-Systems geschieht mittels eines speziellen Verfahrens, welches es den an der Lösung eines Problems beteiligten Modulen ermöglicht, die Aufteilung der einzelnen Teilprobleme auf möglichst effiziente Art und Weise vorzunehmen. Jedes Modul kann seine Dienste zur Lösung derjenigen Teilprobleme anbieten, für die es sich in besonderem Maße geeignet hält. Ein mit entsprechenden Befugnissen ausgestattetes Manager-Modul wählt unter allen interessierten Modulen dasjenige aus, welches es für das qualifizierteste hält. Auf diese Weise erreicht man, daß jedes Teilproblem in kürzester Zeit gelöst und das vorhandene Wissen des Gesamtsystems auf optimale Weise genutzt wird. Beim Partial Global Planning übernimmt jedes Modul die alleinige Verantwortung für die Lösung seines Teilproblems. Es hat dabei jedoch Einblick in die Kommunikations- und Interaktionsprozesse zwischen allen Modulen des Systems und kann daraus entsprechende Rückschlüsse auf seine eigene Situation ziehen.

Innerhalb der VKI, insbesondere im Bereich der Multi-Agentensysteme, sind vor allem drei prinzipielle Fragestellungen von Interesse, die auch die Struktur dieses Buches mitbestimmen [Müller 1993]:

- Was sind intelligente Agenten und wie unterscheiden sie sich von herkömmlichen Software-Modulen (vgl. Abschnitte 4.3 und 4.2)?

- Welche Möglichkeiten der Zusammenarbeit lassen sich für Systeme aus mehreren Agenten finden (vgl. Abschnitte 4.3 und 4.4)?

- Für welche Anwendungsfelder eignen sich Agentensysteme, das heißt welche Problemstellungen lassen sich mit Hilfe intelligenter Agenten effizient lösen (vgl. Abschnitt 4.6)?

Auf alle drei Fragen bietet die VKI erste Antworten, wobei vor allem in bezug auf die letzten beiden Punkte die Entwicklungen bei weitem nicht als abgeschlossen betrachtet werden können. Im Unterschied zur klassischen KI definiert die VKI einen Agenten nicht als ein durch das bloße Zusammenfügen klassischer KI-Module (Wissensbasis, Lernmodul, Kommunikationsmodul) erzeugtes Software-programm. Vielmehr macht sie deutlich, daß bei der Entwicklung intelligenter Agenten andere Schwerpunkte gesetzt werden müssen und im Notfall auf den Einsatz klassischer KI-Komponenten vollständig verzichtet werden muß. Hervorgegangen aus dieser Diskussion ist in erster Linie die heute übliche Unterteilung intelligenter Agenten in reaktive und deliberative Agenten (vgl. Abschnitt 4.2.1). Reaktive Agenten besitzen keine explizite interne Wissensrepräsentation. Sie reagieren auf bestimmte, fest definierte Ereignisse, indem sie mit Hilfe von Sensoren ihre Umwelt überwachen und nach bestimmten, mit ihren internen Erkennungsmustern übereinstimmenden, Umweltsituationen Ausschau halten. Tritt eine ihnen bekannte Umweltsituation ein, wird der dieser Situation zugeordnete Handlungsalgorithmus ausgeführt und auf diese Weise eine Reaktion des Agenten hervorgerufen. Im Gegensatz zu reaktiven Agenten sind deliberative Agenten mit explizitem Wissen über ihre Umgebung ausgestattet. Ein deliberativer Agent ist also nicht auf die bloße Wahrnehmung von Umweltänderungen angewiesen, sondern kann auf Grund seines internen Wissens selbständig Schlüsse bezüglich seiner Umwelt ziehen.

Ist man sich über die grundlegende Architektur eines intelligenten Agenten im klaren, so gilt es in einem zweiten Schritt, Aussagen über die unterschiedlichen Möglichkeiten zur Zusammenarbeit innerhalb eines aus mehreren Agenten bestehenden Systems zu treffen. Im Vordergrund stehen dabei Fragestellungen zur Organisationsform, zur Kommunikation, aber auch zur Kooperation und Koordination. Ähnlich wie in menschlichen Arbeitsgruppen sind auch in Multi-Agentensystemen unterschiedliche Organisationsformen, zum Beispiel hierarchische, gleichberechtigte, selbstorganisierende oder marktorientierte Strukturen, denkbar. Die Kommunikation erfolgt entweder über Blackboards oder durch den direkten Austausch von Nachrichten. In Sonderfällen sind auch Agentensysteme ohne jegliche Kommunikation vorstellbar [Rosenschein et al. 1986]. Auf der durch die Kommunikationsfähigkeit gebildeten Basis bauen die Kooperations- und Koordinationsstrategien auf. Sie bilden eine der wesentlichen Fähigkeiten von Multi-Agentensystemen und entscheiden letztendlich über den möglichen Komplexitätsgrad der zu lösenden Problemstellungen.

Die für den praktischen Einsatz zentrale Fragestellung besteht in der Definition sinnvoller Anwendungsfelder und -szenarien für intelligente Agenten. Auch an dieser Stelle hat die VKI eine Reihe von Erkenntnissen eingebracht, welche sich vor allem mit der Ermittlung der für Agentensysteme besonders geeigneten Problemstellungen befassen. Es ist allerdings festzustellen, daß viele der in der Praxis entstandenen Anwendungsfelder intelligenter Agenten nicht durch die Erkenntnisse der VKI sondern primär auf Grund der Anforderungen der Benutzer und der Strukturen der heutigen Informationslandschaft entstanden sind.

4.1.3 Netzwerke und Kommunikationssysteme

Neben den Erkenntnissen der KI/VKI spielen vor allem Entwicklungen im Bereich der Netzwerke und Kommunikationssysteme eine zentrale Rolle bei der Gestaltung intelligenter Agenten. Nahezu jeder Agent oder jedes Multi-Agentensystem ist zur Erfüllung seiner Aufgaben auf die Existenz einer funktionsfähigen Netzwerkinfrastruktur angewiesen. Benötigt ein Agent beispielsweise eine bestimmte Information, über die er nicht selber verfügt und die auf seinem derzeitigen Rechnersystem nicht vorhanden ist, so kann er über ein Kommunikationsnetzwerk auf entfernte Informationsressourcen zugreifen. Auch die Kontaktaufnahme mit anderen Agenten erfolgt in der Regel über ein Netzwerk, da es sich bei Multi-Agentensystemen häufig um verteilte Systeme handelt, deren einzelne Komponenten, das heißt Agenten, auf verschiedenen Rechnern aktiv sind.

Die beiden beschriebenen Szenarien Informationsbeschaffung und Inter-Agentenkommunikation stellen die klassischen Nutzungsszenarien eines Netzwerkes dar. Im Bereich der intelligenten Agenten kommt ein weiterer wichtiger Aspekt hinzu. Ein mobiler Agent nutzt das ihm zur Verfügung stehende Kommunikationsnetzwerk, um sich selbst zwischen verschiedenen Punkten innerhalb des Netzwerkes umherzubewegen. Die Netzwerkübertragung eines kompletten Programmobjektes während dessen Laufzeit ist in klassischen Softwareanwendungen nahezu unbekannt. Für den mobilen Agenten bedeutet dies, daß die Funktionalität und Zuverlässigkeit des Kommunikationsmediums für ihn von existentieller Bedeutung ist.

Die Kommunikationsansprüche und -fähigkeiten intelligenter Agenten sind der zentralen Bedeutung des Netzwerkes entsprechend hoch. So sollte ein Agent ein Kommunikationsnetzwerk nicht rein passiv betrachten, wie dies herkömmliche Anwendungssysteme in der Regel tun, sondern dessen Zustand aktiv verfolgen und auf Änderungen selbständig reagieren können. [Ranganathan et al. 1996] sprechen in diesem Zusammenhang von 'netzwerk-bewußten' (engl. network-aware) Systemen. Ein mobiler Agent muß beispielsweise das von ihm genutzte Netzwerk ständig auf Veränderungen bezüglich der Bandbreite bestimmter Teilverbindungen oder der konkreten Anzahl erreichbarer Rechnersysteme überwachen. Stellt er fest, daß ein bestimmter Rechner nicht mehr dem Netzwerkverbund angehört, oder daß eine bestimmte Übertragungsstrecke temporär überlastet ist, so muß der mobile Agent dies in seinen Planungen entsprechend berücksichtigen. Auf Grund der zentralen Bedeutung des Netzwerkes für seine Tätigkeit reicht es nicht aus, sich passiv auf die Funktionalität anderer Komponenten, zum Beispiel eines Routers, zu verlassen.

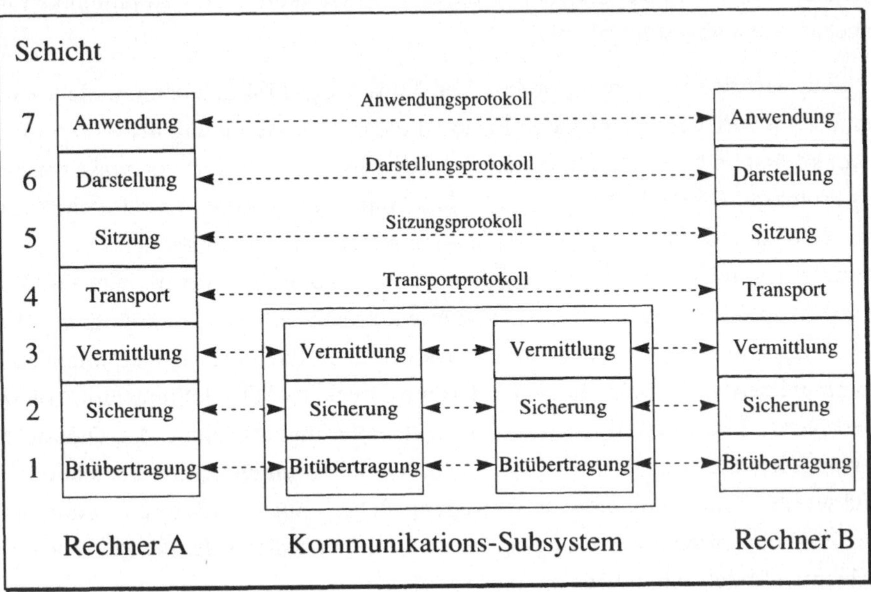

Abbildung 4.1/3: OSI-Schichtenmodell [Tanenbaum 1989]

Um Agenten von den implementierungsspezifischen Details eines Kommunikationsnetzwerkes loszulösen, setzen auch sie auf einem Mehrschichtenmodell, wie beispielsweise dem in Abbildung 4.1/3 dargestellten siebenschichtigen Open Systems Interconnection (OSI) Modell der International Standards Organization (ISO), auf. Innerhalb des OSI-Modells stellt jede Schicht der darüberliegenden Schicht eine bestimmte Menge von Diensten zur Verfügung. Die Bitübertragungsschicht bietet zum Beispiel der Sicherungsschicht einen Dienst zur Übertragung einzelner Bits über einen Kommunikationskanal an. Die Sicherungsschicht muß sich also nicht mehr selbst um die Übergabe und Umsetzung eines Bits an die Netzwerkkarte des Systems kümmern, sondern kann zu diesem Zweck den von der Bitübertragungsschicht zur Verfügung gestellten Dienst nutzen.

Die Sicherungsschicht wiederum bietet der nächsthöheren Schicht, in diesem Fall der Vermittlungsschicht, einen Dienst zur sicheren Übertragung einer Datenreihe (engl. data frame) an. Während der Sicherungsschicht also nur Dienste zur Übertragung einzelner Bits zur Verfügung stehen, kann die Vermittlungsschicht bereits einen deutlich komfortableren Dienst zur Übertragung ganzer Datenpakete nutzen. Dieser zunehmende Abstraktionsgrad setzt sich in jeder höheren Schicht fort, bis schließlich auf der Anwendungsschicht Funktionen wie Email, Dateitransfer oder Verzeichnisdienste implementiert werden können, die nahezu vollständig von den Details der Netzwerkinfrastruktur und Kommunikationsmechanismen abgeschirmt sind.

Eine wichtige Rolle beim praktischen Einsatz des OSI-Schichtenmodelles stellen die zur Verfügung stehenden Protokolle dar (vgl. Abbildung 4.1/3). Zwischen zwei korrespondierenden Schichten des OSI-Modelles existiert ein exakt definiertes Protokoll. Dieses legt fest, wie die Kommunikation zweier, auf einer bestimmten Schicht aufsetzenden, Anwendungen, unter Zuhilfenahme der Dienste der darunterliegenden Schicht, zu gestalten ist. Erst durch die Existenz von Protokollen wird somit die Verständigung zweier entfernter Anwendungen möglich. Wollen beispielsweise zwei Programmobjekte der Darstellungsschicht miteinander kommunizieren, so steht ihnen zu diesem Zweck das Darstellungsprotokoll zur Verfügung. Das Darstellungsprotokoll legt, unter Zuhilfenahme der Dienste der Sitzungsschicht, fest, nach welcher Prozedur die Kommunikation abzulaufen hat und welche Funktionalitäten zur Verfügung stehen. Eine detaillierte Einführung in das Funktionsprinzip des OSI-Schichtenmodells und die Aufgaben der einzelnen Schichten findet sich in [Tanenbaum 1989].

Für intelligente Agenten, die in der Regel innerhalb der Anwendungsschicht angesiedelt sind, besitzen die zur Verfügung stehenden Anwendungsprotokolle eine besondere Bedeutung. Deshalb wird in agentenbasierten Systemen häufig die Anwendungsschicht selbst noch einmal in mehrere Schichten, mit unterschiedlichen Abstraktionsgraden, unterteilt. Ein Beispiel hierfür bildet die in Abschnitt 4.2.2.3 vorgestellte Basissoftware mobiler Agenten, die Protokolle und Komponenten für alle, über die üblichen Kommunikationsmechanismen hinausgehenden, agentenspezifischen Funktionalitäten in Form mehrerer Schichten bereitstellt.

Intelligente Agenten und Multi-Agentensysteme sind in der Regel als Client-Server-Systeme realisiert. In der klassischen Client-Server-Architektur bietet ein Rechner, der Server, bestimmte Dienste an, die von einem oder mehreren anderen Rechnern, den Clients, in Anspruch genommen werden. In Agentensystemen ist diese starre Aufteilung nicht sinnvoll. Vielmehr wechselt die Rolle eines Agenten je nach Situation. So kann ein Agent zu einem Zeitpunkt Dienste anbieten, das heißt die Rolle eines Servers einnehmen, und zu einem anderen Zeitpunkt Dienstleistungen nachfragen und somit als Client fungieren. Auch die gleichzeitige Funktion als Client und Server ist denkbar. Hinzu kommt, daß Agenten, auf Grund ihres Autonomie-Merkmals niemals mit klassischen Servern gleichzusetzen sind. Denn selbst wenn ein Agent als Server dient, so ist er nicht ein rein passiver Dienstleister, wie die Server innerhalb eines klassischen Client-Server-Systems, sondern kann stets entscheiden, ob er seine Rolle weiterspielen oder ändern möchte. Auch das Dienstangebot kann von einem Agenten wesentlich dynamischer und individueller gestaltet werden. Aufbauend auf den Konzepten der klassischen Client-Server-Systeme sind aus diesen Gründen in Agentensystemen weiterführende Kommunikationsmechanismen zu implementieren.

4.2 Architektur

Ziel dieses Abschnittes ist es, die zentralen architektonischen Komponenten sowie die unterschiedlichen Gestaltungsmöglichkeiten intelligenter Agenten vorzustellen. Erschwert wird diese Aufgabe durch die Einflüsse der bereits diskutierten Forschungsrichtungen, die sich auch in der Agentenarchitektur widerspiegeln. Eine Minimalsicht besteht in der Betrachtung eines Agenten als Black-Box System, in Anlehnung an das allgemein bekannte Modell für Softwaremodule (vgl. Abbildung 4.2/1).

Beim Black-Box Ansatz erhält ein Agent eine Menge von Eingaben, die er über eine Wahrnehmungskomponente aufnimmt. Er verarbeitet diese Eingaben unter Zuhilfenahme seiner Intelligenz und erzeugt eine Ausgabe, üblicherweise in Form ausgelöster Aktionen. Im Unterschied zum klassischen EVA (Eingabe-Verarbeitung-Ausgabe) Prinzip der Datenverarbeitung muß ein Agent über intelligente Verarbeitungsmechanismen verfügen. Denn nur mit Hilfe seiner Intelligenz kann er den wesentlichen Charakteristika eines Agenten, wie Autonomie, Kooperation oder Proaktivität, gerecht werden und sich von herkömmlichen Softwareprogrammen unterscheiden.

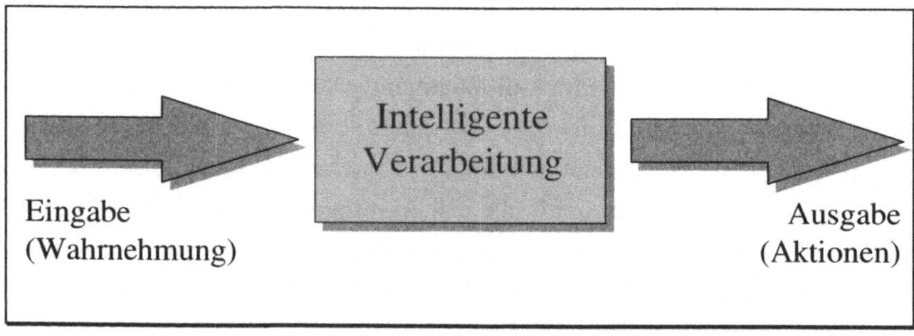

Abbildung 4.2/1: Agent als Black-Box (in Anlehnung an [Müller 1996])

Die Repräsentation eines Agenten als Black-Box wird allen wissenschaftlichen Disziplinen gerecht, da das Modell allgemein genug gehalten ist, um die speziellen Anforderungen aller zu erfüllen. Aus architektonischer Sicht bietet es aber nur sehr rudimentäre Informationen bezüglich des konkreten inneren Aufbaus eines intelligenten Agenten. Abbildung 4.2/2 geht einen Schritt weiter und macht die in einem Agenten ablaufenden Arbeitsprozesse in einer Form deutlich, die später als erster Anhaltspunkt für die Entwicklung konkreter aufgabenspezifischer Module und Komponenten genutzt werden kann. Zur Kommunikation und Kooperation mit seiner Umwelt besitzt ein Agent ein oder mehrere Interaktionsmodule. Die Umwelt eines Agenten kann aus anderen Agenten, menschlichen Benutzern oder beliebigen Informationsquellen bestehen. In der Regel steht für jeden Typ eines Umweltobjektes ein eigenes Interaktionsmodul zur Verfügung, das speziell auf die Fähigkeiten und Besonderheiten des jeweiligen Interaktionspartners angepaßt ist. Über die Interaktionsmodule nimmt der Agent zum einen Informationen und Änderungen innerhalb seiner Umwelt wahr, löst aber zum anderen auch seine eigenen Aktionen aus. Die Interaktionsmodule stellen also sowohl seine Eingabe- als auch seine Ausgabeschnittstelle dar.

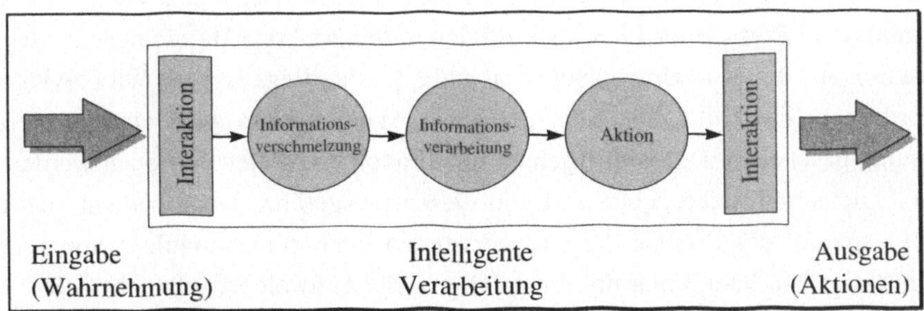

Abbildung 4.2/2: Arbeitsprozesse eines intelligenten Agenten

Die zentrale Aufgabe der meisten Agenten besteht nicht darin, mit der Umwelt zu interagieren, sondern vielmehr, die wahrgenommenen Informationen zu verarbeiten, zu interpretieren und zur Verfolgung der eigenen Ziele zu nutzen. Zu diesem Zweck müssen in einem ersten Schritt alle eingehenden Informationen auf sinnvolle Art und Weise integriert und in die Wissensbasis des Agenten aufgenommen werden. Dieser Prozeß ist in der Abbildung als Informationsverschmelzung bezeichnet. Besondere Bedeutung kommt der Informationsverschmelzung immer dann zu, wenn Wahrnehmungen aus verschiedenen Interaktionsmodulen eintreffen, die unter Umständen widersprüchlich sind oder in unterschiedlichen Repräsentationsformen vorliegen. Beispielsweise können sich die durch einen menschlichen Benutzer gelieferten Informationen von denen eines anderen Agenten sowohl formell als auch inhaltlich unterscheiden, obwohl sie sich unter Umständen auf dieselbe Thematik beziehen. Im Rahmen des Informationsverschmelzungsprozesses müssen derartige Inkonsistenzen erkannt und beseitigt werden.

Sind die neuen externen Informationen durch den Agenten aufgenommen, so können diese in einem nächsten Schritt verarbeitet werden. Der Verarbeitungsprozeß bildet die zentrale Komponente eines Agenten, da sich in ihm die eigentliche Funktionalität des Agenten widerspiegelt. Ziel der Informationsverarbeitung ist es, die vorhandenen Daten zu interpretieren und konkrete Handlungspläne zu entwickeln. Da jeder Agent ein bestimmtes Ziel verfolgt, müssen im Rahmen der Interpretation die Auswirkungen neuer Umweltsituationen auf die internen Ziele festgestellt werden. Sind Auswirkungen erkennbar, ergibt sich für den Agenten ein konkreter Handlungsbedarf. Die neue Umweltsituation bietet ihm dabei entweder die Möglichkeit, seinem Ziel einen Schritt näher zu kommen, oder konfrontiert ihn mit einem Problem, welches der Erreichung seines Zieles im Wege steht, und welches es aus diesem Grund zu lösen gilt. Der Agent kann seine Erkenntnisse in Form eines Planes spezifizieren, der konkrete Handlungsschritte zur Reaktion auf die neue Umweltsituation enthält. Allerdings ist dies nicht zwingend erforderlich, das heißt eine Reaktion eines Agenten kann auch ohne vorherige Planung geschehen. Die vom Agenten für sinnvoll erachteten Aktionen werden an das Aktionsmodul übergeben und von diesem ausgeführt. Dazu bedient sich das Aktionsmodul der Dienste der entsprechenden Interaktionsmodule, wann immer eine Aktion die Interaktion mit einem Objekt der Umwelt erforderlich macht. Die Überwachung der Ausführung fällt ebenfalls in den Aufgabenbereich des Aktionsmoduls.

Nicht alle Aktionen eines Agenten müssen zwangsläufig die Reaktion auf neue Umweltsituationen darstellen. Vielmehr kann ein Agent auch proaktiv handeln und selbständig neue Pläne erstellen. Weis ein Agent beispielsweise, daß eine für ihn wichtige Informationsabfrage nur zu einem bestimmten Zeitpunkt gestartet werden kann, so kann er diese selbständig am vorgesehenen Termin ausführen und zwar ohne auf das Eintreffen einer bestimmten Umweltsituation warten zu müssen. Voraussetzung hierzu ist eine interne Repräsentation der Umwelt des Agenten, in diesem Fall das Wissen, daß der entsprechende Informationsanbieter nur zu einer fest definierten Uhrzeit kontaktiert werden kann. Diese Erkenntnis führt direkt zu der zentralen Unterscheidung zwischen deliberativen und reaktiven Agenten, die im folgenden ausführlich diskutiert wird.

4.2.1 Deliberative und Reaktive Agenten

Deliberative Agenten setzten die Tradition der klassischen KI fort, indem sie ein explizites symbolisches Modell der Umwelt und die Fähigkeit zur logischen Schlußfolgerung als Grundlage für intelligentes Handeln voraussetzen. Die Modellierung der Umwelt geschieht dabei in der Regel vorab und bildet die wesentliche Komponente der Wissensbasis eines Agenten. Schwierig gestaltet sich insbesondere der eigentliche Übersetzungsvorgang und die Wahl einer geeigneten Repräsentationssprache. Es muß eine Vorgehensweise gefunden werden, die mit vertretbarem Aufwand ein korrektes, inhaltlich ausreichendes internes Modell der Umwelt des Agenten erstellt und dabei eine Repräsentationsform wählt, die ein ausreichendes Maß an Modellierungsfunktionalität bereitstellt. Auf Grund der hohen Komplexität derartiger Repräsentationen sind deliberative Agenten nur bedingt für den Einsatz in dynamischen Umgebungen geeignet. Sie sind nur schwer in der Lage, während ihrer Ausführung neue Informationen oder Erkenntnisse bezüglich ihrer Umwelt in ihr bestehendes Umweltmodell einzufügen, da ihnen dazu in der Regel das notwendige Wissen und die notwendigen Ressourcen fehlen.

Das neben dem internen symbolischen Umweltmodell zweite wesentliche Merkmal eines deliberativen Agenten besteht in seiner Fähigkeit zur logischen Schlußfolgerung. Im Rahmen des Schlußfolgerungsprozesses verwendet der Agent das in seinem Umweltmodell enthaltene Wissen, um seinen internen Zustand zu modifizieren. Dieser interne Zustand wird häufig auch als mentaler Zustand bezeichnet und setzt sich aus den drei Grundkomponenten Überzeugungen (engl. belief), Wünschen (engl. desire) und Intentionen (engl. intention) zusammen [Rao/Georgeff 1995]. Deliberative Agenten werden daher häufig auch als BDI (belief, desire, intention) Agenten bezeichnet.

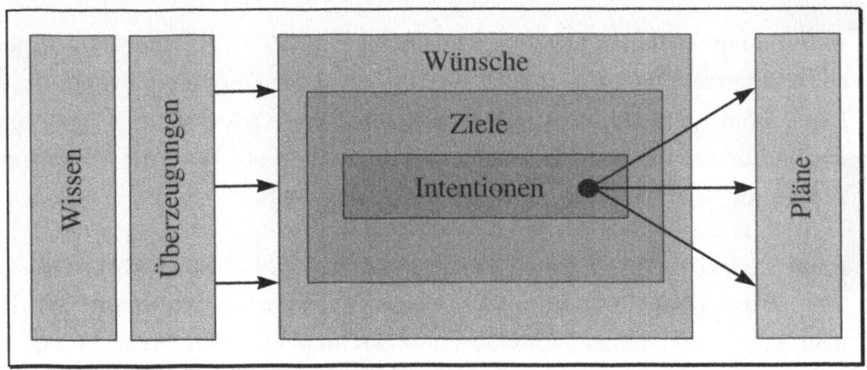

Abbildung 4.2/3: BDI Struktur (in Anlehnung an [Rao/Georgeff 1995])

Neuere Ansätze erweitern den klassischen BDI Ansatz um die Faktoren Ziele (engl. goal) und Pläne (engl. plan), wodurch man die fünf, den mentalen Zustand eines deliberativen Agenten ausmachenden, Faktoren erhält (vgl. Abbildung 4.2/3) [Müller 1996].

- **Überzeugungen** enthalten die grundlegenden Ansichten eines Agenten bezüglich seiner Umwelt. Mit ihrer Hilfe drückt der Agent insbesondere seine Erwartungen über mögliche zukünftige Umweltzustände aus.

- **Wünsche** leiten sich direkt aus den Überzeugungen ab. Sie beinhalten die Beurteilungen zukünftiger Umweltsituationen aus der Sicht des Agenten. Ein Agent kann beispielsweise den Wunsch besitzen, daß ein bestimmter, in seinen Überzeugungen enthaltener, zukünftiger Umweltzustand eintritt und ein anderer nicht. Durch die Formulierung von Wünschen trifft ein Agent noch keine Aussage darüber, inwieweit diese überhaupt realistisch sind. So kann ein Agent durchaus einen unrealistischen Wunsch besitzen, obwohl er weis, daß er diesen sehr wahrscheinlich niemals erfüllen kann. Auch miteinander in Konflikt stehende oder nicht miteinander vereinbare Wünsche sind möglich.

- **Ziele** stellen diejenige Untermenge der Wünsche eines Agenten dar, an deren Erfüllung er prinzipiell arbeiten könnte. Im Gegensatz zu seinen Wünschen sollten die Ziele eines Agenten daher realistisch gesteckt sein und auch nicht in Konflikt zueinander stehen. Die Ziele bilden den potentiellen Handlungsspielraum eines Agenten, da sie die zur Verfügung stehenden Handlungsalternativen zu einem bestimmten Zeitpunkt darstellen.

- **Intentionen** wiederum sind eine Untermenge der Ziele. Beschließt ein Agent, ein bestimmtes Ziel zu verfolgen, so wird aus dem Ziel eine Intention. In der Regel kann ein Agent nicht gleichzeitig alle Ziele verfolgen, da er nicht über die hierfür notwendigen Ressourcen verfügt. Er muß daher die anstehenden Ziele priorisieren und ihrer Wichtigkeit nach angehen.

- **Pläne** fassen die Intentionen eines Agenten zu konsistenten Einheiten zusammen. Dabei besteht ein enger Zusammenhang zwischen Intentionen und Plänen: Intentionen bilden Teilpläne des Gesamtplans eines Agenten und die Menge aller Pläne spiegelt wiederum die Intentionen eines Agenten wider.

Die Erkenntnisse des BDI Modells haben Einfluß auf die architektonische Gestaltung eines deliberativen Agenten. Seine zentralen Komponenten sind in Abbildung 4.2/4 dargestellt.

Die Wissensbasis des Agenten enthält vor allem das symbolische Umweltmodell. Aus diesem werden Wünsche, Ziele und Intentionen abgeleitet, eine Aufgabe, bei welcher der Schlußfolgerungskomponente (engl. reasoner) eine zentrale Bedeutung zukommt. Die Intentionen werden vom Planer übernommen und zu einem konsistenten Gesamtplan zusammengestellt. Dabei handelt es sich um einen dynamischen, inkrementellen Prozeß. Der Planer untersucht neue Intentionen auf Abhängigkeiten zu bestehenden Plänen. Beispielsweise können die Ergebnisse

einer Intention die Eingabewerte einer anderen Intention darstellen. Abhängigkeiten dieser Art werden durch den Planer erkannt und entsprechend berücksichtigt.
Bestehende Pläne werden kontinuierlich den durch das Eintreffen neuer Intentionen entstehenden Situationen angepaßt.

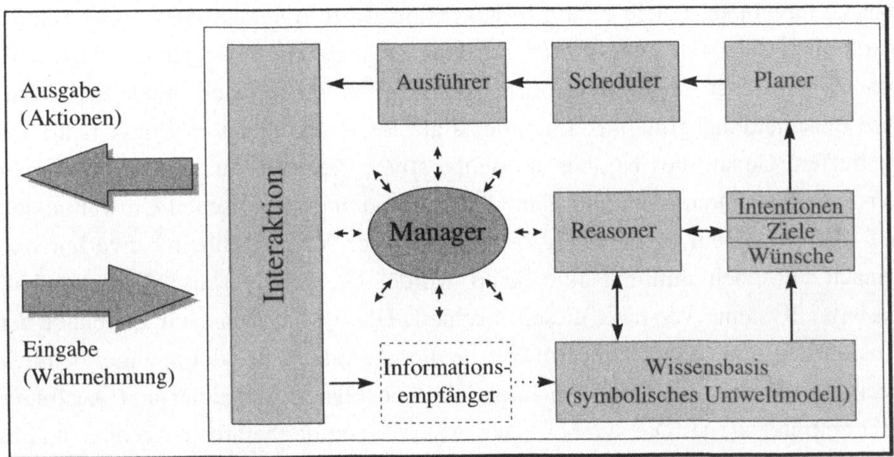

Abbildung 4.2/4: Architektur eines deliberativen Agenten

Der Scheduler erhält vom Planer die aktuellen Pläne. Jeder Plan besteht aus einer Vielzahl von Einzelaktionen, die sequentiell oder parallel bearbeitet werden
müssen. Der Scheduler muß die Entscheidung treffen, wann welche Aktionen
konkret zur Ausführung übergeben werden. Er benötigt zu diesem Zweck einen
ständigen Überblick über die dem Agenten zur Verfügung stehenden Ressourcen.
Jeder Aktion wird vom Scheduler ein optimaler und ein spätester Ausführungs-
zeitpunkt zugeordnet. Auch Angaben zu maximaler Laufzeit und Ressourcenverbrauch werden vom Scheduler vorgegeben. Mit diesen Zusatzinformationen wird
die Aktion an die Ausführungskomponente übergeben. Der Ausführer führt die
nächste anstehende Aktion aus, überwacht ihren fehlerfreien Ablauf und beendet
ihre Ausführung. Benötigt eine Aktion mehr Rechenzeit, als ihr vom Scheduler
gestattet wurde, kann der Ausführer sie abbrechen. Ist der Ausführer nicht in der
Lage, die Aktion bis zu dem spätesten vorgegebenen Zeitpunkt zu starten, gibt er
sie an den Scheduler oder Planer zurück.

Die Abbildung 4.2/4 macht deutlich, daß eine dynamische Modifikation des
internen Umweltmodells, nur in sehr geringem Umfang möglich ist. Zwar kann
ein deliberativer Agent über Informationsempfänger verfügen, diese werden aber

nur selten für die Erweiterung der Wissensbasis genutzt. Die Interaktion mit anderen Agenten bezieht sich in erster Linie auf die reine Kommunikation beziehungsweise Kooperation.

Deliberative Agenten ziehen auf Grund ihrer Komplexität eine Vielzahl von Problemen nach sich. Die zentralen Probleme der klassischen KI spiegeln sich nahezu unverändert auch beim Einsatz deliberativer Agenten wieder. Der Hauptkritikpunkt setzt bei ihrer starren Struktur an. Agenten bewegen sich innerhalb sehr dynamischer Umgebungen. Entsprechend sollten sie auch in der Lage sein, ihre Entscheidungsgrundlagen möglichst auf Basis der aktuellen Umweltsituation zu treffen. Genau dies ist aber bei deliberativen Agenten nur sehr eingeschränkt der Fall. Ihre Intentionen und Pläne bauen auf dem symbolischen Umweltmodell auf, daß zu einem bestimmten Zeitpunkt in der Vergangenheit entworfen und danach nur noch minimal aktualisiert wurde. Die relativ starre Struktur planbasierter Systeme verstärkt diesen Nachteil. Häufig hat sich zum Zeitpunkt der Ausführung eines Planes die Umweltsituation bereits mehr oder weniger deutlich geändert, da der Übergang von Intentionen zu Planer, Scheduler und Ausführer sehr zeitintensiv ist. Die symbolischen Algorithmen deliberativer Agenten sind in der Regel auf die Erzielung optimaler, nachweislich korrekter Ergebnisse ausgelegt, was zwangsläufig zu einem hohen Grad an Komplexität führt. In dynamischen Umgebungen ist eine schnelle Reaktion, mit einem für die jeweilige Situation qualitativ ausreichenden Ergebnis, oft sinnvoller, als das Streben nach optimalen Plänen. Deliberative Agenten geben dahingegen häufig der mathematisch nachweisbaren Korrektheit eines Planes den Vorrang vor der Effizienz des Planungsprozesses.

Diese Überlegungen führen zu einem den deliberativen Agenten diameträr entgegengesetzten Ansatz, den sogenannten reaktiven Agenten. Reaktive Agenten besitzen kein internes symbolisches Modell ihrer Umwelt. Auch auf die Fähigkeit, komplexe Schlußfolgerungsprozesse zu durchlaufen, wird weitestgehend verzichtet. Der Grund für diese bewußt in Kauf genommenen Restriktionen liegt in der Erzeugung kompakter, fehlertoleranter und vor allem flexibler Agenten. Reaktive Agenten beziehen ihre Intelligenz nicht, wie deliberative Agenten, aus internen Modellen und Repräsentationen, sondern durch die Interaktion mit ihrer Umwelt. Dementsprechend hoch ist der dem Interaktionsprozeß zugeordnete Stellenwert. Vertreter der reaktiven Schule gehen in diesem Zusammenhang sogar so weit zu behaupten, daß Intelligenz prinzipiell nicht innerhalb einzelner Systeme, wie zum Beispiel deliberativen Agenten, vorliegt, sondern implizit in der gesamten Umwelt enthalten ist [Brooks 1991]. Nur durch die kontinuierliche Interaktion von Systemen entsteht und vergrößert sich die Intelligenz.

Ein reaktiver Agent muß nicht zwangsläufig eine komplexe Struktur besitzen, um innerhalb einer komplexen Umwelt agieren zu können. Es reicht aus, die Umwelt genau zu beobachten und eine Reihe einfacher Grundsätze oder Abhängigkeiten zu erkennen. Diese Erkenntnisse werden genutzt, um aufgabenspezifische Module zu entwickeln, die in der Lage sind, ihre Umwelt kontinuierlich auf das Auftreten bestimmter Situationen zu überprüfen, und beim Eintritt einer derartigen Situation eine direkte Reaktion auszulösen.

Abbildung 4.2/5 zeigt die grundlegende Architektur reaktiver Agenten, die der eines einfachen Stimulus/Response-Systems entspricht. Sensoren nehmen Informationen auf, leiten diese an aufgabenspezifische Kompetenzmodule weiter und erzeugen so eine Reaktion des Kompetenzmoduls, welche wiederum unter Zuhilfenahme von Aktuatoren auf die Umwelt übertragen wird.

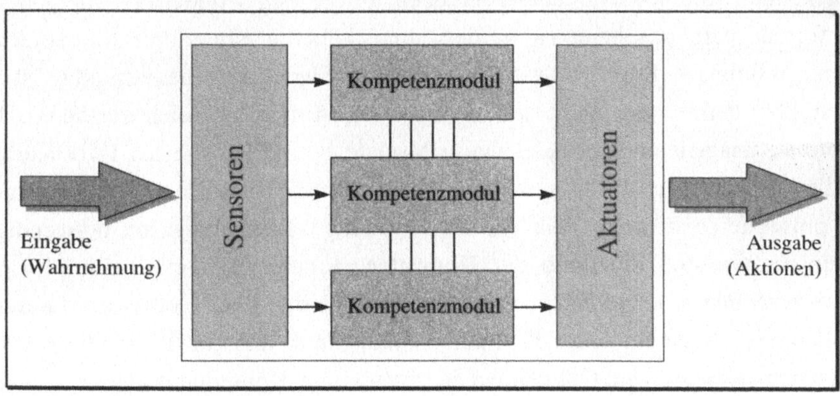

Abbildung 4.2/5: Architektur reaktiver Agenten (in Anlehnung an [Brooks 1986])

Ein einfaches Beispiel eines reaktiven Agenten sind die klassischen Roboter. Ein Roboter besitzt eine Vielzahl von Sensoren, die es ihm ermöglichen, seine Umwelt zu beobachten. Er kann beispielsweise feststellen, ob er auf ein Hindernis getroffen ist, ob Gegenstände ihre Position geändert haben, oder ob andere Roboter in seiner Umgebung aktiv sind. Diese Informationen werden an die Kompetenzmodule des Roboters übergeben. Ein Kompetenzmodul mit der Aufgabe, die Bewegungsrichtung des Roboters zu ändern, wird zum Beispiel immer dann aktiv, wenn ein Sensor ein Hindernis in der momentanen Fahrtrichtung feststellt.

Wenn es das Ziel des Bewegungsmoduls ist, Hindernisse zu umgehen, so muß es in diesem Beispiel die Fahrtrichtung des Roboters ändern. Der hierzu notwendige Aktuator sind in diesem Fall die Vorderräder, deren Ausrichtung durch das Kompetenzmodul verändert wird. Andere Kompetenzmodule können sich beispielsweise mit der Aufgabe, bestimmte Objekte zu bewegen, einen Weg zu einer definierten Stelle zu finden oder Hindernisse zu beseitigen, beschäftigen.

Allgemein läßt sich feststellen, daß die Sensoren eines reaktiven Agenten es diesem ermöglichen, Informationen über seine Umwelt aufzunehmen und das Auftreten veränderter Umweltsituationen zu erkennen. Die konkrete Gestaltung der Sensoren (und auch der Aktuatoren) hängt dabei sehr stark von den durch den Sensor zu überwachenden Objekten ab. So können sich Sensoren zur Informationsaufnahme von menschlichen Personen zum Beispiel auf die Sprach- oder Schrifterkennung konzentrieren, während Sensoren, die andere Agenten beobachten, sich für ihre Arbeit einfacher Kommunikationsverfahren bedienen.

Die durch einen Sensor gesammelten Informationen werden an die entsprechenden Kompetenzmodule übergeben. In der Regel findet die Übergabe im Rohformat statt, das heißt es werden keine höheren Kommunikationssprachen oder symbolische Repräsentationen verwendet. Jedes Kompetenzmodul ist für einen klar definierten, nicht sehr komplexen, Aufgabenbereich zuständig. Ein Informationsagent muß beispielsweise Module besitzen, die nach Informationsquellen suchen, Suchabfragen stellen, Suchergebnisse einsammeln und das Ergebnis präsentieren können. Alle für die Erfüllung seiner Aufgaben notwendigen Eigenschaften sind innerhalb der Kompetenzmodule zusammengefaßt. Es gibt keine zentralen Komponenten, wie zum Beispiel den Planer oder den Reasoner deliberativer Agenten. Jedes Kompetenzmodul muß alle zur Bearbeitung seiner Aufgaben notwendigen Fähigkeiten besitzen. Eine Konsequenz dieser architektonischen Gestaltung besteht darin, daß ein reaktiver Agent keine generelle, allgemein einsetzbare Funktionalität besitzt. Ein Kompetenzmodul hat eine exakt spezifizierte Aufgabe und erarbeitet eine exakt spezifizierte Lösung. Existiert für eine bestimmte Aufgabe kein Kompetenzmodul, so kann ein reaktiver Agent diese nicht lösen. Deliberative Agenten sind im Gegensatz dazu umfassender ausgelegt. Ihre zentralen Komponenten (Reasoner, Planer, Scheduler) sind nicht im Hinblick auf die Bearbeitung spezieller Aufgaben entworfen, sondern je nach Inhalt der Wissensbasis für eine Vielzahl genereller Problemstellungen einsetzbar.

Die Arbeit der Kompetenzmodule findet parallel zueinander statt, wobei in der Regel vielfältige Abhängigkeiten bestehen. Zu diesem Zweck können Kompetenzmodule sowohl direkt untereinander, als auch über ihre Umwelt miteinander kommunizieren. Bei der direkten Kommunikation handelt es sich um eine Eins-zu-Eins Beziehung zwischen zwei Komponenten und nicht um eine Kommunikation nach dem Broadcast-Prinzip. Die Kommunikation basiert auf einfachen Kommunikationsmechanismen und nicht auf einer komplexen Sprache. Der Vorteil der direkten Kommunikation liegt vor allem in der schnellen Reaktionsfähigkeit. Zwischen zwei Kompetenzmodulen existieren keine zwischengeschalteten Module, das heißt ein Kommunikationsaufruf wird ohne Verzögerung vom empfangenden Kompetenzmodul entgegengenommen und verarbeitet. Der zweite Fall, die Kommunikation über die Umwelt, vollzieht sich, indem ein Modul eine Änderung innerhalb seiner Umwelt hervorruft, die wiederum von einem anderen Modul beobachtet wird und dieses zu einer Reaktion veranlaßt. Diese Variante ist zwar langsamer als die direkte Kommunikation ermöglicht aber die Reaktion auf komplexere Umweltsituationen.

Die dezentrale Struktur der Kompetenzmodule erhöht die Fehlertoleranz und Robustheit eines reaktiven Agenten. Fällt ein Modul aus oder arbeitet es fehlerhaft, kann der Agent mit großer Wahrscheinlichkeit einen Großteil seiner Aufgaben weiterhin erfüllen. Der Ausfall einer zentralen Komponente eines deliberativen Agenten führt dahingegen fast immer zum Ausfall des gesamten Systems.

Reaktive Agenten besitzen in der Regel keine Fähigkeiten zur Erstellung von Plänen. Inwieweit dies zu Nachteilen bezüglich der von ihnen zu bearbeitenden Aufgaben führt, läßt sich nicht abschließend feststellen. Einerseits kann mit Hilfe von Plänen die Verhaltensweise und der Zielerreichungsgrad eines Agenten optimiert werden, andererseits spielen gerade in der Praxis Faktoren eine Rolle, die gegen die Ausarbeitung optimaler Pläne sprechen. So besitzt ein Agent häufig nur unvollständige Informationen über seine Umwelt und seine eigenen Ziele. Seine Umwelt ist hochdynamisch und ständigen Änderungen unterworfen, seine eigenen Ziele ändern sich dynamisch und die Ressourcen zur Erstellung optimaler Pläne sind in den meisten Fällen nicht vorhanden. Es stellt sich die Frage, ob unter derartigen Bedingungen ein Planungsprozeß überhaupt Sinn macht.

Ein weiterer Diskussionspunkt befaßt sich mit der Frage, ob und wenn ja, in welchem Umfang, reaktive Agenten in der Lage sind, eine zielorientierte Verhaltensweise zu demonstrieren. Die Kompetenzmodule besitzen allenfalls implizite Ziele, die durch ihre Funktionalität vorgegeben sind und nicht geändert werden können. Sie können nicht, wie deliberative Agenten, ihre interne Wissensbasis nutzen, um dynamisch neue Ziele zu generieren und zu verfolgen. Trotzdem wird vielfach die Meinung vertreten, daß reaktive Agenten auch unter Berücksichtigung dieser Restriktionen zu zielorientierten Handlungen fähig sind. Ähnlich wie bei der Intelligenz ergibt sich in diesem Fall die Zielorientiertheit implizit aus der Interaktion mit der Umwelt, und nicht durch zentrale Evaluation oder Planung. Beispielsweise verfolgt jedes Kompetenzmodul des erwähnten Informationsagenten auf Grund seiner Tätigkeit ein implizites Ziel. Deutlich werden diese Ziele immer dann, wenn mit Objekten der Umwelt interagiert wird, zum Beispiel wenn das Suchabfragemodul eines Informationsagenten eine konkrete Anfrage an eine Informationsquelle stellt, oder wenn ein Ergebnismodul seine Ergebnisse dem Benutzer präsentiert.

Die Diskussionen um die Vor- und Nachteile, sowie die unterschiedlichen Schwerpunkte deliberativer und reaktiver Agenten führte zwangsläufig zur Entstehung von Systemen, welche die Vorteile beider Ansätze zu nutzen und innerhalb einer einheitlichen architektonischen Plattform zu integrieren versuchen. Derartige Systeme werden als hybride Architekturen oder Agenten bezeichnet. Hybride Agenten besitzen sowohl eine reaktive als auch eine deliberative Komponente. Während die reaktive Komponente vor allem zur Interaktion mit der Umwelt verwendet wird, liegt der Schwerpunkt des deliberativen Subsystems, mit seinem symbolischen Umweltmodell und seiner komplexen Schlußfolgerungsfähigkeit, im Bereich der Planung und Entscheidungsfindung. Welches Gewicht die jeweilige Komponente erhält und wer letztendlich Vorrang bei Entscheidungen hat, liegt in der Hand des Systemarchitekten. Üblicherweise werden hybride Systeme in Form einer hierarchischen Schichtenarchitektur, mit aufsteigendem Abstraktionsgrad, konzipiert. Die unteren Ebenen werden durch das reaktive Subsystem gebildet und zur Erfassung von Rohinformationen eingesetzt. Auf den oberen Ebenen nutzt man die deliberative Komponente zur langfristigen Zielfindung und Planung. Konkrete Beispiele für alle drei Kategorien von Agenten (deliberativ, reaktiv, hybrid) finden sich in Abschnitt 4.2.3.

4.2.2 Stationäre und Mobile Agenten

Eine der wichtigsten architektonischen Entscheidungen beim Entwurf intelligenter Agenten spiegelt sich in der Unterscheidung zwischen stationären und mobilen Agenten wieder. Das Kriterium der Mobilität beeinflußt nicht nur die innere Architektur eines Agenten, sondern hat Konsequenzen für die Arbeits- und Funktionsweise des gesamten Agentensystems. Mobile Agenten sind in der Lage, sich innerhalb eines elektronischen Netzwerkes und den darin befindlichen Rechnern frei zu bewegen und dabei mit den Objekten ihrer Umwelt, wie zum Beispiel Informationsquellen oder anderen Agenten, zu kommunizieren. Die Art des Netzwerkes spielt nur eine untergeordnete Rolle. Es kann sich beispielsweise um ein firmeninternes LAN, ein nationales WAN oder um weltumspannende Netzwerke, wie das Internet, handeln. Entscheidend ist die Tatsache, daß ein mobiler Agent sich von einem Rechner des Netzwerkes zu einem anderen bewegen kann und dabei in seiner Arbeitsweise nicht beeinträchtigt wird. Man spricht in diesem Zusammenhang auch von der Fähigkeit zur Migration. Stationäre Agenten sind im Gegensatz dazu nicht in der Lage, ihre Ursprungsumgebung, welche in der Regel das Rechnersystem, auf dem sie erzeugt wurden, darstellt, zu verlassen. Sie können Nachrichten an entfernte Objekte versenden, besitzen aber nicht die notwendige Funktionalität, um sich selbst zu einem anderen Rechner zu begeben.

Auch wenn das durch die populärwissenschaftliche Literatur geprägte Bild intelligenter Agenten fast immer dem mobiler Agenten entspricht, handelt es sich bei der Mobilität nur um eine optionale Fähigkeit. Sie ist weder eine zwingende, noch eine ausreichende Voraussetzung für einen intelligenten Agenten. Allein durch die Mobilität wird aus einem Softwareprogramm noch kein Agent. Die anderen Charakteristika intelligenter Agenten, wie Autonomie, Kommunikation, Kooperation und Reaktivität, besitzen denselben Stellenwert, und nur durch die Kombination einer möglichst großen Zahl dieser Charakteristika kann ein echter intelligenter Agent geschaffen werden. Des weiteren ist anzumerken, daß nahezu alle Aufgaben mobiler Agenten auch durch stationäre Agenten erledigt werden können, allerdings nicht immer mit einem als sinnvoll anzusehenden Aufwand. Das folgende Beispiel macht dies deutlich.

Wir nehmen an, man hat einen Informationsagenten mit der Aufgabe betraut, innerhalb des Internet nach Informationen bezüglich eines bestimmten Buches zu suchen. Diese Aufgabe kann potentiell sowohl von einem stationären, als auch von einem mobilen Agenten erledigt werden. Allerdings ergeben sich grundlegende Unterschiede in der daraus resultierenden Arbeitsweise. Ein stationärer Agent wird folgendermaßen vorgehen: Er wird in einem ersten Schritt eine geeignete Datenbank nach den Adressen der wichtigsten, im Internet vorhandenen, virtuellen Buchhandlungen durchsuchen. Dazu muß der stationäre Agent über das Netzwerk eine Suchanfrage an die Datenbank richten und erhält als Ergebnis, ebenfalls über das Netzwerk, die entsprechenden Adressangaben zurück. Seine nächsten Schritte bestehen nun darin, jeden der ermittelten Buchhändler nach den vom Benutzer gewünschten Informationen zu befragen. Um diese Aufgabe durchzuführen, ist der stationäre Agent wiederum gezwungen, die Anfragen an jeden einzelnen Buchhändler über das Netzwerk zu versenden und die Ergebnisse über das Netzwerk zurückzuerhalten. Häufig wird dabei der Fall auftreten, daß deutlich mehr Informationen vom Buchhändler zurückgegeben werden, als der Agent eigentlich benötigt. Auch weniger relevante Suchergebnisse werden zwangsläufig über das Netz transportiert, da erst der Agent entscheiden kann, ob eine bestimmte Information den Wünschen des Benutzers entspricht oder nicht. Es wird deutlich, daß ein stationärer Agent zur Erledigung seiner Buchrecherche nicht nur eine unnötig hohe Netzwerkbelastung generiert, sondern auch eine ständige Verbindung zum Netzwerk aufrechterhält. Er muß laufend Informationen aussenden und einsammeln. Die Kommunikationskosten seines Benutzers für die einfache Recherche sind entsprechend hoch.

Ein mobiler Agent kann die beschriebene Aufgabe wesentlich flexibler und eleganter lösen. Sobald er die zur Recherche notwendigen Informationen von seinem Benutzer erhalten hat, begibt er sich direkt selbst zu dem Rechner, der die Datenbank mit den Adressen der Buchhändler enthält. Ist er dort angekommen, kann zum einen die Verbindung seines Benutzers zum Netzwerk getrennt werden, zum anderen ist der mobile Agent jetzt in der Lage, alle Abfragen an die Datenbank lokal durchzuführen. Hat der mobile Agent die für ihn relevanten Buchhändler ermittelt, begibt er sich der Reihe nach direkt zu den Rechnern der Händler. Auf jedem Rechner stellt er seine Anfrage nach den vom Benutzer gesuchten Informationen und sammelt die entsprechenden Ergebnisse ein. Auch hierbei handelt es sich immer um lokale Transaktionen, da keine Daten über das Netzwerk übertragen werden müssen. Der mobile Agent hat, im Gegensatz zu seinem stationären Gegenpart, des weiteren die Möglichkeit, für ihn irrelevante Informationen direkt zu verwerfen und nur die wirklich wichtigen Daten mitzunehmen, das heißt diese über das Netzwerk zu transportieren. Nachdem der letzte Buchhändler befragt wurde, kehrt der mobile Agent zu seinem Ursprungsrechner zurück. Erst jetzt muß die Verbindung zwischen Ursprungsrechner und Netzwerk wieder aufgebaut werden. Und auch dies nur für die relative kurze Zeit, welche für die Übertragung des Agenten benötigt wird.

Man kann festhalten, daß der Einsatz mobiler Agenten aus Sicht des Benutzers eine Reihe von Vorteilen mit sich bringt. Seine Kommunikationskosten werden deutlich verringert; die in der Regel niedrigen Übertragungsgeschwindigkeiten zwischen Endbenutzern und öffentlichen Netzwerken verlieren auf Grund der geringeren Datenübertragungsmengen an Bedeutung; und die Ressourcen des Ursprungsrechners werden kaum belastet, da sämtliche Arbeitsschritte auf anderen Rechnern innerhalb des Netzwerkes ausgeführt und bearbeitet werden. Gleichzeitig erhöhen sich natürlich die Ressourcenanforderungen an die beteiligten Server-Systeme, da diese die mobilen Agenten ausführen und unterstützen müssen.

4.2.2.1 Grundlagen

Herkömmliche Softwareprogramme und auch stationäre Agenten benutzen zum entfernten Arbeiten in erster Linie das Mittel des Remote Procedure Call (RPC). Beim RPC ist die Kommunikation zwischen zwei Programmmodulen gleichbedeutend mit dem Aufruf einer Funktionsprozedur eines entfernten Modules (vgl. Abbildung 4.2/6).

Möchte ein stationärer Agent beispielsweise die Dienste eines anderen Softwareprogrammes innerhalb des Netzwerkes nutzen, so übermittelt er diesem mit Hilfe einer Nachricht, dem sogenannten Request, seine Absicht, eine bestimmte Prozedur aufzurufen. Auf dem entfernten Rechner wird daraufhin die gewünschte Prozedur abgearbeitet und die Ergebnisse, ebenfalls in Form einer Nachricht (Reply), an den Agenten zurückgesendet.

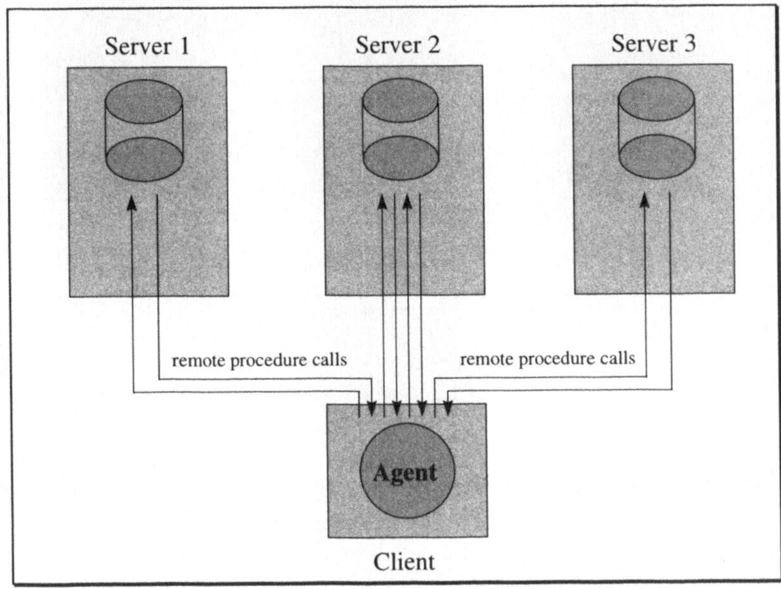

Abbildung 4.2/6: Remote Procedure Call (RPC)

Die Kommunikation via RPC geschieht grundsätzlich nach dem Client-Server-Prinzip. Ein Rechner, auch Client genannt, nimmt einen Dienst eines anderen Rechners, dem Server, in Anspruch. Alle über das Netzwerk versandten Nachrichten sind entweder Request- oder Reply-Nachrichten und laufen nach streng definierten Protokollen ab. Die Protokolle müssen bereits im voraus bekannt sein, das heißt die zur Verfügung stehenden Dienste und die für jeden Dienst benötigten Aufruf-Parameter sind vor Beginn der Kommunikation exakt zu definieren. Soll ein bestimmter Dienst mehrfach in Anspruch genommen werden, ist für jeden einzelnen Aufruf ein gesonderter RPC notwendig. Möchte zum Beispiel ein Client den Datenbestand eines Servers mit Hilfe einer vom Server angebotenen Suchprozedur nach verschiedenen Kriterien durchsuchen, so muß er für jede Suchabfrage einen RPC generieren. Die daraus resultierende hohe Netzwerkbelastung, in Verbindung mit den starren Protokollstrukturen, schränken den praktischen Nutzen des RPC für viele Anwendungsszenarien ein.

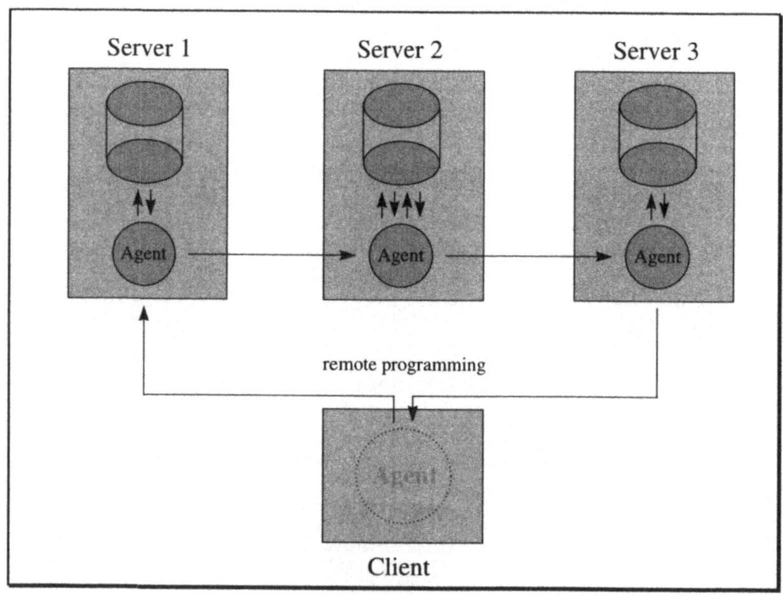

Abbildung 4.2/7: Remote Programming (RP)

Die technische Basis aller mobiler Agenten bildet das Prinzip des Remote Programming (RP). Im Unterschied zum klassischen Remote Procedure Call, geschieht beim RP die Kommunikation zwischen zwei Objekten nicht durch den Austausch von Request- und Reply-Nachrichten. Die aufrufende Prozedur des

Client wird vielmehr selbst direkt zum in Frage kommenden Server übertragen und dann dort lokal ausgeführt (vgl. Abbildung 4.2/7). Aus den entfernten Prozeduraufrufen des RPC werden somit lokale Prozeduraufrufe innerhalb des entfernten Rechners. Mit der Funktionsprozedur werden gleichzeitig die notwendigen Datenparameter übertragen. Anstelle der Request- und Reply-Nachrichten des RPC besteht beim RP der Netzverkehr aus Nachrichten, die eine Funktionsprozedur und die dazugehörigen Datenstrukturen beinhalten. Derartige Nachrichten entsprechen von ihrem Wesen her einem mobilen Agenten. Die Vorteile des RP liegen vor allem in seiner größeren Flexibilität und der geringeren Netzwerkbelastung. Es ist nicht mehr notwendig, sich auf im voraus festzulegende, exakt definierte Prozeduraufrufe zu beschränken. Statt dessen muß nur ein allgemeiner Mechanismus definiert werden, mit Hilfe dessen Prozeduren übertragen und auf entfernten Rechnern ausgeführt werden können. Auch die Netzwerkbelastung sinkt, da die Interaktion zwischen Client und Server nicht mehr ausschließlich über das Netzwerk stattfindet, sondern nur einen einmaligen Übertragungsvorgang und daran anschließende lokale Prozeduraufrufe beinhaltet.

Kommunikation	Merkmale	Agenten
Remote Programming	hohe Intelligenz flexibel	mobil
Remote Procedure Call SQL Abfrage	geringe Intelligenz proprietäre Protokolle geschlossene Umgebung	stationär

Abbildung 4.2/8: Vergleich RP und RPC

Einen abschließenden Vergleich von RP und RPC gibt die Abbildung 4.2/8. RP zeichnet sich gegenüber RPC vor allem durch seine höhere Intelligenz aus. Zwar kann auch mittels RPC oder klassischer SQL-Abfragen eine Server-seitige Informationsfilterung stattfinden, mobile Agenten, die den Prinzipien des RP folgen, besitzen aber diesbezüglich eine deutlich höhere Intelligenz und Flexibilität.

4.2.2.2 Vor- und Nachteile mobiler Agenten

Den unbestreitbaren Vorteilen mobiler Agenten stehen eine Reihe gewichtiger Nachteile gegenüber. Hierzu zählen vor allem bis heute noch nicht gelöste Sicherheitsprobleme und hohe Anforderungen an die technische Infrastruktur. Ziel dieses Abschnittes ist es, sowohl die Argumente für, als auch gegen den Einsatz mobiler Agenten in strukturierter Form gegenüberzustellen.

Mobile Agenten, die sich der Prinzipien des Remote Programming bedienen, übernehmen zwangsläufig auch die mit dieser Entscheidung verbundenen Vor- und Nachteile. Als vorteilhaft erweisen sich vor allem die folgenden Punkte:

- **Reduzierte Netzwerkbelastung:** Die Verringerung des Netzwerkverkehrs stellt einen der wesentlichen Vorteile mobiler Agenten dar und ist in den bisherigen Betrachtungen bereits an mehreren Stellen deutlich geworden. Da mobile Agenten die meisten ihrer Aufgaben lokal auf den entsprechenden Servern erledigen können, wird die Menge der über das Netzwerk zu übertragenden Daten auf ein Minimum reduziert. Neben den eigentlichen Agenten selbst müssen nur diejenigen Informationen transportiert werden, die für den Benutzer des Agenten wirklich von Interesse sind. Insbesondere bei speicherintensiven Medien, wie Bild-, Video- oder Audiodaten, kann es von entscheidender Bedeutung sein, daß nicht jede im Laufe einer Recherche untersuchte Graphik komplett über das Netzwerk übertragen werden muß, sondern nur die nach Abschluß der Recherche als relevant eingestuften. Auch für den privaten Nutzer mobiler Agenten ergeben sich durch die reduzierte Netzwerkbelastung Vorteile. Seine Kommunikationskosten sinken, da diese in der Regel entweder nach der Dauer der Verbindungszeit oder nach der Menge der übertragenen Daten berechnet werden. Beide Werte verringern sich beim Einsatz mobiler Agenten.

- **Reduzierte Ressourcenbelastung des Client:** Mobile Agenten nutzen zur Bearbeitung ihrer Aufgaben die Kapazitäten und Ressourcen der entfernten Server. Für den Benutzer mobiler Agenten ergibt sich eine unter Umständen deutliche Entlastung des eigenen Rechnersystems. Umgekehrt muß natürlich die Leistungsfähigkeit der Server entsprechend vergrößert werden, da diese nicht durch das bloße Aufrufen und Abarbeiten ihrer eigenen Prozeduren belastet werden, sondern zusätzlich die Ressourcen für den Betrieb der mobilen Agenten bereitstellen müssen.

- **Asynchrone Arbeitsweise:** Im Gegensatz zu stationären Agenten, die nicht zwangsläufig asynchron arbeiten, verwenden mobile Agenten prinzipiell eine asynchrone Vorgehensweise. Sie werden von ihren Benutzern mit bestimmten Aufgaben betraut, begeben sich zur Lösung der Aufgaben zu einer Anzahl verschiedener Server und kommen zu einem späteren Zeitpunkt mit den ermittelten Ergebnissen zurück. Der Benutzer muß den Agenten während seiner Arbeit nicht beaufsichtigen. Er kann im Optimalfall sogar seine Verbindung zum Netzwerk komplett trennen. Erst wenn der mobile Agent bereit ist, auf den Ursprungsrechner zurückzukehren, muß eine neue Netzwerkverbindung aufgebaut werden. Und dies auch nur für die zur Übertragung des Agenten benötigte Zeitspanne. Die asynchrone, autonome Arbeitsweise mobiler Agenten bringt ihren Benutzern sowohl Zeitersparnisse, als auch verringerte Kommunikationskosten.

- **Rekonfigurierbare Dienste:** Herkömmliche Softwareprogramme, bei denen die Kommunikation via RPC stattfindet, bieten nur sehr eingeschränkte Möglichkeiten, sich auf individuelle Bedürfnisse der Nutzer einzustellen. Denn die Menge der aufrufbaren Prozeduren des entfernten Servers ist ebenso fest vorgegeben, wie Art und Anzahl der zu übergebenen Parameter. Spezielle Anforderungen des Benutzers, wie zum Beispiel der Wunsch nach einer individuell gestalteten Suchabfrage, sind nur dann realisierbar, wenn auf der Serverseite eine entsprechende Prozedur entwickelt und angeboten wird. Durch den Einsatz mobiler Agenten wird diese Problematik umgangen. Ein mobiler Agent enthält die speziell auf seinen Benutzer abgestimmten Prozeduren und kann sich selbständig zu einem entfernten Server begeben. Die Prozeduren müssen also nicht durch den Server-Betreiber entwickelt und zur Verfügung gestellt werden, sondern werden durch den Agenten selbst bereitgestellt. Dieser Vorgang geschieht vollständig dynamisch, da der Agent automatisch auf dem entfernten Server installiert und ausgeführt werden kann. Bietet beispielsweise ein Server eines Buchhändlers Prozeduren zur Durchsuchung seines Datenbestandes entweder nach Autoren oder nach Buchtiteln an, so besteht bei traditioneller Nutzung keine Möglichkeit, komplexere Suchvorgänge auszuführen, es sei denn, diese werden durch den Händler explizit zur Verfügung gestellt. Ein mobiler Agent kann jedoch Prozeduren für komplexere Suchtransaktionen, zum Beispiel eine kombinierte Autoren- und Titelsuche, enthalten, die auf die angebotenen einfachen Prozeduren des Servers aufbauen. Da der mobile Agent sich zum Server des Buchhändlers begibt und dort ausgeführt wird, erscheint es seinem Benutzer, als ob ihm die vom Agenten angebotene komplexe Suche durch den Server zur Verfügung gestellt wird. Für ihn ist nicht die Tatsache relevant, wer letztendlich die erweiterte Funktionalität anbietet, sondern ausschließlich, daß diese ihm prinzipiell zur Verfügung steht. Mobile Agenten ermöglichen rekonfigurierbare, individuell gestaltete Dienstleistungen, die mit herkömmlichen RPCs nicht denkbar wären.

- **Aktives Handeln:** Die Fähigkeit mobiler Agenten, sich selbständig zu entfernten Rechnersystemen zu begeben, macht aktive Handelsszenarien denkbar. Ein Händler kann durch den Einsatz mobiler Agenten potentiellen Kunden direkt neue Dienstleistungen anbieten, indem er entsprechende Agenten entwickelt und diese zu den Rechnern der Kunden schickt [Magedanz et al. 1996]. Beispielsweise kann die Verteilung von Software oder die automatische Installation neuer Softwareversionen mit Hilfe entsprechend gestalteter mobiler Agenten auf effiziente und für den Nutzer weitestgehend transparente Art und Weise geschehen. Die Kunden erhalten durch mobile Agenten nicht nur spontanen Zugriff auf neue Dienste, sondern müssen nicht einmal mehr selber aktiv werden. Auch für die beteiligten Händler ergeben sich Vorteile. Diese sind neben der Möglichkeit zur aktiven Ansprache der Kunden vor allem in den wesentlich flexibleren und dynamischeren Distributionsmöglichkeiten neuer Dienstleistungen und Dienstleistungsangebote zu sehen.

- **Dezentrale Struktur:** Mobile Agenten unterstützen das klassische Client-Server-Paradigma. Allerdings sind sie auf Grund ihrer Mobilität in der Lage, in wesentlich höherem Maße als herkömmliche Softwareprogramme, dezentralisierte Strukturen zu erzeugen. Die Rechenleistung wird nicht, wie beim RPC, auf zwei Rechner verteilt. Ein mobiler Agent kann seine Arbeit bei geschickter Planung auf unterschiedlichste Server verteilen. Steht zusätzlich ein intelligentes Netzwerk-Managementsystem zur Verfügung, welches eventuelle Überlastungen einzelner Netzwerkknoten und Leerkapazitäten auf anderen Knoten erkennt, so kann der mobile Agent entsprechend dirigiert werden, und seine ressourcenintensiven Arbeiten auf den zur Zeit nicht ausgelasteten Servern ausführen. Auch eine zeitliche Verzögerung ist denkbar, etwa wenn durch temporäre Spitzenlasten das gesamte Netzwerk kurzzeitig ausgelastet ist. Der mobile Agent kann in diesem Fall die Weiterführung seiner Arbeit verzögern, oder diejenigen Teilschritte vorziehen, die nur eine geringe Netzwerkbelastung mit sich bringen.

Der Einsatz mobiler Agenten wirft eine Reihe von Fragestellungen auf. Diese beziehen sich sowohl auf prinzipielle Probleme der Mobilität von Programmobjekten, wie zum Beispiel die Sicherheitsthematik, als auch auf Restriktionen, die auf Grund der noch jungen Entwicklungsgeschichte mobiler Agenten zur Zeit bei deren praktischer Umsetzung entstehen und sich vor allem auf die Bereiche Migration, Effizienz, Standardisierung und Abrechnungssysteme beziehen. Das zentrale Problem mobiler Agenten stellt die bisher in wesentlichen Punkten noch ungelöste Sicherheitsproblematik dar. Diese setzt sich aus mehreren Teilproblemen zusammen: der eindeutigen Identifizierung und Authentifizierung der beteiligten Komponenten; dem Schutz vor virus-ähnlichen mobilen Agenten mit böswilligen und zerstörerischen Programmfunktionen: und der Absicherung der Zahlungsfähigkeit und -willigkeit eines Agenten. Auf alle drei Teilbereiche wird innerhalb des Abschnittes 4.5 im Rahmen der allgemeinen Sicherheitsdiskussion ausführlich eingegangen.

Neben der Sicherheitsproblematik sind mobile Agenten derzeit noch mit einer Reihe technischer Hürden versehen. Hierzu zählen vor allem:

- **Transport/Migration:** Die Anforderungen an die bei der Migration von Agenten beteiligten Softwareumgebungen auf Client- und Serverseite sind hoch. Es sind eine Reihe komplexer Softwaremodule und -schichten notwendig, um Agenten überhaupt transportieren und die aufgeführten Sicherheitsüberprüfungen durchführen zu können. Derartige Komponenten sind zur Zeit erst in Ansätzen verfügbar, was die praktische Einsatzfähigkeit mobiler Agenten stark einschränkt.

- **Effizienz:** Es ist noch nicht absehbar, zu welchen tatsächlichen Belastungen große Mengen mobiler Agenten führen. Beispielsweise liegen bisher nur wenige Informationen darüber vor, wie Server zu gestalten sind, auf denen hunderte oder sogar tausende Agenten gleichzeitig aktiv sind und welche Netzwerkbelastung eine große Zahl mobiler Agenten in der Realität erzeugen würden.

- **Standards/Interoperabilität:** Mobile Agenten sind nur dann sinnvoll, wenn ihnen eine große Anzahl von Anlaufpunkten zur Verfügung steht. Dies macht die Definition und Verabschiedung von Standards zwingend erforderlich. Jeder beteiligte Server muß den mobilen Agenten eine einheitliche Systemumgebung zur Verfügung stellen, in der sie ausgeführt werden können. Weiterhin sind Standards zur Verwaltung der Agenten, zur Einrichtung von gemeinsamen

Nutzerverzeichnissen und zur Kommunikation zwischen Agenten zu entwickeln. Standards besitzen auch für stationäre Agenten eine Bedeutung, allerdings nicht im selben Maße, wie innerhalb der heterogenen, verteilten Umgebungen, in denen mobile Agenten in der Regel zum Einsatz kommen.

- **Abrechnungssysteme:** Ohne detaillierte Möglichkeiten zur Ermittlung und Abrechnung von Ressourcenverbräuchen, lassen sich die durch mobile Agenten erzeugten Kosten nicht erfassen. Hierzu müssen zum einen Standards für die Erfassungssysteme innerhalb des Servers geschaffen werden und zum anderen finanzielle Abrechnungssysteme, mit deren Hilfe die entstandenen Kosten auf effiziente Weise abgerechnet werden können, zur Verfügung stehen.

4.2.2.3 Technische Implementierung

Softwaretechnisch gestaltet sich die Architektur eines Servers, der die Ausführung mobiler Agenten unterstützen soll, wie in Abbildung 4.2/9 dargestellt.

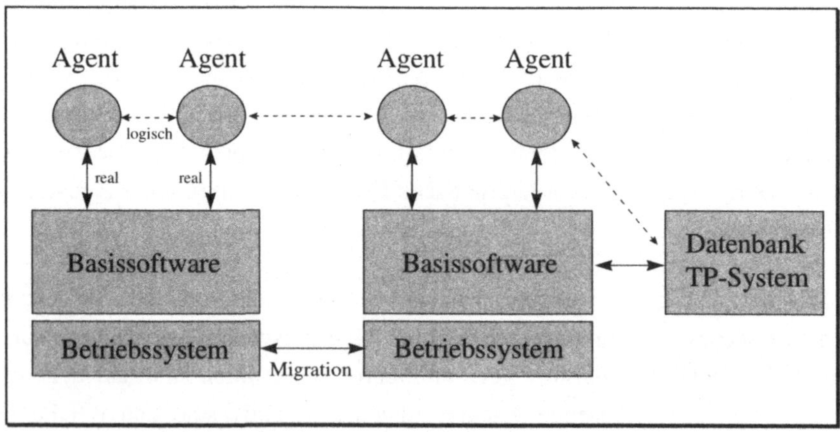

Abbildung 4.2/9: Softwarearchitektur eines mobilen Agentensystems

Aufbauend auf dem Betriebssystem verfügt jedes Rechnersystem über eine Basissoftware, welche die Integration in das Gesamtsystem übernimmt und eine ausreichende Menge an Basisfunktionalität für den Betrieb mobiler Agenten zur Verfügung stellt. Die Basissoftware bildet gleichzeitig die Schnittstelle zwischen den mobilen Agenten und dem eigentlichen Betriebssystem des Rechners. Die

Agenten setzen auf die Basissoftware auf. Sie besitzen je nach Aufgabe ein unterschiedliches Maß an Funktionalität.

Aus Sicht der Kommunikation sind in einer derartigen Architektur eine Reihe von Kommunikationswegen und -möglichkeiten zu unterscheiden. So kann ein mobiler Agent direkt mit der Basissoftware kommunizieren, indem er die von der Basissoftware angebotenen Prozeduren aufruft. Die Antwort erhält er in Form von Rückgabeparametern der jeweiligen Prozedur. Sind auf einem System mehrere Agenten zur gleichen Zeit aktiv und besitzen diese die Fähigkeit, miteinander zu kommunizieren, so ist auch eine Inter-Agentenkommunikation denkbar. Diese kann auf zwei unterschiedliche Arten ablaufen. Bei der ersten Variante kommunizieren zwei Agenten direkt miteinander, indem sie sich gegenseitig Nachrichten schicken, beziehungsweise angebotene Prozeduren aufrufen. Dieser Ansatz ist der flexiblere und räumt den Agenten ein größtmögliches Maß an Freiheiten ein. Allerdings ist es der Basissoftware, und somit auch dem Server, kaum möglich, die Aktionen der Agenten nachzuvollziehen und zu kontrollieren. Sicherheitstechnisch bleiben aus diesem Grund viele Fragen ungeklärt. Bei der zweiten, restriktiveren Variante, geschieht die Kommunikation zwischen zwei Agenten immer unter Miteinbeziehung der Basissoftware. Ein Agent kann grundsätzlich nur direkt mit der Basissoftware kommunizieren. Auch das Ansprechen anderer Agenten geschieht auf diese Weise. Möchte beispielsweise ein mobiler Agent mit einem anderen, zur Zeit auf dem Server aktiven, Agenten kommunizieren, so ruft er eine von der Basissoftware zu diesem Zweck bereitgestellte Prozedur auf und teilt dieser seinen Kommunikationswunsch mit. Die Basissoftware übermittelt die Anfrage an den anderen Agenten. Die logische Kommunikationsverbindung zwischen den beiden Agenten besteht somit in Wirklichkeit aus zwei realen Verbindungen zwischen den beteiligten Agenten und der Basissoftware.

Eine weitere Kommunikationsschnittstelle entsteht durch die Anbindung traditioneller Datenbank- und Transaktionssysteme. Möchte ein Agent auf Informationen einer externen Datenbank zugreifen, so muß er eine Prozedur der Basissoftware, zum Beispiel eine Suchfunktion, nutzen. Die Basissoftware wiederum extrahiert die gewünschten Daten aus der Datenbank und übergibt sie dem Agenten. Eine direkte Kommunikation zwischen Agent und Datenbank ist nicht möglich und auch nicht erwünscht.

Die Basissoftware mobiler Agentensysteme setzt sich aus drei, aufeinander aufbauenden, Schichten zusammen (vgl. Abbildung 4.2/10).

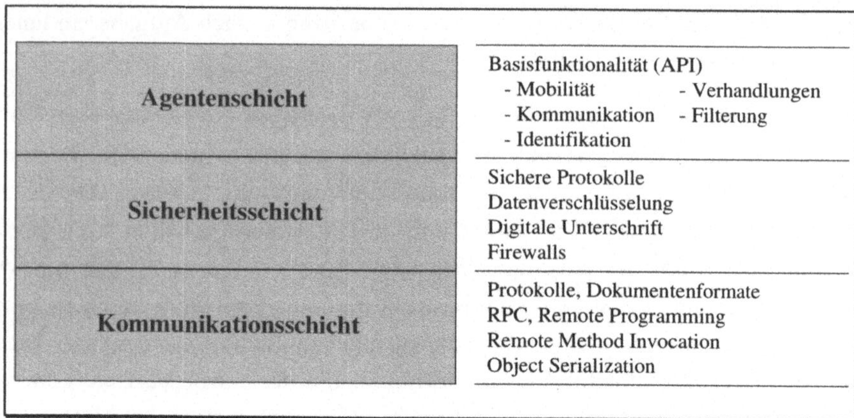

Abbildung 4.2/10: Schichten der Basissoftware mobiler Agentensysteme

- **Agentenschicht**: Die primäre Aufgabe der Agentenschicht besteht in der Ausführung und Kontrolle aller auf einem Rechner aktiven Agenten. Bei größeren Systemen ist es durchaus möglich, daß sich mehrere hundert Agenten zu einem Zeitpunkt auf einem Rechner aufhalten. Die Agentenschicht muß allen diesen Agenten eine einheitliche Arbeitsumgebung zur Verfügung stellen und sie unabhängig voneinander ausführen, das heißt ihren Programmcode abarbeiten. Sie muß ihnen außerdem eine Grundmenge an Funktionalität zur Verfügung stellen. Die wichtigsten Funktionen der Agentenschicht sind in Abbildung 4.2/11 tabellarisch dargestellt.

Befehl	Parameter	Funktion
move	agent-id, address	Bewegen
identify	agent-id, personal-key, agent-type	Identifikation
getAvailableAgent	agent-id, agent-type	Verfügbaren Agenten ermitteln
contact	agent-id, agent-id	Lokalen Agenten kontaktieren
sendCommand	agent-id, agent-id, command	Funktion eines anderen Agenten aufrufen
sendMessage	agent-id, agent-id/agent-type, [address], message	Nachricht an anderen Agenten übermitteln

Abbildung 4.2/11: Zentrale Funktionen der Agentenschicht

Mit Hilfe des *move* Befehls kann ein Agent sich von einem Rechner zu einem anderen begeben. Dazu muß er der Agentenschicht seine Agenten-ID und die gewünschte Ziel-Systemadresse mitteilen. Die Agenten-ID ist eine eindeutige Nummer, die bei der Erstellung des Agenten vom System erzeugt wird und anhand derer der Agent während seiner gesamten Lebenszeit eindeutig identifizierbar ist. Die Agentenschicht übernimmt daraufhin den Transport des Agenten zur Zieladresse. Der Vorgang bleibt für den Agenten vollständig transparent, das heißt für ihn ist nur ein einfacher *move* Befehl notwendig und sein nächster Befehl wird bereits in der neuen Systemumgebung ausgeführt. Die von der Agentenschicht zur Migration verwendeten Basisfunktionalitäten und -techniken werden von der Kommunikationsschicht zur Verfügung gestellt.

Im folgenden wird das grundlegende Kommunikationmodell sowie der Verlauf einer typischen Kommunikation zwischen mobilen Agenten detailliert beschrieben. Trifft ein Agent auf einem neuen Rechner ein, so muß er sich zuallererst identifizieren. Denkbar ist auch eine Identifikation vor der Ankunft des Agenten, zum Beispiel, bevor er überhaupt seinen Ursprungsrechner verläßt. Zu diesem Zweck verwendet er den von der Agentenschicht zur Verfügung gestellten *identify* Befehl. Vor einer erfolgreichen Identifikation hat der neu eingetroffene Agent auf dem System keinerlei Rechte und kann keine anderen Funktionen ausführen. Auch nach der Identifikation sind die Rechte des Agenten verhältnismäßig gering. Er darf die von der Agentenschicht zur Verfügung gestellten Befehle aufrufen und die ihm zugebilligten Ressourcen verwenden.

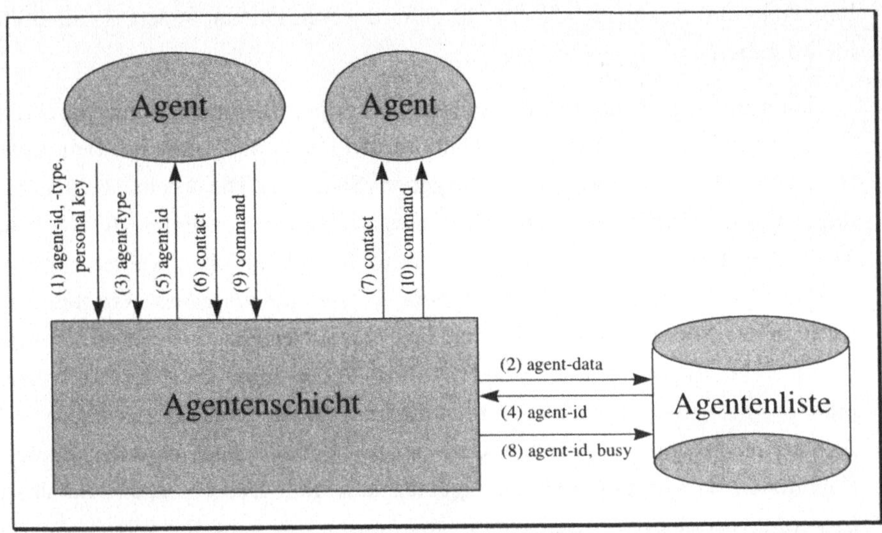

Abbildung 4.2/12: Kommunikationsverlauf zwischen Agent und Agentenschicht

Zur Identifikation übergibt ein Agent seine Agenten-ID, seinen Agententyp und den persönlichen Erkennungsschlüssel seines Benutzers (vgl. Abbildung 4.2/12, Schritt 1). Jeder Systembenutzer besitzt einen eindeutigen persönlichen Erkennungsschlüssel, den alle seine Agenten mit sich führen (vgl. Abschnitt 4.5). Mittels dieses Schlüssels überprüft die Agentenschicht die korrekte Identität des Agenten und trägt diesen nach erfolgreicher Überprüfung in eine lokale Agentenliste ein (Schritt 2). Die lokale Agentenliste stellt ein Verzeichnis aller zur Zeit auf einem System aktiven Agenten dar. Für jeden Agenten enthält die Liste die Agenten-ID, den Status des Agenten, zum Beispiel verfügbar oder beschäftigt, und den Agententyp, wie beispielsweise Informationsagent oder Transaktionsagent. Der Agententyp dient als Hilfsmittel für andere Agenten, da über den Typ der Funktionsumfang eines Agenten ermittelt werden kann. So kann ein Einkaufsagent über den Agententyp seines Kommunikationspartners herausfinden, ob er es mit einem Verkaufsagenten zu tun hat, der zum Beispiel über eine Verhandlungsfunktion verfügt, oder mit einem reinen Informationsagenten, der keine Verhandlungsmechanismen anbietet. Anzumerken bleibt, daß nach der Identifikation nur die Agentenschicht die genaue Identität des neuen Agenten und somit auch die seines Benutzers kennt. Für die auf die Agentenschicht aufbauenden Anwendungen bleibt der Agent weiterhin anonym. Nur wenn der neue Agent gewillt ist, seine Identität durch die Übermittlung einer entsprechenden Nachricht preiszugeben, können andere Agenten ihn identifizieren.

Kennt ein Agent die genaue Agenten-ID seines Ansprechpartners nicht, so kann er den *getAvailableAgent* Befehl aufrufen und als Parameter den Agententyp des gewünschten Partners übergeben (Schritt 3). Die Agentenschicht teilt ihm, falls möglich, die Agenten-ID eines verfügbaren Agenten mit (Schritte 4+5). Dieser kann mittels des *contact* Befehls angesprochen werden (Schritte 6+7). Ist der Kontakt hergestellt, können die kommunizierenden Agenten ihren Status in der lokalen Agentenliste auf *beschäftigt* setzen, um weitere Kontaktierversuche zu verhindern (Schritt 8). Ein Agent kann aber durchaus auch parallel mit mehreren Agenten kommunizieren. Ist der Kontakt zwischen zwei Agenten aufgebaut, so können diese mit Hilfe des *sendCommand* Befehls Funktionen des jeweils anderen Agenten aufrufen. Der *command* Parameter beinhaltet dabei den gewünschten Funktionsaufruf samt Parameter (Schritte 9+10). Welche Befehle ein Agent versteht, hängt, wie bereits erwähnt, von seinem Typ und nicht von der Agentenschicht ab. Durch die Verwendung des *sendCommand* Befehls findet die Kommunikation zwischen zwei Agenten immer über den Umweg der Agentenschicht statt. Eine direkte Inter-Agentenkommunikation ist nicht möglich.

Der letzte grundlegende Befehl der Agentenschicht ist der *sendMessage* Befehl. Über ihn kann ein Agent einem lokalen oder entfernten Agenten eine Nachricht übermitteln. Dazu muß er seine Agenten-ID, die ID des Empfängers, unter Umständen die Systemadresse des entfernten Rechners und die eigentliche Nachricht übergeben. Bei erfolgreicher Übermittlung an den anderen Agenten erhält der Sender von der Agentenschicht eine entsprechende Bestätigung.

- **Sicherheitsschicht**: Die Sicherheitsschicht stellt Funktionen zur Verfügung, mittels derer die innerhalb des Netzwerkes ausgetauschten Nachrichten und Objekte, zum Beispiel mobile Agenten, auf eine sichere Art und Weise übertragen werden können. Sicherheit bedeutet in diesem Zusammenhang, daß zum einen die Objekte während ihrer Übertragung weder geändert noch unbefugt gelesen und zum anderen keine unberechtigten Objekte in das System eingeschleust werden können. Sicherheitsverletzungen von bereits im System registrierten Agenten fallen nicht in den Aufgabenbereich der Sicherheitsschicht, sondern müssen, wie bereits beschrieben, innerhalb der Agentenschicht verhindert werden. Die Agentenschicht greift jedoch zu diesem Zweck auf die von der Sicherheitsschicht angebotenen Funktionen, wie zum Beispiel digitale Signaturen oder Zertifikate, zurück. Eine detaillierte Einführung in die Sicherheitsthematik gibt Abschnitt 4.5.

- **Kommunikationsschicht**: Innerhalb der Kommunikationsschicht werden die verwendeten Übertragungsprotokolle sowie die genauen Dokumenten- und Objektformate spezifiziert. Ziel ist die Bereitstellung von Basisfunktionen zur Kommunikation zwischen entfernten Rechnern und zur Übertragung von Dokumenten beziehungsweise Objekten zwischen diesen Rechnern. Die Dienste der Kommunikationsschicht werden vor allem zur Übermittlung von Agenten genutzt. Im einzelnen sind Dienste wie *Remote Procedure Call (RPC)*, *Remote Programming (RP)* oder *Object Serialization* zu implementieren. Insbesondere Funktionen zur *Object Serialization* sind für den Einsatz mobiler Agenten von grundlegender Bedeutung. Mittels *Object Serialization* ist es möglich, ein Objekt in einen seriellen Datenstrom umzuwandeln, diesen an einen entfernten Rechner zu übertragen und dort aus dem Datenstrom das ursprüngliche Objekt zu rekonstruieren. Dazu muß nicht nur der eigentliche Programmcode des Objektes sondern auch sein aktueller Zustand und der seiner Systemumgebung in serieller Form ausgedrückt werden.

4.2.2.4 Migration

Die Migration stellt aus technischer Sicht eine der komplexesten Aufgaben beim Einsatz mobiler Agenten dar. Um eine uneingeschränkte Migrationsfähigkeit zu erzielen, müssen durch die Kommunikations- und Agentenschicht zwei wesentliche Fragestellungen geklärt werden. Zum einen muß ein Verfahren gefunden werden, mit Hilfe dessen Programmobjekte, zum Beispiel mobile Agenten, zwischen zwei Rechnern transportiert werden können, zum anderen gilt es festzulegen, welche Komponenten bei der Migration eines Agenten zu übertragen sind, das heißt woraus sich ein Agent überhaupt zusammensetzt. Da mobile Agentensysteme fast immer unter Zuhilfenahme objekt-orientierter Entwicklungssprachen implementiert werden, ist die Antwort auf die zweite Frage relativ einfach zu finden. Die Identität eines mobilen Agenten setzt sich aus seinem Programmcode, der in Form agentenspezifischer Klassen vorliegt, und seinem momentanen Zustand, welcher durch den Zustand seiner Instanzvariablen gebildet wird, zusammen. Zur Migration müssen beide Komponenten, das heißt sowohl die zum Agenten gehörenden Klassen als auch die Werte der Instanzvariablen übertragen werden. Zusätzlich gilt es darauf zu achten, daß die Systemumgebung des Agenten vor und nach der Migration identisch ist, beziehungsweise daß dem Agenten eventuelle Änderungen rechtzeitig mitgeteilt werden. Zur Systemumgebung zählen insbesondere die von einem Agenten genutzten Umgebungsvariablen. Verwendet ein Agent beispielsweise eine Reihe von Systemvariablen zur Speicherung von Informationen, so müssen diese nach der Migration im Zielsystem in identischer Form und mit identischem Inhalt bereitstehen. Andernfalls kann ein korrektes Wiederaufsetzen des Agenten nicht vollzogen werden.

Das eigentliche Migrationsverfahren kann grundsätzlich auf zwei unterschiedliche Arten durchgeführt werden. Bei der ersten Variante geschieht die Migration für den beteiligten Agenten vollständig transparent. Der Agent ruft den durch die Agentenschicht zur Verfügung gestellten *move* Befehl auf und braucht sich um keine weiteren Details der Übertragung zu kümmern. Die Agenten- und Kommunikationsschichten der Basissoftware übernehmen die mit der Migration zusammenhängenden Aufgaben. Die Ausführung des Agenten wird gestoppt und alle notwendigen Komponenten in eine persistente Form gebracht, indem sie beispielsweise in einen seriellen Datenstrom umgewandelt und in eine Datei geschrieben werden. Auf dem Zielsystem werden die Komponenten wieder entpackt und zusammengesetzt. Der Agent wird auf dem Zielsystem an der exakten Stelle, an der er zuvor unterbrochen wurde, gestartet und kann seine Tätigkeit fortsetzen. Er erhält keinerlei Informationen über den Migrationsvorgang und weis aufgrund seiner passiven Haltung im Prinzip nicht einmal, daß überhaupt eine Migration stattgefunden hat. Diese Vorgehensweise entspricht der im vorigen Abschnitt beschriebenen Architektur der Agentenschicht. Den Vorteilen dieses generell anwendbaren, vollständig transparenten Verfahrens, steht der Nachteil einer aufwendigen Implementierung und tiefer Eingriffe in die verwendeten Laufzeitumgebungen gegenüber. Nur mit diesem Ansatz kann jedoch das Charakteristikum der Proaktivität eines Agenten unterstützt werden.

Der zweite, einfacher zu implementierende Ansatz, wählt eine andere Vorgehensweise. Bei ihm ist der zu transportierende mobile Agent aktiv an der Migration beteiligt. Vor und nach der Migration ist er selbständig dafür verantwortlich, die für ihn notwendigen Komponenten in eine persistente Form zu transformieren. Er muß zu diesem Zweck zwei entsprechend gestaltete Methoden besitzen, mit Hilfe derer explizit der Schreib- beziehungsweise Lesevorgang angestoßen und durchgeführt werden kann. Dem erhöhten Aufwand bei der Entwicklung derartiger mobiler Agenten steht ein deutlich geringerer Aufwand bei der Implementierung der Systemumgebung gegenüber, da in diesem Fall keine tiefergehenden Eingriffe in die Laufzeitumgebung vorgenommen werden müssen. Es ist die Aufgabe des Agenten, sich Gedanken bezüglich einer geeigneten Repräsentationsform seines internen Zustandes zu machen.

4.2.3 Existierende Architekturen

Es existieren eine Vielzahl unterschiedlicher Systemarchitekturen agentenbasierter Systeme. Abbildung 4.2/13 gibt einen Überblick, klassifiziert nach deliberativen, reaktiven und hybriden Systemen [Müller 1996].

Im folgenden wird ein Vertreter jeder Kategorie exemplarisch vorgestellt: Für die deliberativen Agenten die formale BDI Architektur von Rao/Georgeff, für die reaktiven Agenten die 'Subsumption Architecture' von Brooks und für die hybriden Systeme die Interrap Architektur von Müller.

	Bestehende Systemarchitekturen	
Deliberative Agenten	IRMA (Bratman et al) BDI (Rao, Georgeff) Agent0 (Shoham)	GRATE (Jennings) COSY (Sundermeyer et al) MECCA (Steiner et al)
Reaktive Agenten	Subsumption Architecture (Brooks) Pengi (Agre, Chapman) Dynamic Action Selection (Maes)	Situated Automata (Kelbin, Rosenschein) AURA (Arkin)
Hybride Agenten	RAP (Firby) AIS (Hayes-Roth, Dabija) Sim_Agent (Sloman, Poli)	Interrap (Müller) Procedural Reasoning Systems (Georgeff, Lansky)

Abbildung 4.2/13: Architekturen (in Anlehnung an [Müller 1996])

4.2.3.1 *Rao/Georgeff: BDI Agenten*

Rao/Georgeff entwickelten ein Modell, mit Hilfe dessen BDI-basierte Agenten (vgl. Abschnitt 4.2.1) implementiert werden können [Rao/Georgeff 1991, 1995]. Das Model umfaßt dabei sowohl eine theoretische Fundierung des BDI Ansatzes, vor allem Definitionen der zugrundeliegenden Logik und die Einführung einer Semantik, als auch Ansatzpunkte zur praktischen Realisierung von BDI Systemen, insbesondere die Definition eines konkreten BDI Interpreters.

Rao/Georgeff gehen von zwei Eigenschaften BDI-basierter Agenten und ihrer Umgebung aus [Rao/Georgeff 1995]: Zu jedem beliebigen Zeitpunkt gibt es erstens eine Vielzahl von Möglichkeiten, wie sich die Umgebung eines Agenten weiterentwickeln kann, und zweitens eine Vielzahl möglicher Aktionen, die der Agent selbst ausführen kann. Sowohl die Umgebung als auch der Agent bilden aus diesem Grund ein nicht-deterministisches System. Eine geeignete Struktur zur Beschreibung derartiger Systeme bilden verzweigte Entscheidungsbäume. Jeder Zweig eines Baumes repräsentiert einen möglichen Ausführungspfad, wobei die Knoten des Baumes einen Umweltzustand und die Übergänge zwischen zwei Knoten primitive Aktionen des Agenten oder Ereignisse innerhalb der Umwelt darstellen. Je nach Ausprägung des Übergangs, als Aktion eines Agenten oder Ereignisses der Umwelt, ergeben sich zwei Arten von Knoten, sogenannte Wahl-

Knoten (engl. choice nodes) und Chancen-Knoten (engl. chance nodes). Der Begriff des Wahl-Knoten macht deutlich, daß der Agent die Wahl zwischen verschiedenen Aktionen hat, während Chancen-Knoten die Unvorhersehbarkeit, und damit einhergehend auch die Unbeeinflußbarkeit, von Umweltereignissen widerspiegeln.

Ein konkreter Pfad durch einen Entscheidungsbaum stellt gleichzeitig ein Ziel eines Agenten dar. Durch die Auswahl der mit einem Pfad verbundenen Aktionen erhält man die für den Agenten konkret auszuführenden Arbeitsschritte. Beim praktischen Einsatz dieser Vorgehensweise ergeben sich Probleme auf Grund der Existenz der Chancen-Knoten. Ein Agent hat keinen Einfluß darauf, welches der möglichen, mit einem Chancen-Knoten verbundenen, Ereignisse tatsächlich eintreten wird, da dies allein von seiner Umwelt abhängig ist. Rao/Georgeff verwenden aus diesem Grund eine 'mögliche Welten' (engl. possible worlds) Semantik, mit Hilfe derer sie die Chancen-Knoten aus dem Entscheidungsbaum eliminieren. Die Vorgehensweise ist in Abbildung 4.2/14 ersichtlich.

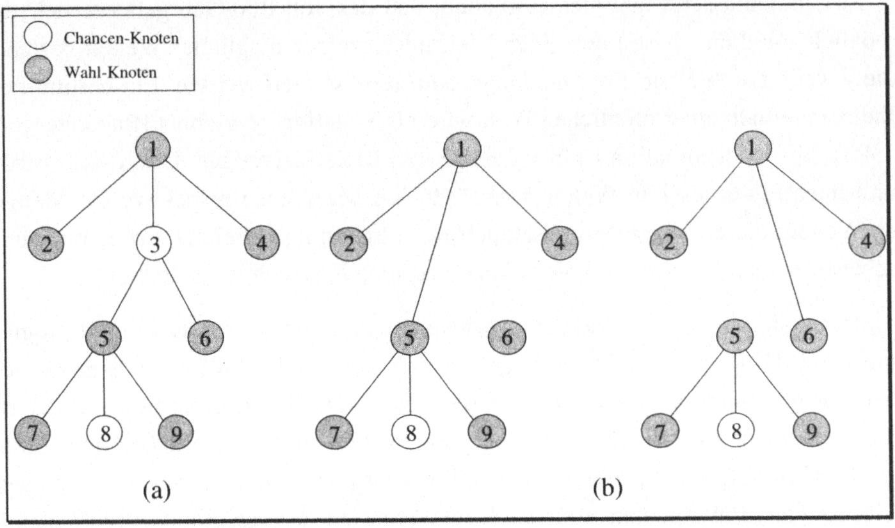

Abbildung 4.2/14: Possible Worlds Semantik

Beginnend bei der Wurzel des Entscheidungsbaumes, werden alle Verbindungsstrecken des Baumes durchlaufen. Für jede aus einem Chancen-Knoten abgehende Verbindung wird ein neuer Entscheidungsbaum generiert. Dieser neue Baum ist identisch zum Ursprungsbaum, mit dem Unterschied, daß der entsprechende Chancen-Knoten entfernt wird und die Verbindungsstrecke mit dem Vater des Chancen-Knotens verbunden wird. Diese Vorgehensweise wird so oft wiederholt, bis alle Chancen-Knoten entfernt wurden. Man erhält eine Menge einzelner Entscheidungsbäume, von denen jeder einen potentiell möglichen Umweltzustand, das heißt eine 'mögliche Welt', widerspiegelt.

Mit jeder möglichen Welt ist ein konkreter Wahrscheinlichkeitswert, der die Wahrscheinlichkeit des Eintritts des durch den Entscheidungsbaum repräsentierten Umweltzustandes widerspiegelt, und Erlöswerte, die für jeden Pfad des Baumes den Gewinn des Agenten bezeichnen, verbunden. Bildet man aus diesen Informationen Funktionen, so kann ein Agent mit Hilfe seiner Schlußfolgerungskomponente Entscheidungen treffen. Die mit der möglichen Welt verknüpfte Wahrscheinlichkeit wird dazu in eine Belief-accessibility und die Erlöswerte in eine Desire-accessibility Funktion transformiert. Diese Funktionen verwendet der Agent um die bestmöglichen Aktionspfade auszuwählen. Die Aktionspfade werden wiederum in einer dritten Funktion, der Intention-accessibility Funktion, abgebildet.

Zusammenfassend läßt sich festhalten, daß das von Rao/Georgeff entwickelte mögliche Welten Modell aus einer Vielzahl einzelner möglicher Welten besteht, die jeweils durch einen Entscheidungsbaum repräsentiert werden. Ein bestimmter Index innerhalb einer möglichen Welt wird als Situation bezeichnet [Rao/Georgeff 1995]. Mit jeder Situation ist eine Menge von Belief-accessible, Desire-accessible und Intention-accessible Welten verknüpft. Sie bezeichnen respektive die Menge an Welten, die ein Agent grundsätzlich für möglich hält (Belief), die er für wünschenswert hält (Desire) und die er hervorzurufen beabsichtigt (Intention).

Basierend auf diesem Modell entwickelten Rao/Georgeff eine formale Logik, mit deren Hilfe Agenten in die Lage versetzt werden, Schlußfolgerungen zu ziehen und Intentionen zu formen. Auf diese wird auf Grund ihrer Komplexität an dieser Stelle jedoch nicht näher eingegangen. Für eine ausführliche Darstellung wird auf [Rao/Georgeff 1995] und [Müller 1996] verwiesen. Für den praktischen Einsatz von BDI-Agenten wesentlich relevanter ist die von Rao/Georgeff eingeführte abstrakte Architektur eines BDI-Interpreters. Rao/Georgeff treten damit dem häufig vorgebrachten Argument entgegen, daß BDI-basierte Systeme auf Grund ihrer komplexen Axiome und ihres nicht-deterministischen Laufzeitverhaltens für den Einsatz in dynamischen, echtzeit-orientierten Anwendungsfeldern nur wenig geeignet sind.

Der BDI-Interpreter verwendet drei dynamische Datenstrukturen (jeweils eine für Beliefs, Desires und Intentions) und eine Event-Queue, in der alle auftretenden Ereignisse aufgenommen werden. Die Hauptschleife des Interpreters hat folgende Struktur [Rao/Georgeff 1995]:

initialize-state( );

repeat

    options:=option-generator(event-queue);

    selected-options:=deliberate(options);

    update-intentions(selected-options);

    execute( );

    get-new-external-events( );

    drop-succesful-attitudes( );

    drop-impossible-attitudes( );

 end repeat

Innerhalb eines jeden Schleifendurchlaufes überprüft der Interpreter in einem ersten Schritt die Event-Queue auf neue Ereignisse und generiert daraus eine Menge von Optionen. Eine Option stellt ein mögliches Ziel dar, welches der Agent zu erreichen versuchen könnte. Welche Optionen beziehungsweise Ziele konkret zur Verfügung stehen, ist abhängig von der jeweiligen Umweltsituation. Aus allen denkbaren Optionen wird durch den Deliberator diejenige Untermenge selektiert, die für das System mit den momentan zur Verfügung stehenden Ressourcen den größten Nutzen bringen. Diese Untermenge wird zu den bereits bestehenden Intentionen hinzugefügt, da das System beabsichtigt, die ausgewählten Optionen zu erreichen. Unter Umständen müssen bereits existierende Intention auf Grund neuer Informationen angepaßt werden. Im nächsten Schritt werden die konkret anstehenden Aktionen durch das System ausgeführt. Die Event-Queue wird aktualisiert, indem der Interpreter die Umwelt auf neu eingetretene Ereignisse untersucht und diese in die Queue einstellt. Die letzten Arbeitsschritte bestehen darin, alle erzielten Wünsche und Intentionen, sowie unmögliche Wünsche und nicht-erzielbare Intentionen aus den jeweiligen Datenstrukturen zu entfernen.

Obwohl der vorgestellte BDI-Interpreter einen deutlichen Schritt weg von der formalen BDI-Logik hin zu einem praxisorientierten Ansatz darstellt, bleiben eine Reihe von Fragen bewußt offen. So werden keine Aussagen über die konkrete Gestaltung des Option-Generator und des Deliberators getroffen. Insbesondere der Einsatz in echtzeit-orientierten Anwendungen stellt hohe Anforderungen an die Reaktionszeit der Komponenten und erfordert eine entsprechend effiziente Architektur. Die zur Erfüllung der Aufgaben des BDI-Interpreters notwendigen formalen Beweismechanismen sind auf Grund ihrer hohen Komplexität praktisch nur sehr eingeschränkt einsetzbar.

Rao/Georgeff sind sich über diese Restriktionen durchaus bewußt, weshalb sie eine Reihe von Vereinfachungen vorschlagen, mit deren Hilfe eine praktische Einsatzbarkeit ihres Modells erzielt werden kann. Beispielsweise ist es denkbar, nur Überzeugungen bezüglich des derzeitigen Zustandes der Umwelt zu berücksichtigen. Informationen darüber, wie ein Agent bestimmte Wünsche zu erfüllen gedenkt und welche Optionen ihm hierfür zur Verfügung stehen, können in Form von Plänen zusammengefaßt werden. Die zur Ausführung vorgesehenen Pläne werden auf Laufzeit-Stacks abgelegt, welche somit implizit die Intentionen eines Agenten bilden [Rao/Georgeff 1995]. Beispielhafte Implementierungen der vorgestellten Konzepte bilden das Procedural Reasoning System (PRS) [Georgeff/ Lansky 1986] und dessen Weiterentwicklung dMARS (distributed MultiAgent Reasoning System).

4.2.3.2 Brooks: Subsumption Architecture

Die Subsumption Architecture von Brooks ist der bekannteste Vertreter der wenigen existierenden reaktiven Agentenarchitekturen [Brooks 1986]. Auch Brooks geht von den grundlegenden Annahmen reaktiver Systeme aus [Wooldridge/ Jennings 1995]: Intelligentes Verhalten ist auch ohne explizite Wissensrepräsentationen und abstrakte Schlußfolgerungsfähigkeiten möglich; und die Intelligenz ist implizit in komplexen Systemen enthalten, beziehungsweise entsteht erst durch die Interaktion der einzelnen Agenten mit ihrer Umwelt. Dementsprechend zeichnet sich die Subsumption Architecture durch eine verteilte Verhaltensarchitektur, dem Fehlen expliziter Repräsentationen und einem reflexartigen Stimulus-Response Reaktionsmuster, ohne Einwirkung komplexer Module, wie zum Beispiel Reasoner, Deliberator oder Planer, aus.

Ein auf den Prinzipien der Subsumption Architecture basierender Agent besteht aus einer Reihe hierarchisch angeordneter, aufgaben-orientierter Kompetenzmodule. Im Gegensatz zu klassischen KI-Systemen und deliberativen Agenten findet keine funktionale Dekomposition, sondern eine rein aktivitäten-orientierte Aufgabenzerlegung statt. Jedes Kompetenzmodul einer Subsumption Architecture ist für eine bestimmte Aufgabe, genauer gesagt für eine konkrete Verhaltensweise des Agenten, zuständig. Die in der Hierarchie am unteren Ende angesiedelten Module sind für grundlegende, primitive Aufgaben verantwortlich, während höherliegende Module komplexere Verhaltensweisen widerspiegeln. Hinzu kommt, daß jedes Kompetenzmodul autonom arbeiten kann und daß übergeordnete Module als eine Untermenge die Aufgaben der darunterliegenden Module miteinschließen, daher auch der Name Subsumption Architecture. Abbildung 4.2/15 macht dieses Prinzip am Beispiel eines von Brooks entwickelten Roboters deutlich.

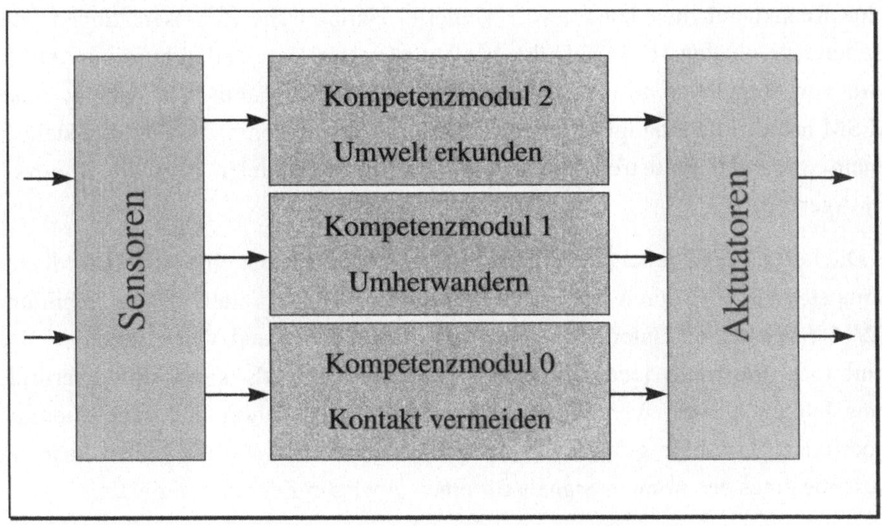

Abbildung 4.2/15: Subsumption Architecture

Auf der untersten Ebene besitzt das Kompetenzmodul 0 des Roboters die Fähigkeit, Kontakte oder Zusammenstöße mit anderen Objekten zu vermeiden. Mit Hilfe seiner Sensoren kann der Roboter rechtzeitig potentielle Hindernisse erkennen und eine entsprechende Reaktion auslösen. Ein Roboter, der nur dieses eine Modul besitzt, ist voll funktionsfähig und bildet eine autonome Einheit. Das auf das Modul 0 aufgesetzte Kompetenzmodul 1 erweitert die Fähigkeiten des Roboters, indem es ihm ermöglicht, wahllos in der Gegend umherzuwandern. Entscheidend ist aus Sicht der Subsumption Architektur hierbei, daß Modul 1 die Ein- und Ausgaben von Modul 0 überwachen und beeinflußen kann. Nur so kann ein sinnvolles Verhalten des Roboters, das heißt ein Umherwandern ohne mit anderen Gegenständen zusammenzustoßen, erzielt werden. Modul 1 schließt somit die Funktionalität von Modul 0 mit ein. Modul 2 setzt wiederum auf Modul 1 auf, indem es den Roboter in die Lage versetzt, seine Umwelt zu erkunden. Modul 2 beinhaltet die Fähigkeiten von Modul 1, denn zur Erkundung der Umwelt hält der Roboter Ausschau nach entfernten Gegenden, die für ihn erreichbar scheinen, und wandert dann dorthin.

Jedes Kompetenzmodul wird mit Hilfe einer Subsumption-Sprache beschrieben, die auf den Prinzipien der Augmented Finite State Machines (AFSM) basiert. Ein AFSM löst eine Reaktion aus, sobald sein Eingangssignal einen bestimmten Schwellwert überschreitet. Anzumerken ist, daß es sich bei AFSMs um reine Recheneinheiten handelt, die keinerlei symbolische Repräsentationen oder Modelle beinhalten. Die Aufgabe beziehungsweise das Verhalten eines AFSM wird von Beginn an fest vorgegeben und ist nicht dynamisch anpaßbar. Jedes AFSM arbeitet unabhängig und asynchron von den anderen AFSMs und steht in einem ständigen Wettstreit mit anderen Kompetenzmodulen über die Kontrolle des Agenten.

Die bereits angesprochene Übernahme der Funktionalität eines untergeordneten Kompetenzmoduls durch das darüberliegende geschieht mittels der in Abbildung 4.2/16 dargestellten Unterdrückungs- (engl. Suppressor) und Verbotsknoten (engl. Inhibitor). Innerhalb jedes Eingabesignals eines Moduls kann ein Unterdrückungsknoten plaziert werden, der das Eingabesignal abhört und gegebenenfalls modifiziert. Dasselbe gilt für die Ausgangssignale. Ein Verbotsknoten kann die Ausgabe eines bestimmten Signals für einen gewissen Zeitraum verbieten.

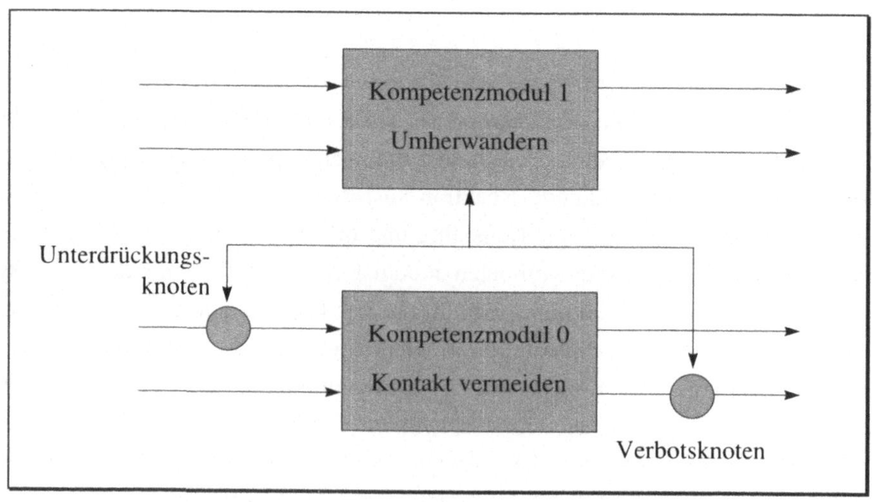

Abbildung 4.2/16: Unterdrückungs- und Verbotsknoten

Dieses einfache Subsumption Modell wurde später von Brooks erweitert, da sich Probleme bei der Zusammenarbeit und Synchronisation einer großen Menge von Kompetenzmodulen ergaben. Brooks führte eine sogenannte Behaviour Language ein [Brooks 1990]. Diese, speziell für die Entwicklung komplexer AFSM-Strukturen konzipierte Sprache, modelliert eine konkrete Verhaltensweise eines Agenten als eine Gruppe von AFSM Kompetenzmodulen, wobei innerhalb der Gruppe ebenfalls Unterdrückungs- und Verbotsmechanismen aktiv sein können. Jede Gruppe besitzt des weiteren sogenannte Monostables, das heißt Variablen, die nur für einen bestimmten Zeitraum aktiv sind, und Register, das heißt Variablen, die eine Menge von Werten enthalten können [o.V. 1997a]. Die Variablen sind nur innerhalb der Gruppe sichtbar, ihre Werte können jedoch mittels Nachrichten zwischen verschiedenen Verhaltens-Modulgruppen ausgetauscht werden.

Die Subsumption Architecture wurde von Brooks speziell für den Einsatz in dynamischen, schwer vorhersagbaren Umweltsituationen entwickelt, bei denen eine schnelle Reaktion zwingend erforderlich ist. Obwohl die Verhaltensweisen der mit ihrer Hilfe entwickelten Agenten oder Roboter nicht sehr komplex ist, werden Ergebnisse von einer Qualität erreicht, die mittels deliberativer Agenten nur schwer erzielbar sind. Die einfache Systemstruktur ermöglicht des weiteren die Entwicklung relativ kostengünstiger Systeme. Allerdings sind Subsumption Architekturen auch mit einer Reihe von Beschränkungen behaftet [o.V. 1997b]: die verteilte Kontrollstruktur setzt der Lern- und Planfähigkeit Grenzen, komplexe Modelle können in der einfachen Schichtenstruktur nicht abgebildet werden und die zur Erzeugung von komplexem Verhalten notwendige große Zahl an Modulen resultiert in einem hohen Synchronisations- und Managementaufwand.

4.2.3.3 Müller: Interrap

Die Interrap Architektur von Müller ist ein typisches Beispiel eines hybriden Agentensystems [Müller 1996]. Um die Vorteile deliberativer und reaktiver Ansätze zu vereinigen, besitzen hybride Agenten üblicherweise eine mehrschichtige Architektur. Während mit Hilfe der unteren Schichten grundlegende Verhaltensmuster eines Agenten implementiert werden, was der reaktiven Komponente entspricht, wird der deliberative Prozeß der Zielbildung, Schlußfolgerung und Planung in höher gelegenen Schichten bearbeitet. Dieses Prinzip findet sich auch in den drei Schichten der Interrap Architektur, der verhaltensbasierten Schicht, der lokalen Planungsschicht und der kooperativen Planungsschicht, wieder. Die beiden erstgenannten Schichten bilden die klassischen reaktiven und deliberativen

Komponenten des Agenten, während Schicht 3 den Agenten um Fähigkeiten zur Kommunikation und Kooperation innerhalb von Multi-Agentensystemen erweitert (vgl. Abschnitt 4.3).

Interrap basiert auf einem klassischen BDI Ansatz. Der Schwerpunkt der Architektur liegt jedoch nicht in der Definition eines formalen BDI Modells, wie dies zum Beispiel bei Rao/Georgeff (vgl. Abschnitt 4.2.3.1) der Fall ist, sondern eindeutig auf dem dynamischen Kontrollprozeß eines Agenten [Müller 1996]. Dieser Prozeß läßt sich anhand des Interrap zugrunde liegenden konzeptionellen Agentenmodells und der Interrap Architektur anschaulich beschreiben.

Abbildung 4.2/17 zeigt das konzeptionelle Interrap-Agentenmodell. Wie in vielen anderen BDI-basierten Architekturen dienen die vom Agenten mit Hilfe seiner Sensoren wahrgenommenen Fakten als Grundlage für seine Überzeugungen. Während der Laufzeit des Agenten können dabei sowohl neue Überzeugungen entstehen als auch bereits bestehende Überzeugungen aufgrund neuer Fakten inhaltlich überarbeitet oder gar vollständig gelöscht werden.

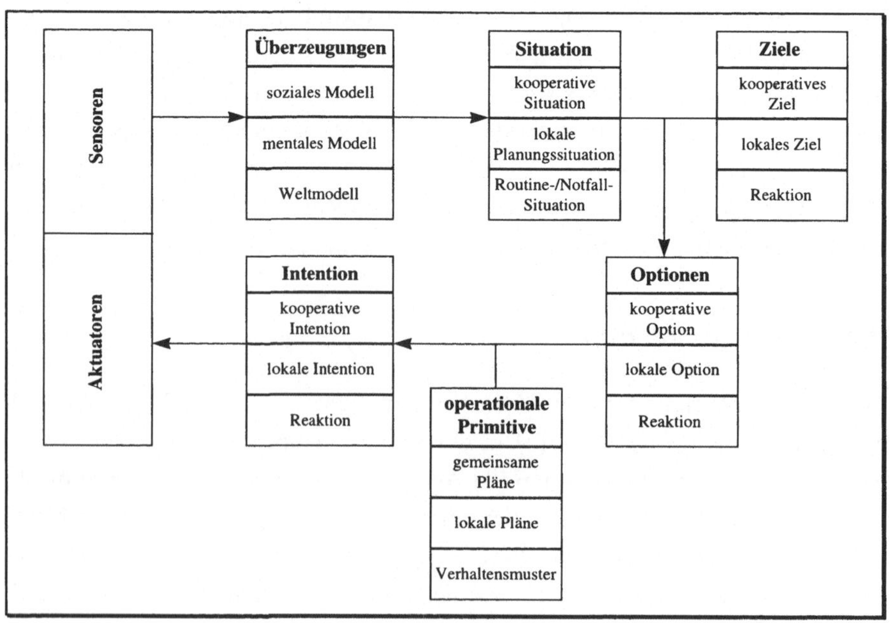

Abbildung 4.2/17: Konzeptionelles Interrap-Agentenmodell

Die von einem Interrap Agenten gehaltenen Überzeugungen sind innerhalb dreier getrennter Modelle zusammengefaßt: das Weltmodell beinhaltet grundlegende Überzeugungen bezüglich der Umwelt des Agenten, das mentale Modell besteht aus den Überzeugungen, die der Agent über sich selber hat und das soziale Modell enthält Überzeugungen über andere Agenten. Diese drei Modelle korrespondieren inhaltlich mit den bereits vorgestellten drei architektonischen Schichten von Interrap. Die innerhalb des Weltmodells abgelegten Überzeugungen werden vor allem für reaktive Verhaltensweisen verwendet, die des mentalen Modells für deliberative Zwecke und die des sozialen Modells für die Kooperation mit anderen Agenten.

Um die sehr allgemein gehaltenen Überzeugungen praktisch nutzen zu können, werden mit Hilfe eines Algorithmus sogenannte Situationen aus den Überzeugungen abgeleitet. Situationen bilden eine Untermenge der Überzeugungen und repräsentieren diejenigen Umweltzustände, die für den Agenten konkret von Interesse sind. Sie dienen gleichzeitig als Basis für den Zielfindungsprozeß. Auch die Situationen sind in drei Schichten gegliedert: einfache Routine- beziehungsweise Notfallsituationen, Situationen die eine lokale Planung erfordern und Situationen, in denen eine kooperative Planung mehrerer Agenten notwendig ist. Jede Situation wird durch die entsprechenden Überzeugungs-Modelle beschrieben [Müller 1996]. Eine lokale Planungssituation basiert beispielsweise auf dem Weltmodell und mentalen Modell, während eine kooperative Situation zusätzlich das soziale Modell miteinbezieht.

Die Ziele des Agenten unterteilen sich in Reaktionen, lokale Ziele und kooperative Ziele. Interessant ist hierbei insbesondere die Interpretation von Reaktion als eine Art von Ziel. Reaktionen stellen in diesem Sinne sehr kurzfristige Ziele dar, die durch Umweltereignisse ausgelöst werden und eine schnelle Antwort erfordern. Mit Hilfe dieser Definition wird die Verbindung zwischen reaktiven Systemen und der üblicherweise nur in deliberativen Systemen vorhandenen Zielfindung vollzogen. Das Eintreten einer bestimmten Situation aktiviert in der Regel ein oder mehrere Ziele des Agenten. Als Optionen wird die Menge der zu einer bestimmten Situation passenden Ziele bezeichnet. Um aus den Optionen ausführbare Intentionen abzuleiten, was dem eigentlichen Schlußfolgerungsprozeß entspricht, verwenden der Planer und Scheduler die dem System zur Verfügung stehenden sogenannten operationalen Primitive. Diese fallen je nach Option beziehungsweise Ziel sehr unterschiedlich aus. Einfache Reaktionen sind in Form von Verhaltensmustern fest vorgegeben, während lokale und kooperative Ziele unter Umständen die explizite Erzeugung spezieller Zielzustände erforderlich machen, bevor der Planungsprozeß einsetzen kann. Sind konkrete Intentionen entstanden, so werden diese ausgeführt.

Auf Basis des vorgestellten Agentenmodelles entwickelte Müller die in Abbildung 4.2/18 dargestellte Interrap Architektur. Der Architektur liegen eine Reihe von Entwurfsprinzipien zu Grunde [Müller 1996]:

- die drei Schichten-Struktur beschreibt einen Agenten anhand unterschiedlicher Abstraktions- und Komplexitätsgrade,

- nicht nur die Kontrollprozesse, sondern auch die Wissensbasis des Agenten sind mehrschichtig,

- die Kontrolle wird von unten nach oben weitergereicht, das heißt eine Schicht erhält nur dann die Kontrolle über einen Prozeß, wenn dieser die Fähigkeiten der darunterliegenden Schicht übersteigt,

- jede Schicht nutzt die operationalen Primitive der darunterliegenden Schicht zur Erreichung ihrer Ziele.

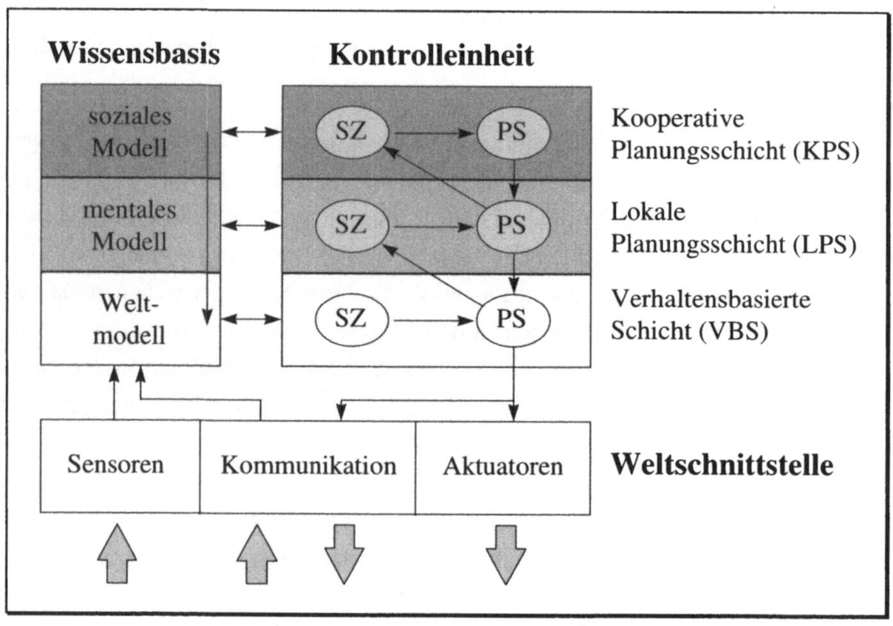

Abbildung 4.2/18: Interrap Architektur [Müller 1996]

Wie aus der Abbildung hervorgeht, besteht die Interrap Architektur aus den drei großen Komponenten Wissensbasis, Kontrolleinheit und Weltschnittstelle. Mittels der Weltschnittstelle unterhält der Agent den Kontakt mit seiner Umwelt. Die Wissensbasis besteht aus den bereits beschriebenen drei Modellen von Überzeugungen. Die Kontrolleinheit besitzt ebenfalls drei Schichten, die eng mit denen der Wissensbasis korrespondieren. Die verhaltensbasierte Schicht beschreibt die reaktiven Fähigkeiten des Agenten. Sie kommt immer dann zum Einsatz, wenn schnelle Reaktionen auf zeitkritische Situationen gefordert sind. Die lokale und kooperative Planungsschicht bilden die deliberativen Komponenten des Agenten. Sie kommen immer dann zum Einsatz, wenn eine Situation die Fähigkeiten der verhaltensbasierten Schicht übersteigt und eine längerfristige Zielfindung und Planung erfordert.

Jede Kontrollschicht besteht im wesentlichen aus zwei Modulen: dem Situationserkennungs/Zielaktivierungs (SZ) Modul und dem Planungs/Scheduling (PS) Modul. Das SZ Modul übernimmt die im Rahmen des konzeptionellen Modells beschriebenen Schritte bis hin zur Optionserzeugung. Im Anschluß daran erfolgt durch das PS Modul der Planungsprozeß, die Aufstellung von Intentionen und das Scheduling. Eine Kontrollschicht kann zur Erfüllung ihrer Aufgaben nur auf die ihr zugeordnete Schicht der Wissensbasis sowie alle darunterliegenden Schichten zugreifen. Das heißt, daß die verhaltensbasierte Schicht nur das Wissen des Weltmodells verwenden kann, während die kooperative Planungsschicht Zugriff auf die gesamte Wissensbasis hat. Auf diese Weise erhält jede Schicht nur die Informationen, die sowohl inhaltlich als auch vom Abstraktionsgrad her für sie geeignet sind. Beispielsweise macht es wenig Sinn, wenn die verhaltensbasierte Schicht auf das im sozialen Modell der Wissensbasis gespeicherte Verhandlungswissen zugreifen könnte, da sie dieses Wissen weder benötigt noch verstehen könnte.

Der Kontrollprozeß innerhalb von Interrap fließt von den unteren zu den oberen Schichten. Nur die verhaltensbasierte Schicht hat direkten Zugriff auf die Weltschnittstelle. Im Gegensatz zur Subsumption Architektur von Brooks, bei der jedes Kompetenzmodul mit den anderen Modulen um die Kontrolle über die Sensoren und Aktuatoren konkurrieren muß, fällt diese Aufgabe innerhalb der Interrap Architektur ausschließlich der verhaltensbasierten Schicht zu. Die anderen Schichten erhalten nur die Informationen, die für sie notwendig sind. Tritt eine neue Umweltsituation ein, werden die daraus resultierenden Änderungen im Weltmodell zuerst von der verhaltensbasierten Schicht wahrgenommen. Kann die verhaltensbasierte Schicht auf die Situation angemessen reagieren, da es sich beispielsweise um einen rein reaktiven Vorgang handelt, so wird sie dies mit Hilfe

ihres PS Moduls tun. In diesem Fall erfahren die darüberliegenden Kontroll-
schichten nichts von dem gesamten Vorgang. Übersteigt die eingetretene Situation
jedoch die Fähigkeiten und Kompetenzen der verhaltensbasierten Schicht, so gibt
sie die Kontrolle an das SZ Modul der darüberliegenden Schicht, in diesem Falle
der lokalen Planungsschicht weiter.

Die lokale Planungsschicht besitzt auf Grund ihres erweiterten Wissenshori-
zontes (sie hat Zugriff auf das mentale Modell der Wissensbasis) und länger-
fristigen Planungsprozesses Lösungspotentiale, welche die der verhaltensbasierten
Schicht deutlich übersteigen. Jedoch ist die Reaktionszeit entsprechend länger,
weshalb viele Situationen nur innerhalb der verhaltensbasierten Schicht sinnvoll
bearbeitet werden können. Erfordert die Situation eine Zusammenarbeit mit anderen Agenten, so gibt die lokale Planungsschicht die Kontrolle an die kooperative
Planungsschicht weiter. Auf dieser höchsten Ebene müssen alle auftretenden Situationen bearbeitet werden können, da die kooperative Schicht über das gesamte
Wissen des Agenten verfügt.

Der Ausführungsprozeß läuft genau entgegengesetzt zum Aktivierungsprozeß,
das heißt von oben nach unten. Nur die verhaltensbasierte Schicht kann letztendlich eine konkrete Aktion auslösen, da nur sie Zugriff auf die Aktuatoren des
Agenten hat. Selbst wenn eine bestimmte Intention also in der kooperativen Planungsschicht erzeugt wurde, muß diese bis auf die unterste Schicht herunter-
gereicht werden, um ausgeführt werden zu können.

Die Funktionsweise und Ergebnisse der Interrap Architektur wurden von Müller im Rahmen eines simulierten Verladehofes getestet [Müller 1996]. Innerhalb
dieses Szenarios treten eine Reihe von Interrap Agenten als automatisierte Gabelstapler auf, die sich im Verladehof bewegen, Güter aus verschiedenen Regalen be-
und entladen und dabei mit anderen Agenten um Ressourcen konkurrieren. Anhand dieses Beispieles werden die Anforderungen an eine hybride Agentenstruk-
tur deutlich. Einerseits bewegen sich die Agenten in einer hochdynamischen Umgebung, in der laufend schnelle Reaktionen gefordert sind. Blockieren sich beispielsweise zwei Gabelstapler gegenseitig, so muß eine unverzügliche Reaktion
erfolgen und nicht erst ein langfristiger Aktionsplan erstellt werden. Andererseits
erfordert das Szenario aber auch eine langfristige komplexe Planung, wenn es zum
Beispiel gilt, einen neu eintreffenden LKW möglichst effizient zu beladen. Hinzu
kommt, daß eine derartige Strategie nicht von einem einzelnen Agenten erstellt
werden kann, sondern einen kooperativen Planungsprozeß zwischen allen beteiligten Agenten darstellt.

4.3 Kommunikation und Kooperation in Multi-Agentensystemen

4.3.1 Grundlagen

Die bisherigen Betrachtungen haben sich in erster Linie auf die Architektur, das heißt den inneren Aufbau, einzelner intelligenter Softwareagenten konzentriert. Es wurde aber bereits an mehreren Stellen deutlich, daß die Verwendung einzelner Agenten nicht für alle in der Praxis existierenden Problemstellungen gleichermaßen geeignet ist. Denn der zentralistische Ansatz, ein Problem mit Hilfe eines einzigen Agenten zu lösen, kann zu gravierenden Restriktionen führen [Sycara et al. 1996, Nwana 1996]. Ein einzelner Agent benötigt zur Lösung komplexer Fragestellungen eine enorme Menge an Wissen, wenn er überhaupt in der Lage sein soll, zielgerichtete Lösungsstrategien zu entwickeln. Im ungünstigsten Fall ist das Problem derart komplex, daß mit den heute verfügbaren Technologien kein auf sich allein gestellter Agent entwickelt werden kann, der selbständig eine sinnvolle Lösung findet. Viele Probleme sind schon von ihrem Wesen her verteilt und benötigen allein aus diesem Grund verteilte Problemlösungseinheiten. Auch vorhandenes Fachwissen ist häufig nicht in einem Punkt, das heißt innerhalb eines Agenten, konzentriert, sondern über verschiedene Agenten hinweg verteilt. Selbst wenn ein einzelner Agent in der Lage wäre, ein bestimmtes Problem zu lösen, so stellt er in jedem Fall einen Engpaß in Bezug auf die Bearbeitungsgeschwindigkeit, Zuverlässigkeit, Flexibilität und Modularität dar.

Multi-Agentensysteme bieten einen Ansatz, die beschriebenen Problemstellungen zu umgehen. Innerhalb eines Multi-Agentensystems sind eine Vielzahl voneinander unabhängiger, weitgehend autonomer Agenten aktiv. Jeder Agent eines Multi-Agentensystems kann entweder seine eigenen Ziele verfolgen und nur zur reinen Informationsgewinnung andere Agenten kontaktieren oder einen Teil zu einer koordinierten Lösung des Gesamtproblems beisteuern. In beiden Fällen hat jeder einzelne Agent eine wohl definierte Aufgabe, für die er in besonderem Maße geeignet ist und deren Lösung seine Fähigkeiten nicht übersteigt. So können selbst komplexe Problemstellungen bearbeitet werden. Multi-Agentensysteme bieten noch einen weiteren großen Vorteil: Sie ermöglichen die Integration bereits bestehender Agenten in ein Gesamtsystem. Zur Lösung von Problemen muß daher nicht zwangsläufig ein von Grund auf neuer, spezialisierter Agent konzipiert und entwickelt werden, sondern man kann das Wissen existierender Agenten nutzen, indem man sie zu einem Multi-Agentensystem zusammenfaßt und gemeinsam an der Problemlösung arbeiten läßt. Die zum allgemeinen Verständnis notwendigen Grundprinzipien des verteilten Problemlösens werden in Abschnitt 4.3.2 eingeführt.

Verteiltes Problemlösen mit Hilfe von Multi-Agentensystemen ist nur dann sinnvoll, wenn die innerhalb des Systems integrierten Agenten in der Lage sind, miteinander zu kommunizieren und kooperieren. Ohne diese Fähigkeiten können keine gemeinsamen Lösungsstrategien entworfen und das spezielle Fachwissen eines Agenten nicht von anderen Agenten in Anspruch genommen werden. Die Kommunikation bildet die Grundlage der Kooperation (vgl. Abbildung 4.3/1), und setzt sich aus den Kommunikationsprotokollen und den darauf aufbauenden Kommunikationsverfahren zusammen.

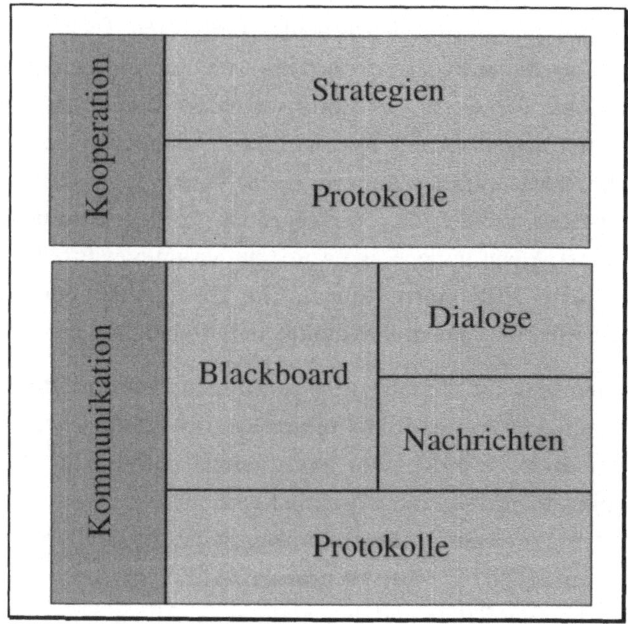

Abbildung 4.3/1: Verteiltes Problemlösen in Multi-Agentensystemen

Bei den Kommunikationsverfahren wiederum unterscheidet man zwischen Blackboardsystemen einerseits und nachrichten-/dialogbasierten Verfahren andererseits. Beide werden zusammen mit den Protokollen im Rahmen des Abschnittes

4.3.3 vorgestellt. Auf den Kommunikationsverfahren bauen die Kooperationsprotokolle und -strategien auf. Von entscheidender Bedeutung ist in diesem Zusammenhang sowohl die Auswahl einer Kooperationsstrategie, die es ermöglicht, das Wissen der einzelnen Agenten auf möglichst effiziente Weise zu nutzen, als auch die Leistungsfähigkeit des zugrunde liegenden Kooperationsprotokolls. Zwei bedeutende Kooperationsprotokolle, das Kontraktnetz-System und das Partial Global Planning, werden im Abschnitt 4.3.4. ausführlich beschrieben. Kooperationsstrategien setzten sich aus unterschiedlichsten Bausteinen zusammen. Eine zentrale Rolle spielen dabei die in Abschnitt 4.3.5 vorgestellten Verhandlungsstrategien und die Prinzipien des Matchmaking und Brokering, die Gegenstand des Abschnittes 4.3.6 sind.

4.3.2 Verteilte Problemlösung

Möchte man ein Problem innerhalb eines Multi-Agentensystems durch mehrere verteilte Agenten bearbeiten lassen, ist es in einem ersten Schritt notwendig, sich Gedanken zur strategischen Vorgehensweise bezüglich des Problemlösungsprozesses zu machen. Erst danach können konkrete Überlegungen zu möglichen Kommunikations- und Kooperationsstrategien angestellt werden. Die Vorgehensweise im Rahmen der verteilten Problemlösung läßt sich in die drei aufeinanderfolgenden Schritte Problemzerlegung, Lösung der Teilprobleme und Zusammenführung der Teillösungen unterteilen (vgl. Abbildung 4.3/2).

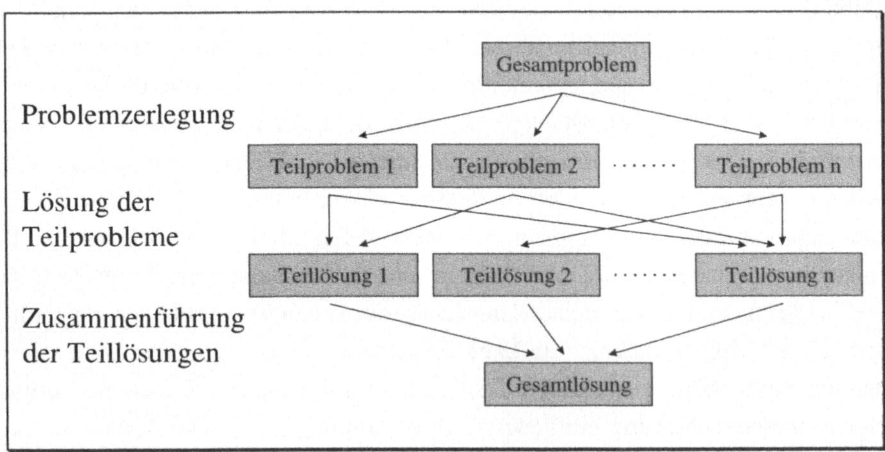

Abbildung 4.3/2: Prozeß des verteilten Problemlösens (in Anlehnung an [Albayrak/Bussmann 1993])

In der Phase der Problemzerlegung steht die Zerlegung des Gesamtproblems in eine Reihe von Teilproblemen und die Verteilung der Teilprobleme auf die beteiligten Agenten im Vordergrund [Albayrak/Bussmann 1993]. Beide Aspekte beinhalten unterschiedliche Fragestellungen. Bei der Zerlegung des Gesamtproblems muß entschieden werden, wie die konkrete Zerlegung ermittelt werden kann und von wem sie durchgeführt wird. Die Aufgabe kann entweder durch einen mit besonderen Befugnissen ausgestatteten Koordinations-Agenten oder gemeinsam von allen Agenten übernommen werden. In jedem Fall sollte eine Vorgehensweise gefunden werden, die jedem Agenten genau diejenigen Teilprobleme zuordnet, für deren Bearbeitung er besonders geeignet ist. Dieses Verteilungs- beziehungsweise Zuordnungsproblem wird im Rahmen der VKI auch als Connection Problem bezeichnet [Albayrak/Bussmann 1993]. Gibt es für jedes Teilproblem genau einen geeigneten Agenten, so erübrigt sich das Connection Problem, da die Zuordnung eindeutig ist. Schwierigkeiten ergeben sich immer dann, wenn mehrere Agenten über sehr ähnliches Wissen verfügen. Die später vorgestellten Kontraktnetz-Systeme und Partial Global Planning-Strategien bieten Ansätze, mit Hilfe derer versucht wird, das Connection Problem auf möglichst effiziente Weise zu lösen (vgl. Abschnitt 4.3.4).

Die Lösung der Teilprobleme, als zweiter Schritt des verteilten Problemlösungsprozesses, ist primär Aufgabe jedes einzelnen Agenten, weshalb in dieser Phase nicht zwangsläufig Kommunikations- und Kooperationsverfahren notwendig sind. Andererseits ergibt sich auch an dieser Stelle häufig die Notwendigkeit zur direkten Interaktion mehrerer Agenten. Denn in der Regel können einzelne Teilprobleme nicht vollständig autonom gelöst werden. So können sich zum einen im Laufe des Lösungsprozesses direkte Konflikte zwischen zwei oder mehr Agenten ergeben, was eine Kommunikation zum Zwecke der Konfliktlösung unumgänglich macht (dies ist beispielsweise immer dann der Fall, wenn zwei Agenten getrennte Teillösungen ermitteln, die zueinander in Widerspruch stehen). Zum anderen kann es immer wieder zu Ressourcenkonflikten, zum Beispiel um Rechenkapazität oder Speicherplatz, kommen. Auch in diesem Fall müssen die Agenten untereinander in Kontakt treten, um das Problem gemeinsam zu lösen. Die Teillösungen müssen nicht zwangsläufig direkt den Teilproblemen zugeordnet sein. Es ist denkbar, daß sich im Laufe des Problemlösungsprozesses herausstellt, daß ein Teilproblem zu mehreren Teillösungen führt, oder daß mehrere Teilprobleme in eine Teillösung einfließen (vgl. Abbildung 4.3/2). Die Anzahl an Teilproblemen und -lösungen ist daher nicht immer identisch.

Im Rahmen des eigentlichen Teilproblemlösungsprozesses können sich die beteiligten Agenten auf zwei unterschiedliche Arten gegenseitig unterstützen. Diese werden als Aufgabenteilung (engl. task sharing) und Ergebnisteilung (engl. result sharing) bezeichnet. Aufgabenteilung bedeutet, daß ein Agent andere Agenten um Hilfe bei der Lösung bestimmter Teilaufgaben bittet, da er entweder mit deren Lösung überfordert ist, oder feststellt, daß das zur Lösung notwendige Wissen in anderen Agenten bereits vorhanden ist. Auch an dieser Stelle tritt das bereits beschriebene Connection Problem auf. Denn um ungelöste Teilprobleme an andere Agenten zu vergeben, muß ein Agent den seiner Meinung nach geeignetsten Agenten für diese Aufgabe finden. Nur dann ist sichergestellt, daß das Teilproblem in kürzester Zeit und mit dem geringsten Ressourcenverbrauch gelöst werden kann. Alternativ dazu hätte der Agent auch die Möglichkeit, das in Frage kommende Teilproblem öffentlich an alle anderen Agenten auszuschreiben und aus den eingehenden Bewerbungen die vielversprechendste herauszusuchen. Dieser Ansatz wird beispielsweise im Rahmen des Kontraktnetz-Systems verwendet (vgl. Abschnitt 4.3.4.1).

Die Ergebnisteilung findet man vor allem bei der Zusammenarbeit menschlicher Gruppen. Beispielsweise werden bei der Entwicklung von Softwareprogrammen Teilergebnisse einzelner Entwickler, zum Beispiel fertige Softwaremodule, durch andere Entwickler genutzt. Genau dies ist auch die Vorgehensweise in Multi-Agentensystemen. Nachdem das Connection Problem gelöst, das heißt die Teilprobleme auf die einzelnen Agenten verteilt sind, und eventuell auftretende Schwierigkeiten einzelner Agenten mit Hilfe der Aufgabenteilung umgangen sind, setzt der Prozeß der Ergebnisteilung ein. Bereits ermittelte Teillösungen können anderen Agenten zur Verfügung gestellt werden, um diesen ihre Arbeit zu erleichtern. Auch zueinander in Konflikt stehende oder falsche Teillösungen werden so schneller erkannt. Erhält beispielsweise ein Agent von einem anderen eine Teillösung, die zu seinen bisherigen internen Lösungen in Widerspruch steht oder die er auf Grund seines Wissens eindeutig als falsch erkennen kann, so besteht die Möglichkeit, dies dem anderen Agenten mitzuteilen und gemeinsam die Konflikte zu lösen. Zu diesem Zweck können beispielsweise die in den Abschnitten 4.3.4 und 4.3.5 beschriebenen Kooperationsprotokolle und Verhandlungsstrategien verwendet werden.

Der dritte Schritt des verteilten Problemlösungsprozesses, die Zusammenführung der Teilergebnisse zu einer Gesamtlösung, setzt sich mit vergleichbaren Fragestellungen wie während der Phase der Problemzerlegung auseinander: Wer ist verantwortlich für die Zusammenführung und welche konkrete Vorgehensweise wird gewählt. Schwierigkeiten können sich immer dann ergeben, wenn Teillösungen sich nicht eindeutig einem Teilproblem zuordnen lassen. In diesem Fall führt eine einfache Inversion des Problemzerlegungsprozesses nicht zwangsläufig zur Gesamtlösung. Ist dahingegen jedem Teilproblem eine eindeutige Teillösung zugeordnet, so ist in der Regel die Zusammenführung der Teil- zu einer Gesamtlösung relativ unproblematisch.

4.3.3 Kommunikation

4.3.3.1 Verfahren

Es existieren eine Reihe grundsätzlich verschiedener Varianten der Kommunikation. Den einfachsten Fall stellt der Aufruf einer Prozedur eines Agenten durch einen anderen Agenten dar. Der aufrufende Agent kann seinem Kommunikationspartner einen bestimmten Wunsch mitteilen und seine Absichten in Form von Übergabeparametern genauer spezifizieren. Die Rückgabewerte der Prozedur stellen gleichzeitig die Antwort des angesprochenen Agenten dar. Der Prozeduraufruf kann entweder lokal oder als RPC gestaltet werden, je nachdem, wo sich der Ansprechpartner physikalisch innerhalb des Netzwerkes befindet. Allerdings sind mittels Prozeduraufrufen nur sehr einfache Kommunikationsverfahren implementierbar. Erweiterte Kommunikationsprozesse, mit Hilfe derer auch komplexere Sachverhalte widergespiegelt werden können, sind durch reine Prozeduraufrufe nicht realisierbar. Der Prozeduraufruf stellt aus diesem Grund kein Kommunikationsverfahren im engeren Sinne dar und wird im folgenden nicht näher betrachtet.

4.3.3.1.1 Blackboard-Systeme

Die zweite Variante der Agenten-Kommunikation stammt aus der VKI und wird als Blackboard-Metapher bezeichnet. Das Blackboard stellt eine Erweiterung der Agenda herkömmlicher KI-Systeme sowie der regelbasierten Expertensysteme dar und versucht erstmals, den Prozeß des verteilten Problemlösens durch geeignete Hilfsmittel zu unterstützen [Kirn 1996]. Ein Blackboard bietet allen Agenten innerhalb eines Multi-Agentensystems einen gemeinsamen Arbeitsbereich, in dem sie Informationen, Daten und Wissen austauschen können (vgl. Abbildung 4.3/3).

Um einen Kommunikationsvorgang einzuleiten, schreibt ein Agent eine Information auf das Blackboard. Diese steht von nun an allen anderen Agenten des

Systems zur Verfügung. Jeder Agent kann, wann immer er möchte, auf das Black-board zugreifen und feststellen, ob seit seinem letzten Zugriff neue Informationen eingetroffen sind. Wenn ja, kann er diese auslesen. In der Praxis wird ein Agent jedoch nur selten alle neuen Informationen lesen, sondern lediglich die für ihn interessanten. Mit Hilfe eines Filters kann er beispielsweise die Informationen herausfiltern, die sein derzeitiges Arbeitsgebiet betreffen oder von Agenten stam-men, mit denen er derzeit in Kontakt steht. Um eine Zugriffsberechtigung auf ein bestimmtes Blackboard zu erhalten, muß sich ein Agent bei einer zentralen Stelle registrieren. Diese verwaltet alle einem Blackboard zugeordneten Agenten und verhindert unberechtigte Zugriffe. Ein Multi-Agentensystem kann mehrere Black-boards besitzen, auf denen jeweils unterschiedliche Agenten registriert sind. Ein Agent kann auf mehreren Blackboards registriert sein. In Blackboard-Systemen findet keine direkte Kommunikation zwischen Agenten statt. Jeder Agent ist ge-zwungen, seine jeweiligen Teilprobleme selbständig und in eigener Verant-wortung zu lösen.

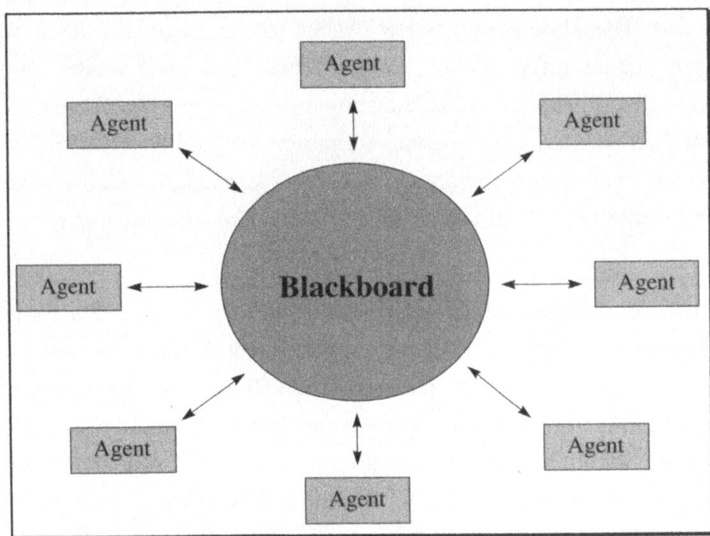

Abbildung 4.3/3: Struktur von Blackboard-Systemen

Sowohl für die im vorigen Abschnitt beschriebene Aufgabenteilung als auch für die Ergebnisteilung kann das Blackboard verwendet werden. Eine aktive, er-eignisbasierte Problemlösungsstrategie ist ebenfalls möglich. Untersucht ein Agent in regelmäßigen Intervallen das Blackboard nach neuen Informationen, erhält er Aufschlüsse über Lösungsfortschritte anderer Agenten. Er kann diese Erkenntnisse zum einen für seine eigenen Aufgaben nutzen, zum anderen hat er die Möglichkeit, Konfliktsituationen und falsche Lösungen zu erkennen und diese Erkenntnisse entsprechend weiter zu kommunizieren.

Innerhalb einfacher Blackboards existieren keine privaten Bereiche. Jede Information ist allen Agenten zugänglich und es liegt allein in ihrer Verantwortung, auf welche Informationen sie konkret zugreifen. Bei einer großen Zahl von Agenten wächst die Menge der durch das Blackboard zu bewältigenden Daten sehr schnell exponentiell an. Entsprechend müssen auch die einzelnen Agenten bei jedem Zugriff auf das Blackboard eine große Menge Informationen nach den für sie relevanten Daten durchsuchen. Um diesen Prozeß zu optimieren, schaffen neuere Blackboard-Ansätze unterschiedliche Regionen innerhalb eines Blackboards, denen einzelne Agenten zugeordnet werden. Ein Agent muß in diesem Fall nur noch die Regionen, in denen er registriert ist, beobachten.

Die eigentlichen Datenstrukturen, die auf einem Blackboard abgelegt werden, unterliegen keinen festen Definitionen. Es muß allerdings sichergestellt sein, daß jeder auf dem Blackboard registrierte Agent in der Lage ist, die durch andere Agenten abgelegten Informationen zu verstehen. Um mittels eines Blackboards den Verlauf des gesamten Problemlösungsprozesses protokollieren zu können, sind, zusätzlich zu den eigentlichen aufgabenspezifischen Inhalten, allgemeine Informationen über den momentanen Lösungszustand, die nächsten zu bearbeitenden Teilprobleme und die derzeitigen Aufgaben der einzelnen Agenten notwendig.

Ein generelles Problem stellt die Überprüfung der Qualität einzelner Beiträge auf dem Blackboard dar. Jeder Agent hat das Recht, beliebige Informationen auf das Blackboard zu schreiben. Im ursprünglichen Blackboard-Ansatz existiert keine Instanz, die Beiträge überprüft, oder die verhindert, daß Agenten Informationen zu Teilproblemen, die nicht in ihren Aufgabenbereich fallen, ablegen. Neuere Ansätze führen für diese Funktion eine zentrale Management-Kompo-nente oder -Agenten ein. Dieser wird auch als Moderator bezeichnet. Der Moderator veröffentlicht die nächsten zu lösenden Teilprobleme auf dem Blackboard und überprüft, welche Agenten sich um die jeweiligen Aufgaben bewerben. Auch die Vergabe des Teilproblems an einen Agenten wird durch ihn übernommen. Abbildung 4.3/4 zeigt eine derartige Struktur. Jeder Agent kann die zur Zeit anstehenden Teilprobleme über das Blackboard lesen. Hat er an bestimmten Teilproblemen Interesse, meldet er dies über eine Datenbank an, indem er einen sogenannten

Knowledge Source Activation Record (KSAR) in der Datenbank erzeugt [Kirn 1996]. Aus allen vorliegenden Bewerbungen sucht der Moderator mit Hilfe seiner speziell für diese Zwecke mit Kontroll- und Evaluationswissen ausgestatteten Wissensbasis den geeignetsten Agenten heraus und teilt ihm über das Blackboard mit, daß er den Auftrag zur Lösung des Teilproblems erhalten hat. Insbesondere in Kombination mit den weiter unten vorgestellten Kontraktnetz-Sys-temen ist dieser Ansatz sehr effizient.

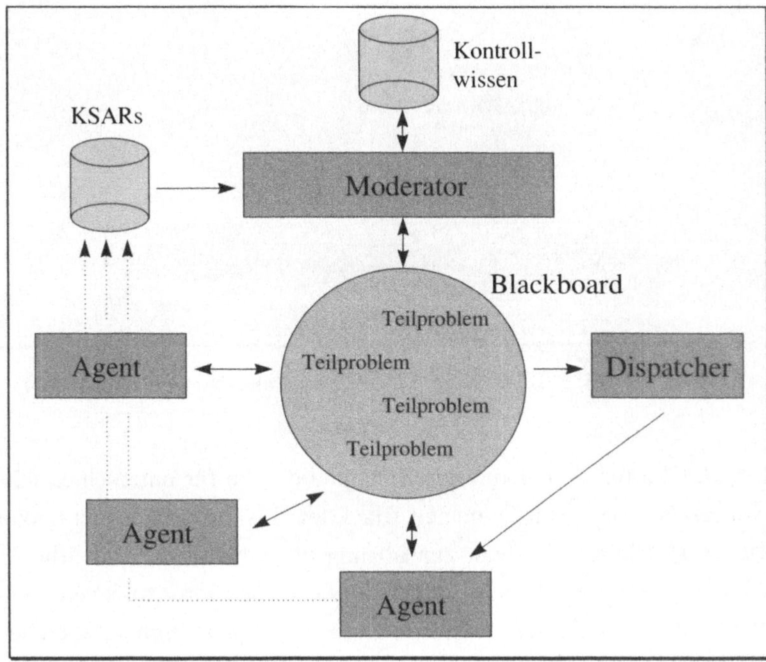

Abbildung 4.3/4: Erweiterte Blackboard-Struktur

Eine zweite Neuerung stellt die Einführung eines sogenannten Dispatchers dar. Ein Dispatcher hat die Aufgabe, die auf einem Blackboard registrierten Agenten über Änderungen auf dem Blackboard zu informieren. Treffen beispielsweise neue Mitteilungen ein oder werden neue Teilprobleme ausgeschrieben, so kann der Dispatcher selbständig diejenigen Agenten informieren, die aus seiner Sicht an den neuen Informationen interessiert sind. Die betroffenen Agenten sind bei die-sem Ansatz nicht zwangsläufig darauf angewiesen, aktiv in bestimmten Interval-len das Blackboard nach neuen Mitteilungen zu durchsuchen, sondern werden automatisch mit den für sie interessanten Informationen versorgt.

Eine Stufe weiter geht das von Barbary Hayes-Roth entwickelte BBI-Modell, welches in Abbildung 4.3/5 dargestellt ist [Hayes-Roth 1971].

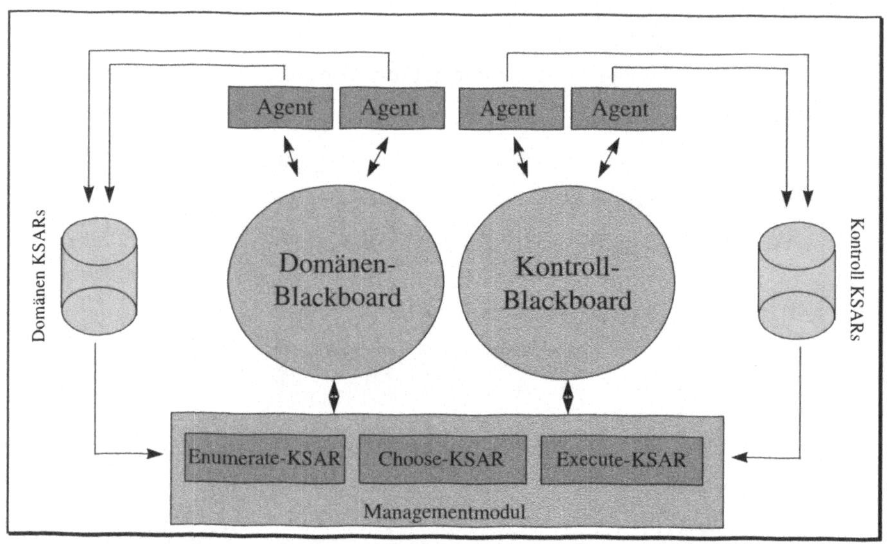

Abbildung 4.3/5: BBI Blackboard Modell (in Anlehnung an [Kirn 1996])

BBI-Architekturen enthalten zwei Blackboards, die für unterschiedliche Aufgaben vorgesehen sind. Das Domänen-Blackboard ist mit den bisher diskutierten Ansätzen vergleichbar und dient zur Lösung der eigentlichen inhaltlichen Problemstellungen. Auf dem Kontroll-Blackboard werden Informationen zu den aus den inhaltlichen Problemen abgeleiteten Kontrollprozessen gespeichert und ausgetauscht. Diese Kontrollinformationen umfassen alle für die Kontrolle des Gesamtsystems und des Problemlösungsfortschrittes notwendigen Daten. Die Struktur des Kontroll-Blackboards ist nicht abhängig von der des Domänen-Blackboards, sondern wird allein von der durch das System gewählten Koordinations- beziehungsweise Kontrollstrategie bestimmt. Sowohl das Domänen- als auch das Kontroll-Blackboard wird von Agenten genutzt, um Problemlösungs- oder Kontrollaufgaben zu erfüllen. Die Bewerbung um anstehende Aufgaben geschieht wie gehabt über KSARs, mit dem Unterschied, daß für die inhaltliche und die kontrollierende Seite getrennte Datenbanken geführt werden. Das Managementmodul setzt sich bei BBI-Architekturen aus drei, voneinander unabhängigen Komponenten zusammen: Das Enumerate-KSAR Modul listet die zur Zeit anliegenden KSARs auf, das Choose-KSAR Modul wählt aus den Bewerbungen einen KSAR aus und das Execute-KSAR Modul führt die Aktion des ausgewählten KSARs aus.

Blackboards stellen einen sehr flexiblen Ansatz zur Kooperation und Kommunikation verteilter Problemlösungseinheiten dar. Sie sind unabhängig von der gewählten Kooperationsstrategie und stellen nur ein Mindestmaß an Anforderungen an die Architektur der beteiligten Agenten. Die zentrale Struktur eines Blackboards entwickelt sich allerdings mit der immer stärkeren Ausbreitung vernetzter Anwendungen zu einem wachsenden Hindernis. Alle auf einem Blackboard registrierten Agenten sind gezwungen, ihre Informationen direkt auf das Blackboard einzustellen, unabhängig von der konkreten Stelle innerhalb des Netzwerkes, an der sie sich momentan befinden. Das Auslesen der Blackboard-Informationen erzeugt ebenfalls eine hohe Netzwerkbelastung. Aus diesen Gründen nimmt die Bedeutung der im folgenden beschriebenen nachrichtenorientierten Systeme kontinuierlich zu.

4.3.3.1.2 Nachrichtenübermittlung

Die Kommunikation mit Hilfe von Nachrichten bildet eine flexible Grundlage zur Implementierung komplexer Koordinationsstrategien. Bei nachrichtenbasierten Ansätzen tauschen Agenten untereinander Nachrichten aus, innerhalb derer sie mittels genau spezifizierter Protokolle Kommunikations- und Kooperationsmechanismen etablieren können. Durch die freie inhaltliche Gestaltung der Nachrichten sind die Kommunikationsmöglichkeiten äußerst vielseitig und nicht nur auf einfache Befehls- und Antwortstrukturen beschränkt.

Das Basisprinzip nachrichtenorientierter Agentensysteme ist in Abbildung 4.3/6 dargestellt. Ein Agent, auch Sender genannt, übermittelt einem anderen Agenten, dem Empfänger, eine bestimmte Nachricht. Im Gegensatz zu Blackboard-Systemen werden Nachrichten direkt zwischen zwei Agenten ausgetauscht. Es findet keine Zwischenspeicherung statt und andere Agenten sind nicht in der Lage, eine nicht an sie adressierte Nachricht zu lesen. Eine Ausnahme stellt das sogenannte 'Broadcasting' dar, bei dem eine Nachricht an alle Agenten eines Systems oder an eine exakt spezifizierte Gruppe gesendet wird. Im Normalfall wird jedoch eine Nachricht vom Sender mit einer eindeutigen Adresse versehen und kann nur vom Agenten mit dieser Adresse gelesen werden. Um mit Hilfe von Nachrichten Kooperationsstrategien implementieren zu können, müssen zwei Fragestellungen geklärt werden. Zum einen muß ein Kommunikationsprotokoll definiert werden, welches den genauen Kommunikationsablauf, das Format der

Nachrichten und die gewählte Kommunikationssprache festlegt. Zum anderen, und dies ist insbesondere für den Austausch von Wissen von Bedeutung, muß allen beteiligten Agenten die Semantik der Kommunikationssprache bekannt sein. Die erste Frage ist aus Sicht der Agentensysteme von geringerem Interesse, da hier die technischen Parameter der Kommunikation im Vordergrund stehen. Das Wissen über den semantischen Inhalt einer Nachricht ist dahingegen ein zentraler Bestandteil aller verteilter Problemlösungssysteme, weshalb dieser Aspekt in den folgenden Betrachtungen im Vordergrund steht.

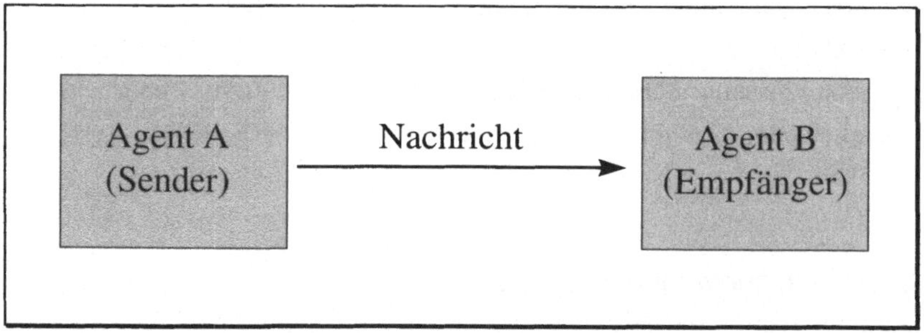

Abbildung 4.3/6: Prinzip der Nachrichtenübermittlung

Analysiert man die menschliche Kommunikation, so stellt man fest, daß mit Hilfe der Übermittlung von Nachrichten nicht nur einfache Aussagen, die entweder wahr oder falsch sind, ausgetauscht werden, sondern vielmehr mit der Nachricht implizit einzelne Aktionen oder gar ganze Aktionsketten gestartet werden. Stellt man beispielsweise die Frage 'Kannst du mir das Buch geben?', so erwartet man als Antwort in der Regel nicht ein bloßes Ja oder Nein, sondern fordert den Gegenüber implizit dazu auf, einem das gewünschte Buch zu geben. Es wird also eine konkrete Aktion angestoßen. Nicht immer sind die Absichten des Senders einer Nachricht so leicht zu erkennen, wie in diesem Beispiel. Mit der Frage 'Kannst du mir sagen, wo ich ein Buch über intelligente Agenten finde?' sind mehrere denkbare Absichten verknüpft. Der Fragende könnte nur ganz allgemein wissen wollen, ob sein Gegenüber die Frage beantworten kann, er könnte allerdings ebensogut eine detaillierte Beschreibung, wie das gewünschte Buch zu finden ist, erwarten. Der Inhalt einer Nachricht ist also immer auch vom jeweiligen mentalen Zustand des Senders abhängig. Das gleiche gilt für den Empfänger. Ein harmlose Bitte kann zu völlig unterschiedlichen Reaktionen führen, je nachdem in welchem mentalen Zustand sich der Empfänger befindet und wie sein momentanes Verhältnis zum Sender ist.

Für einen Agenten stellt sich auf Grund der beschriebenen Problematik folgende Situation dar: Er darf eine erhaltene Nachricht nicht als bloßen Fakt behandeln und sie beispielsweise in seiner Wissensbasis ablegen, sondern muß vielmehr die eventuell mit der Nachricht implizit verbundenen Aktionen und Absichten analysieren. Zusätzlich erschwert wird die Situation durch die Ungewißheit über den derzeitigen mentalen Zustand des Senders, der wie man gesehen hat, eine wesentliche Rolle bei der Analyse spielt. Die durch den englischen Philosophen und Linguisten Austin entwickelte Sprechakttheorie versucht, diesen Anforderungen Rechnung zu tragen [Austin 1962]. Ein Sprechakt bezeichnet dabei eine Nachricht, die nicht nur eine als wahr oder falsch zu bezeichnende Aussage enthält, sondern direkten Einfluß auf ihre Umwelt ausübt, indem sie Veränderungen innerhalb der Umwelt hervorruft. Die Änderungen beziehen sich zuerst nur auf den mentalen Zustand des Empfängers der Nachricht und setzen sich von dort sukzessive fort. Erhält ein Agent beispielsweise den Sprechakt 'Kannst du mir eine bestimmte Information geben?', so ändert dies zuerst nur seinen eigenen mentalen Zustand. Erst durch die Ausführung der impliziten Handlungsaufforderung, das heißt durch die Übergabe der Informationen, entfaltet der Sprechakt seine volle Auswirkung. Jeder Sprechakt beinhaltet drei unterschiedliche Komponenten, die von Austin als lokutionärer, illokutionärer und perlokutionärer Akt bezeichnet werden. Während der lokutionäre Akt das Aussprechen der Nachricht, das heißt den reinen Übermittlungsvorgang beschreibt, beinhaltet der illokutionäre Akt die mit der Nachricht implizit verknüpften Absichten des Senders. Hierbei kann es sich beispielsweise um eine Bitte, einen Befehl oder eine Frage handeln. Der perlokutionäre Akt beschreibt die Auswirkungen des Sprechaktes auf die Umwelt, das heißt die durch den lokutionären und illokutionären Akt verursachten Änderungen.

Mit einem Sprechakt können durchaus mehrere Absichten (illokutionäre Akte) verbunden sein, die wiederum vom mentalen Zustand des Senders abhängen. Um die Erkennung der Absichten für den Empfänger eines Sprechaktes zu erleichtern, bietet es sich an, diese in sogenannte Sprechakttypen zu kategorisieren. Die Auswahl der Sprechakttypen unterliegt keinen festen Gesetzmäßigkeiten und kann im Rahmen der Entwicklung eines Kommunikationsverfahrens getroffen werden. Beispielsweise definiert die weiter unten noch im Detail vorgestellte Knowledge and Query Manipulation Language (KQML) Sprechakttypen wie *ask-about* (nach Informationen fragen), tell (Übertragung von Informationen), *achieve* (der Empfänger soll eine bestimmte Aufgabe erfüllen) oder *reply* (Antwort auf Sprechakt). Sind den beteiligten Agenten die jeweiligen Sprechakttypen bekannt, so wissen sie, welche Absicht in der Regel mit einem Sprechakt eines bestimmten Typs verbunden ist und können dementsprechend reagieren.

Mit dem bisher beschriebenen nachrichtenbasierten Ansatz lassen sich nicht alle Probleme lösen. Die Kommunikation innerhalb eines Multi-Agentensystems besteht beispielsweise in den meisten Fällen nicht ausschließlich aus dem Versenden voneinander unabhängiger Nachrichten. Die Regel sind vielmehr sogenannte Dialoge, die aus einem Austausch mehrerer, voneinander abhängiger Nachrichten zwischen zwei oder mehr Gesprächspartnern bestehen. Ein einfacher Dialogablauf ist in Abbildung 4.3/7 dargestellt.

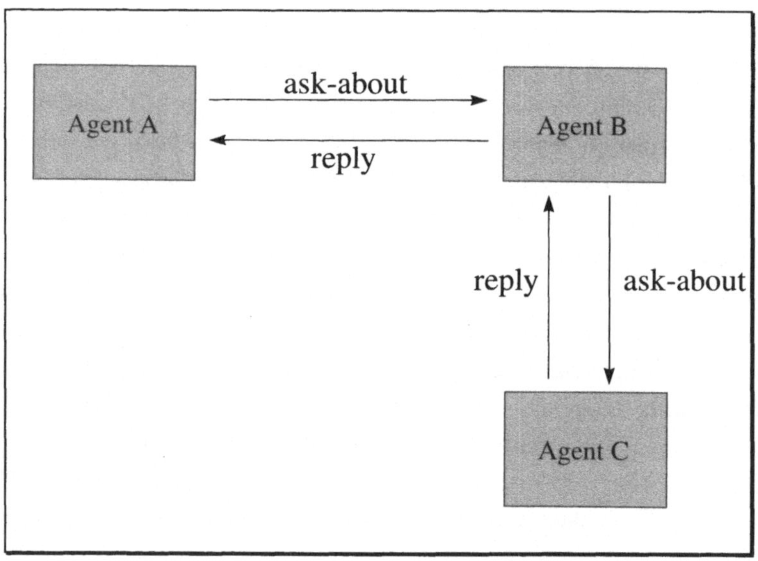

Abbildung 4.3/7: Beispielhafte Dialogstruktur

Agent A sendet einen Sprechakt an Agent B, in dem er um eine bestimmte Information bittet. Agent B wiederum benötigt Informationen von Agent C, da er die gewünschten Informationen nicht selber besitzt. Er sendet dazu einen entsprechenden Sprechakt an Agent C und erhält von diesem eine Antwort. Sind die verlangten Informationen in der Antwort von Agent C enthalten, so kann Agent B diese mittels eines Sprechaktes an Agent A senden. Ebenso ist es denkbar, daß ein Vorgang aus mehreren aufeinanderfolgenden und voneinander abhängigen Nach-

richtenübertragungen zwischen zwei Agenten besteht. Komplexere Dialogstrukturen können einen erheblichen Einfluß auf die Auswirkungen von Sprechakten haben, denn während des Ablaufs eines Dialoges ändert sich der mentale
Zustand der beteiligten Agenten ständig, was wiederum direkte Konsequenzen für
die Interpretation der Sprechakte hat. Die Klassifizierung von Sprechakten zu
Sprechakttypen löst dieses Problem nicht, da sie a priori festgelegt wird und weder
wechselnde mentale Zustände noch die Auswirkungen von Dialogabläufen berücksichtigt.

4.3.3.2 Protokolle

Das verbreitetste und meist genutzte Protokoll für die Kommunikation in Multi-
Agentensystemen stellt die Knowledge Query and Manipulation Language
(KQML) dar. KQML wurde im Rahmen des amerikanischen Knowledge Sharing
Efforts (KSE) Projektes an der Universität von Maryland entwickelt [Finin 1993,
Labrou/Finin 1997].

Sprechakttyp/ Performative	Bedeutung
achieve	S möchte, daß E in seiner Umwelt eine Aussage wahr macht
advertise	S ist besonders geeignet für die Ausführung eines Sprechakttyps
ask-all	S möchte alle in der Wissensbasis von E vorhandenen Antworten
ask-one	S möchte eine in der Wissensbasis von E vorhandene Antwort
broker-one	S möchte, daß E Hilfe für die Beantwortung eines Sprechaktes ausfindig macht
deny	Der Sprechakt ist für S nicht mehr zutreffend
delete	S möchte, daß E bestimmte Fakten aus seiner Wissensbasis entfernt
recommend-one	S möchte den Namen eines Agenten, der auf einen Sprechakt antworten kann
recruit-one	S möchte, daß E einen Agenten mit der Ausführung eines Sprechaktes beauftragt
sorry	S besitzt nicht das erforderliche Wissen oder Informationen
subscribe	S möchte kontinuierlich Informationen über E's Antworten zu einem Sprechakt
tell	S überträgt eine Information

Abbildung 4.3/8: Wichtige KQML Sprechakttypen [Finin 1993]

Es definiert sowohl ein Nachrichtenformat als auch ein Nach-
richtenübermittlungssystem, mit Hilfe dessen ein allgemein verwendbarer Rahmen
für die Kommunikation und Kooperation in Multi-Agentensystemen bereitgestellt

wird. Konkret wird durch KQML eine Gruppe von Protokollen zur Identifizierung, zum Verbindungsaufbau und zum Nachrichtenaustausch bereitgestellt. Der semantische Inhalt einer Nachricht wird in KQML nicht näher spezifiziert. Der Standard ist aber so offen gestaltet, daß verschiedene Sprachen zum Austausch von Wissen verwendet und in eine KQML-Nachricht integriert werden können.

KQML unterscheidet die drei Ebenen Kommunikation, Nachrichten und Inhalte. Während auf der Kommunikationsebene Protokolle für alle technischen Kommunikationsparameter definiert werden, legt die Nachrichtenebene den einer Nachricht zugrunde liegenden Sprechakttyp fest. Die Inhalteebene spezifiziert den Inhalt der Nachricht, wobei man sich innerhalb von KQML, wie bereits erwähnt, darauf beschränkt, einen allgemeinen Rahmen vorzugeben, in den die eigentlichen Inhalte in einer beliebigen Sprache eingebettet werden können. Jede KQML-Nachricht hat folgende Grundstruktur:

```
(<Performative>
:content <statement/speechact>
:sender <name>
:receiver <name>
:language <text>
:ontology <text>
)
```

Das Performativ entspricht den im vorigen Abschnitt eingeführten Sprechakttypen. Um eine allgemeine Anwendbarkeit zu gewährleisten, definiert KQML ein breites Spektrum an Sprechakttypen, die für nahezu alle Anwendungszwecke Einsatzmöglichkeiten bieten und von denen die wichtigsten in Abbildung 4.3/8 wiedergegeben sind.

Im Feld Content wird die eigentliche inhaltliche Nachricht, zum Beispiel ein konkreter Sprechakt eingefügt. Die dazu verwendete Sprache ist nicht festgelegt und wird aus diesem Grund im Feld Language spezifiziert. Der Empfänger kann mit Hilfe des Language-Feldes die zur Kodierung der inhaltlichen Nachricht verwendete Sprache ermitteln und im Anschluß daran das Content-Feld auslesen. Selbstverständlich muß er zu diesem Zweck in der Lage sein, die verwendete Sprache zu verstehen und zu interpretieren. Im Feld Ontology wird das fachspezifische Wörterbuch oder Vokabular, welches von der inhaltlichen Nachricht verwendet wird, festgelegt. Ein beispielhafter KQML-Befehl könnte wie folgt aussehen (vgl. [Finin et al. 1994]):

(ask-one
:content (PRICE IBM ?price)
:receiver stock-server
:language LPROLOG
:ontology NYSE-TICKS
)

Durch die Verwendung des Sprechakttypen *ask-one* teilt der Sender dem Empfänger seinen Wunsch mit, von ihm eine Antwort auf die gestellte Frage zu erhalten. Der eigentliche Inhalt der Nachricht ist in diesem Beispiel in der Sprache LPROLOG formuliert und stellt die Frage nach dem Preis einer IBM Aktie. Da es sich bei dem gewünschten Preis um einen Aktienkurs handelt, ergibt sich aus der verwendeten Ontologie, in diesem Fall New York Stock Exchange (NYSE) Ticker Symbols. Wäre der Empfänger beispielsweise ein Computerhändler und die Ontologie Computersysteme, so könnte der Inhalt der Nachricht anders interpretiert werden, wie zum Beispiel als eine Frage nach dem Preis eines IBM Computersystems.

Nicht jeder Dialog in KQML muß in Form einfacher Frage/Antwort-Abläufe modelliert werden. Um auch komplexere Dialogstrukturen zu ermöglichen, führt KQML die Funktion eines Vermittlers (engl. facilitator) ein [Finin et al. 1994]. Die Hauptaufgabe eines Vermittlers besteht darin, informationssuchende und -anbietende Agenten zusammenzuführen. Abbildung 4.3/9 zeigt ein derartiges Szenario.

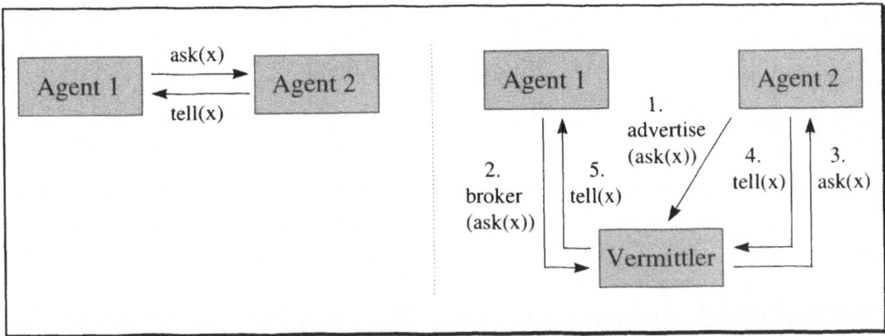

Abbildung 4.3/9: Einsatz eines Vermittlers

Während in der linken Hälfte der Abbildung die klassische Frage/Antwort-Struktur, mit den jeweiligen Sprechakttypen, wiedergegeben ist, verdeutlicht die rechte Hälfte die Aufgaben des Vermittlers. Sucht ein Agent eine bestimmte Information, weis aber nicht, welche anderen Agenten über die gesuchten Informationen verfügen, so kann er mit Hilfe des Sprechakttyps *broker* die Dienste des Vermittlers in Anspruch nehmen. Der Vermittler nimmt die Anfrage entgegen und versucht, einen Agenten mit dem entsprechenden Wissen zu finden. Jeder Agent kann zu diesem Zweck sein Wissen mit Hilfe eines *advertise* Sprechaktes beim Vermittler registrieren.

Die Abbildung 4.3/10 zeigt zwei weitere denkbare Variationen. Links ist ein ähnlicher Verlauf zum vorigen Beispiel dargestellt, mit dem Unterschied, daß nun an Stelle des *broker* Sprechaktes ein *recommend* Sprechakt verwendet wird. Der Vermittler liefert in diesem Fall nur die Adresse eines in Frage kommenden Agenten. Die Wissensübermittlung findet direkt zwischen den beiden Agenten statt und nicht, wie im vorigen Beispiel, ebenfalls über den Vermittler. Ein *subscribe* Sprechakt (rechte Hälfte der Abbildung 4.3/10) teilt dem Vermittler mit, seine Wissensbasis kontinuierlich nach einer bestimmten Veränderung zu durchsuchen. Tritt diese ein, wird sie an den anfragenden Agenten weitervermittelt. Eine detaillierte Einführung in die unterschiedlichen Prinzipien der Vermittlung findet sich in Abschnitt 4.3.6.

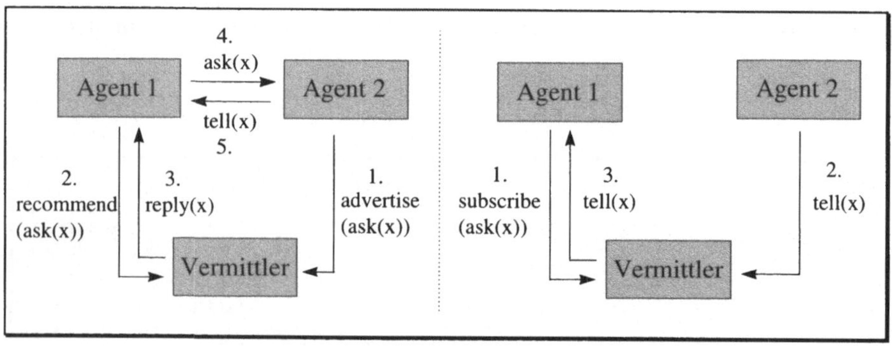

Abbildung 4.3/10: Kommunikationsvarianten in KQML

Um bestehende Agenten in ein auf KQML basierendes Multi-Agentensystem zu integrieren sind zwei alternative Ansätze vorstellbar: Zum einen könnte jeder Agent um die Fähigkeit zur Verarbeitung von KQML Nachrichten erweitert werden, zum anderen könnte eine zusätzliche Komponente diese Aufgabe für den Agenten übernehmen. Um das System so flexibel und offen wie möglich zu gestalten, empfiehlt es sich, die zweite Variante näher zu betrachten. Ein möglicher

Vorschlag, der im Rahmen mehrerer Systeme getestet wurde, ist in Abbildung 4.3/11 wiedergegeben [Finin et al. 1994]. Jeder Agent erhält zwei zusätzliche Module, einen KQML Router und eine KQML Routerschnittstellenbibliothek (engl. KQML router interface library, KRIL). Der KQML Router verwaltet und kontrolliert alle Nachrichten, die von dem ihm zugeordneten Agenten versendet werden, beziehungsweise die an ihn adressiert sind. Jeder Agent eines Multi-Agentensystems besitzt einen eigenen KQML Router, wobei es sich jeweils um exakt identische Kopien handelt. Der eigentliche Inhalt der Nachricht ist für den KQML Router nicht interessant und wird von ihm nicht weiter verarbeitet. Seine Aufgabe besteht lediglich darin, ausgehende Nachrichten an den gewünschten Empfänger weiterzuleiten und eingehende Nachrichten entgegenzunehmen. Ist im Fall einer ausgehenden Nachricht kein Empfänger, sondern eine Dienstleistung spezifiziert, so muß der Router in der Lage sein, einen entsprechenden Dienstleistungsanbieter zu finden, notfalls unter Zuhilfenahme eines Vermittlers.

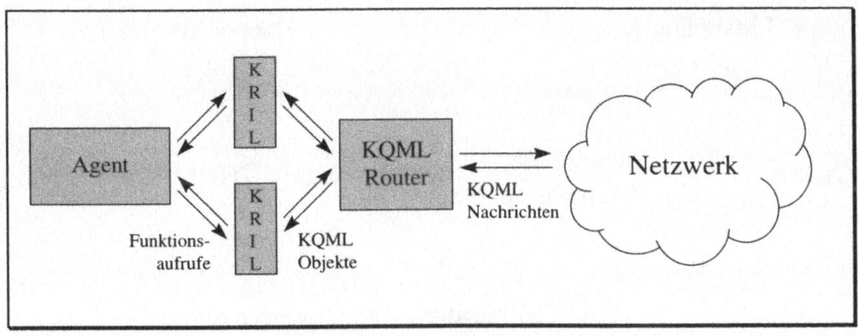

Abbildung 4.3/11: Architektur eines KQML-basierten Multi-Agentensystems
(in Anlehnung an [Finin et al. 1994])

Die KRIL stellt die Schnittstelle zwischen KQML Router und Agent dar. Sie muß die Anfragen des Agenten inhaltlich analysieren und in KQML Nachrichten umwandeln. Ankommende KQML Nachrichten werden durch die KRIL in eine für den Agenten verständliche Form transferiert. Durch die starke inhaltliche Ausrichtung der KRIL kann es notwendig sein, für unterschiedliche Anwendungsfelder auch unterschiedliche KRILs einzusetzen, das heißt jedem Agenten mehrere KRILs zuzuordnen. Stellt ein Agent beispielsweise eine Anfrage in der Sprache LISP, so nimmt die entsprechende KRIL diese entgegen, verpackt sie in eine KQML Nachricht und leitet die Nachricht an den KQML Router weiter. Die Antwort des Routers wird wiederum in einen LISP Ausdruck transferiert und dem Agenten übermittelt.

4.3.4 Kooperationsprotokolle

Vor einer Diskussion konkreter Kooperationsprotokolle und -strategien ist es sinnvoll, sich anhand einer Kooperationstypologie einen Überblick über unterschiedliche Kategorien und Formen der Kooperation zu verschaffen. Eine mögliche Typologie, entwickelt von Franklin, ist in Abbildung 4.3/12 wiedergegeben [Doran et al. 1997].

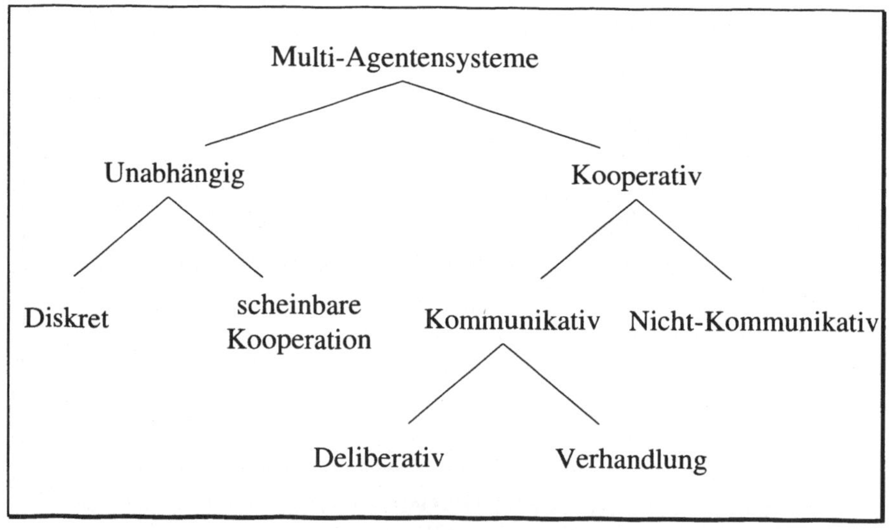

Abbildung 4.3/12: Kooperationstypologie [Doran et al. 1997]

Franklin unterscheidet auf oberster Ebene zwischen unabhängigen und kooperativen Agenten. Handeln die einzelnen Agenten eines Multi-Agentensystems vollkommen unabhängig voneinander und verfolgen sie ausschließlich ihre eigenen Ziele, so spricht man von unabhängigen Systemen. Besitzen die unabhängig agierenden Agenten zusätzlich noch inhaltlich nicht zusammenhängende Ziele, bezeichnet Franklin das System als diskret. Diskrete Systeme, in denen zum Beispiel ein Agent nach Informationen sucht und ein anderer den Benutzer beim Kauf von Produkten unterstützt, besitzen keine explizite Kooperation. Systeme mit scheinbarer Kooperation entstehen immer dann, wenn voneinander unabhängige

Agenten ihre eigenen Ziele verfolgen und dabei nach außen der Anschein einer Kooperation entsteht. Verfolgen beispielsweise mehrere Agenten unabhängig voneinander ein identisches Ziel, so kann für außenstehende Betrachter durchaus der Eindruck einer kooperativen Vorgehensweise entstehen.

Kooperative Systeme besitzen explizite Kooperationsmechanismen. Die Agenten sind so gestaltet, daß sie zur Erreichung ihrer Ziele mit anderen Agenten kooperieren können, und sie nutzen diese Fähigkeit bewußt. Die Kooperation kann nach Franklin entweder kommunikativ oder nicht-kommunikativ ablaufen. Kommunikative Kooperationsagenten verwenden Kommunikationsprotokolle und -verfahren, um mit anderen Agenten zu kooperieren. Sie senden beispielsweise Nachrichten oder verschicken KQML-Performative. Die nicht-kommunikative Kooperation findet über den Umweg der Umwelt statt. Ein Agent beobachtet seine Umwelt und bemerkt auf diese Weise Änderungen, die durch andere Agenten hervorgerufen wurden. Seine Reaktion auf diese Änderungen veranlaßt wiederum andere, die Umwelt beobachtende, Agenten zu einer Reaktion. Eine indirekte Kooperation entsteht.

Kommunikative Kooperationsagenten unterteilen sich in deliberative und verhandlungsorientierte Systeme. In deliberativen Systemen findet eine gemeinsame Planung und Abstimmung der Vorgehensweise aller Agenten statt. Ein Beispiel eines deliberativen Protokolles stellt das in Abschnitt 4.3.4.2 diskutierte Partial Global Planning dar. Verhandlungsorientierte Vorgehensweisen, wie beispielsweise die Kontraktnetz-Systems (vgl. Abschnitt 4.3.4.1), besitzen zusätzlich zu den Mechanismen deliberativer Systeme eine Wettbewerbskomponente. Durch Verhandlungen können Konflikte untereinander gelöst und Aufgaben verteilt werden.

4.3.4.1 Kontraktnetz-Systeme

Kontraktnetz-Systeme (engl. contract nets) stellen einen Ansatz dar, mit Hilfe dessen effiziente Koordinationsmechanismen zwischen den in einem Multi-Agentensystem integrierten Agenten aufgebaut werden können. Ein Kontraktnetz besteht aus einer Anzahl von Knoten, die in Multi-Agentensystemen durch die einzelnen Agenten gebildet werden. In einem marktähnlichen Verfahren werden anstehende Teilaufgaben öffentlich ausgeschrieben, woraufhin jeder Knoten sich um die für ihn interessanten Aufgaben bewerben kann. Die Aufgabenverteilung stellt sich innerhalb eines Kontraktnetz-Systems als interaktiver Prozeß dar, an dem alle Knoten, sprich Agenten, beteiligt sind. Ziel ist es, die vorhandenen Ressourcen und das bereits bestehende Wissen der Agenten möglichst effizient zu nutzen, indem Teilaufgaben immer an denjenigen Agenten vergeben werden, der zum momentanen Zeitpunkt optimal für ihre Bearbeitung geeignet ist. Das Kontraktnetz-System spiegelt im wesentlichen den menschlichen Entscheidungsprozeß bei der Vergabe von Aufgaben wider. Menschen holen beispielsweise vor der Vergabe eine Auftrages Angebote verschiedener Anbieter ein und entscheiden sich dann in einer zweiten Phase für den aus ihrer Sicht meistgeeigneten Anbieter.

Die Grundlage der Kontraktnetz-Systeme bildet das Vertragsnetzprotokoll, welches ein einheitliches Nachrichtenformat (engl. Common Internode Language) definiert und von allen Agenten verstanden werden muß [Smith 1980]. Die Kommunikation zwischen den Agenten findet immer auf der Basis des vereinbarten Nachrichtenformates statt. Das eigentliche Kontraktnetz-System stellt, aufbauend auf dem Vertragsnetzprotokoll, ein Kontraktprotokoll zur Verfügung. Dieses legt den genauen Ablauf der Auftragsvergabe fest und definiert die Rollen der daran beteiligten Agenten. Die Knoten eines Kontraktnetz-Systems besitzen die in Abbildung 4.3/13 dargestellte Struktur.

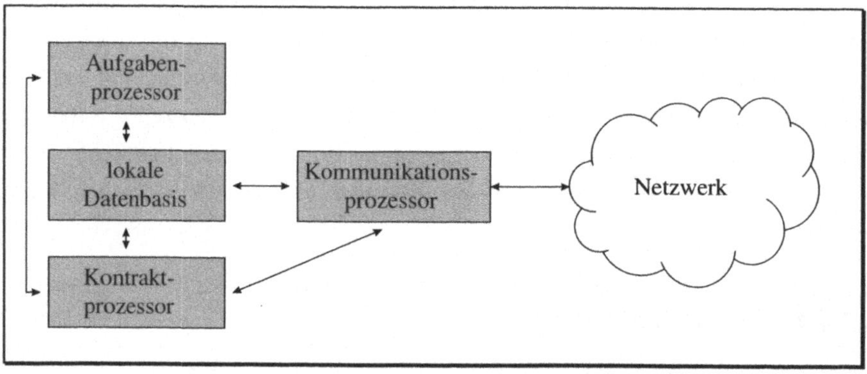

Abbildung 4.3/13: Aufbau eines Kontraktnetz-Knotens
(in Anlehnung an [Albayrak/Bussmann 1993])

Die lokale Datenbasis beinhaltet zum einen die Wissensbasis des jeweiligen Knotens, zum anderen sind in ihr Informationen zum aktuellen Status der Kooperationsverhandlungen und des Problemlösungsprozesses gespeichert. Die drei übrigen Komponenten nutzen die lokale Wissensbasis zur Erfüllung ihrer Aufgaben. Dem Kommunikationsprozessor fällt die Aufgabe zu, die Kommunikation mit anderen Knoten abzuwickeln. Er ist die einzige Komponente des Knotens, die eine direkte Verbindung zum Netzwerk besitzt. Insbesondere der Versand und Empfang von Nachrichten wird vom Kommunikationsprozessor übernommen.

Die Beobachtung der ausgeschriebenen Aufgaben, die Abgabe von Bewerbungen und der Abschluß von Verträgen ist Aufgabe des Kontraktprozessors. Außerdem werden durch ihn eingehende Nachrichten analysiert und interpretiert. Letztlich übernimmt der Kontraktprozessor die Koordination des gesamten Knotens. Der Aufgabenprozessor ist für die eigentliche Bearbeitung und Lösung der einem Knoten zugeteilten Aufgaben verantwortlich. Er erhält vom Kontraktprozessor die zu lösenden Probleme, ermittelt unter Zuhilfenahme der lokalen Datenbasis eine Lösung und übergibt diese an den Kontraktprozessor.

Die Arbeit eines Kontraktnetz-Systems setzt nach der Phase der Problemzerlegung ein, das heißt nachdem das zu lösende Gesamtproblem in eine Reihe von Teilproblemen zerlegt wurde. Ein spezieller Knoten, im folgenden als Manager bezeichnet, übernimmt die Aufgabe der Verteilung der Teilprobleme. Der Ablauf einer typischen Vertragsverhandlung ist in Abbildung 4.3/14 exemplarisch wiedergegeben.

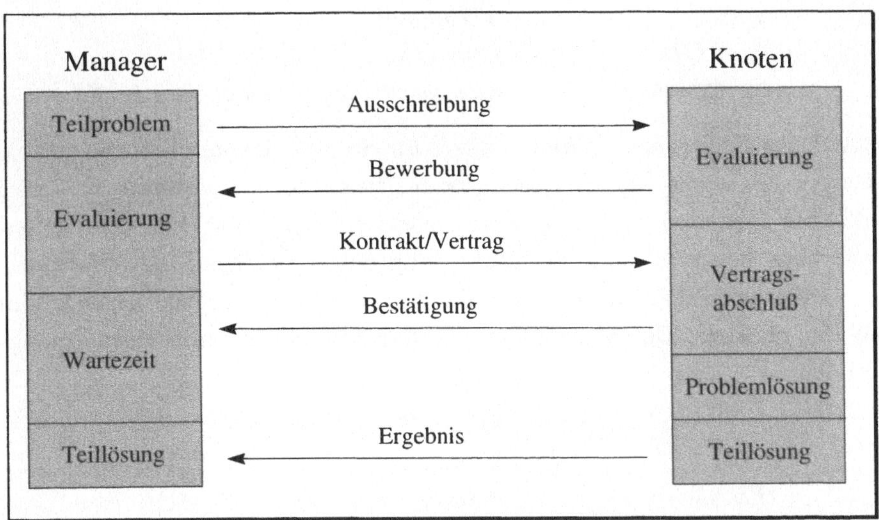

Abbildung 4.3/14: Verhandlungsablauf in Kontraktnetz-Systemen

Der Manager schreibt für jedes zur Lösung anstehende Teilproblem einen sogenannten Kontrakt öffentlich aus. Dazu verwendet er die durch das Vertragsnetzprotokoll definierte Nachrichtenstruktur, welche zum Beispiel wie folgt aussehen könnte (vgl. [Albayrak/Bussmann 1993]):

TO:	*alle Knoten*
FROM:	*Manager*
TYPE:	*Aufgabenausschreibung*
Contract ID:	*xx-yy-zz*
Task Abstraction:	*<Beschreibung des Teilproblems>*
Eligibility Specification:	*<Aufzählung der Minimalanforderungen>*
Bid Specification:	*<Beschreibung der erforderlichen Bewerbungsinformationen>*
Expiration Time:	*<Letztmöglicher Bewerbungszeitpunkt>*

Die Ausschreibung kann von allen Agenten eingesehen und von ihrem jeweiligen Kontraktprozessor evaluiert werden. Dazu berücksichtigt dieser, unter Zuhilfenahme der Inhalte der lokalen Datenbasis, die zur Zeit verfügbaren Ressourcen und das vorhandene Wissen des Agenten. Der Kontraktprozessor entscheidet, ob eine Bewerbung um die ausgeschriebene Aufgabe abgegeben werden soll. Kommt er zu einem positiven Ergebnis, kann er dies dem Manager mitteilen:

TO:	*Manager*
FROM:	*Knoten X*
TYPE:	*Bewerbung*
Contract ID:	*xx-yy-zz*
Node Abstraction:	*<Beschreibung der Fähigkeiten des Knoten>*

Aus allen eingegangenen Bewerbungen für einen bestimmten Kontrakt muß der Manager den seiner Meinung nach geeignetsten Knoten auswählen. Er verfügt dazu über spezielles Evaluationswissen und -methoden, mit Hilfe derer er jede Bewerbung bewerten kann. Die Bewerbung mit der höchsten Bewertung wird ausgewählt und erhält die Aufgabe, das dem Kontrakt zugrunde liegende Teilproblem zu lösen. Der Manager vergibt den Kontrakt in Form einer Vertragsnachricht:

TO:	*Knoten X*
FROM:	*Manager*
TYPE:	*Vertrag*
Contract ID:	*xx-yy-zz*
Task Specification:	*<Detaillierte Beschreibung des Teilproblems>*

Durch eine Bestätigung teilt der beauftragte Knoten dem Manager mit, daß er den Kontrakt in der übermittelten Form annimmt. Nach der Problemlösungsphase wird das gelöste Problem an den Manager übermittelt. Die Lösung des Teilproblems, das heißt die Erfüllung des Vertrags, liegt allein in der Verantwortung des beauftragten Knotens. Denn bei Kontraktnetz-Systemen handelt es sich um eine reine Aufgabenteilung; eine Ergebnisteilung findet nicht statt, da ein Knoten keine Informationen über den Zustand der anderen Knoten erhält. Stellt ein Knoten nachträglich fest, daß die ihm zugeteilte Aufgabe seine Fähigkeiten oder Ressourcen übersteigt, so steht es ihm frei, das Problem weiter zu unterteilen und in Form von Unteraufträgen an andere Knoten weiterzugeben. Er nimmt in diesem Fall die Rolle des Managers ein und schreibt die Teilprobleme öffentlich aus. Als Resultat erhält man eine streng hierarchisch strukturierte Aufgabenstruktur, bei der ein Knoten gleichzeitig Manager, Bewerber und Vertragsnehmer sein kann.

Es existieren verschiedene Erweiterungen der ursprünglichen Kontraktnetz-Systeme, die an unterschiedlichen Stellen des Verhandlungsprozesses ansetzen. Einen Angriffspunkt bildet die öffentliche Ausschreibung der Kontrakte. Dieser Vorgang ist zwar bei gering ausgelasteten Systemen durchaus sinnvoll, da sich alle Knoten an der Bewerbung beteiligen können, erzeugt aber einen hohen Kommunikations- und Ressourcenbedarf. Der jeweilige Manager muß eine Vielzahl von Bewerbungen evaluieren, was einen Großteil seiner Ressourcenkapazität in Anspruch nimmt. Stark belastete Manager können aus diesem Grund vom Prinzip der öffentlichen Ausschreibung abweichen. Sie haben zum einen die Möglichkeit, nur einen kleinen Kreis von Knoten über eine Ausschreibung zu informieren. Dies ist immer dann denkbar, wenn der Manager bereits konkrete Kenntnisse über die Fähigkeit einzelner Knoten besitzt und ungefähr abschätzen kann, welche Knoten für eine Bearbeitung des Teilproblems überhaupt in Frage kommen. Zum anderen kann auf die Ausschreibung vollständig verzichtet werden. Ist ein anstehendes Teilproblem ähnlich aufgebaut, wie ein bereits gelöstes Problem, so kann der Manager direkt den Knoten, der das Problem in der Vergangenheit gelöst hat, kontaktieren und, im Falle verfügbarer Ressourcen, den Kontrakt an ihn vergeben. In einer weiteren Variante können Knoten von sich aus Bewerbungen abgeben, ohne überhaupt eine Ausschreibung empfangen zu haben. Dem Manager liegt in diesem Fall eine Menge von Bewerbungen vor, die er bei neu entstehenden Aufgaben durchsuchen kann. Nur wenn er nicht fündig wird, ist eine Ausschreibung notwendig. In bestimmten Fällen kann es sinnvoll oder sogar notwendig sein, ganze Gruppen von Teilproblemen gleichzeitig als Paket zu beauftragen. Bestehen beispielsweise Abhängigkeiten zwischen Teilproblemen, so macht eine separate Beauftragung unter Umständen keinen Sinn, da sie zu keiner effizienten Lösung führt.

Der zweite Ansatzpunkt für Erweiterungen von Kontraktnetz-Systemen betrifft die eigentliche Vertragsvergabe. Im ursprünglichen Protokoll muß der Manager nach der Vergabe eines Kontraktes die Zusage des jeweiligen Knoten abwarten. Bis diese Bestätigung eintrifft, weis der Manager nicht, ob der Knoten bereit ist, den Kontrakt anzunehmen. Seit der Bewerbung des Knoten hat kein Kontakt mehr stattgefunden und bei einer Bewerbung handelt es sich nicht um eine verbindliche Zusage. Genau hier setzen Erweiterungsvorschläge an, die die verbindliche Zusage in eine frühere Verhandlungsphase verlegen. Ein Knoten kann beispielsweise durch die Abgabe einer Bewerbung eine feste Zusage für die Annahme einer eventuell folgenden Beauftragung abgeben. Oder die Zusagemöglichkeiten sind nicht auf eine reine Annahme oder Ablehnung beschränkt, sondern an bestimmte Parameter beziehungsweise Bedingungen geknüpft [Sandholm et al. 1995]. Die maximale Zeitdauer der Auftragsbestätigung stellt einen anderen Erweiterungsansatz dar. Bestätigt ein Knoten einen ihm zugeteilten Kontrakt nicht innerhalb einer gewissen Zeitspanne, so kann der Manager den Kontrakt seinerseits terminieren. Der Kontraktprozessor eines jeden Knoten kann alternativ auch derart gestaltet werden, daß dem Manager immer eine Antwort auf einen zugeteilten Kontrakt zugestellt wird, sei diese nun positiv oder negativ. Dies hat den Vorteil, daß der Manager nicht bis zum Ablauf der vereinbarten maximalen Zeitspanne warten muß, bevor er den Kontrakt anderweitig vergeben kann.

4.3.4.2 *Partial Global Planning*

Das wesentliche Merkmal des Partial Global Planning (PGP) Verfahrens besteht darin, jedem Agenten eines Multi-Agentensystems während seiner Arbeit die Möglichkeit zu geben, Informationen über den momentanen Zustand und die bereits erreichten Ziele der anderen Agenten zu sammeln. Diese Erkenntnisse kann er zur Optimierung seiner eigenen Aufgaben verwenden. Das PGP stellt somit einen flexiblen Ansatz zur Koordination verteilter Problemlösungseinheiten dar [Durfee/Lesser 1991].

Grundvoraussetzung für den Einsatz von PGP ist die Tatsache, daß mehrere verteilte Agenten an der Lösung eines übergeordneten Gesamtproblems arbeiten. Ist dies der Fall, kann ein Agent im Rahmen des PGP die Aktionen und Beziehungen zwischen einer Gruppe anderer Agenten beobachten und daraus Rückschlüsse auf seine eigene Arbeit ziehen. Diese Erkenntnisse werden als Partial Global Plan bezeichnet, da sie den mit Hilfe des partiellen (engl. partial) Wissens eines Agenten ermittelten Plan (engl. plan) zur Lösung eines globalen (engl. global) Problems widerspiegeln. Abbildung 4.3/15 verdeutlicht anhand eines Beispiels die grundlegende Arbeitsweise eines PGP-basierten Systems. Zwei Agenten arbeiten an zwei Teilproblemen (A und B) eines Gesamtproblems. Die Teilprobleme bestehen wiederum aus einer Reihe von Unterproblemen (A1 bis A3; B1 und B2). Jeder Agent übermittelt seinem Gegenüber Informationen über seinen derzeitigen Zustand. Im Beispiel teilt Agent 1 Agent 2 mit, daß er zur Zeit das Teilproblem A bearbeitet. Agent 2 wiederum kommuniziert die Arbeit an Teilproblem B. Diese Informationen bezüglich der Situation des Partners kann jeder Agent für seine eigene Arbeit nutzen. Erkennt Agent 1 beispielsweise, daß sein Unterproblem A2 abhängig von Teilproblem B des Agenten 2 ist, so kann er dies Agent 2 entsprechend mitteilen. Unter Umständen führt diese Erkenntnis sogar zu dem Resultat, daß das Unterproblem A2 komplett an Agent 2 übergeben wird, da dieser es im Rahmen der Lösung von B so oder so bearbeiten müßte.

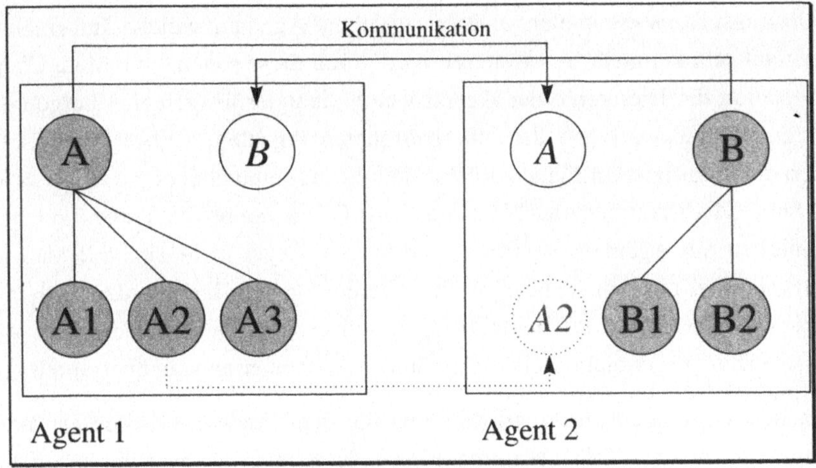

Abbildung 4.3/15: Funktionsweise des Partial Global Planning

Der Prozeß des PGP unterteilt sich in vier aufeinanderfolgenden Schritte [Durfee/Lesser 1991]:

1. Erstellung der lokalen Pläne eines jeden Agenten,

2. Kommunikation und Austausch von Plänen zwischen den Agenten,

3. Erstellung der PGPs,

4. Modifizierung und Optimierung der PGPs.

Vor Beginn des Koordinationsprozesses muß jeder Agent lokale Pläne zur Lösung der ihm zugewiesenen Aufgaben erstellen. Die hierbei gewählte Strategie ist im Rahmen des PGP nicht festgelegt, es wird allerdings vorausgesetzt, daß ein Agent in der Lage ist, seine ursprünglichen Pläne dynamisch anzupassen, wenn neue Erkenntnisse dies erforderlich machen. Jeder lokale Plan sollte außerdem mindestens zwei unterschiedliche Detaillierungsgrade besitzen. Eine Grobstruktur, in der die wichtigsten Schritte zur Lösung des Problems enthalten sind und die die langfristige Problemlösungsplanung des Agenten widerspiegelt, und eine Feinstruktur, die Detailinformationen zu jedem konkreten Teilproblem enthält.

Ist die lokale Planung abgeschlossen, wird in einem zweiten Schritt das Wissen unter den Agenten ausgetauscht. Jeder Agent muß zu diesem Zweck über eine bestimmte Menge an organisationsspezifischem Wissen verfügen, mit Hilfe dessen er entscheiden kann, welche Rolle die anderen Agenten im Rahmen des Problemlösungsprozesses spielen und für welchen Agenten welche Informationen interessant sein könnten. Des weiteren wird durch diese sogenannte Meta-Ebenen-Organisation die Hierarchie der Agenten untereinander festgelegt. Übergeordnete Agenten empfangen Pläne der untergeordneten Agenten, verbessern diese und senden die modifizierten Pläne zurück. Sind die Agenten gleichberechtigt, so kann jede Seite Modifikationsvorschläge machen. Offen bleibt die Frage, welche Informationen ein Agent weitergibt. Es ist in der Regel nicht sinnvoll, daß jeder Agent pauschal alle seine Pläne an die anderen Agenten kommuniziert, da durch dieses Verhalten keine effiziente Kooperation erzeugt werden kann. Ein Agent muß also abwägen, welche Teile seiner Informationen er an wen übermittelt.

Nachdem ein Agent Informationen über die Pläne anderer erhalten hat, muß er diese in Form eines PGPs zusammenfassen. Er untersucht dazu die neuen Informationen nach Abhängigkeiten zu seinen internen Plänen und gruppiert zusammengehörige Teilpläne zu logischen Einheiten. Der resultierende PGP enthält die folgenden Komponenten [Durfee/Lesser 1991]:

- **Ziele (objectives):** Enthalten die grundlegenden Informationen eines PGP, das heißt seine Existenzberechtigung, sein langfristiges Gesamtziel und die Priorität im Vergleich zu anderen Plänen.

- **Plan-Aktivitäten-Tabelle (plan-activity-map):** Umfaßt die Aufgaben der anderen Agenten, inklusive ihres momentanen Zustands, das heißt insbesondere

Angaben zu den Plänen, den erwarteten Ergebnissen und den entstehenden
Aufwänden.

* **Lösungs-Konstruktions-Graph (solution-construction-graph):** Beinhaltet
  Informationen darüber, wie die einzelnen Agenten miteinander kommunizieren
  und kooperieren sollen. Von besonderer Bedeutung sind in diesem Zusammenhang Angaben zu Umfang und Zeitpunkt der durch einen Agenten zu ver-
  sendenden Pläne.

* **Zustand (status):** Enthält ein Protokoll aller wichtigen Informationen des
  PGPs, zum Beispiel Verweise auf die von anderen Agenten empfangenen Pläne
  und Hinweise auf den Zeitpunkt des Empfangs.

Ein speziell für diese Aufgabe entwickelter zentraler PGP-Planer analysiert die
eingehenden Informationen anderer Agenten und stellt fest, ob mehrere Agenten
am selben Gesamtziel arbeiten. Diese Erkenntnisse integriert der PGP-Planer in
der Plan-Aktivitäten-Tabelle. Er trifft außerdem Vorhersagen bezüglich des weiteren Verhaltens und der zu erwartenden Ergebnisse der anderen Agenten. Die Plan-
Aktivitäten-Tabelle bildet die Basis für die weitere Arbeit des Agenten. Mit ihrer
Hilfe werden die lokalen Pläne mit den neuen Erkenntnissen abgestimmt und ein
modifizierter lokaler Plan erstellt. Auch der Lösungs-Konstruktions-Graph wird in
diesem Zusammenhang erstellt. Als Endergebnis entsteht durch den PGP-Planer
zum einen ein modifizierter, den derzeitigen Kenntnissen über das Gesamtsystem
optimal angepaßter lokaler Plan, zum anderen genaue Angaben, zu welchen Zeitpunkten welche Pläne an welche Agenten versendet werden sollten.

Die Verwendung von PGP bringt eine Reihe von Vorteilen mit sich. An erster
Stelle ist die hohe Dynamik des Systems zu nennen. Alle Pläne sind jederzeit an
neue Umweltsituationen anpaßbar, was eine hohe Flexibilität und Effizienz des
Gesamtsystems hervorruft. PGP geht sogar so weit, daß Änderungen an den ursprünglichen Plänen als unvermeidbar angesehen werden. Allerdings muß darauf
geachtet werden, daß die Modifikationen eines Agenten an seinen Plänen anderen
Agenten rechtzeitig mitgeteilt werden, da sie deren Arbeit beeinflussen können.
Ändert ein Agent beispielsweise selbständig einen seiner Pläne, so wird auch das
von ihm erzielte Ergebnis sehr wahrscheinlich anders ausfallen, als ursprünglich
angenommen. Hat der Agent anderen Agenten zugesichert, das ursprünglich ge-
plante Ergebnis zu liefern, muß er diese nun davon in Kenntnis setzen, daß sich
die von ihm zu erwartenden Beiträge geändert haben. Wird jede kleinste Modifikation allen anderen Agenten des Systems mitgeteilt, entsteht ein hoher Kommu-

nikations- und Kooperationsbedarf, der das gesamte System unnötig belastet. Oft ist es aus diesem Grund sinnvoll, kleine Inkonsistenzen in Kauf zu nehmen, dafür aber nur wichtige Modifikationen zu kommunizieren. Die Entwicklung entsprechend toleranter Systeme und die Festlegung eines Grenzwertes, ab dem eine Modifikation als wichtig betrachtet werden muß, liegen in den Händen der Systementwickler.

Der zweite Vorteil von PGP Systemen liegt in ihrer Effizienz und der weitestgehenden Vermeidung von Redundanz. Arbeiten zwei oder mehr Agenten an vergleichbaren oder gar identischen Problemen, werden sie dies früher oder später anhand ihrer PGPs registrieren und können die Aufgaben untereinander neu strukturieren und zuordnen. Auch die Arbeitsverteilung ist äußerst wirkungsvoll. Ist ein Agent ressourcenmäßig nicht voll ausgelastet, so muß er nur einen leeren Plan verbreiten, um die anderen Agenten auf diese Weise auf seine freien Kapazitäten aufmerksam zu machen. Umgekehrt funktioniert der Mechanismus ebenfalls. Erhält ein nicht ausgelasteter Agent Pläne anderer Agenten, so kann er, basierend auf seinem lokalen Wissen, einen PGP erstellen und diesen an andere Agenten übermitteln. Damit bietet er indirekt seine Hilfestellung bei der Lösung der Aufgabe an.

Neben den unbestreitbaren Vorteilen besitzt das ursprüngliche PGP Modell aber insbesondere beim Einsatz in Multi-Agentensystemen eine Reihe von Restriktionen [Decker/Lesser 1992]. Wie können heterogene Agenten, mit unterschiedlichen Problemlösungsstrategien, integriert werden? Wie behandelt man dynamische Agenten, deren Lösungsstrategien großen Schwankungen unterworfen sind? Wie wird eventuellen Echtzeitanforderungen Rechnung getragen, die fest definierte Termine zur Erfüllung bestimmter Aufgaben vorschreiben? Und wie können Verhandlungen zwischen Agenten auf Basis eines PGPs realisiert werden? Erweiterungen des PGP Modells, zum Beispiel das General Partial Global Planning (GPGP), versuchen diesen Anforderungen Rechnung zu tragen, indem sie den ursprünglichen Algorithmus um neue Komponenten erweitern [Decker/Lesser 1992, 1994].

4.3.5 Verhandlungen

Die Bedeutung von Verhandlungen wird in den bestehenden Multi-Agentensystemen durchaus unterschiedlich ausgelegt. Zum einen wird die Aufteilung der Teilprobleme auf einzelne Agenten und die Vergabe von Ressourcen als Verhandlung bezeichnet, zum anderen bezieht man sich auf die direkte Eins-zu-Eins

Verhandlung zweier Agenten. Das übergeordnete Ziel aller Verhandlungsvorgänge besteht immer darin, innerhalb einer Menge unabhängig agierender, mit eigenen Zielen ausgestatteter Agenten, eine konstruktive Zusammenarbeit zu ermöglichen. Zu unterscheiden sind in diesem Zusammenhang das eigentliche Verhandlungsprotokoll und die Verhandlungsstrategien der einzelnen Agenten. Während das Verhandlungsprotokoll grundlegende Regeln für die möglichen Formen der Verhandlung, den Ablauf eines Verhandlungsprozesses sowie die kommunikationstechnischen Grundlagen bereitstellt, ist die Verhandlungsstrategie abhängig von der spezifischen Implementation eines jeden Agenten. Der Entwickler eines Agenten kann die Komplexität der Verhandlungsfähigkeiten unterschiedlich gestalten, wobei darauf zu achten ist, daß Protokoll und Strategie aufeinander abgestimmt sind, das heißt, daß die gewählte Strategie mit dem zur Verfügung stehenden Protokoll auch durchführbar ist.

Wenn zwei Agenten miteinander verhandeln, können drei unterschiedliche Situationen vorliegen:

- **Keine Synergieeffekte:** Durch die Verhandlung kann keiner der beiden Agenten einen Vorteil erzielen. Jeder Agent verfolgt ein bestimmtes Ziel, wobei zwischen beiden Zielen keine direkten Abhängigkeiten bestehen. Die Konsequenz besteht darin, daß beide Agenten ihr jeweiliges Ziel erreichen können, auf Grund einer Verhandlung mit dem Gegenüber aber keine Verbesserung ihrer Ziele erreichen.

- **Positive Synergieeffekte:** Mindestens einer der beiden Agenten erreicht sein Ziel schneller oder mit weniger Aufwand. Auch eine qualitative Verbesserung des Ziels ist denkbar. Stellt sich beispielsweise bei der Verhandlung heraus, daß das Ziel eines Agenten im Ziel des anderen Agenten enthalten ist oder dieser das Ziel sogar schon erreicht hat, ergibt sich ein positiver Synergieeffekt.

- **Negative Synergieeffekte:** Dies stellt den eigentlich interessanten Fall dar, da nur bei miteinander konfligierenden Zielen eine Verhandlung überhaupt Sinn macht. Bei den beiden ersten Fällen wird die Verhandlung zwangsläufig sehr kurz ausfallen, da keiner der beiden Agenten etwas zu verlieren hat. Nur in Konfliktsituationen sind funktionierende Verhandlungen und Verhandlungsstrategien gefragt. Negative Synergieeffekte können sich auf unterschiedliche Art und Weise äußern: Die Ziele der beiden Agenten sind direkt konträr, was zur Folge hat, daß nur einer der beiden sein Ziel erreichen kann; ein für beide

Seiten akzeptables Ziel ist zwar theoretisch denkbar, mit den vorhandenen Operationen jedoch nicht zu realisieren; oder die Erreichung eines gemeinsamen Zieles würde die Ressourcen und Mittel der Agenten übersteigen.

Je nach Situation ergeben sich für die an der Verhandlung beteiligten Agenten andere Interaktionsmuster. Aus Sicht eines einzelnen Agenten kann das Ziel der Verhandlung eine Verbesserung seines eigenen Zustands, die Unterstützung anderer Agenten ohne Verschlechterung der eigenen Situation oder die Aushandlung eines Ergebnisses, bei dem er zwar Kompromisse eingehen muß, insgesamt aber die Funktionsfähigkeit des Gesamtsystems gewährleistet bleibt, sein. Zlotkin/Rosenschein haben, basierend auf diesen Erkenntnissen, vier Formen der Interaktion bei Verhandlungen identifiziert [Zlotkin/Rosenschein 1996]:

- **Symmetrische Kooperation:** Durch die Verhandlung kann ein Ergebnis erzielt werden, das für beide Agenten besser ist, als ihre jeweils allein erreichbaren Ergebnisse. Für beide Agenten wirkt sich die Arbeit des jeweils anderen positiv auf die eigene Situation aus.

- **Symmetrischer Kompromiß:** Beide Agenten würden es vorziehen, ihre jeweiligen Ziele unabhängig voneinander zu erreichen. Die Verhandlung bedeutet für beide Seiten einen Kompromiß, der sich in einer Verschlechterung ihres Ergebnisses äußert. Allerdings kann die Existenz des jeweils anderen Agenten nicht ignoriert werden, weshalb ein Kompromiß zwingend notwendig ist und beide Seiten aus rationaler Sicht mit dem Ergebnis der Verhandlung zufrieden sein können.

- **Nicht-symmetrische Kooperation/Kompromiß:** In diesem Fall stellt sich die Situation für einen Agenten als Kooperation dar, das heißt für ihn ist die Verhandlung mit einem positiven Ergebnis verknüpft, während der andere Agent gezwungen ist, einen Kompromiß einzugehen.

- **Konflikt:** Die Agenten können sich nicht auf eine rational vertretbare Lösung einigen, da ihre Ziele direkt konträr zueinander sind. Die Verhandlung muß erfolglos abgebrochen werden.

Die beschriebenen Auswirkungen sind in Abbildung 4.3/16 graphisch dargestellt. Bei der symmetrischen Kooperation befinden sich die beiden Agenten vor Beginn der Verhandlung im Zustand A0 beziehungsweise B0. Ohne eine Verhandlung würden sie die Zustände A1 und B1 erreichen. Nach einer erfolgreichen

Verhandlung befinden sich beide im Zustand AB1 beziehungsweise BA1, wobei die Graphik andeutet, daß ein gemeinsames Verhandlungsergebnis erreicht wurde (Schnittmenge von AB1 und BA1) und die Qualität dieses Ergebnisses höher als das jeweils zu erzielende Einzelergebnis ist. Entsprechendes gilt für die drei restlichen Situationen.

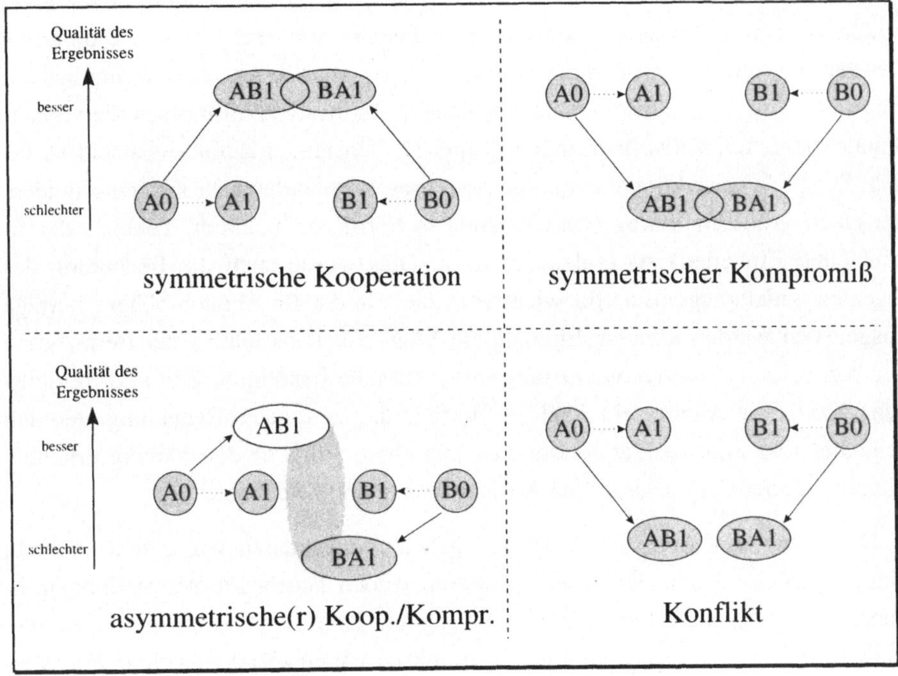

Abbildung 4.3/16: Verhandlungssituationen
(in Anlehnung an [Zlotkin/Rosenschein 1996])

Bei Betrachtung der Abbildung fällt auf, daß im Konfliktfall keine gemeinsame Lösungsmenge existiert, das heißt, die Verhandlung nicht zu einem für beide Seiten zufriedenstellenden Ergebnis führt. Einer der beiden Verhandlungspartner muß zurückstehen und auf die Erreichung seines Zieles verzichten. Interessant ist nun die Frage, welcher Agent als Gewinner aus der Verhandlung hervorgeht. Eine einfache Entscheidungsmöglichkeit besteht darin, nach dem Zufallsprinzip einen Agenten auszuwählen, und diesem die Erreichung seines Zieles zu gestatten, während der andere Agent das Nachsehen hat. Zu Problemen führt diese Vorgehensweise insbesondere dann, wenn die Bedeutung der beiden Agenten für das Gesamtsystem unterschiedlich stark ist.

Verfolgen beispielsweise zwei Agenten zwei miteinander in Konflikt stehende Ziele, ist aber die Erreichung des Zieles von Agent 1 für das Gesamtsystem wesentlich wichtiger, so ist eine auf dem reinen Zufallsprinzip basierende Entscheidung nicht sinnvoll. Vielmehr muß die Wahrscheinlichkeit, daß Agent 1 bei der Zufallsentscheidung als Gewinner hervorgeht, entsprechend seiner Bedeutung erhöht werden. Zu diesem Zweck ist eine Instanz notwendig, die eine derartige Beurteilung treffen kann und deren Entscheidung für alle Agenten verbindlich ist. Häufig ist eine solche Instanz nicht vorhanden. In diesem Fall müssen die verhandelnden Agenten selbst über andere Mittel als den reinen Zufallsentscheid verfügen. Beispielsweise könnte derjenige Agent die Verhandlung für sich entscheiden, der einen größeren Betrag (zum Beispiel in Form von Punkten, Tokens oder finanziellen Einheiten) zu zahlen bereit ist. Dies würde auch die Bedeutung des Agenten widerspiegeln, da für wichtigere Ziele in der Regel auch höhere Beträge ausgegeben werden können. Eine andere Möglichkeit besteht in der Betrachtung der von beiden Agenten zur Lösung ihrer Aufgabe benötigten Zeit und Ressourcen. Kann ein Agent sein Ziel im Verhältnis zu dessen Bedeutung deutlich schneller und mit weniger Ressourcen erreichen, sollte er den Vorzug erhalten. Kombinationen der vorgestellten Ansätze sind ebenfalls denkbar.

Die bisher beschriebenen Varianten gehen grundsätzlich von einem Verzicht eines Agenten aus. In der Praxis existieren jedoch häufig Problemstellungen, in denen zwei Agenten trotz einer vorliegenden Konfliktsituation zumindest ein Teilziel gemeinsam erreichen können. In diesen Fällen bietet es sich an, die Verhandlung in zwei aufeinander aufbauende Schritte zu unterteilen. Im ersten Schritt verhandeln beide Agenten über das gemeinsam zu erreichende Teilziel. Erst nachdem dieses von beiden erreicht wurde, beginnt die zweite Verhandlungsstufe, innerhalb derer der eigentliche Konflikt betrachtet werden muß. Unter Umständen ist sogar eine dritte Stufe denkbar. Bisher hat der aus der Konfliktsituation als Gewinner hervorgehende Agent nach Abschluß der Verhandlungen sein Ziel allein weiterverfolgt. Alternativ dazu ist es vorstellbar, daß die Agenten vorab vereinbaren, auch nach der Entscheidung der Konfliktsituation weiterhin zusammenzuarbeiten und zu versuchen, ihre gemeinsamen Ziele zu erreichen. Auf diese Weise ergeben sich völlig neue Verhandlungssituationen und -muster.

Eine interessante Variante für die Gestaltung von Verhandlungsstrategien bildet der Einsatz genetischer Algorithmen. Genetische Algorithmen basieren auf den

Erkenntnissen der darwinistischen Evolutionstheorie und versuchen, diese auf das Gebiet der Computersysteme zu übertragen. Eine unter dem Gesichtspunkt genetischer Algorithmen entwickelte Verhandlungsstrategie könnte wie folgt aussehen [Bean/Segev 1996]: Jeder am Verhandlungsprozeß beteiligte Agent besitzt vor Beginn der eigentlichen Verhandlung eine Menge unterschiedlicher Verhandlungsstrategien, die zufällig ausgewählt wurden. Diese Strategien setzt er im Rahmen eines fest vorgegebenen Szenarios gegen die Strategien anderer Agenten ein. Nach der ersten Verhandlungsrunde bewertet der Agent die Ergebnisse jeder einzelnen angewandten Strategie. Aus den momentanen Strategien wird eine neue Generation von Strategien abgeleitet, wobei der Einfluß erfolgreicher Strategien auf den Vererbungsprozeß größer ist, als der der weniger erfolgreichen Varianten. Mit der auf dieser Weise entstandenen zweiten Generation von Verhandlungsstrategien beginnt der Agent eine neue Verhandlungsrunde mit den anderen Agenten. Nach jeder Runde wird eine neue Generation von Strategien mit Hilfe des beschriebenen Algorithmus erzeugt.

Nach einer gewissen Anzahl von Generationen besitzt der Agent auf Grund des großen Einflusses erfolgreicher Strategien auf den Vererbungsprozeß eine Menge sehr effizienter, erfolgsorientierter Verhandlungsstrategien. Der zu ihrer Erzeugung notwendige Aufwand ist allerdings äußerst hoch, geht man davon aus, daß zur Entwicklung einer erfolgreichen Strategie zwischen 20 und 4000 Generationen erforderlich sind [Bean/Segev 1996]. Dies bedeutet die Durchführung einer identischen Anzahl von Verhandlungsrunden zwischen zwei oder mehr Agenten, die alle unter möglichst realistischen Bedingungen ablaufen sollten.

Die bisherigen Szenarien und Beispiele gingen von der Situation aus, daß die an einer Verhandlung beteiligten Agenten vor Verhandlungsbeginn über alle notwendigen Informationen verfügen, daß ein Agent nicht wissentlich falsche Informationen verbreitet und daß die Ziele des jeweiligen Verhandlungspartners vorab bekannt sind. Alle diese Annahmen sind unter Umständen falsch. Es ist vielmehr der Regelfall, daß ein Agent nicht vorab alle verfügbaren Informationen bezüglich der anstehenden Verhandlung besitzt. Insbesondere die Absichten seines Gegenübers kennt er meist nicht. Der Agent kann aus diesem Grund keine Aussage darüber treffen, wie wichtig seinem Verhandlungspartner die Erreichung bestimmter Ziele ist und welche Kosten dieser bereit ist, für eine aus seiner Sicht erfolgreiche Verhandlung zu tragen. Gerade diese Informationen können aber einen wesentlichen Einfluß auf die jeweilige Verhandlungsstrategie haben. Die Verhandlungsstrategie eines Agenten muß so variabel ausgelegt sein, daß sie

auch im Zustand nicht-vollständiger Informationen und bei Unsicherheit zu sinnvollen Ergebnissen führt.

Agenten können wissentlich Falschinformationen verbreiten. Dies kann sich
sowohl auf ihre eigenen Absichten, als auch auf allgemeine Probleminformationen
beziehen. So könnte ein Agent beispielsweise die von ihm verfolgten Ver-
handlungsziele falsch wiedergeben, indem er die Bedeutung der Verhandlung aus
seiner Sicht als sehr niedrig angibt, obwohl sie in Wirklichkeit äußerst hoch ist.
Auch die von ihm verfolgten Ziele können seinem Gegenüber in einer Form
übermittelt werden, die diesen zu falschen Rückschlüssen veranlaßt. Inwieweit
Verhandlungen unter dem Gesichtspunkt absichtlicher Falschinformationen überhaupt möglich und sinnvoll sind, ist fraglich. In den heute verfügbaren Systemen
kommen daher fast immer Agenten zum Einsatz, die die anderen Agenten des
Systems wahrheitsgemäß informieren.

4.3.6 Matchmaking und Brokering

Eine in Multi-Agentensystemen mit großer Häufigkeit auftretende Frage beschäftigt sich mit der effizienten Suche nach einem für die Lösung eines bestimmten
Problems geeigneten Agenten. Sowohl bei der Problemzerlegung als auch bei der
Lösung von Teilproblemen kann der Fall eintreten, daß ein Agent eine Aufgabe an
einen anderen Agenten delegieren möchte, da er selber entweder nicht das notwendige Wissen oder die notwendigen Ressourcen besitzt. Solange der Agent
einen geeigneten Ansprechpartner kennt, benötigt er dazu keine externe Hilfestellung. Er kann den entsprechenden Agenten selbst kontaktieren und mit ihm
über die Übergabe der Aufgabe verhandeln. Ist dem Agenten jedoch kein Ansprechpartner bekannt, ist er auf Unterstützung angewiesen. Diese kann in Form
von Matchmakern oder Brokern angeboten werden. Beide Varianten besitzen eine
ähnliche Struktur, unterscheiden sich aber in einer Reihe von Details.

Ein Matchmaker ist ein mit besonderen Fähigkeiten ausgestatteter Agent, der
die Aufgabe hat, informationssuchende und informationsanbietende Agenten
zusammenzuführen. Abbildung 4.3/17 zeigt ein derartiges Szenario, wobei es sich
bei den verwendeten Nachrichtenbezeichnungen um KQML Performative handelt
(vgl. Abschnitt 4.3.3.2). Ein Agent, der sogenannte Requester, sucht für die Bearbeitung einer Aufgabe einen Auftragnehmer, kennt aber selber keine Agenten, die
dafür in Frage kommen. Der Requester fragt beim Matchmaker an und bittet diesen, ihm den Namen eines oder mehrerer für die Lösung der Aufgabe geeigneter
Agenten zu übermitteln. Der Matchmaker besitzt eine Datenbank mit Informatio-

nen über informationsanbietende Agenten. Jeder Agent kann seine Dienste bei einem Matchmaker anmelden und wird daraufhin in dessen Datenbestand aufgenommen. Die dienstanbietenden Agenten werden Server genannt. Bei einer Anfrage durch einen Requester durchsucht der Matchmaker seine Datenbank nach geeigneten Servern und übermittelt deren Namen an den Requester. Dieser kann daraufhin direkt in Kontakt mit den Servern treten und über die Übernahme von Aufgaben verhandeln. Die Anfrage bei einem Matchmaker stellt für einen Requester keine verbindliche Zusage dar. Er kann, nachdem er die Namen der Server erhalten hat, durchaus die Entscheidung treffen, das entsprechende Problem doch nicht an einen Server zu vergeben, sondern nach einer anderen Lösung zu suchen. Anders sieht die Situation der Server aus. Sie gehen mit der Anmeldung ihrer Dienste beim Matchmaker die Verpflichtung ein, die entsprechenden Aufgaben auch tatsächlich erfüllen zu können. Lediglich über die Gültigkeitsdauer dieser Verpflichtung kann je nach Systementwurf eine unterschiedliche Festlegung getroffen werden. Prinzipiell muß der Matchmaker davon ausgehen, daß die Anmeldung eines Servers so lange gültig ist, bis dieser sie explizit zurückzieht.

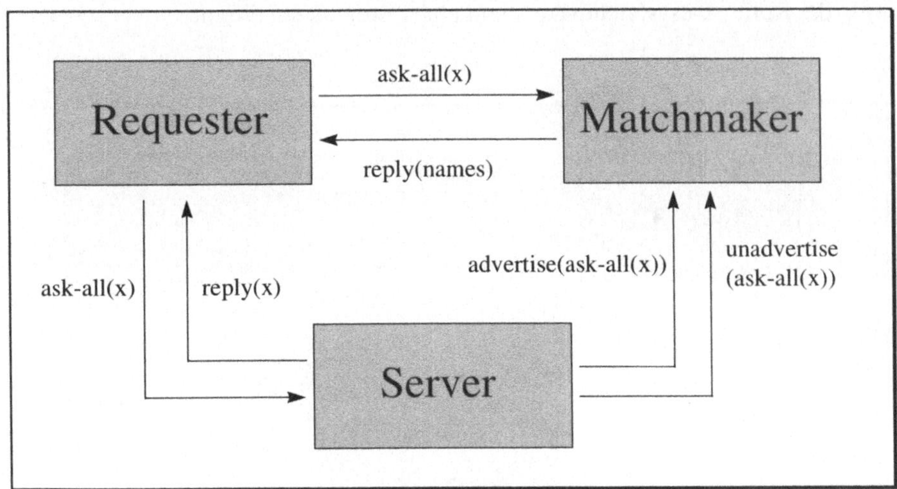

Abbildung 4.3/17: Funktionsweise eines Matchmakers

Von entscheidender Bedeutung ist die Tatsache, daß der Name oder die Adresse eines Matchmakers allen Agenten des Multi-Agentensystems bekannt ist. Des weiteren muß jeder Agent die Erlaubnis besitzen, den Matchmaker zu kontaktieren, sei es um eine Anfrage zu stellen oder um diesem seine Dienste anzubieten. Die konkreten Inhalte der Datenbank eines Matchmakers sind nicht generell festgelegt. Jedoch sollte jeder Matchmaker zumindest Informationen über den Namen des anbietenden Agenten, die Art der angebotenen Dienstleistung (das heißt das zu lösende Problem oder Teilproblem), die Kosten oder Ressourcenaufwände für die Lösung des Problems, die Zuverlässigkeit des Agenten sowie ein Mindestmaß an Informationen über den Agenten selbst speichern. Diese Angaben reichen in der Regel aus, um Anfragen der Requester zufriedenstellend zu beantworten.

Die Aufgaben eines Brokers unterscheiden sich von denen eines Matchmakers. Stellt ein Agent eine Anfrage an einen Broker, so erwartet er als Antwort nicht nur den Namen eines geeigneten Ansprechpartners, sondern die direkte Lösung des Problems. Es ist die Aufgabe des Brokers, einen Anbieter zur Lösung des Problems zu finden, mit diesem zu verhandeln, die Aufgabe an den Anbieter zu übergeben und das Ergebnis an den anfragenden Agenten zurückzuleiten. Abbildung 4.3/17 spiegelt diesen geänderten Sachverhalt wieder. Eine Kombination beider Ansätze ist möglich, wenn beispielsweise ein Agent einen Matchmaker verwendet, um den Namen eines Brokers ausfindig zu machen oder wenn ein Agent gleichzeitig die Rolle eines Matchmakers und eines Brokers einnimmt.

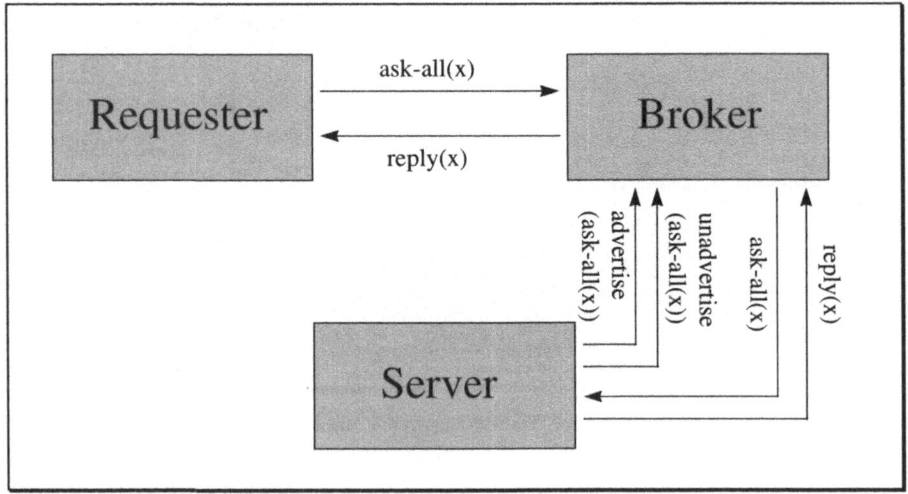

Abbildung 4.3/17: Funktionsweise eines Brokers

Im Unterschied zum Matchmaker geht der Requester bereits bei der Anfrage an einen Broker eine feste Verpflichtung ein. Er beauftragt den Broker, die gewünschte Aufgabe zu delegieren und garantiert ihm, daß er für die entstehenden Kosten oder Ressourcenverbräuche aufkommt. Aus Sicht des Requester gibt es zwischen Brokern und Servern keine Unterschiede. An beide kann er seine Anfrage richten und von beiden erhält er eine Lösung des Problems. Lediglich die Bearbeitungsdauer eines Brokers kann etwas höher sein, als die eines Servers, da der Broker erst einen Server finden und mit diesem verhandeln muß. Zu diesem Zweck kann er entweder auf sein internes, in der Vergangenheit erworbenes, Wissen über die Existenz anderer Agenten, oder auf bestehende Verzeichnisdienste zurückgreifen. Ein Vorteil bei der Einschaltung eines Brokers liegt in der besseren Ressourcenverteilung. Ein Requester hat in der Regel keinen Überblick über die momentane Auslastung anderer Agenten und muß dies im direkten Kontakt in Erfahrung bringen. Stellt er seine Anfragen jedoch an einen Broker, so profitiert er von dessen Gesamtwissen. Denn ein Broker weis, welche Agenten derzeit über- oder unterlastet sind, da er dies anhand der vorliegenden Anmeldungen beurteilen kann. Auf diese Weise ist der Broker in der Lage, eine effiziente Auslastung aller Agenten zu garantieren, soweit die Art der anstehenden Aufgaben dies zuläßt.

Wie bereits aus den Abbildungen deutlich wurde, stellt das Agenten-Kommunikationsprotokoll KQML eine Reihe von Sprechakttypen beziehungsweise Performativen für die Realisierung von Matchmakern und Brokern zur Verfügung. Mit Hilfe des *advertise* Performatives meldet ein Agent seine Dienste bei einem Matchmaker oder Broker an. Den Inhalt einer *advertise* Nachricht bildet wiederum ein KQML Performative. Der Requester teilt dem Broker/Matchmaker auf diese Weise mit, daß er zur Bearbeitung des im Content Feld der *Advertise* Nachricht enthaltenen Performatives bereit und in der Lage ist. Der Detaillierungsgrad des Performatives kann verschiedene Stufen annehmen. Mit einem sehr allgemeinen Inhalt, bei dem einige Parameter des Performatives fehlen, bietet der Agent seine Hilfe für eine breite Klasse von Problemen an. Ist die Anweisung dahingegen exakt spezifiziert, bezieht sich das Angebot nur auf dieses eine Problemfeld.

Der Requester kann zur Formulierung seiner Anfrage entweder die grundlegenden *ask* Performative verwenden, oder die speziell zu diesem Zweck geschaffenen Performative *recommend, broker* und *recruit. Recommend* entspricht der bereits diskutierten Anfrage an einen Matchmaker, das heißt die Antwort auf eine *recommend* Anfrage besteht nur aus dem Namen eines Agenten. Die Funktionalität eines Brokers wird mit Hilfe des *broker* Performatives bereitgestellt. In diesem Fall erhält der anfragende Agent als Antwort das gelöste Problem. *Recruit* stellt einen Zwischenfall dar. Sendet ein Agent einen *recruit* Befehl an einen Broker, so beauftragt der Broker einen anderen Agenten mit der Lösung des mitgelieferten Problems, veranlaßt aber, daß das Ergebnis direkt an den Requester und nicht ·zuerst an den Broker übermittelt wird. Dies vermindert den Kommunikations- und Ressourcenaufwand des Systems.

4.4 Lernen und Planen in Multi-Agentensystemen

Unabhängig von der architektonischen Gestaltung eines Agenten als deliberatives, reaktives oder hybrides System, stellt seine Lernfähigkeit eines der wichtigsten Kriterien für eine intelligente Arbeitsweise dar. Für den Benutzer äußert sich die Intelligenz eines Agenten vor allem in seiner Lernfähigkeit. Begeht ein Agent mehrfach denselben Fehler, so wird er von seinem Nutzer kaum als intelligent bezeichnet werden. Konkret bedeutet Lernfähigkeit, daß ein Agent im Laufe der Zeit seine Ziele mit einem kontinuierlich geringer werdenden Verbrauch von Ressourcen erreicht. Als Ressourcen werden dabei alle meßbaren Werte, zum Beispiel Zeit, Rechenkapazität, Speicherverbrauch, Kommunikationsaufwand oder finanzielle Kosten, bezeichnet.

In Bezug auf die Lernfähigkeit besitzen reaktive Agenten gegenüber deliberativen Systemen Vorteile. Sie können sich wesentlich besser an dynamische Umweltsituationen anpassen und erhalten aufgrund ihrer intensiven Interaktion mit anderen Objekten eine Vielzahl von Informationen, aus denen sie Rückschlüsse ziehen können. Um einen lernfähigen reaktiven Agenten zu konzipieren, müssen bei dessen Entwicklung vier Teilfragen beantwortet werden [Maes 1994b]:

- Nach welchem Mechanismus werden die auszuführenden Aktionen eines Agenten ausgewählt? Ein Agent hat zu einem bestimmten Zeitpunkt eine Menge von Aktionen, deren Ausführung ihn der Erfüllung seiner Ziele einen Schritt näher bringt. Da im Normalfall nicht alle anstehenden Aktionen gleichzeitig ausgeführt werden können, muß eine Priorisierung stattfinden (eine Aufgabe, die bei deliberativen Systemen vom Scheduler wahrgenommen wird).

- Nach welchem Prinzip erfolgt der eigentliche Lernvorgang? Wie entscheidet der Agent, welche Informationen beziehungsweise Fakten er speichert (das heißt lernt) und welche nicht?

- In welchen Fällen nutzt der Agent sein bisheriges Wissen und wann versucht er zu lernen? In der Regel wird ein Agent in einer Situation die jeweils optimale Aktion ausführen. Es ist aber für den Lernprozeß von großer Bedeutung, gelegentlich auch nicht-optimale Aktionen zu wählen, um aus deren Resultaten zu lernen.

- Nach welcher Methode werden die Resultate einer Aktionen bewertet? Nur wenn jedem Ergebnis ein eindeutiger Wert zugeordnet werden kann, ist der Agent in der Lage, Rückschlüsse über den Erfolg einer Aktion zu ziehen und diese für seinen Lernprozeß zu verwenden. Das Hauptproblem liegt dabei nicht in der quantitativen Bewertung, sondern in der Entscheidung, welche in der Vergangenheit ausgeführten Aktionen für ein bestimmtes Ergebnis verantwortlich sind und wie hoch ihr jeweiliger Anteil ist.

Es existieren eine Reihe unterschiedlicher Ansätze, mit Hilfe derer Lernprozesse gestaltet werden können. Bei der Auswahl gilt es zu berücksichtigen, daß sowohl die Architektur der verwendeten Agenten als auch die gegebene Problemsituation Einfluß auf die Effizienz der Lernalgorithmen haben. Besitzt ein Agent beispielsweise bereits bei seiner Erzeugung umfangreiches Wissen, oder bewegt er sich in einer relativ statischen Umgebung, so ist die Bedeutung des Lernvorgangs geringer als in hochdynamischen Situationen. Die existierenden Ansätze lassen sich in drei große Kategorien einordnen [Maes 1994b]:

- Reinforcement Learning

- Classifier Systems

- Model Builder

Ziel des Reinforcement Learning ist es, Aktionen, die in der Vergangenheit gute Ergebnisse erzielt haben, zukünftig verstärkt zu verwenden und entsprechend die in der Vergangenheit schwachen Aktionen in Zukunft weniger zu berücksichtigen. Konkret bedeutet dies, daß ein Agent in einer bestimmten Situation diejenigen Aktionen auszuwählen versucht, die ihm einen maximalen Nutzen versprechen. Zu diesem Zweck wird aus einer Situation und einer in dieser Situation möglichen Aktion ein Situation/Aktion-Paar gebildet. In einem zweiten Schritt wird jedem Situation/Aktion-Paar ein eindeutiger Wert (Nutzen) zugeordnet. Tritt eine Situation ein, wird aus allen vorhandenen Situation/Aktion-Paaren dasjenige ausgeführt, welches den derzeit höchsten Wert besitzt. Erhält der Agent eine

Rückmeldung über den Erfolg oder Mißerfolg der Aktion, muß er den Wert des entsprechenden Situation/Aktion-Paares anpassen. Tritt die Situation in der Zukunft erneut auf, kann der Agent die Auswahl einer Aktion besser treffen, da die angepaßten Werte der Paare die Erfahrungen aus der Vergangenheit widerspiegeln. Der Lernprozeß kann zusätzlich forciert werden, indem in zufälligen Intervallen Aktionen ausgeführt werden, die in einer bestimmten Situation nicht den maximalen Wert besitzen. Auf diese Weise werden auch alternative Handlungspfade verfolgt und auf ihre Konsequenzen getestet. Außerdem wird vermieden, daß Aktionen, die aus welchem Grund auch immer, einige Male ein schlechteres Ergebnis erzielt haben, nie mehr zur Ausführung kommen, obwohl sie unter Umständen interessante Möglichkeiten bieten.

Classifier Systeme stellen einen Sonderfall des Reinforcement Learning dar. Bei diesem Ansatz besitzt jeder Agent eine Menge von Regeln, auch Klassifikationen genannt, die in bestimmten Situationen anzuwenden sind und die mit einem Leistungswert versehen sind. Im einfachsten Fall besteht der Leistungswert einer Regel aus einer einzelnen Zahl, der sogenannten Stärke der Regel. Wie beim klassischen Reinforcement Learning wird nun in einer Situation aus allen möglichen Regeln diejenige mit der größten Stärke ausgewählt. Der Lernprozeß selbst ist allerdings andersartig gestaltet. Sind die in einer Regel spezifizierten Aktionen ausgeführt und hat der Agent die Auswirkungen der Aktionen erfaßt, so gibt die ausgeführte Regel einen Teil ihrer Stärke an die vorausgegangenen Regeln ab. So wird sichergestellt, daß auch diejenigen Regeln, die die Voraussetzungen für einen späteren Erfolg oder Mißerfolg geschaffen haben, an dessen Auswirkungen teilhaben. Gelegentlich werden durch den Agenten Regeln mit sehr geringen Stärken gelöscht und durch Kombinationen erfolgreicher Regeln ersetzt. Dies dient dem Zweck, mit Hilfe eines dem naturwissenschaftlichen Selektions- und Mutationsmechanismus vergleichbaren Algorithmus auf neuartige Handlungsalternativen und Ausprägungen zu stoßen.

In Model Builder Systemen wird der Ausführungsprozeß vom eigentlichen Lernvorgang deutlich getrennt. Der Agent besitzt ein probabilistisches Modell über die Auswirkungen einer bestimmten Aktion zu einem bestimmten Zeitpunkt. In Form sogenannter Schemata werden Situationen, Aktionen und die erwarteten Ergebnisse (inklusive deren Eintrittswahrscheinlichkeit) kombiniert und gespeichert. Bei Eintritt einer Situation wird dann aus allen Schemata dasjenige mit der höchsten Relevanz ausgewählt. Im Rahmen des Lernprozesses beobachtet der Agent Änderungen innerhalb der Umwelt und bildet Korrelationen zwischen einzelnen Situation/Aktion-Paaren und bestimmten Ergebnissen. Mit deren Hilfe werden die Ergebnisse, samt Wahrscheinlichkeit, aller in Frage kommender Schemata aktualisiert. Der große Vorteil von Model Builder Systemen liegt darin, daß sie Verhaltensweisen von einem Kontext, zum Beispiel einem Ziel, auf einen anderen übertragen können [Maes 1994b]. Allerdings ist ihre Komplexität, insbesondere in der Phase der Aktionsauswahl, höher als bei anderen Lernalgorithmen.

Eine tiefergehende Einführung in die Thematik des Lernens in Multi-Agentensysteme findet sich unter anderem in [Weiß/Sandip 1996, Weiß 1997].

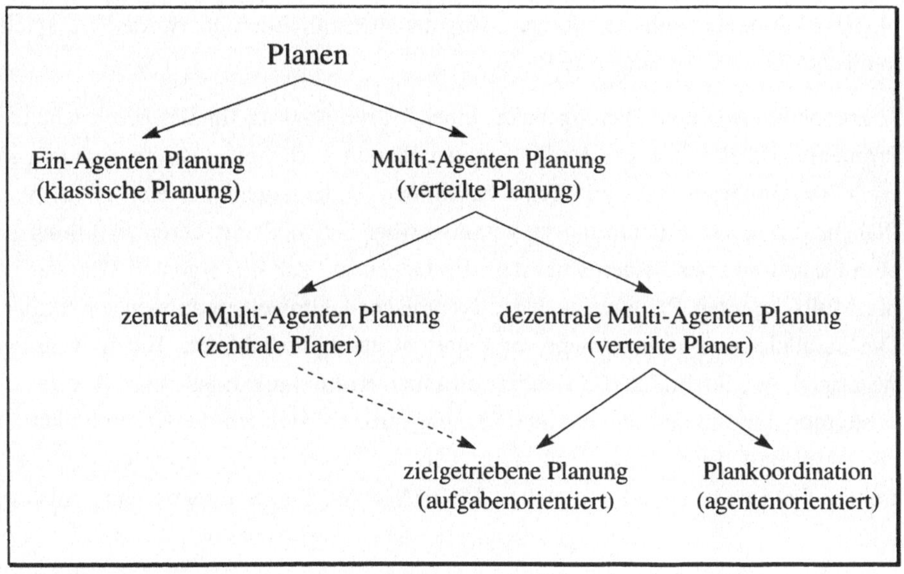

Abbildung 4.4/1: Planen in der KI (in Anlehnung an [Martial 1993])

Neben der Art des verwendeten Lernalgorithmus bildet die Fähigkeit zur Planung ein weiteres wichtiges Kriterium bei der Beurteilung der Intelligenz eines Agenten. Unter dem Begriff der Planung versteht man die Überlegungen eines Agenten, mit Hilfe einer Menge von zur Verfügung stehenden Aktionen ein oder mehrere Ziele zu erreichen. Ein Plan besteht aus einer Abfolge von Aktionen, die die Umwelt des Agenten in den von ihm gewünschten Zustand (sein Ziel) überführen. Innerhalb der KI sind zwei grundlegende Planungskategorien zu unterscheiden (vgl. Abbildung 4.4/1) [Martial 1993]: die klassische Ein-Agenten Planung und die Multi-Agenten Planung der verteilten KI. Die Bezeichnung Ein-Agenten Planung macht deutlich, daß sich der gesamte Planungsprozeß bei diesem Ansatz innerhalb eines Agenten abspielt. Dieser übernimmt gleichzeitig die Rolle des Planers und des Ausführers, da er die von ihm erstellten Pläne auch selber ausführt. Klassische Planungssysteme, wie zum Beispiel STRIPS [Fikes et al. 1971], gehören zu den Ein-Agenten Planern.

Voraussetzung für einen sinnvollen Einsatz der klassischen Planer ist zum einen eine statische Umwelt, die sich nur durch die ausgeführten Aktionen des Agenten ändert, und zum anderen eine vollständige Information des planenden Agenten. In vielen Einsatzszenarien sind jedoch genau diese Bedingungen nicht gegeben, was zwangsläufig zur Entstehung neuerer Planungsansätze führte. Auch die Feststellung, daß ein einzelner Agent mit der Planung und Ausführung komplexer Aktionen sowohl ressourcenmäßig als auch inhaltlich überfordert ist, spielt in diesem Zusammenhang eine Rolle.

Die Multi-Agenten Planung bietet einen Lösungsansatz für die beschriebenen Probleme. Im Rahmen der Multi-Agenten Planung arbeiten mehrere Agenten in einer koordinierten Art und Weise zusammen. Jeder Agent hat eine Reihe von Plänen, für deren Ausführung er verantwortlich ist, und mit deren Erfüllung er zum Gesamtziel des Systems beiträgt. Im Gegensatz zur Ein-Agenten Planung ist die Multi-Agenten Planung auch in dynamischen Umweltsituationen einsetzbar. Die parallele Ausführung mehrerer Pläne ist ebenfalls möglich. Einen weiteren wichtigen Aspekt bildet die Integration einer Kommunikations- und Kooperationskomponente in den eigentlichen Planungsprozeß. Wurden die Kommunikation einerseits und die Planung andererseits in der traditionellen Forschung als getrennte Gebiete behandelt, so stellen Multi-Agenten Planer integrierende Ansätze dar.

Aus der Abbildung 4.4/1 geht hervor, daß sich die verteilte Planung in die beiden Kategorien zentrale und verteilte Planer unterteilt. Bei der zentralen Multi-Agenten Planung wird der eigentliche Planungsprozeß von einem zentralen Agenten, dem Planer, vorgenommen. Dieser kennt das Gesamtziel des Systems und leitet daraus eine Reihe von Teilplänen ab, mittels derer das Gesamtziel erreicht werden kann. Der zentrale Planer muß über die Fähigkeiten und verfügbaren Ressourcen aller im System aktiven Agenten informiert sein. Nur mit diesem Wissen kann er die Teilpläne möglichst effizient den einzelnen Agenten zuteilen. Zentrale Planer erstellen in einem ersten Schritt einen Multi-Agenten Plan, indem sie das zu lösende Problem in Teilprobleme zerlegen und für jedes dieser Teilprobleme einen Teilplan erstellen. Der zweite Schritt besteht darin, die Teilpläne einzelnen Agenten zuzuordnen und mit diesen abzustimmen. So ist es beispielsweise denkbar, daß ein vom zentralen Planer für einen bestimmten Agenten vorgesehener Teilplan dessen Fähigkeiten übersteigt, oder daß der Agent auf Grund seines speziellen Fachwissens eine Inkonsistenz im Teilplan feststellt. Diese kann er dem zentralen Planer mitteilen, woraufhin eine Modifikation der ursprünglichen Teilpläne vorgenommen wird.

Beim Einsatz dezentraler Multi-Agenten Planer wird auf die Schaffung eines zentralen Planers mit globalem Wissen verzichtet. Neben der Ausführung der Teilpläne wird bei diesen Ansätzen auch der Planungsprozeß selbst von mehreren Agenten vorgenommen. Sinnvoll ist eine dezentrale Multi-Agenten Planung immer dann, wenn das zu lösende Problem derart geschaffen ist, daß der Aufbau einer globalen Wissensbasis für den zentralen Planer mit einem zu hohen Aufwand verknüpft oder gar nicht erst möglich ist. Verteilte Planer unterscheiden zwischen zielgetriebener Planung und Plankoordination. Bei der zielgetriebenen Planung, auch aufgabenorientierte Planung genannt, ist vorab das Gesamtziel der Planung bekannt. Basierend auf diesem Gesamtziel werden dann die einzelnen Teilpläne entwickelt. Diese Vorgehensweise wird auch von den zentralen Planern verwendet. Bei der Plankoordination, oder agentenorientierten Planung, existieren vorab eine Reihe von Agenten mit jeweils eigenen Plänen. Aufgabe der verteilten Planer ist es in diesem Fall, die bestehenden Pläne untereinander abzustimmen, Konflikte zu beseitigen und die Ergebnisse zu optimieren. Von ihrem Wesen her entsprechen aufgabenorientierte Planer dem VKI-Teilgebiet des verteilten Problemlösens, während agentenorientierte Planer dem Gebiet der Multi-Agentensysteme zuzuordnen sind (vgl. Abschnitt 4.1.2).

Möchte man die Qualität eines Planungsprozesses bewerten, so gibt es deutliche Unterschiede zwischen der Ein-Agenten und der Multi-Agenten Planung. Werden als Bewertungskriterien für klassische Ein-Agenten Pläne Faktoren wie Korrektheit, Vollständigkeit, Optimalität oder Effizienz herangezogen, deren Realisierung schon in zentralen Umgebungen schwierig ist, so sind diese Kriterien für die Beurteilung verteilter Planungsprozesse nur wenig geeignet [Martial 1993]. Beispielsweise ist ein formaler Beweis auf Korrektheit und Vollständigkeit, wie er bei klassischen Planern häufig vollzogen wird, in verteilten Umgebungen praktisch nicht durchführbar. Auch Begriffe wie Optimalität lassen sich in dezentralen Strukturen nur schwer quantifizieren und bewerten. Wesentlich geeigneter für die Beurteilung der Qualität eines verteilten Planungsprozesses erscheinen, neben dem klassischen Bewertungskriterium der Effizienz, Faktoren wie Konfliktfreiheit, Reaktionsfähigkeit, Konsistenz oder Fehlertoleranz. Nur anhand derartiger Kriterien läßt sich das eigentliche Problem der verteilten Planung, nämlich die Aufteilung, Koordination und Synchronisation von Teilplänen, sinnvoll erfassen und bewerten.

Es existieren eine Reihe sowohl zentraler als auch verteilter Multi-Agenten Planungsansätze. Einige wurden bereits an anderer Stelle in diesem Buch vorgestellt, zum Beispiel das Prinzip des Partial Global Planning in Abschnitt 4.3.4.2. In [Martial 1993] findet sich ein guter Überblick über die bedeutendsten aus der Forschung hervorgegangenen Planungsverfahren.

4.5 Sicherheit und Vertraulichkeit

Der kommerzielle Erfolg intelligenter Agenten wird in wesentlichem Maße von der Lösung der mit dem Einsatz von Agenten verbundenen Sicherheitsprobleme verknüpft sein. Ein Benutzer wird einen Agenten nur dann mit wichtigen Aufgaben beauftragen oder ihm vertrauliche Daten anvertrauen, wenn er der Überzeugung ist, daß der Agent seine Daten vertraulich behandelt und keine Möglichkeiten für andere Personen oder Objekte bestehen, die Arbeit des Agenten zu beeinträchtigen, indem sie beispielsweise illegal an vertrauliche Daten des Agenten gelangen. Die konkreten Fragestellungen im Bereich der Sicherheit hängen sehr stark von der architektonischen Gestaltung eines Agenten als stationäres oder mobiles System ab. Während stationäre Agenten mit den generellen Sicherheitsrisiken netzwerkbasierter Anwendungen konfrontiert sind, kommt beim Einsatz mobiler Agenten eine neue Dimension hinzu. Durch ihre Fähigkeit, sich innerhalb eines Netzwerkes frei zu bewegen, besitzen sie ein Gefahren- und Schadenspotential, das völlig neue Sicherheitsfragen aufwirft und sorgfältig analysiert werden muß.

Intelligente Agenten, ob stationär oder mobil, sind fast immer mit einem elektronischen Netzwerk verbunden, das sie zur Erledigung ihrer Aufgaben und zur Kommunikation mit anderen Agenten nutzen. Zu diesem Zweck werden Informationen über das Netzwerk übertragen, zum Beispiel in Form von Nachrichten oder RPCs. Sobald eine Information über ein Netzwerk gesendet wird, besteht die potentielle Gefahr, daß die Information von Unbefugten mitgelesen oder geändert wird, oder daß illegale Informationen eingeschleust werden. Diese Situation wird zusätzlich verschärft, da in der Regel vorab nicht bekannt ist, welcher genaue Übertragungsweg gewählt wird. Insbesondere in weltweiten Netzwerken, wie dem Internet, bestehen zahllose Möglichkeiten und Wege, eine Nachricht vom Sender zum Empfänger zu transportieren. Es ist daher nicht ausreichend, nur eine bestimmte Übertragungsstrecke zu schützen. Generell lassen sich die folgenden Sicherheitsrisiken bei der Nutzung elektronischer Netzwerke erkennen [Nickisch 1997]:

- unbefugtes Mitlesen, Kopieren oder Modifizieren von Informationen

- Bekanntwerden vertraulicher Informationen (zum Beispiel Kreditkartennummern)

- Bestreiten des Sendens oder des Empfangs von Informationen

- Maskerade (Ausgabe als andere Person)

- wiederholte Einspielung von Informationen (zum Beispiel Wiederholung finanzieller Buchungen oder Transaktionen)

- Teilnehmeridentifikation

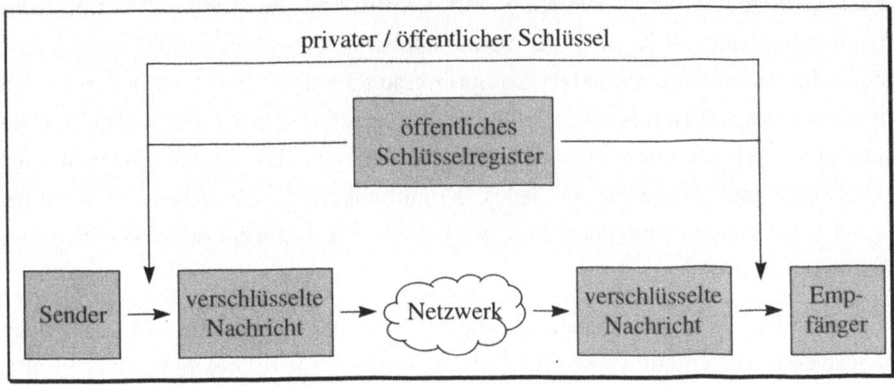

Abbildung 4.5/1: Grundprinzip von Verschlüsselungsverfahren

Durch den Einsatz von Verschlüsselungsverfahren, wie zum Beispiel kryptographische Verfahren, wird versucht, eine Reihe der geschilderten Risiken weitgehend auszuschalten. Die zu übertragenden Informationen werden unter Zuhilfenahme eines Schlüssels kodiert und sind ohne die Kenntnis eines geeigneten Gegenschlüssels nicht dekodierbar. Auf diese Weise kann das unbefugte Mitlesen und der damit verbundene Vertraulichkeitsverlust vermieden werden. Um die Modifizierung von Informationen zu verhindern, wird zusätzlich ein spezieller

Prüfcode erzeugt, mit dessen Hilfe eine Änderung der Informationsinhalte eindeutig feststellbar ist. Das Grundprinzip aller Verschlüsselungsverfahren ist in Abbildung 4.5/1 dargestellt.

Eine mit dieser Aufgabe beauftragte Person oder Stelle erzeugt den zur Kodierung zu verwendenden Schlüssel. Dabei gibt es zwei Vorgehensweisen: Private-Key-Verfahren setzen zur Ver- und Entschlüsselung denselben Schlüssel ein. Dieser wird auch als privater Schlüssel bezeichnet, da er nur den beiden Parteien, nicht aber dritten Personen bekannt sein darf. Public-Key-Verfahren verwenden ein Schlüsselpaar, dessen eine Hälfte öffentlich bekannt ist. Die öffentliche Schlüsselhälfte wird von allen Benutzern zur Verschlüsselung genutzt. Entschlüsselt werden kann die Information nur mit der anderen Hälfte des Schlüssels, die ausschließlich dem Empfänger bekannt ist. Private-Key-Verfahren besitzen den großen Nachteil, daß vor der Verschlüsselung beide Parteien in den Besitz des privaten Schlüssels gelangen müssen und eine Übertragung des Schlüssels über das Netzwerk auf Grund der fehlenden Sicherheit nicht in Frage kommt. Es müssen daher umständliche Schlüsselübergabeverfahren definiert werden, notfalls unter Zuhilfenahme nicht-elektronischer Kommunikationswege. Beauftragt man einen Dritten mit der Verwaltung und Vermittlung der Schlüssel (öffentliches Schlüsselregister), läßt sich das Schlüsselübergabeproblem zwar lösen, jedoch nicht ohne erhebliche Sicherheitskompromisse. Die dritte Partei ist in diesem Fall im Besitz des privaten Schlüssels und somit jederzeit in der Lage, an die mit diesem Schlüssel kodierten Informationen zu gelangen. Die Schlüsselverwaltungsstelle muß des weiteren für jedes Kommunikationspaar einen individuellen Schlüssel erzeugen und verwalten, was zu einem exponentiellen Wachstum an Schlüsseln führt.

Public-Key-Verfahren besitzen viele der genannten Probleme nicht. Der Empfänger einer Information gibt einen öffentlichen Schlüssel bekannt, der von allen Sendern verwendet werden kann. Nur der Empfänger ist in der Lage, eine mit Hilfe des öffentlichen Schlüssels kodierte Information zu entschlüsseln, indem er die nur ihm bekannte private Schlüsselhälfte verwendet. Der Sender hat also, wie beim Private-Key-Verfahren, die Sicherheit, daß keine unbefugt Person seine an den Empfänger adressierte Information entschlüsseln kann. Die Vergabe und Bekanntmachung des öffentlichen Schlüssels ist wesentlich einfacher, als die eines privaten Schlüssels. Der Empfänger teilt seinen öffentlichen Schlüssel entweder direkt dem Empfänger oder einem öffentlichen Schlüsselregister mit. Diese Bekanntmachung kann über das ungesicherte Netzwerk erfolgen, da das unbefugte Abhören öffentlicher Schlüssel keinen direkten Nutzen für einen Dritten darstellt (er kann mit ihrer Hilfe nur Informationen ver- aber nicht entschlüsseln). Auch die Übergabe des öffentlichen Schlüssels an eine Verwaltungsinstanz ist unproblematisch, da diese ebenfalls keine Möglichkeit zur Entschlüsselung von Informationen erlangt. Möchte ein Sender eine Information an einen Empfänger schicken, so erfragt er dessen öffentlichen Schlüssel und verwendet ihn zur Kodierung. Die kodierte Information wird zum Empfänger übermittelt und von diesem mit Hilfe seines privaten Schlüssels dekodiert. Den unbestreitbaren Vorteilen von Public-Key Verfahren steht der Nachteil eines zum Teil deutlich höheren Rechenaufwandes zur Erzeugung passender Schlüsselhälften gegenüber.

Zwar verhindern die beschriebenen Verschlüsselungsmethoden ein unbefugtes Lesen vertraulicher Informationen, sie können diese jedoch nicht vor Fälschung schützen. Ein Dritter kann eine verschlüsselte Information verändern, selbst wenn er nicht in der Lage ist, ihren Inhalt zu verstehen. Es existieren zwei Verfahren, mit Hilfe derer die Authentizität einer Information geschützt werden kann: Message-Authentication-Codes (MAC) und digitale Signaturen. Ein MAC wird an die zu übertragende, verschlüsselte Information angehangen und leitet sich direkt aus deren Inhalt ab. Nur der Originalinhalt der Information führt zum mitgeführten MAC. Ändert ein Dritter entweder den Inhalt der Information oder den MAC, so geht diese Übereinstimmung verloren, und der Empfänger kann erkennen, daß die Information geändert wurde. Neben den bereits diskutierten Problemen bei der Schlüsselübergabe, hat die Verwendung von MACs einen entscheidenden Nachteil. Ein Empfänger kann gegenüber einem Dritten nicht nachweisen, daß die erhaltene Information auch tatsächlich von dem vorgegebenen Sender stammt [Nickisch 1997]. Er könnte theoretisch die Information selber erzeugt und mit einem passenden MAC versehen haben, da er im Besitz des notwendigen Schlüssels ist. Ein derartiger Täuschungsversuch ist bei der Verwendung digitaler Signaturen nicht möglich.

Eine digitale Signatur, auch digitale Unterschrift genannt, ist, ebenso wie ein MAC, ein an eine Information angehangener Datenblock. Im Gegensatz zum MAC bestätigt eine digitale Unterschrift allerdings zweifelsfrei die Herkunft der Information. Eine gültige Signatur ist immer eindeutig einem Sender zugeordnet, da sie mit Hilfe dessen privaten Schlüssel erstellt wird. Der Empfänger hat somit die Garantie, daß die Information auch tatsächlich von dem vermeintlichen Sender stammt. Er besitzt gleichzeitig den Nachweis, daß der Sender ihm die Information übermittelt hat. Gegenüber Dritten, zum Beispiel einer Bank oder einem Gericht, hat der Empfänger einen rechtsgültigen Beweis. Insbesondere für die Einführung elektronischer Zahlungssysteme und Vertragsabschlüsse ist die Integration eines Systems zur digitalen Signatur von unerläßlicher Bedeutung.

Schon an mehreren Stellen ist die Bedeutung der öffentlichen Schlüsselregister angeklungen. Ohne ihre Hilfe lassen sich die verwaltungsaufwendigen Verschlüsselungsverfahren bei einem größeren Benutzerkreis in der Praxis nicht realisieren. Die Vertrauenswürdigkeit eines öffentlichen Registers ist für seine Funktion von entscheidender Bedeutung, weshalb sie im englischen auch als Trusted Third Parties oder Trust Center bezeichnet werden. Vertraut ein Sender beziehungsweise Empfänger einem öffentlichen Register seinen privaten oder öffentlichen Schlüssel an, so muß er sicher sein, daß dieser auch vertraulich behandelt wird. Andererseits, und das ist die eigentliche Gefahr, muß der Bezieher eines Schlüssels eines öffentlichen Registers davon ausgehen können, daß der empfangene Schlüssel auch tatsächlich von der angegebenen Person stammt. Bezieht beispielsweise Agent 2 von einem Register den öffentlichen Schlüssel von Agent 1 und verwendet diesen zur Kodierung seiner Nachricht, so besteht die Gefahr, daß der erhaltene Schlüssel in Wirklichkeit nicht von Agent 1, sondern von Agent 3 stammt. Agent 3 hätte in diesem Fall die Möglichkeit, die eigentlich an Agent 1 gesendete Nachricht zu lesen, da er über den passenden privaten Schlüssel verfügt. Es wird deutlich, daß Agent 2 absolut sicher sein muß, daß der erhaltenen Schlüssel von der Registrierstelle kommt und daß diese die Korrektheit des Schlüssels gewährleistet. Aus diesem Grund muß die Übermittlung des Schlüssels vom öffentlichen Register zum empfangenden Agenten mit einer digitalen Signatur des Registers versehen werden. Nur so kann dessen Echtheit garantiert werden. Ein derartiges Konstrukt aus öffentlichem Schlüssel und Signatur eines Registers wird auch als Zertifikat bezeichnet. Voraussetzung für die praktische Anwendbarkeit dieses Verfahren ist die Grundannahme, daß der Empfänger die Signatur des Registers für vertrauenswürdig hält.

Stationäre Agenten stellen keine höheren Anforderungen an die Sicherheit, als herkömmliche netzwerkbasierte Systeme. Lediglich die Tatsache, daß ein Agent häufig einen Benutzer vertritt, führt für diesen Benutzer zu der Frage, ob und wenn ja wie weit er seinem Agenten vertrauen kann. Anders stellt sich die Situation bei mobilen Agenten dar. Mobile Agenten besitzen auf Grund ihrer speziellen Fähigkeiten ein deutlich höheres Gefahrenpotential und werfen Sicherheitsfragen auf, die bisher in wesentlichen Punkten noch nicht zur Zufriedenheit gelöst sind. Die Risiken beim Einsatz mobiler Agenten äußern sich in einer Reihe neuartiger Problemstellungen: der eindeutigen Identifizierung (Authentifizierung) und Authorisierung mobiler Agenten, dem Schutz vor virus-ähnlichen mobilen Agenten mit böswilligen und zerstörerischen Programmfunktionen, dem Schutz mobiler Agenten vor böswilligen Rechnersystemen und der Absicherung der Zahlungsfähigkeit und -willigkeit eines Agenten. Alle genannten Teilbereiche werden im folgenden diskutiert.

Möchte ein mobiler Agent von einem Rechner zu einem anderen migrieren, so sind eine Reihe unterschiedlicher Identifikations- und Authentifizierungsprozesse notwendig, die zum Teil schon in Abschnitt 4.2.2.3 beschrieben wurden. Der Zielrechner muß Klarheit darüber erhalten, was sich hinter dem ankommenden Agenten verbirgt. Dazu muß er sowohl den Agenten selbst als auch dessen Benutzer eindeutig identifizieren können. Nur wenn beide Überprüfungen durchgeführt werden können und zur Zufriedenheit ausgefallen sind, erhält der mobile Agent die Erlaubnis, den Zielrechner zu betreten. Die zur Authentifizierung notwendigen Informationen können entweder direkt mit dem Agenten oder in separater Form, zum Beispiel zwischen zwei Sicherheitsmodulen auf Sender- und Empfängerseite, ausgetauscht werden. Auch die Identifikation des Benutzers kann nach verschiedenen Verfahren ablaufen. In den meisten Fällen wird der Server verlangen, den Benutzer des ankommenden mobilen Agenten eindeutig zu identifizieren. Bei bestimmten Anwendungsszenarien ist es allerdings vorstellbar, daß dem Server die Zugehörigkeit des Benutzers zu einer bestimmten Benutzergruppe ausreicht [Harrison et al. 1996]. In diesem Fall muß die exakte Identität nicht ermittelt werden.

Nicht nur die Identifikation des Agenten und seines Benutzers, sondern auch die des empfangenden Servers sind für einen vollständigen Authentifizierungsprozeß notwendig. Denn auch der Benutzer, beziehungsweise sein mobiler Agent, muß sich darüber im Klaren sein, zu welchen Servern der Agent im Laufe seiner Arbeit gelangt. Vor allem bei finanziellen Transaktionen ist dies zwingend erforderlich. Soll beispielsweise ein mobiler Agent eine finanzielle Einzahlung bei der Bank seines Benutzer tätigen, so muß er eindeutig feststellen können, ob es sich bei dem anvisierten Server auch tatsächlich um die gewünschte Bank handelt. Ansonsten kann der Fall eintreten, daß ein entsprechend programmierter Server sich gegenüber dem Agenten als Bank ausgibt und den Agenten dazu veranlaßt, die Einzahlung bei ihm zu leisten. Der Agent hat bei fehlenden Identifikationsmechanismen keine Möglichkeit, die korrekte Identität des Zielservers zu ermitteln.

Ist die Identitätsprüfung für beide Seiten zufriedenstellend verlaufen, eröffnet sich das nächste Teilproblem. Der Server empfängt den mobilen Agenten, hat aber bisher weder Informationen zu dessen beabsichtigten Handlungsschritten, noch zu seiner internen Struktur. Vor der Ausführung des Agenten muß Klarheit über diese Fragen erlangt werden. Zuerst müssen die exakten Zugriffsberechtigungen des Agenten, beziehungsweise die seines Benutzer, vom Server in Erfahrung gebracht werden. Welche Rechenkapazitäten darf der mobile Agent in Anspruch nehmen? Hat er Schreibrechte und wenn ja, wieviel Speicher darf er für seine Zwecke verwenden? Hat der Agent die Berechtigung, finanzielle Transaktionen auszuüben und wie hoch liegt sein maximales geldliches Limit? Alle diese Fragen hängen in erster Linie von den Berechtigungen des Benutzers ab, weshalb diese dem Server vorab bekannt sein müssen. Mit diesen Informationen kann der Handlungsspielraum des Agenten entsprechend gestaltet werden, indem ihm zum Beispiel nur Leserechte zugeteilt werden, was bei allen versuchten Schreibzugriffen zu einer Fehlermeldung führen würde, oder sämtliche finanziellen Transaktionen unterbunden werden.

Das Wissen über die theoretischen Berechtigung des Agenten entbindet den Server nicht von der Aufgabe, zusätzlich den Programmcode des Agenten detailliert zu untersuchen. Der Server muß sicherstellen, daß der Agent keine illegalen Zugriffe plant, was zum Beispiel bei als mobile Agenten getarnten Viren der Fall wäre. Diese Problematik erhält durch die Tatsache, daß mobile Agenten durch ihre Vorteile leider auch für den Einsatz als Viren prädestiniert sind, zusätzliche Brisanz. Die Überprüfung der internen Programmstruktur eines Agenten erweist sich als außerordentlich schwierig, wenn nicht gar als praktisch unmöglich. Insbesondere bei selbst-modifizierenden Agenten, die während der Ausführung dynamisch Teile ihrer Programmlogik ändern, ist eine Vorabkontrolle nutzlos. So könnte ein mobiler Agent beim Eintreffen auf einem Server eine völlig harmlose Programmstruktur besitzen und die böswilligen Prozeduren erst während des Programmablaufes selbständig generieren.

Zur aktiven Überwachung eines Agenten bieten sich dem ausführenden Server zwei Möglichkeiten. Er kann entweder die Zugriffsberechtigungen des Agenten explizit vor dessen Start festlegen oder während der Ausführung des Agenten dessen Tätigkeit kontinuierlich überwachen. Im ersten Fall werden in der Regel Zugriffslisten geführt, in denen jedem Agent, beziehungsweise jedem Benutzer, bestimmte Zugriffsrechte eingeräumt werden. Der Agent muß sich vor Arbeitsbeginn ausweisen und der Server ermittelt auf Grund der Identität des Agenten dessen Zugriffsrechte. Ausgeführt wird der Agent innerhalb einer sicheren Umgebung (zum Beispiel der in Abschnitt 5.2.2 vorgestellten Java Virtual Machine), die keine Zugriffe des Agenten auf ausserhalb der Umgebung liegende Ressourcen zuläßt. Im zweiten Fall kommt ein spezielles Sicherheitsmodul des Servers zum

Einsatz, das laufend Informationen über die beantragten Arbeitsschritte des Agenten erhält und basierend auf diesen Informationen die Entscheidung trifft, ob die Tätigkeit des Agenten den Erwartungen entspricht oder ob er unvorhergesehene Aktionen ausführen möchte. Abbildung 4.5/2 zeigt eine derartige Architektur [Rasmusson/Jansson 1996].

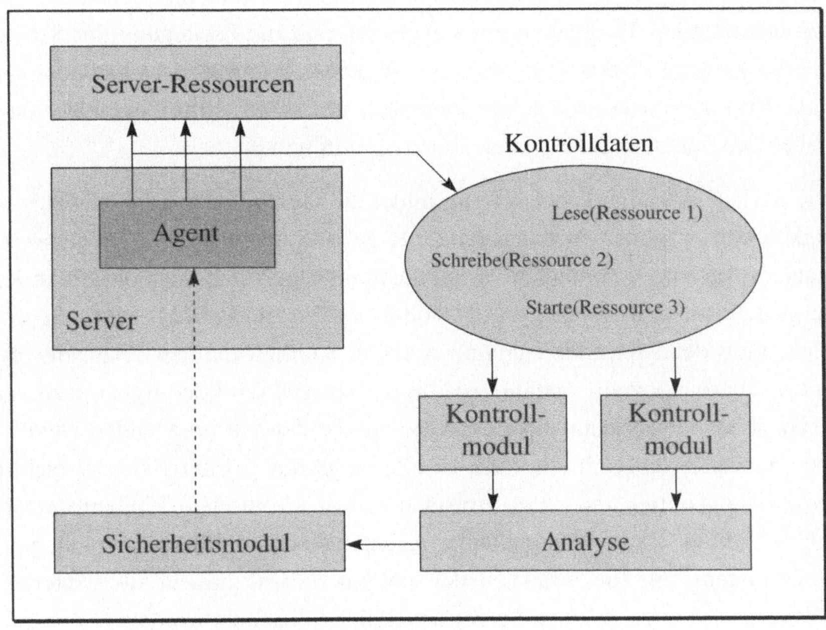

Abbildung 4.5/2: Überwachungsmechanismus für mobile Agenten
(in Anlehnung an [Rasmusson/Jansson 1996])

Versucht ein aktiver Agent, bestimmte Ressourcen auf einem Server zu nutzen, werden vom System Kontrolldaten erstellt, die genaue Angaben zu den beabsichtigten Aktionen des Agenten beinhalten und in einer Datenbank gesammelt werden. Kontrollmodule extrahieren die Informationen aus der Datenbank und erstellen eine Analyse des Agentenverhaltens. Jedes Kontrollmodul ist dabei für einen bestimmten Analyse- beziehungsweise Ressourcenbereich zuständig. Die Analyse enthält einen Vergleich des erwarteten mit dem tatsächlichen Verhalten des Agenten und wird vom Sicherheitsmodul des Servers verwendet, um den Agenten zu überwachen. Eine entscheidende Rolle spielt dabei die Aufgabe des überwachten Agenten. Ergibt sich beispielsweise bei der Analyse eines Agenten eines bestimmten Benutzers, daß dieser versucht, vertrauliche Daten eines anderen Benutzers zu lesen, oder stellt sich bei einem Einkaufsagenten heraus, daß dieser Daten über Aufträge anderer Kunden zu lesen beabsichtigt, so weichen diese Versuche eindeutig von der zu erwartenden Tätigkeit des Agenten ab. Das Sicherheitsmodul kann reagieren und die Zugriffsrechte des Agenten zurücksetzen oder seine weitere Ausführung gänzlich unterbinden. Entspricht die Arbeit eines Agenten dahingegen den Erwartungen des Sicherheitsmoduls, ergibt sich für dieses kein Grund zum Einschreiten. Problematisch bleibt in diesem Zusammenhang die Ermittlung der zu erwartenden Tätigkeiten eines Agenten, und die Festlegung der Schwelle, ab der das Kontrollmodul aktiv werden muß. Diese Informationen kann ein Server nur aus Erfahrungswerten der Vergangenheit gewinnen, sofern er nicht von den Angaben der Benutzer der Agenten abhängig sein will.

Die nächste wichtige Fragestellung bildet die Garantie der Zahlungsfähig- und willigkeit eines mobilen Agenten. In der Regel soll der finanzielle Gegenwert der von einem Agenten verbrauchten Ressourcen oder Informationen diesem in Rechnung gestellt werden. Da der Agent üblicherweise im Auftrag seines Benutzers handelt, muß der Dienstanbieter im vorhinein Klarheit darüber erlangen, ob der Benutzer überhaupt zahlungsfähig ist. Im Optimalfall wird der Agent dazu veranlaßt, vor jeder Inanspruchnahme einer Ressource den entsprechenden Geldbetrag an den Server zu übermitteln. Dies ist allerdings nur bei der Existenz elektronischer Zahlungsmittel und eines vollständigen elektronischen Zahlungskreislaufs möglich. Sind die Zahlungsmittel eines Agenten erschöpft oder ist er nicht gewillt, den verlangten Preis für eine Dienstleistung zu zahlen, müssen alle weiteren Tätigkeiten des Agenten auf dem Server unverzüglich beendet werden.

Es wird deutlich, welche Vielzahl von Informationen ein Server über die Absichten und inneren Strukturen der auf ihm ausgeführten mobilen Agenten besitzen muß. Dies wirft die Frage auf, inwieweit vertrauliche Informationen, die ein Agent von seinem Benutzer erhalten hat, überhaupt sinnvoll zu schützen sind. Besitzt ein Agent beispielsweise Kreditkartennummern oder Konteninformationen seines Benutzers, so dürfen diese auf keinen Fall von anderen Objekten gelesen werden. Es existieren verschiedene denkbare Möglichkeiten für den Verlust vertraulicher Informationen: Andere Agenten können darauf spezialisiert sein, vertrauliche Informationen auszuspionieren und für ihre eigenen Zwecke weiterzuverwenden. Server können bei der Überprüfung der mobilen Agenten in den Besitz vertraulicher Daten gelangen, eine Gefahr, die insbesondere bei der Überprüfung der internen Programmstruktur eines Agenten besteht. Server können Agenten absichtlich zum Absturz bringen und im Anschluß daran ihre Daten auslesen; und letztendlich können die eigenen Agenten selbst vertrauliche Daten weiterverraten. Der letzte Grund macht deutlich, wie groß das Vertrauen eines Benutzers in seinen Agenten sein muß, bevor er diesem persönliche Informationen anvertraut. Nur mobile Agenten absolut integrer Anbieter werden genügend Vertrauen beim Benutzer hervorrufen, um mit wichtigen finanziellen oder rechtlichen Aufgaben beauftragt zu werden. Neben den Agenten selbst müssen auch die Server, die ein mobiler Agent im Laufe seiner Tätigkeit betritt, dem Benutzer vertrauenswürdig erscheinen. Soll beispielsweise ein mobiler Agent für seinen Benutzer auf einem elektronischen Marktplatz bestimmte Produkte erwerben, so wird der Benutzer dem Agenten nur dann seine Kreditkartennummer mit auf den Weg geben, wenn er davon überzeugt ist, daß der Marktplatz von einem seriösen Anbieter betrieben wird und der Agent auf dem Zielrechner in einer geschützten Umgebung arbeiten kann. Zwar sind nicht nur mobile, sondern auch stationäre Agenten mit dieser Problematik konfrontiert, allerdings bieten gerade mobile Agenten besonders große Angriffsflächen und müssen aus diesem Grund deutlich höhere Schutzmaßnahmen als stationäre Agenten treffen.

4.6 Anforderungen an das Basissystem[1]

4.6.1 Grundlagen

In den bisherigen Abschnitten wurden die zentralen Bausteine intelligenter Softwareagenten beschrieben und diskutiert. Mehrfach ist dabei bereits die Notwendigkeit einer tiefergehenden Betrachtung des Gesamtsystems, in das ein Agent eingebettet ist, angeklungen. So wurde im Rahmen der Diskussion der Einflüsse von Netzwerken und Kommunikationssystemen auf den Bereich der intelligenten Agenten (vgl. Abschnitt 4.1.3) darauf hingewiesen, daß Agenten in der Regel innerhalb der Anwendungsschicht des OSI-Referenzmodelles angesiedelt sind. Auch bei der Einführung mobiler Agenten (vgl. Abschnitt 4.2) wurde ausführlich auf die Schichten und Funktionalitäten der einem mobilen Agentensystem zugrunde liegenden Basissoftware eingegangen.

Im folgenden werden die Anforderungen an ein allgemeines Basissystem für intelligente Softwareagenten vorgestellt und diskutiert. Hierbei ist zu beachten, daß das Basissystem nicht im Widerspruch zu existierenden Schichtenmodellen (zum Beispiel dem OSI-Modell) zu sehen ist, sondern vielmehr nur diejenigen Funktio-

Die Autoren danken Herrn Prof. Dr. Steinmetz und Herrn Prof. Dr. Kalfa für den interessanten Gedankenaustausch bei der Erstellung der Abschnitte 4.6 und 4.7.

nalitäten bereitstellt, die speziell für Softwareagenten von Interesse sind. Dasselbe gilt für die bereits vorgestellte Basissoftware mobiler Agenten. Die dort angesprochenen Konzepte und Funktionen sind Teil des allgemeinen Basissystems und bilden genau diejenige Untermenge, die zur Entwicklung mobiler Agenten notwendig ist.

Das Basissystem bildet eine einheitliche Umgebung, die als Basis für die Entwicklung und Ausführung intelligenter Softwareagenten dient und die den Agenten eine Reihe grundlegender Funktionalitäten zur Verfügung stellt. Die konkreten Funktionalitäten werden im folgenden auch als Dienste bezeichnet, da sie ein Angebot des Basissystems an die Agenten darstellen. Ein Agent kann die für ihn interessanten Dienste nutzen und weniger relevante Dienste nicht. Schwierig gestaltet sich die Frage, welche Dienste durch das Basissystem zur Verfügung gestellt werden sollten und welche Funktionen sinnvollerweise direkt innerhalb des Agenten zu plazieren sind. Einerseits ist es denkbar, ein möglichst breites Spektrum an Diensten innerhalb des Basissystems zu realisieren. Den Agenten stünde auf diese Weise ein breit gefächertes Angebot an Diensten zur Verfügung, auf das sie zurückgreifen könnten. Allerdings erhöht sich bei diesem Ansatz die Komplexität des Basissystems deutlich, was in der praktischen Realisierung zu Problemen führt. Sinnvoller erscheint die Vorgehensweise, nur allgemeine, generische Dienste durch das Basissystem anzubieten und spezielle Funktionalitäten, die für die meisten anderen Agenten von geringerem Interesse sind, durch den Agenten selbst realisieren zu lassen.

Abbildung 4.6/1 zeigt die Schichten des allgemeinen Basissystems. Prinzipiell werden verschiedene Abstraktionsgrade unterschieden, aus denen sich Art und Umfang der bereitstehenden Dienste herleiten lassen.

- **Agenten-Laufzeitumgebung:** Die Laufzeitumgebung des intelligenten Agenten ist dadurch gekennzeichnet, daß eine Reihe hochwertiger universeller Dienste bereitstehen, die durch den intelligenten Agenten genutzt werden können.

- **Middleware:** Die Middleware enthält hochwertige Dienste zur Verwaltung verteilter Umgebungen und hat dabei insbesondere die Aufgabe einheitliche Schnittstellen bereitzustellen.

- **Rechnerbetriebssystem/Kommunikationssystem:** Diese Schicht enthält alle Dienste, die zum Betrieb des Rechner- und Kommunikationssystems erforderlich sind.

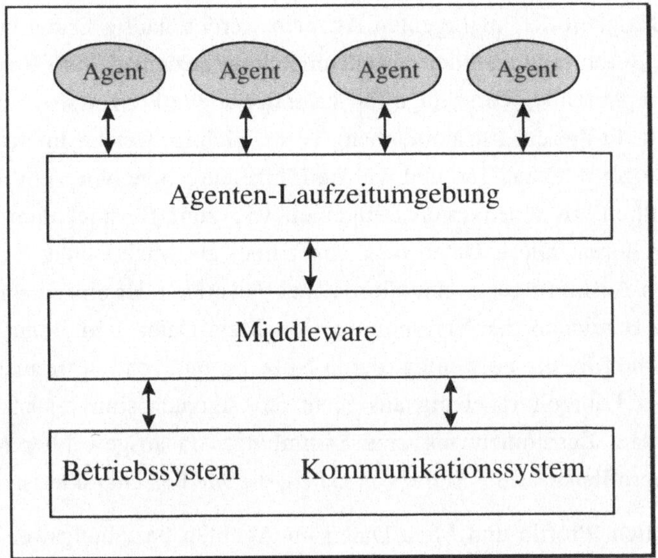

Abbildung 4.6/1: Das Schichtenmodell des Basissystems

Wie bei traditionellen Schichtenmodellen sind die Dienste durch Dienstzugriffspunkte charakterisiert. Zur Beschreibung der verfügbaren Dienste ist es wichtig, diese in Verbindung mit der jeweiligen Schichtenzuordnung detailliert aufzugreifen.

Versucht man, die Dienste und Merkmale der Agenten-Laufzeitumgebung und der agentenspezifischen Dienste voneinander scharf abzugrenzen, wird eine teilweise starke Vermischung von Funktionalitäten deutlich. Zudem ist ersichtlich, daß eine standardisierte Agenten-Laufzeitumgebung, wie sie im Fall des Betriebssystems oder der Middleware üblich ist, noch nicht bereitsteht.

4.6.2 Agenten-Laufzeitumgebung

Das Spektrum der Dienste der Agenten-Laufzeitumgebung reicht von einfachen Verwaltungsdiensten bis hin zu komplexen Diensten zur Clusteranalyse und regelbasierten Systemunterstützung. Die Laufzeitumgebung des intelligenten Agenten nimmt wiederum Dienste der Middleware-Schicht und des Betriebs- und Kommunikationssystems in Anspruch, wobei letzteres Systemabhängigkeiten schaffen kann.

Bei der Tätigkeit der intelligenten Agenten werden häufig Daten benötigt, die sich auf die Beschreibungen der Arbeitsumgebung beziehen. Zum Beispiel erhält ein Agent die Aufgabe, Vorschläge für das individuelle Freizeitprogramm zusammenzustellen. In diesem Zusammenhang ist es wichtig, welche Interessengebiete für den Benutzer relevant sind und welche Freizeitangebote, wie zum Beispiel der Berlin-Marathon, zu einen Interessengebiet, wie zum Beispiel dem Sport, des Benutzers gehören. Diese Daten bezeichnet man als Meta-Daten, weil sie über andere Daten Auskunft geben und diese dabei bewerten oder einordnen. Insbesondere in den Bereichen der Verarbeitung von Meta-Daten und Benutzerangaben sind zahlreiche Module notwendig, deren Nutzung und zentrale Implementierung innerhalb der Laufzeitumgebung aus Sicht der Agenten sinnvoll ist. Ein Profil stellt in diesem Zusammenhang eine Sammlung von ausgewählter Meta-Daten dar. Medienprofile sind eine Reihe von Daten, die Medien charakterisieren.

Es ist üblich, Profile und Meta-Daten im Agenten beziehungsweise in seiner Laufzeitumgebung zu verwalten. Hinsichtlich des Vergleiches existieren Verfahren, die basierend auf Benutzervorgaben Filterungsprozesse einleiten. Man nennt den Vergleich von Profilen 'Matching-Operation' oder 'Matching'. Aus einer Menge von Profilen lassen sich Gemeinsamkeiten der Profile extrahieren. Man spricht dabei vom sogenannten 'Clustering'. Zur Analyse von Erfahrungswerten ist es beispielsweise nützlich, entsprechende Algorithmen, wie die Clusteranalyse, innerhalb der Laufzeitumgebung des intelligenten Agenten anzubieten.

Aufgrund der gemeinsamen Verwendung dieser Verfahren in unterschiedlichen Anwendungen und Zielsystemen sind die Dienste der Laufzeitumgebung rationeller einsetzbar und haben zur Folge, daß intelligente Agenten und deren Anwendungen hochproduktiv entwickelt werden können. Anhand mehrerer Beispiele wird dargestellt, welche Dienstearten für die Entwicklung von intelligenten Agenten innerhalb der Agenten-Laufzeitumgebung verfügbar sein können.

4.6.2.1 Verwaltung von Meta-Daten

Der Verwaltung von Meta-Daten kommt insbesondere bei intelligenten Agenten eine hohe Bedeutung zu, da diese Module andere informationskomprimierende Aufgaben besitzen.

Es ist davon auszugehen, daß je nach Anwendungsdomäne unterschiedliche Arten und unterschiedliche Ausprägungen von Meta-Daten erforderlich sind. Damit ist es notwendig, daß die Verwaltung von Meta-Daten flexibel bezüglich der inhaltlich zu verarbeitenden Meta-Daten ist. In Abbildung 4.6/2 ist das Beispiel eines Kategorienschemas dargestellt. In einer intelligenten Fernsehprogrammzeitschrift werden Meta-Daten zur Beschreibung von Programmkategorien verwendet [Wittig/Griwodz 1995]. Dabei werden die allgemeinen Kategorien, zum Beispiel Film, Nachrichten, Sport und Musik, in Unterkategorien aufgeteilt. Innerhalb der Sportarten bilden beispielsweise die Kampfsportarten eine Untermenge. Kampfsportarten lassen sich weiterhin in Boxen, Fechten und in die Untermenge der asiatischen Kampfsportarten unterteilen, wobei diese Unterteilung willkürlich in Anlehnung an ein Grundverständnis dieser Kategorie gewählt ist. Zu den asiatischen Kampfsportarten gehören beispielsweise Judo, Karate und Sumo. Diese Daten werden in zweierlei Hinsicht verwendet. Fernsehprogramme werden aufgrund der Meta-Daten klassifiziert. Benutzer sind in der Lage, ihre Wünsche und Interessen auszudrücken, wobei der Abstraktionsgrad letztlich von der Agentenanwendung abhängt.

Weitere Beispiele für Meta-Daten und ihre Repräsentation innerhalb des Basissystems sind im Rahmen des Internet existent. Innerhalb des Internet wurde ein Standard verabschiedet, der den Rahmen zur Formulierung der Meta-Daten bereitstellt, das sogenannte Meta-Tag. Für weitere Informationen sei auf den Server des World Wide Web Consortium verwiesen [W3 1997].

Aus Sicht der Entwicklung von intelligenten Agenten ist ein enger Zusammenhang zwischen der Kategorisierung durch Meta-Daten und der Bewertung von Inhalten existent.

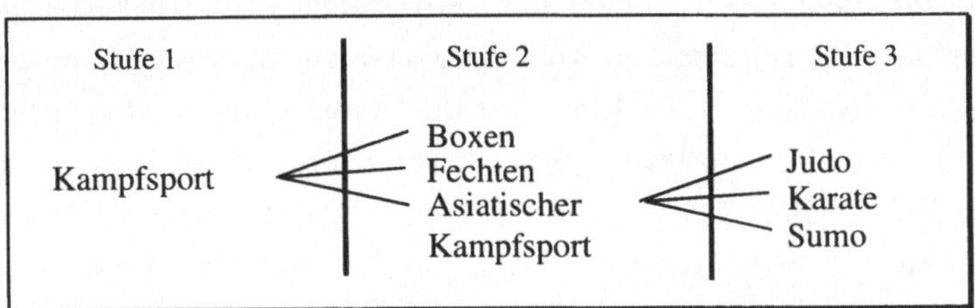

Abbildung 4.6/2: Ein Beispiel für strukturierte Meta-Daten

4.6.2.2 Fuzzy Logic

Einer der wichtigen Vorzüge intelligenter Agenten ist es, Situationen zu erkennen, Handlungsweisen abzuleiten und umzusetzen. Dabei ist es wichtig, den Erfolg der jeweiligen Handlung zu bewerten. Ein Trugschluß für Entwickler intelligenter Agenten wäre es, die Umweltbedingungen und Eingaben eines Agenten so präzise wie möglich zu formulieren und zu digitalisieren. Betrachtet man intelligente Verhaltensweisen in der Realität, ist schnell ersichtlich, daß eine Umgebungssituation im Regelfall nicht präzise und umfassend beschreibbar ist. Darüber hinaus sind die Vorgaben des Benutzers immer dann unscharf, wenn Aussagen bezüglich Wünschen, Vermutungen und Absichten (vgl. Abschnitt 4.2.3) getroffen werden.

Beispielsweise ist es für einen intelligenten Agenten, der täglich ein persönliches Musikprogramm zusammenstellt, wichtig, die Präferenzen des Benutzers in Bezug auf seine Musikwünsche zu erfahren. Der Agent besitzt die Aufgabe, aus einer Datenbank von Musiktiteln die am besten geeignetsten auszuwählen und vorzuspielen. Für den Benutzer sind häufig die jeweiligen Interpreten oder die Stilrichtung der Musik wichtig. Man stelle sich vor, daß ein Benutzer an Musikstücken aus der Epoche des Rock-and-Roll interessiert ist. Dieser Wunsch ist sehr schwierig vom Agenten erkennbar, da es sich um eine umgangssprachliche und unscharfe Beschreibung handelt. Der Agent ist zunächst nicht in der Lage, auf der Basis dieses Wunsches Musiktitel aus der Datenbank herauszufinden. Er benötigt eine Möglichkeit, die unscharfe Beschreibung in eine Form zu überführen, die ihn in die Lage versetzt, unter den verfügbaren Musikstücken in der Datenbank die passenden zu finden. In Abbildung 4.6/3 ist die Überführung am Beispiel der Beschreibung der Zeit des Rock-and-Roll dargestellt. Es ist eine Funktion zu sehen, welche die Zugehörigkeit eines entsprechenden Zeitraums zur Epoche des Rock-and-Roll abbildet. Die Zugehörigkeit wurde im Beispiel willkürlich gewählt, wobei ein höherer Prozentwert heißt, daß der Zeitraum zur Epoche stärker zugehörig ist. Die Unschärfe in der Spezifikation wird durch diese Funktion in diskrete Werte überführt, mit denen der Agent intelligente Verarbeitungslogiken ansteuern kann. Diese Verarbeitungsverfahren sind unter dem Begriff der 'Fuzzy Logic' bekannt.

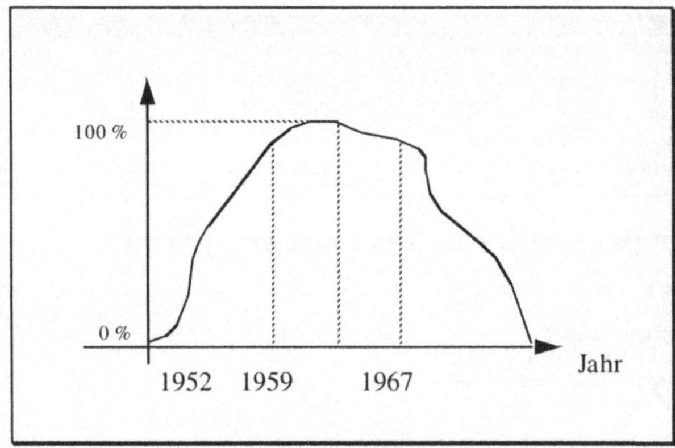

Abbildung 4.6/3: Unscharfe Spezifikation der Epoche 'Rock-and-Roll'

4.6.2.3 Filterungsdienste

Eine der wichtigsten Teilaufgaben bei der Implementierung intelligenter Agenten
ist es, eine Menge von Informationen mittels der Informationsbedürfnisse der
Benutzer zu untersuchen und nur die relevanten Informationen zuzulassen. Die
Filterungsdienste übernehmen diese Aufgabe und werden von Agenten insbesondere bei Anwendungen benutzt, bei denen eine Reduzierung der Menge an Informationen notwendig ist. Bei individuellen Nachrichtensystemen helfen die Filterungsdienste aus einem allgemeinen Angebot an Nachrichten diejenigen auszuwählen, die den individuellen Informationsbedürfnissen des Benutzers weitestgehend entsprechen. Im allgemeinen sind Filterungsdienste immer dann anzuwenden, wenn aus einer Menge von Informationen eine Untermenge aufzuspüren
ist. Zu diesem Zweck werden zu Beginn des Filterungsprozesses die Filterkriterien
festgelegt.

In Abbildung 4.6/4 ist anhand einer persönlichen Fernsehzeitung beispielhaft
dargestellt, welche Resultate ein Filterungsprozeß hervorbringt. Die Grundlage für
die Filterung war das deutsche Fernsehprogramm an einem Wochentag, die Be-
nutzerpräferenz lag zum größten Teil bei Nachrichtensendungen und Action-
Programmen. Durch den Vergleich der Fernsehprogramme von 10.00 Uhr bis
12.00 Uhr und dem individuellen Nutzerprofil ergab sich das dargestellte Programm.

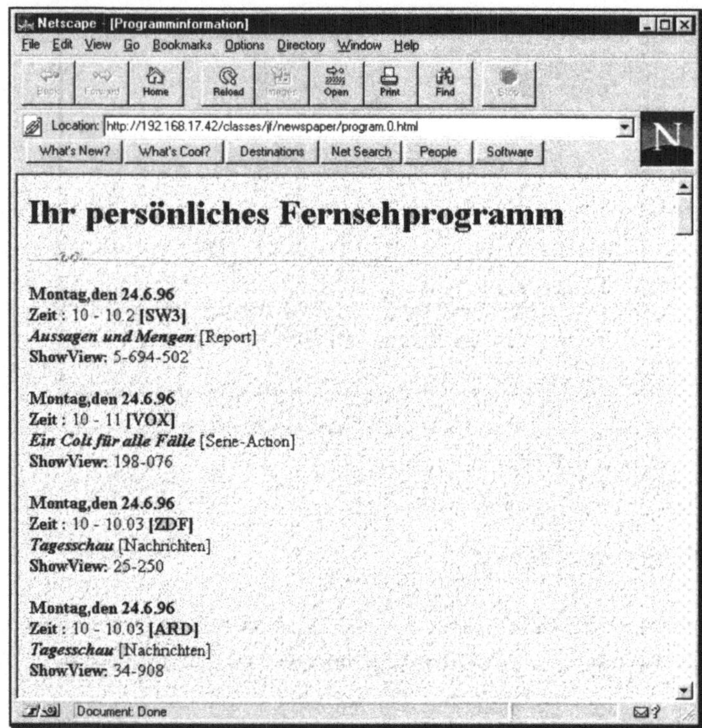

Abbildung 4.6/4: Ergebnisse einer Fernsehprogrammfilterung

4.6.2.4 Dienste zur Clusteranalyse

Lernfähige Agenten sind in der Lage, Rückschlüsse aus ihrem eigenen Handeln zu
ziehen und diese in ihrem weiteren Verhalten zu berücksichtigen. Um diese und
die in Abschnitt 4.4 bereits ausführlicher beschriebenen Fähigkeiten zu realisieren,
sind spezielle Verfahren notwendig, die in der Agenten-Laufzeitumgebung er-
bracht werden.

Bei einer analytischen Betrachtung der Lernverfahren ist prinzipiell davon auszugehen, daß die unternommenen Handlungsschritte festgehalten und mit Hilfe
der Handlungsresultate nach ihrem Erfolg bewertet werden. Dabei stehen weniger
die singulären Verhaltensmuster im Vordergrund. Vielmehr sollten Agenten in der
Lage sein, einzelne Verhaltensweisen zu prinzipiellen Verhaltensweisen oder
Charaktereigenschaften zu aggregieren. Ein Basisverfahren für die strukturierte,
gewichtete Aggregation von Information ist die Clusteranalyse. Sie dient dazu, aus
einer Menge von Informationen zusammenhängende Informationen zu erkennen

und diese Zusammenhänge zu strukturieren. Prinzipiell lassen sich zwei Arten der Clusteranalyse unterscheiden:

- Hierarchische Verfahren

- Nicht-hierarchische Verfahren

Hierarchie im verwendeten Sinne bedeutet, daß das Resultat der Clusteranalyse eine hierarchische Struktur darstellt. Nicht-hierarchische Verfahren unterliegen keiner hierarchischen Ordnung und besitzen eine vergleichsweise geringere Komplexität und liefern unpräzisere Resultate [El-Hamdouchi/Willett 1989].

In Abbildung 4.6/5 ist das Grundprinzip der Clusteranalyse beispielhaft dargestellt. Grundlage ist eine Ähnlichkeitsfunktion, welche die Position der einzelnen Elemente in der abgebildeten Punktwolke festlegt. Die Pfeile zeigen an, welches das ähnlichste Element ist. So ist das Element A aus der Menge das ähnlichste Element zu Element F, während C dem Element A am ähnlichsten ist. Damit läßt sich bestimmen, welche Elemente in Bezug auf die Ähnlichkeitsrelation zusammengehörig sind und damit ein Cluster bilden. Die Punkte c_n werden bestimmt, indem man die Mittelpunkte der einzelnen Ketten von Elementen bildet. In der Abbildung sind diese mit c_1, c_2, c_3 und c_4 bezeichnet. Dieser Vorgang wiederholt sich solange, bis eine einelementige Menge vorliegt.

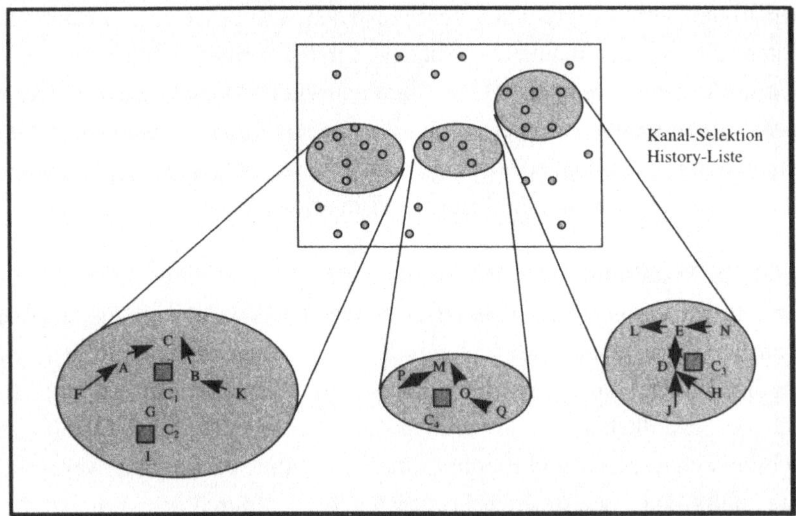

Abbildung 4.6/5: Prinzip der Clusteranalyse

Betrachtet man die Anwendungsfälle von Clustering-Methoden, deuten sich zwei primäre Einsatzbereiche stärker zugehörig an:

- Die Selbstlernfähigkeit des intelligenten Agenten dient der Optimierung der eigenen Handlungsweise.

- Lernen aus den Interaktionen an der Mensch-Maschine-Schnittstelle ermöglicht dem intelligenten Agenten, Rückschlüsse für die zielorientierte eigene Handlungsweise zu ziehen und letztendlich die Benutzerakzeptanz zu optimieren.

4.6.2.5 *Initialisierung von Nutzerprofilen*

Immer dann, wenn die agentenbasierte Anwendung erfordert, daß ein Modell über den Benutzer in Form von Nutzerprofilen zu verwalten ist, stellt sich die Frage nach der Initialisierung dieser Profile. Wünschenswert wäre es aus Sicht der Agenten, möglichst viel über den Benutzer zu wissen, um bereits zu Beginn der Agententätigkeit befriedigende Ergebnisse zu liefern. Andererseits ist der Benutzer jedoch nur in begrenztem Maße bereit, Zeit für die Spezifikation seines Nutzerprofils aufzuwenden. Aus diesem Grunde stellt die Art und Weise der Initialisierung von Nutzerprofilen einen nicht trivialen Abschnitt in der Planung und Entwicklung intelligenter Agenten dar.

Die Aufgabe der Laufzeitumgebung des Agenten ist es, eine Vielfalt von generischen Initialisierungsfunktionen bereitzustellen. Dabei ist eine Spannbreite abzudecken, die von der manuellen Eingabe der Nutzerprofile über eine halbautomatisierte Vorgehensweise bis hin zur automatischen Erkennung der Nutzerprofile durch den intelligenten Agenten reicht. Am Beispiel einer persönlichen Fernsehzeitung werden grundlegende Eigenschaften herausgearbeitet und vergleichend bewertet. Im Einzelnen sind die Installationsmodi wie folgt charakterisiert:

- **Explizite Installation des Nutzerprofils** (vgl. Abbildung 4.6/6): In diesem Installationsmodus wird der Benutzer durch Menüs geführt, in die er seine Präferenzen, Wünsche und Absichten in Form von Attributen oder Regeln explizit eingibt (Phasen 1 und 2 in Abbildung 4.6/6). Beispielsweise bedeutet dies im Fall der persönlichen Fernsehzeitung, daß der Benutzer seine Lieblingsfilme, Lieblingsschauspieler und Lieblingsarten von Filmen sowie alle weiteren Attribute angibt. Die spezifizierten Profildaten werden durch den Agenten direkt in das interne Nutzerprofil aufgenommen. Dieser Vorgang ist bei korrektem Vorgehen im Resultat sehr präzise, verlangt aber andererseits ein sehr tiefes Grundverständnis über die Vorgänge und verleitet außerdem leicht zu Fehlern. Die manuelle Pflege bei sich ändernden Anforderungen gestaltet sich schwer. Insbesondere für Benutzer ohne tiefgreifende Kenntnisse ist dieser Modus nicht empfehlenswert. Die Hemmschwelle bei der Nutzung ist außerordentlich hoch. Mögliche Einsatzgebiete liegen daher eher bei sehr anspruchsvollen Benutzern, die diesen Modus zur Feinabstimmung ihrer Nutzerprofile verwenden können.

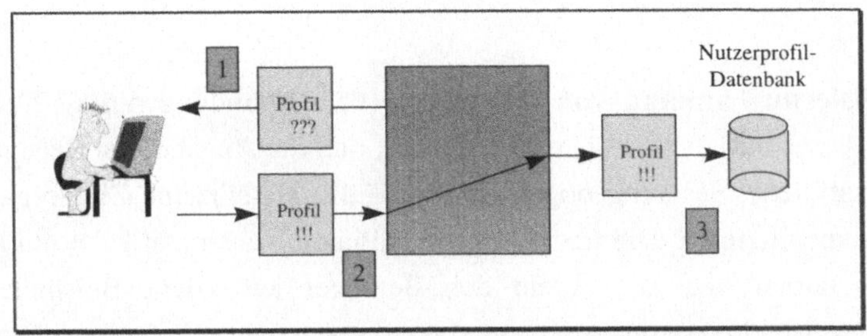

Abbildung 4.6/6: Explizite Installation des Nutzerprofils

- **Initialisierung anhand von Benutzereigenschaften** (vgl. Abbildung 4.6/7): Dieses Verfahren verfolgt den Ansatz, daß anhand ausgewählter Eigenschaften der Benutzer eine Einteilung in Benutzerklassen vorgenommen wird. Der Benutzer wird dafür zur Angabe persönlicher Daten aufgefordert (Phase 1 und 2). Zum Beispiel wurde innerhalb der Gestaltung einer persönlichen Fernsehzeitung aus demoskopischen Datenbeständen ermittelt, daß Benutzereigenschaften wie Alter, Geschlecht, Bildungsgrad und Beruf signifikanten Einfluß auf das konsumierte Programm haben. Basierend auf diesen akkumulierten Statistiken wurde für jede Benutzerklasse ein individuelles Profil erstellt und in einer Tabelle abgelegt. Die initialen Nutzerprofile werden dann aus einer Tabelle ermittelt, indem das Profil der entsprechenden Benutzerklasse verwendet wird (Phasen 3, 4 und 5).

Der Vorteil dieses Modus ist seine Einfachheit. Die Präzision hängt jedoch weitestgehend davon ab, wie viele Benutzerklassen definiert werden und wie signifikant sich die persönlichen Eigenschaften auf die initialen Nutzerprofile abbilden lassen. Dabei bedeuten mehr Klassen eine höhere Präzision, stellen aber auch einen Mehraufwand bei der Ermittlung der Datenbasis dar.

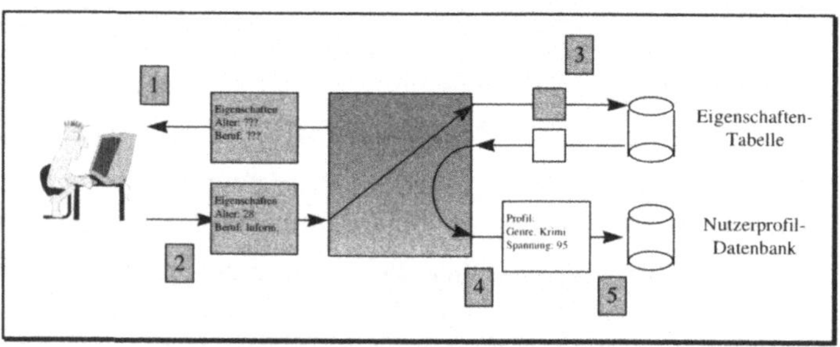

Abbildung 4.6/7: Initialisierung anhand von Benutzereigenschaften

* **Initialisierung anhand von Beispielen** (vgl. Abbildung 4.6/8): Der Hintergrund dieser Initialisierungsmethode ist es, daß die Angabe von Beispielen oder das Ausfüllen eines Fragebogens leichter fällt, als einzelne Zielvorgaben konkret zu spezifizieren. Die Erstellung des initialen Nutzerprofils beruht in diesem Modus darauf, daß der Agent den Benutzer auffordert, Beispiele für gewünschte Ergebnisse der Agententätigkeit anzugeben oder vorgegebene Fragen zu beantworten (Phase 1). Hat der Benutzer die entsprechenden Antworten gegeben (Phase 2), kann der Agent diese Anworten auswerten. Dazu gehört, daß er die Anworten gemäß seiner internen Bewertungsskala einstuft, bewertet und dabei Gesamtinformationen bezüglich des Nutzerprofils aggregiert. In Fall der persönlichen Fernsehzeitung werden die Meta-Informationen der angegebenen favorisierten Beispielprogramme aus einer bereitstehenden Datenbank ermittelt (Phasen 3 und 4). Nun müssen diese einzelnen Informationen zu einem Nutzerprofil verdichtet werden. Die Clusteranalyse ist dafür verantwortlich, präferierte Nutzungsmuster zu erkennen und daraus ein verdichtetes Nutzerprofil zu erstellen.

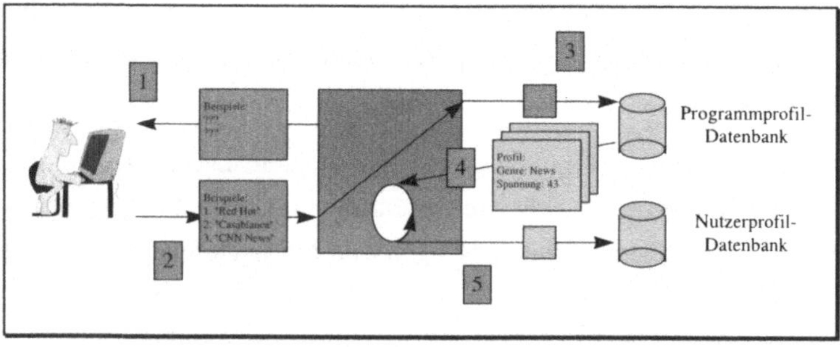

Abbildung 4.6/8: Initialisierung anhand von Beispielen

Der Vorteil dieses Modus ist die vereinfachte Handhabung. Nachteilig ist die Gefahr, daß die gewählten Beispiele für die Wünsche und Absichten des Benutzers nicht repräsentativ sind und dadurch die Ergebnisse weniger präzise werden. Außerdem ist infolge der intelligenten Verarbeitungslogik ein erhöhter Rechenaufwand in Kauf zu nehmen.

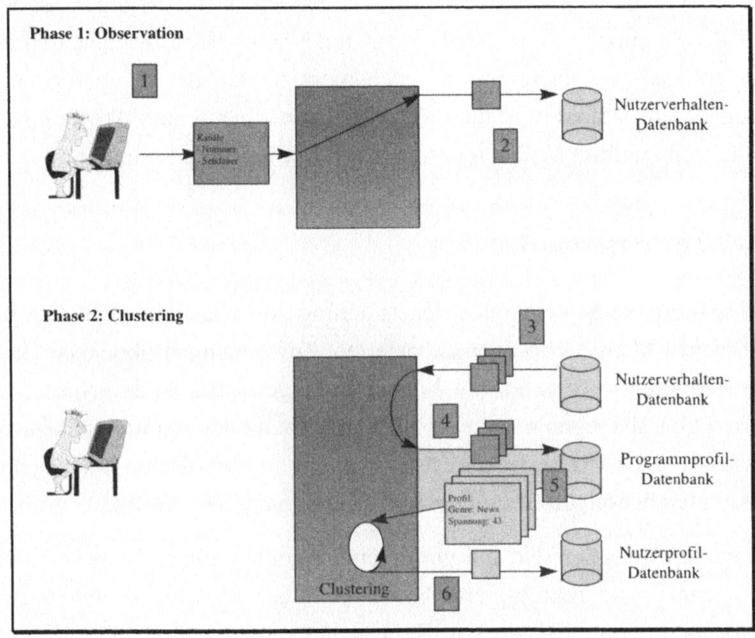

Abbildung 4.6/9: Initialisierung durch Beobachtung des Benutzerverhaltens

- **Initialisierung durch Beobachtung des Benutzerverhaltens** (vgl. Abbildung 4.6/9): Steht die sehr einfache Bedienbarkeit der Benutzeroberfläche im Vordergrund, ist es ratsam, das Nutzerprofils automatisch von Agenten erstellen zu lassen. Dieser Vorgang beruht auf der anfänglichen Beobachtung des Benutzerverhaltens (Phase 1) mit dem Ziel, Rückschlüsse auf seine Wünsche und Erwartungen schließen zu können. Diese Beobachtungsphase ist beendet, wenn nach Meinung des Agenten hinreichend viele Informationen vorliegen, um Rückschlüsse hinsichtlich allgemeiner Verhaltensweisen zu ziehen. Anschließend wird in der Phase 2 eine Auswertung des beobachteten Verhaltens mit dem Ziel vorgenommen, seine Wünsche bezüglich des Agenzieles zusammenzufassen. Innerhalb der Phase 2 können Verfahren der Clusteranalyse zum Tragen kommen. Im Beispiel einer persönlichen Fernsehzeitung bedeutet dies, daß der Agent die Nutzung des Fernsehgerätes für einen hinreichenden Zeitraum feststellt und daraufhin die persönlichen Vorlieben des Benutzers oder der Benutzergruppe schlußfolgert.

Der Vorteil dieses Modus ist die sehr einfache Bedienung, da der Benutzer von Angaben komplett befreit ist. Ein weiterer Vorteil besteht darin, daß sich die Beobachtungsverfahren sehr gut dazu eignen, Veränderungen an den Vorlieben des Benutzers während der gesamten Nutzungszeit festzustellen und sich daran anzupassen. Nachteilig ist zu bemerken, daß der Agent erst nach der Lernphase einsatzbereit ist und vor der Aufnahme seiner Arbeit eine Einarbeitungszeit benötigt, daß heißt nicht sofort betriebsbereit sein kann.

4.6.2.6 Regelbasierte Systeme

Mit den beschriebenen Prinzipien des Matching und Clustering läßt sich nur eine eingeschränkte Menge von agentenbasierten Anwendungen abdecken. Insbesondere für deliberative Agenten mit hohem Intelligenzgrad ist es erforderlich, daß das Wissen über die Agentenziele und die Umgebung des Agenten bekannt ist, das bei weitem über die Erfassung und Auswertung von Meta-Daten hinausgeht. Lernfähige Agenten benötigen Strategien und Taktiken zur Wissensakquisition.

Eine weitere Möglichkeit, die intelligente Agenten zur Aufgabenerfüllung benutzen können, sind regelbasierte Systeme. Diese Systeme bestehen aus einer Wissensbasis, die eine Menge von Regeln und Fakten enthält. Die Wissensbasis beschreibt den Realitätsausschnitt, in der der intelligente Agent arbeitet. Der Realitätsausschnitt kann dabei auch dazu dienen, nur Teile der Agententätigkeit abzudecken, während andere elementare Teile durch die bereits beschriebenen Laufzeitmodule abgedeckt werden.

Um den Einsatz eines regelbasierten Systems zu verdeutlichen, wird das Beispiel der persönlichen Fernsehzeitung aufgegriffen. Im automatischen Initialisierungsmodus hat der Agent die Aufgabe, aus den gesehenen Programmen ein Nutzerprofil zu erstellen. Angenommen wurde dabei, daß eine längere Sehdauer eines Programmes ein stärkeres Interesse des Benutzers an diesem Programm belegt. Es gibt mehrere Fälle, in denen eine solche Schlußfolgerung falsch ist. Beispielsweise ist es möglich, daß ein Benutzer während des Fernsehens einschläft. Obwohl das Programm nicht mehr gewechselt wird, kann dies nicht als Beleg für ein Interesse am jeweiligen Programm gewertet werden. Es ist also nötig, daß dieser Sonderfall separat behandelt und ausgewertet wird. Der Einsatz eines regelbasierten Systems hilft dabei, Ausnahmesituationen zu beschreiben, zu erkennen und angemessen darauf zu reagieren. In Abbildung 4.6/10 ist der beschriebene Sonderfall des Einschlafens vor dem Fernseher im zeitlichen Verlauf modellhaft dargestellt. In der Phase von t1 bis t2 wechselt der Benutzer häufig die Fernsehkanäle und hat ein Programm gefunden, das ihn bindet. Zwischen den Zeitpunkten t2 und t5 bleibt der Sender eingeschaltet, doch in der Zwischenzeit hat das Programm mehrfach gewechselt. Dies sind starke Indizien dafür, daß der Benutzer eingeschlafen oder aus dem Zimmer gegangen ist. Innerhalb des regelbasierten Systems kann dies unter Zuhilfenahme von Sensoren erkannt werden. Verweilt ein Benutzer länger als gewöhnlich in einem Fernsehkanal oder sieht er innerhalb dieser Zeit sogar Programme, die ihn gewöhnlich nicht interessiert haben, so ist er wahrscheinlich abwesend. Das regelbasierte System erkennt aufgrund dieser Indikatoren, daß eine Ausnahmesituation existiert. Dieser Sonderfall ist dahingehend zu behandeln, daß der intelligente Agent entweder diesen Fall ganz unberücksichtigt läßt oder schlußfolgert, daß dieses Programm nur geringfügig interessant war. Ähnliche Fälle sind Zapping, wo die Kanäle sehr schnell hintereinander durchlaufen werden oder Urlaubszeiten, in denen der Fernseher überhaupt nicht angestellt wird.

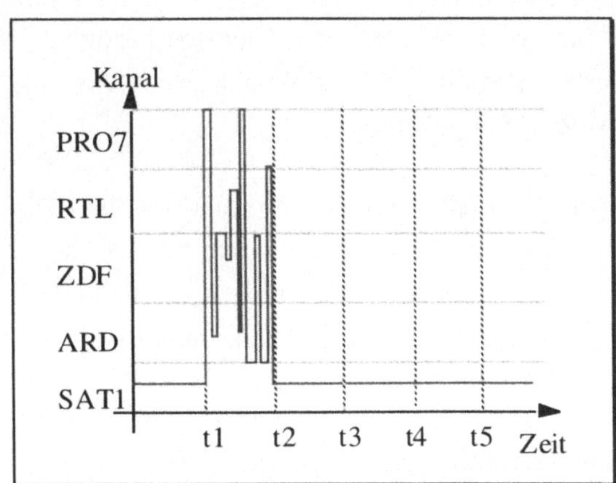

Abbildung 4.6/10: Intelligente Erkennung von Verhaltensmustern bei Fernsehzuschauern

Regelbasierte Systeme beruhen im wesentlichen auf formalisiertem Wissen und einer sogenannten Inferenzmaschine. Das Wissen ist in Form von Regeln und Fakten in einer Wissensbasis abgelegt. Die Inferenzmaschine hat die Aufgabe, die

Wissensbasis bei Anfragen zu untersuchen und die Anfrage zu beantworten. Dabei ist es auch möglich, unscharfe Ergebnisse zu liefern.

Im Beispiel der persönlichen Fernsehzeitung wurde ein regelbasiertes System für die Behandlung von Sonderfällen genutzt. Agentenentwickler verwenden regelbasierte Systeme häufig dazu, ihre Umwelt zu modellieren, das heißt unter anderem Fakten zu definieren und ein Regelwerk für das Verhalten des Agenten zu erstellen.

4.6.3 Middleware

Der Schwerpunkt der Middleware-Schicht liegt auf den infrastrukturellen Dienstangeboten, die auf den Basisdiensten des Rechnerbetriebssystems und des Netzbetriebssystems basieren. Ein erstes Beispiel sind unterstützende Dienste für mobile Agenten, bei denen neben der Beweglichkeit des Agenten in einer heterogenen Nutzungsumgebung auch nach Plattformunabhängigkeit des Agenten gestrebt wird. Durch die Bereitstellung einer sogenannten 'Virtual Machine' innerhalb der Middleware des intelligenten Agenten wird erreicht, daß Programme, Module und Agenten auf allen Rechnern lauffähig sind. Einer der bekanntesten Ansätze ist die Java Virtual Machine, die in Abschnitt 5.2.2 näher beschrieben wird.

Die Bereitstellung von unterstützenden Diensten bezüglich der Verwaltung einer objektorientierten, verteilten Infrastruktur ist ebenfalls eine wesentliche Aufgabe der Middleware. Dazu gehören:

- **Informations- und Objekt-Broker:** Informations- und Objekt-Broker stellen innerhalb einer verteilten Middleware Dienste für den Zugang, den Aufruf und die Weiterleitung von Informationsabfragen und Methodenaufrufen bereit. Dabei arbeitet ein Broker eng mit Verzeichnis- und Distributionsdiensten zusammen.

- **Replikationsdienste:** Innerhalb einer verteilten Umgebung können Objekte und Dienste an verschiedenen Stellen nachgefragt werden. Dienstnutzer und Diensterbringer treten in Kommunikation. Dabei ergeben sich Verzögerungen, die beispielsweise von der Entfernung der beiden Kommunikationspartner im Netz abhängen können. Replikationsdienste haben zur Aufgabe, Informationen und Dienste mit dem Ziel zu vervielfältigen, Verzögerungen bei der Kommunikation und das Kommunikationsaufkommen in den Netzen zu vermindern.

Abbildung 4.6/11 zeigt am Beispiel von intelligenten Agenten, wie durch eine Replikation die Verkürzung des Kommunikationsweges erreicht wird.

- **Verteildienste:** In Bezug auf die Kommunikation lassen sich drei wesentliche Szenarien unterscheiden: Neben dem traditionellen Szenario, das eine zweiseitige Kommunikation zwischen Agenten vorsieht, können Agenten auch Informationen an eine Gruppe von Agenten verteilen ('Multicasting') oder im Sinne eines allgemeinen Verteildienstes im gesamten Informationsraum anbieten ('Broadcasting').

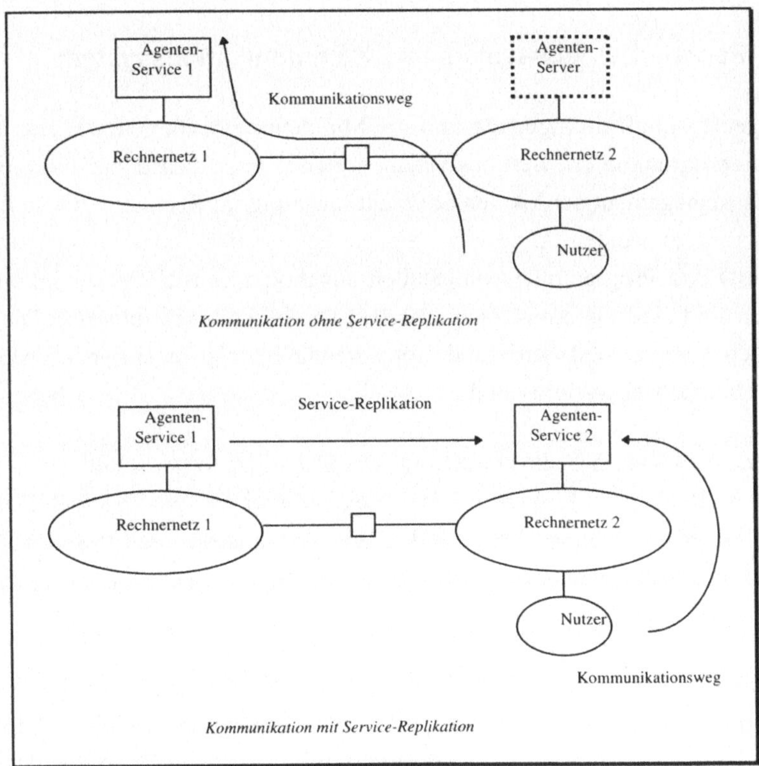

Abbildung 4.6/11: Replikationsdienste

- **Verzeichnisdienste:** Innerhalb eines agentenbasierten Gesamtsystems existieren mehrere, oft unübersichtliche Dienste und Dienstanbieter. Für das Auffinden dieser Dienste und ihrer Anbieter stehen Verzeichnisdienste bereit. Wichtige Aufgaben des Verzeichnisdienstes sind, Kategorien von Diensten bereitzustellen, Dienste und Anbieter zu verwalten und auf Anfrage Auskunft über die verfügbaren Dienste zu geben.

- **Abrechnungsdienste** ('Billing'): In Abschnitt 4.5 wurde darauf eingegangen, wie intelligente Agenten vertrauliche Informationen aufbewahren können, um zum Beispiel elektronisches Geld mitzuführen oder finanziell wirksame Transaktionen auszulösen. Die Funktionalität der Abrechnungsdienste ist der Middleware zuzurechnen.

Weitere Betrachtungen bezüglich Middleware, insbesondere objektorientierter Ansätze, sind in Abschnitt 5.1.1 und in [Vogel 1996] enthalten.

4.6.4 Rechnerbetriebssystem und Kommunikationssystem

Die Agenten-Laufzeitumgebung und die Middleware benötigen wie alle anderen Softwareprogramme ein Betriebssystem, welches Basisdienste für die Steuerung und das Management der lokalen Laufzeitumgebung im Rechner bereitstellt. Vom Betriebssystem werden Anwenderschnittstellen (grafisch oder kommandozeilenorientiert) und Programmierschnittstellen angeboten. Aus Sicht der intelligenten Agenten sind die Programmierschnittstellen von besonderem Interesse. Die bereitgestellten Dienste sind hard- und firmwareunabhängig. Wichtige Dienstklassen des Rechnerbetriebssystems sind:

- **Datei- und Verzeichnisverwaltung:** Die Daten des Systems und des Benutzers sind im Rechner in Form von Dateien und Verzeichnissen abgelegt. Das Anlegen, Öffnen, Schließen, Lesen, Schreiben, Aktualisieren und Löschen von Dateien und Verzeichnissen sind Basisdienste, die innerhalb der Datei- und Verzeichnisverwaltung existieren.

- **Prozeßsteuerung:** Die meisten der heutigen Rechnersysteme besitzen einen Hauptprozessor. Wenn mehrere Aufgaben (sogenannte Prozesse) gleichzeitig zu erledigen sind, konkurrieren die Prozesse um den Zugriff auf den Hauptprozessor. Eine Aufgabe der Prozeßsteuerung innerhalb des Betriebssystems ist es, den Zugang zum Prozessor zu kontrollieren und damit alle im Betriebssystem ablaufenden Prozesse in ihrer Bearbeitung zu steuern. Innerhalb der Prozeßsteuerung ist es möglich, verschiedene Ziele zu verfolgen: die Prozesse schnellstmöglich zu bearbeiten oder den Prozessor maximal auszulasten.

- **Speicherverwaltung:** Die Aufgabe der Speicherverwaltung ist es, den Zugriff auf den Hauptspeicher des Rechners zu organisieren. Das beinhaltet beispielsweise, Hauptspeicher für die Nutzung in Anwendungsprogrammen wie der Agenten-Laufzeitumgebung freizugeben, den Zugriff auf Teile des Speichers zu kontrollieren oder nicht benötigte Speicherinhalte auf die Festplatte auszulagern.

Weitere Dienstegruppen sind die Zugangskontrollen zum Betriebssystem sowie zu den Geräten und Dateien, die Programmierhilfen und die Gerätesteuerung. In [Kalfa 1988] ist eine konzeptionelle Einführung des Begriffes und der Architektur sowie Details über Dienste innerhalb von Betriebssystemen zu finden.

Das Kommunikationssystem ist dafür verantwortlich, Basisdienste und Dienstprimitive zur Kommunikation des lokalen Rechners mit anderen Rechnern des Netzverbundes bereitzustellen.

4.7 Entwicklungstendenzen

4.7.1 Grundlagen

Sowohl intelligente Agenten als auch Multimedia-Systeme haben das Ziel, durch neue Prinzipien an der Schnittstelle zwischen Mensch und Maschine eine bessere Informationsübertragung zu schaffen. Multimedia strebt dies durch den Einsatz neuer und attraktiverer Medienarten an. Intelligente Agenten sind dafür verantwortlich, die Flut von Informationen durch eine intelligentere Art der Informationsverarbeitung auf ein überschaubares Maß zu reduzieren.

Die derzeitigen Entwicklungen intelligenter Systeme lassen erkennen, daß sich zukünftige Systeme durch intelligente Erweiterungen beziehungsweise einen zunehmend intelligenteren Nukleus auszeichnen werden. Die Kombination von Multimedia- und intelligenten Agententechnologien erscheint immer besser greifbar. Für die heutigen Multimedia-Systeme bedeutet dies:

- Reaktive und intelligente Gestaltungsmöglichkeiten für multimediale Applikationen

- Situationsabhängige Steuerung des Medieneinsatzes entsprechend der verfügbaren Umweltbedingungen (zum Beispiel Endgerät, Benutzermerkmale)

- Adaption des Gesamtsystems und der Informationsverarbeitungsprozesse bezüglich der multimedialen Ein- und Ausgabegeräte

In Abbildung 4.7/1 ist die Entwicklung von den traditionellen Rechnersystemen über multimediale Systeme bis hin zu agentenbasierten und intelligenten Systemen historisch dargestellt. Ursprünglich war die Mensch-Maschine-Schnittstelle textbasiert, das heißt durch textuelle Kommandofolgen wurden Bearbeitungsvorgänge angestoßen, die Ausgaben in Textform auslösten.

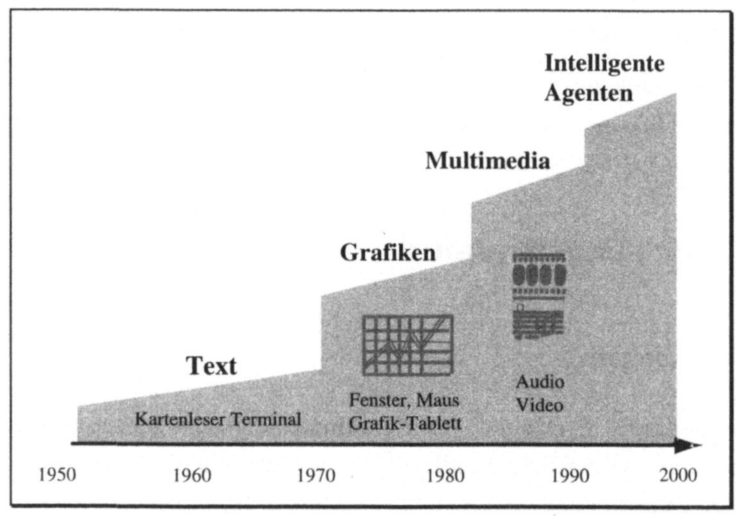

Abbildung 4.7/1: Entwicklung der Mensch-Maschine-Schnittstelle

Mit der Entwicklung und Einführung von grafischen Oberflächen und der Fenstertechnik in den 70er Jahren ging man zur grafikorientierten Bedienung des Rechners mittels Maus über. Die Einführung von multimedialen Systemen war vor allem davon geprägt, daß neue Medien wie Video oder Audio in die Bedieneroberfläche von Computern integriert wurden. Eine nächste Entwicklungsstufe ist mit dem Begriff 'Intelligent Media Agents' bezeichnet und hat bereits begonnen. Anstatt zu versuchen, alle Funktionsmerkmale an der Benutzerschnittstelle sichtbar werden zu lassen, helfen intelligente Agenten dabei:

- Benutzer bei der Bedienung in Erweiterung von kontextsensitiven Assistenten zu unterstützen,

- die Oberfläche und die Inhalte entsprechend seines Kenntnisstandes verständlich aufzubereiten,

- allgemeine Gestaltungsprinzipien der Mensch-Maschine-Schnittstelle und Regeln für individuelle Gestaltungsprinzipien zu überführen,

- sowie dem Benutzer bei monotonen Verarbeitungsvorgängen zu signalisieren, daß der Agent diese Tätigkeit schneller und bequemer erledigen kann.

Dem Begriff der Benutzerfreundlichkeit kommt in diesem Zusammenhang eine zentrale Rolle zu. Angestrebte Ziele benutzerfreundlicher Mensch-Maschine-Schnittstelle sind unter anderem:

- Einprägsamkeit und Wiedererkennbarkeit

- Benutzbarkeit

- Adaptivität

- Effektivität in der Bedienbarkeit

- Erlernbarkeit

- Ästhetik

Betrachtet man die Entwicklung intelligenter Agenten in Bezug auf Multimedia-Systeme im Detail, lassen sich zwei hauptsächliche Entwicklungstendenzen beobachten:

- **Intelligente Agenten in Multimedia-Umgebungen:** In zunehmendem Maße haben Multimedia-Fachleute erkannt, daß die Mischung des etablierten Anwendungsgebietes Multimedia und intelligente Ansätze, beispielsweise in Form intelligenter Agenten, neuartige multimediale Anwendungsbereiche und Kundenpotentiale erschließt.

- **Multimedia in intelligenten Agenten**: Eine andere Gruppe beschäftigte sich bislang schwerpunktmäßig mit intelligenten Agententechnologien und -anwendungen. Es wurde erkannt, daß die zunehmende Integration multimedialer Ansätze in die intelligenten Systeme Vorteile verschaffen kann.

Der Prozeß der Entwicklung von Multimedia-Systemen war und ist begleitet von einer hohen Menge von Medienformaten und Verarbeitungsstandards. Bei diesem Prozeß wurden und werden neue Informationsmedien für den Benutzer erschlossen und zunehmend standardisiert. Die Standardisierung wird von zwei Seiten vorangetrieben: in Form von De-Fakto-Standards durch die Marktbeherrschung einzelner Softwareunternehmen sowie durch etablierte Standardisierungsgremien. Standards für Multimedia im WWW, wie zum Beispiel HTML, und in interaktiven Fernsehsystemen, wie zum Beispiel DAVIC, sind Beispiele und dienen zur Verdeutlichung der Entwicklungen.

Es läßt sich zusammenfassend feststellen, daß multimediale Systeme und intelligente Agenten bereits heute eine weitreichende Symbiose bei der Lösung spezifischer Aufgaben darstellen. Der Prozeß einer weiterführenden Integration beider Ansätze hin zu intelligenten Medienagenten ist bereits aktiv. Im folgenden wird anhand des WWW und eines interaktiven Fernsehsystems konkret betrachtet, wie sich multimediale Dienste und intelligente Agenten verknüpfen lassen.

4.7.2 Intelligente Agenten in Multimedia-Umgebungen

Intelligente Agenten und deren Laufzeitumgebungen umfassen Dienste, auf die innerhalb multimedialer Anwendungen zugegriffen werden kann. Dadurch wird es möglich, in Erweiterung der multimedialen Präsentation von Informationen eine intelligentere Form der Anwendungssteuerung zu entwickeln. Als Einsatzgebiet sind alle Einsatzbereiche von multimedialen Systemen geeignet.

Die Navigation im WWW basiert darauf, daß Anbieter Informationen auf einem Rechner zum Abruf bereitstellen. Auf Anfrage des Benutzers werden die bereitgestellten Daten vom Rechner des Anbieters über das Internet zum Rechner des Benutzers übertragen. Diese Vorgänge erfordern Zeit, was wegen Netzengpässen oft inakzeptabel hoch ist. Lange Ladezeiten hindern die Internet-Benutzer wesentlich daran, großvolumige Inhalte interaktiv abzurufen. Andererseits gibt es während einer Online-Sitzung Zeiten, in denen der Benutzer die Informationen betrachtet und aufnimmt. In dieser Zeit ist der Kunde Online und bezahlt auch entsprechend dafür, ohne die verfügbare Netzkapazität auszunutzen. Um diese Zeit optimal auszunutzen, wäre es denkbar, daß in dieser Zeit vorher abonnierte Inhalte auf den Rechner des Benutzers übertragen werden und anschließend nicht vom Rechner des Anbieters, sondern vom lokalen Benutzerrechner entsprechend schneller geladen werden. Wird die Übertragung der Informationsblöcke dabei vom Rechner des Dienstanbieters gesteuert, spricht man von Push-Verfahren beziehungsweise setzt man bei der Umsetzung die sogenannten Push-Technologien ein. Dies ermöglicht eine zeitliche Entkopplung zwischen dem Betrachten von WWW-Inhalten und deren Abruf, und trägt dazu bei, daß der Benutzer des push-basierten Systems Inhalte des WWW abonnieren kann. In Abbildung 4.7/2 ist eine Navigationsschnittstelle für Push-Verfahren dargestellt. Auf der linken Seite der Abbildung erkennt man hierarchisch angeordnete Informationskanäle, die jeweils ein abonniertes Themengebiet verkörpern. Wählt man ein solches Themengebiet aus, so wird die Information innerhalb der Navigatoroberfläche angezeigt. Initiiert der Rechner des Dienstenutzers die Auslieferung der Inhalte, so spricht man vom 'smart pull'.

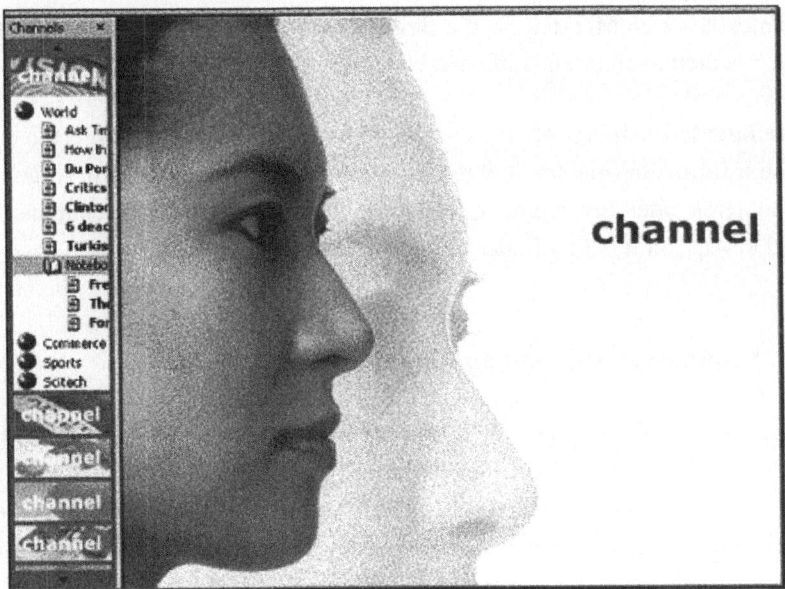

Abbildung 4.7/2: Navigator mit Push-Kanälen

Im Zusammenhang mit intelligenten Agenten bieten Push-Technologien eine Reihe neuartiger Einsatzmöglichkeiten:

- **Kopplung von Push-Technologien und intelligenter Filterung:** Der Erfolg der Push-Technologien ist davon abhängig, in welchem Maße die ausgelieferten Inhalte und die Informationsbedürfnisse des Benutzers übereinstimmen. Im einfachsten Fall wird dem Benutzer gestattet, einzelne WWW-Seiten zu abonnieren. Als erweiterte Auswahl sind Abonnements von Themengebieten möglich, wie zum Beispiel Sport oder Politik, die daraufhin die Filterkriterien darstellen. Intelligente Agenten sind dann besonders wichtig, wenn der Benutzer Unterstützung bei der Definition der Filter benötigt. Ein intelligenter Agent kann, basierend auf den via WWW abgefragten Seiten, vorschlagen, welche Informationsfilter für den Benutzer individuell denkbar sind.

- **Intelligente Agenten als Push-Objekte:** Mittels Push-Verfahren kann man auch intelligente Agenten übertragen, indem man einen Informationskanal für intelligente Agenten einrichtet. Damit wird ein Zubringerkanal für agentenbasierte Märkte geschaffen. Dieses Konzept ist auch auf Werbeagenten übertragbar. Ein besonderer Nutzen dieser Verknüpfung ergibt sich aus der Verknüpfung multimedialer Informationen in der Navigationsoberfläche mit den agentenbasierten Märkten, da die Benutzerkommunikation mit dem WWW und den Agenten in einer einheitlichen Navigationsoberfläche erfolgt.

- **Intelligente Push-Agenten:** Benutzer setzen intelligente Push-Agenten ein, um neue Informationsquellen in ihren Interessengebieten aufzuspüren, Angebote zu abonnieren oder Preisverhandlungen zu führen. Weitere Anwendungsgebiete sind in Abschnitt 6.3 zu finden.

4.7.3 Multimedia und intelligente Agenten

Die Integration von Multimedia in intelligenten Agenten bedeutet zunächst, daß sich die Anwendungsbereiche der intelligenten Agenten unterschiedlich eignen. Beispielsweise ist eine personalisierte Fernsehzeitschrift besonders geeignet, die Agentenfunktionalität mit der multimedialen Oberfläche des Fernsehsystems zu verknüpfen und somit die Navigation zu erleichtern. Andererseits sind intelligente Steuerungssysteme von der Multimedia-Integration zunächst geringfügig betroffen.

Das WWW verkörpert heute eine Reihe von Standards, die eine fundamentale Basis für die Repräsentation, Präsentation und Übertragung von Multimedia darstellen. Zu den Basisstandards des WWW zählen beispielsweise die Hypertext Markup Language (HTML) als fundamentale Sprache zur Beschreibung der multimedialen Informationen sowie das Hypertext Transport Protocol (HTTP) als Kommunikationsprotokoll zwischen Client und Server-Anwendungen. Diese Standards werden innerhalb des WWW-Consortiums (W3C) vereinbart und verabschiedet. Weiterhin haben sich eine Reihe von De-Fakto-Standards etabliert, die diese Basisstandards ergänzen und erweitern. Ein Beispiel ist die Sprache Java, die HTML-Clients und Server um lokale Verarbeitungsmöglichkeiten ergänzt.

Innerhalb des W3C gibt es Entwicklungen und Standards, die im Hinblick auf die Entwicklung von intelligenten Softwareagenten im Internet maßgeblichen Einfluß besitzen.

4.7.3.1 Multimedia-Erweiterungen

Durch die Erweiterung der existierenden Beschreibungssprache HTML werden neue multimediale Eigenschaften eingeführt, die unter anderem auch intelligenten Agenten eine bessere Programmierbarkeit der Anwendungen und Präsentationen gestatten. Beispiele sind fensterbasierte Oberflächen oder die Synchronisation verschiedener Monomedien. In Abbildung 4.7/3 ist ein Beispiel für die kaskadierbare Oberflächengestaltung innerhalb eines WWW-Navigators dargestellt, wobei der Begriff der Kaskadierung bedeuten kann, daß sowohl die Fenster innerhalb des Navigators abgestuft und überlappend als auch die textuelle Darstellung mittels unterschiedlich abgestufter Fonts erfolgt.

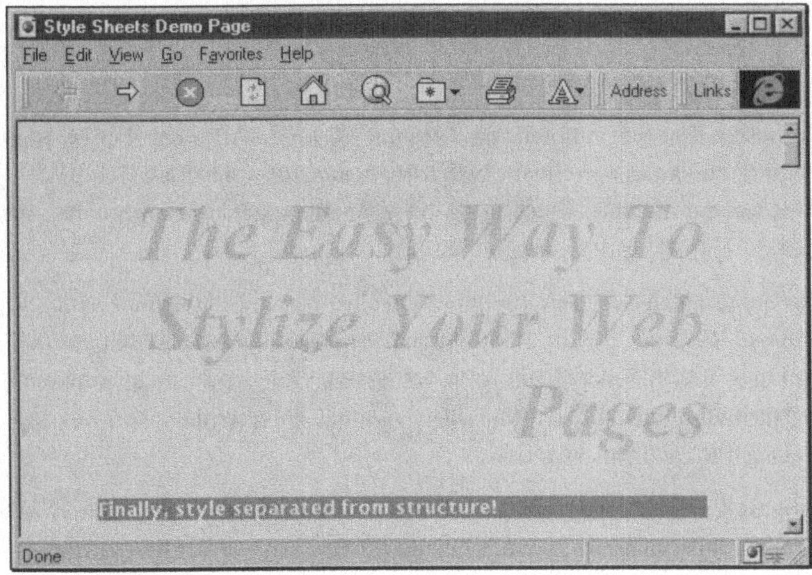

Abbildung 4.7/3: WWW-Demonstrationsseite für Cascade Style Sheets

4.7.3.2 *Platform for Internet Content Selection (PICS)*

Rating-Systeme dienen dazu, die infrastrukturellen Voraussetzungen für die einheitliche Bewertung von Informationen zu schaffen. Innerhalb des Rating-Systems
wird individuell vereinbart, welche Bewertungskriterien für die spezifische Anwendung in Frage kommen. Den Rahmen für das Rating-System im Internet bietet
PICS (Platform for Internet Content Selection). PICS ist eine Infrastruktur, welche
die verknüpfende Beschreibung von Meta-Daten in Bezug auf Medien gestattet.
PICS wurde ursprünglich entwickelt, um Eltern und Lehrern die Möglichkeit
einzuräumen, den Internet-Zugriff ihrer Kinder zu begrenzen. PICS kann aber
auch für andere Arten von Rating-Systemen eingesetzt werden.

Das folgende Beispiel verdeutlicht anhand eines PICS-Labels für eine WWW-
Seite, wie die Attribute im Rahmen von PICS spezifiziert werden.

```
<head>
<META http-equiv='PICS-Label' content='
(PICS-1.1 'http://www.gcf.org/v2.5'
labels on '1994.11.05T08:15-0500'
until '1995.12.31T23:59-0000'
for 'http://w3.org/PICS/Overview.html'
ratings (crime 0.5 sex 0))
>
</head>
...contents of document here...
```

In diesem Beispiel wurden die Attribute (crime, sex) einer WWW-Seite bewertet und durch das vereinbarte Schlüsselwort *ratings* innerhalb der PICS-Spezi-
fikation gekennzeichnet. Die Rating-Informationen stehen im Kopf der WWW-
Seite.

Basierend auf diesen Beschreibungsvorschriften sind die Benutzer des Rating
Systems in der Lage, eigene Wünsche und Anforderungen bezüglich der Nutzung
des Online- und Internet-Zugangs zu definieren. Dabei geht man prinzipiell von
einer Attributbildung aus, die Meta-Daten enthält. In Abbildung 4.7/4 ist das Beispiel eines PICS-Clients zu sehen.

Dargestellt ist eine Auswahlseite, in der ein Benutzer festlegen kann, inwieweit
innerhalb seines Internet-Zugangs Inhalte übertragen werden dürfen, die Gewalt
darstellen. Im dargestellten Beispiel ist die Übertragung von Inhalten mit der Darstellung einfacher Gewalt, wie zum Beispiel der Beschädigung von Objekten,

erlaubt. Die Darstellung von Gewalt an Menschen ist mit dieser Auswahl explizit verboten worden.

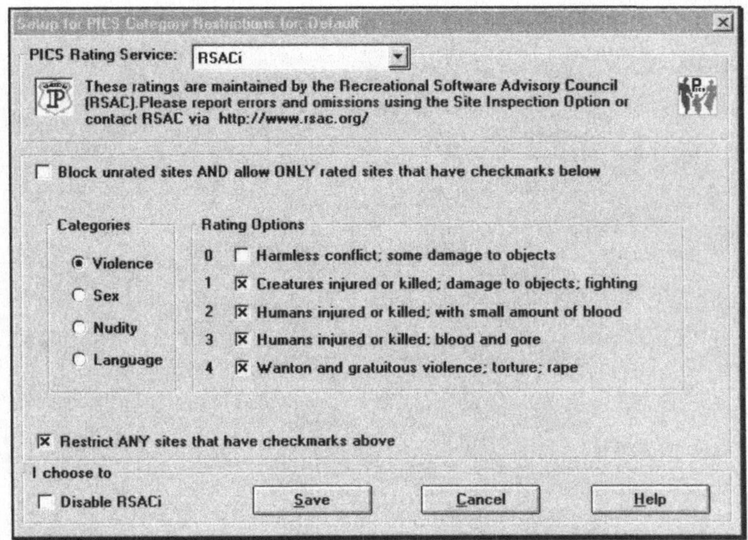

Abbildung 4.7/4: Ein Beispiel für das PICS Rating Service

In Bezug auf intelligente Agenten ist PICS ebenfalls dazu geeignet, als Grundlage für die Bewertung von Agenten und die Extraktion von Meta-Daten für den jeweiligen Anwendungskontext zu dienen. Der Vorteil von PICS ist dabei die strenge Strukturierungsvorschrift, die durch den definierten Standard vorgegeben ist. Nachteilig ist jedoch, daß die Festlegung der Attribute auf individueller Basis erfolgt. Würde beispielsweise eine Anwendung mit verteilten intelligenten Agenten entwickelt werden, ist ein einheitliches Schema der Attribute festzulegen.

4.7.3.3 Platform for Privacy Preferences (P3)

Für den intelligenten Agenten ist es notwendig, die Wünsche und Absichten seines Benutzers zu kennen. Durch die Schaffung einer Plattform für Benutzerpräferenzen, der Platform for Privacy Preferences (P3), wird erreicht, daß die Spezifikation von Benutzerwünschen vereinheitlicht werden kann.

Intelligente Agenten besitzen damit eine Schnittstelle zur Aufnahme von Anforderungen bezüglich der einzuhaltenden Rahmenparameter. Andererseits kann diese Plattform dazu dienen, unerwünschte Agenten zu beschreiben und vom

eigenen Rechner fernzuhalten. In Abbildung 4.7/5 ist ein Prototyp dargestellt, der
Teile der möglichen Festlegungen innerhalb dieses Standards verdeutlicht.

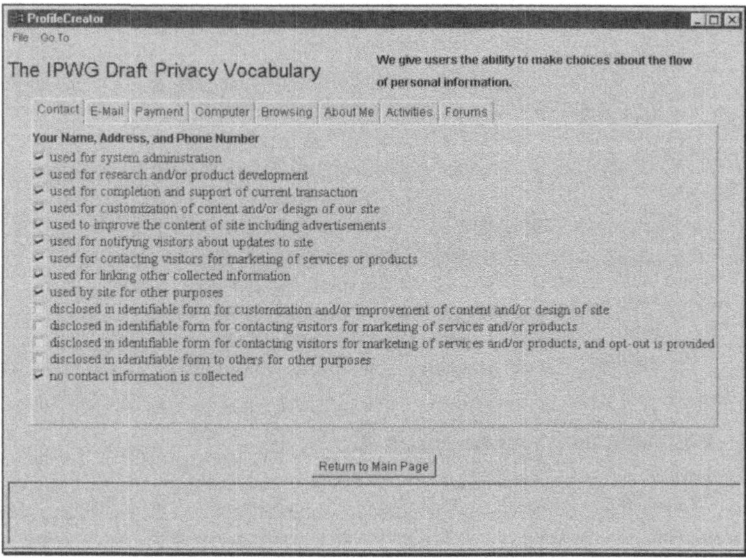

Abbildung 4.7/5: Oberfläche zur Festlegung der persönlichen Präferenzen

4.7.3.4 *Digital Audio Visual Council (DAVIC)*

Der Digital Audio Visual Council ist ein Zusammenschluß von Firmen mit dem
Ziel, die Verbreitung von digitalen video- und audiobasierten Anwendungen und
Diensten, vor allem die des Breitbandverteil- und interaktiven Fernsehens zu fördern. DAVIC besteht aus zirka 200 Mitgliedern, die Unternehmen und Institutionen aus mehr als 20 Staaten repräsentieren. Es wird davon ausgegangen, daß
der Erfolg von multimedialen Systemen unter anderem von der Nutzung und Integration offener Standards für Inhalteanbieter, Diensteanbieter, Netzanbieter, Hard-
und Softwareanbieter abhängt. Die Ziele von DAVIC sind dabei, formale Standardisierungsgremien, zum Beispiel International Standardization Organization
(ISO) und Digital Video Broadcasting (DVB), und existierende Standards für
Schnittstellen, Systeme, Protokolle und Architekturen zu identifizieren, auszuwählen, zu bewerten und einzubinden. Essentielle Grundlage der Arbeit von DAVIC
ist ein Referenzmodell, welches das in DAVIC adressierte System architektonisch

beschreibt (vgl. Abbildung 4.7/6). Aus der Abbildung sind die fünf elementaren Einheiten des DAVIC-Referenzmodells ersichtlich:

- **Content Provider System:** Das Content Provider System dient dazu, Informationen und Inhalte bereitzustellen. Dabei ist davon auszugehen, daß die Inhalte in verschiedenen Medienformen vorliegen und die entsprechende Infrastruktur dafür bereitzustellen ist.

- **Service Provider System:** Das Service Provider System bündelt die Angebote mehrere Content Provider und dient als primärer Kontaktpunkt für das Service Consumer System. Häufig dient das Service Provider System als zentrale Komponente, um Zugang zu den Diensten zu schaffen und diese zu verwalten.

- **Service Consumer System:** Das Service Consumer System beschreibt die Eigenschaften und Schnittstellen des Benutzersystems, um Zugriff auf die verfügbaren Dienste und Inhalte zu erlangen.

- **Delivery Systems, CPS-SPS Delivery System und SPS-SCS Delivery System:** Beide Verteilsysteme dienen in diesem Zusammenhang dazu, die Teilsysteme miteinander zu verbinden.

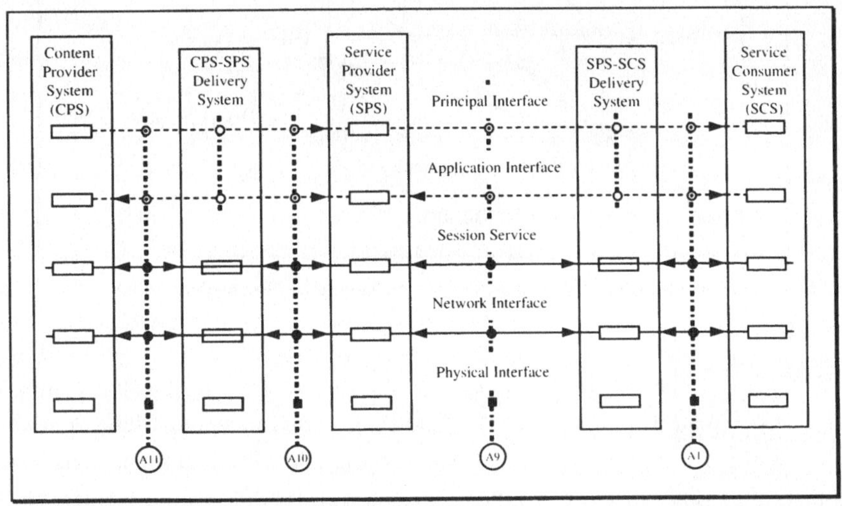

Abbildung 4.7/6: Referenzmodell des DAVIC-Systems

Die Spezifikationen von DAVIC beziehen sich auf die dargestellten Teilsysteme, Module und deren Schnittstellen. Außerdem sieht das Modell vor, Kommunikationsebenen zu unterscheiden (= Service Layer). Die Service Layer stellen abstrahierte Sichten auf das DAVIC-System bereit. So werden beispielsweise die verschiedenen Anwendungen des DAVIC-Systems durch das 'Application Interface' definiert, während in der physikalischen Schicht definiert ist, welche Schnittstellen von der Hardware des DAVIC-konformen Rechner- und Kommunikationssystems bereitzustellen ist.

Für den Einsatz von intelligenten Agenten im Kontext von DAVIC bieten sich vielfältige Möglichkeiten. Einen Rahmen stellen die innerhalb des 'Application Technical Committees' vorgestellten agentenbasierten Ansätze dar, die sich auf Anwendungen wie 'Personalized Video on Demand' und eine persönliche Fernsehzeitschrift beziehen [Wittig 1995].

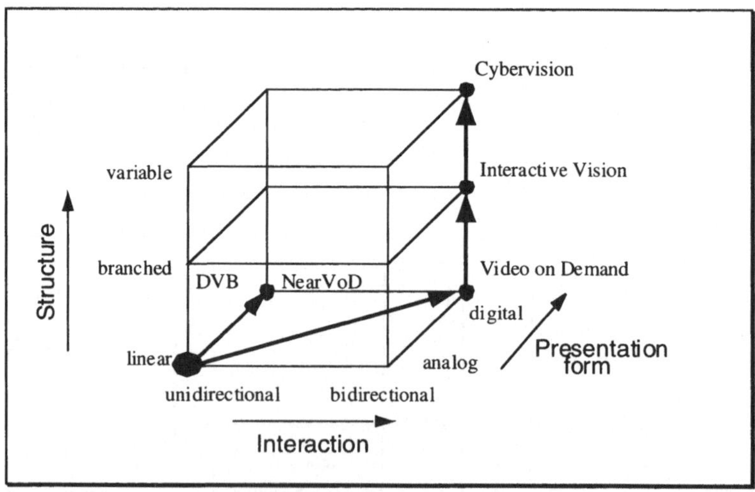

Abbildung 4.7/7: Entwicklungstendenzen bei Fernsehsystemen

Beobachtet man die Entwicklungstendenzen von Fernsehsystemen, so lassen sich verschiedene Rahmenparameter finden: In zunehmendem Maße werden anstelle analoger Übertragungen und Medien digitale Übertragungen und Medien genutzt, zum Beispiel Digital Video Broadcasting (DVB). Dabei werden die Medien vor der Übertragung stark komprimiert und der Kommunikationskanal dadurch besser ausgenutzt. Fernsehen im heutigen Sinne ist Verteilfernsehen. Ein Rückkanal zum Programmanbieter oder zum Sender existiert nicht. Systeme, die den Benutzern durch einen Rückkanal interaktive Kommunikationsmöglichkeiten geben, werden derzeit in Feldtests (zum Beispiel in Nürnberg via Breitband-Telefonnetz) erprobt. Durch diese Interaktivität sind neue Dienste wie beispielsweise Shopping, Online-Spiele, Video on Demand (VoD) oder News on Demand möglich. Video on Demand ist ein Abrufdienst, bei dem Videos per Fernabruf ähnlich zum Abspielen auf einem Videorecorder gezeigt werden. Betrachtet man den Handlungsrahmen innerhalb von Filmen, läßt sich bei den heutigen Filmen ein linearer Fortlauf feststellen. Im Zuge interaktiver Möglichkeiten ist denkbar, daß das Programm mehrere Alternativen bietet, die vom Benutzer individuell wählbar sind. Weitere Potentiale entstehen aus den Möglichkeiten des Cyberspace. Die beschriebenen Szenarien und die daraus entstehenden Einsatzperspektiven in digitalen und interaktiven Fernsehsystemen sind in Abbildung 4.7/7 klassifiziert. Insbesondere bei der Personalisierung von interaktiven und verzweigten Filmen sowie im Bereich von Filmen der Virtual Reality ist der schwerpunktmäßige Einsatz von intelligenten Agenten zu erwarten.

4.8 Zusammenfassung

Aufbauend auf den zugrunde liegenden Einflußgebieten intelligenter Agenten (vor allem KI, VKI und Netzwerk-/Kommunikationssysteme), wird die interne Struktur eines Agenten und die Zusammenarbeit von Agenten innerhalb eines Multi-Agentensystems detailliert vorgestellt. Die interne Struktur wird im wesentlichen durch zwei unterschiedliche Gestaltungsmerkmale bestimmt: Zum einen durch die Gestaltung als deliberatives oder reaktives System, zum anderen durch die Unterscheidung zwischen stationären und mobilen Agenten. Jeder dieser einzelnen Ansätze basiert auf einer Reihe grundlegender Theorien, die ausführlich diskutiert werden. Die zentralen Aspekte beim Zusammenspiel mehrerer Agenten bilden die verwendeten Kommunikations- und Kooperationsprotokolle/-strategien. Sowohl im Bereich der Kommunikation als auch der Kooperation existieren eine Reihe von Verfahren, die die effiziente Gestaltung eines Multi-Agentensystems und die verteilte Lösung von Problemen unterstützen. Die bedeutendsten Ansätze (KQML, Kontraktnetz-System, Partial Global Planning) werden vorgestellt und bewertet. Den Abschluß bilden jeweils kurze Einführungen in eine Reihe zentraler Themengebiete beim Entwurf agentenbasierter Systeme. Hierbei handelt es sich vor allem um das Lernen, das Planen, die Sicherheit und die Anforderungen an das multimediale Basissystem.

5 Entwicklungsmethoden und -werkzeuge[1]

Die Konzeption und Entwicklung komplexer Anwendungssysteme erfordert den Einsatz phasenorientierter Entwurfsmethoden und die Zuhilfenahme von Entwicklungswerkzeugen. Dies gilt nicht nur für traditionelle Softwaresysteme, sondern auch für agentenbasierte Architekturen, da auch sie komplexe Anwendungssysteme darstellen. Im Rahmen dieses Kapitels werden zentrale Entwicklungsmethoden und -werkzeuge unter dem speziellen Blickwinkel agentenorientierter Systeme vorgestellt. Ziel ist es zum einen, bereits existierende Methoden und Werkzeuge auf ihre Eignung für die Entwicklung von Agentensystemen zu untersuchen und zum anderen, die speziellen Anforderungskriterien agentenorientierter Systeme zu identifizieren. Abbildung 5/1 gibt einen Überblick über die zentralen Werkzeugkategorien der Anwendungsentwicklung, bei gleichzeitiger Zuordnung zu den Phasen des Entwicklungszyklusses.

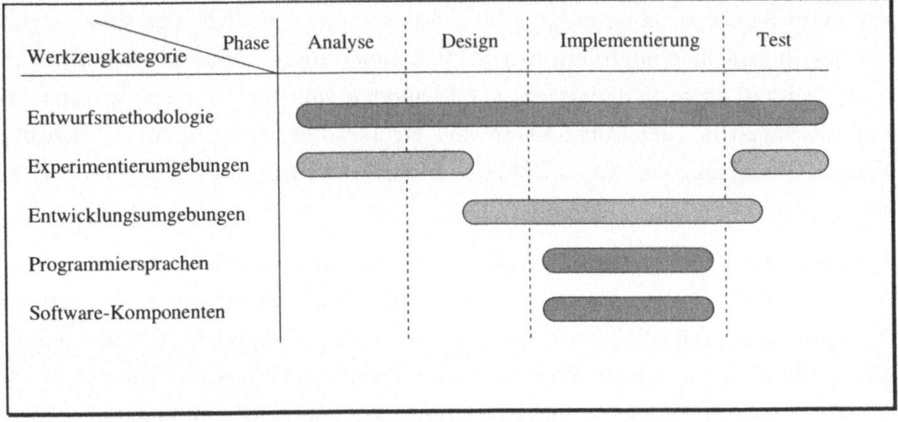

Abbildung 5/1: Entwicklungsmethoden und -werkzeuge
(in Anlehnung an [Kraetzschmar/Reinema 1993])

---

[1] Dieses Kapitel wurde von Rüdiger Zarnekow erstellt.

Im weiteren Verlauf dieses Kapitels beschäftigen wir uns mit den drei, unserer Meinung nach wesentlichen Werkzeugkategorien: Abschnitt 5.1 untersucht die Anwendbarkeit objekt-orientierter Entwurfsmethoden auf agentenorientierte Systeme, Abschnitt 5.2 stellt drei Programmiersprachen für Agentensysteme vor und Abschnitt 5.3 beschäftigt sich mit dem Prinzip der komponentenbasierten Softwareentwicklung. Auf Entwicklungs- und Experimentierumgebungen wird an dieser Stelle nicht näher eingegangen, da es sich bei den derzeit existierenden agentenorientierten Umgebungen größtenteils um forschungsorientierte oder prototypische Realisierungen handelt, deren Wert für die kommerzielle Anwendungsentwicklung beschränkt ist. Die Entwickler von Agentensystemen sind derzeit noch auf den Einsatz allgemeiner objekt-orientierter oder KI/VKI-orientierter Umgebungen angewiesen.

5.1 Agentenorientierte Analyse und Design

5.1.1 Objekt-orientierte Analyse

Die klassischen Modelle und Methoden der Softwareentwicklung sind nicht ohne Modifikationen auf agentenorientierte Systeme übertragbar, da diese verschiedene grundlegende Unterschiede zu herkömmlichen Softwaresystemen aufweisen und erweiterte Konzepte beziehungsweise Schwerpunkte innerhalb der verwendeten Entwicklungsmethodologie erfordern. Im Rahmen dieses Abschnittes soll untersucht werden, inwieweit existierende Methoden und Modelle den besonderen Anforderungen bei der Entwicklung von Agentensystemen gerecht werden und welche Charakteristika ein agentenorientiertes Entwicklungsmodell aufweisen muß.

Abbildung 5.1/2 zeigt das klassische Phasenmodell der Softwareentwicklung. In der Analysephase wird eine allgemeine Spezifikation des zu modellierenden Problems entwickelt. Ziel ist die Erstellung eines Analysemodells, welches präzise wiedergibt, welche Aufgaben das zu konzipierende System wahrnehmen soll und was es zu diesem Zweck zu tun beabsichtigt. Wie die Aufgaben konkret zu lösen sind, wird in der Analyse nicht näher betrachtet. An die Analysephase schließt die Designphase an. Innerhalb des Designs wird unter Zuhilfenahme des Analysemodells der konkrete Systementwurf vollzogen. Die grundlegende Architektur des Systems wird ebenso festgelegt, wie die zu verwendenden Funktionseinheiten, Datenstrukturen und Algorithmen. Im Rahmen der Implementierung wird das entwickelte Konzept mit Hilfe einer Programmiersprache und anderer Entwicklungswerkzeuge in die Praxis umgesetzt. Den Abschluß bildet ein möglichst umfangreicher und vollständiger Systemtest. Innerhalb des folgenden Abschnittes wird ausschließlich auf die Analyse und das Design agentenbasierter Systeme eingegangen. Die zur Implementierung bereitstehenden Programmiersprachen sind Gegenstand des nächsten Kapitels.

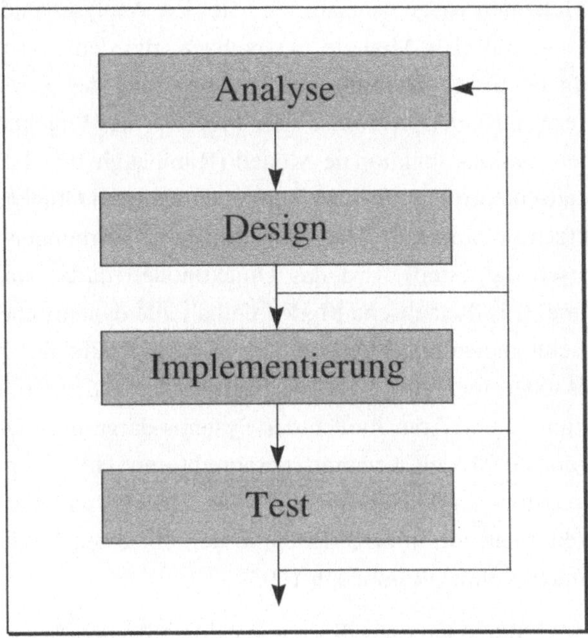

Abbildung 5.1/2: Software-Entwicklungszyklus

Agentensysteme sind von ihrem Wesen her den objekt-orientierten Systemen zuzuordnen. Ihre Objekte, die Agenten, bestehen aus Attributen und Methoden, kommunizieren miteinander über den Aufruf von Methoden oder das Versenden von Nachrichten und verwenden klassische OO-Konzepte, wie Vererbung, Datenkapselung oder Aggregation. Entsprechend kommen für die Entwicklung agentenbasierter Anwendungen vor allem objekt-orientierte Entwicklungsmethoden in Frage. Klassische, nicht objekt-orientierte Entwurfsmodelle, wie zum Beispiel die strukturierte Analyse/Design (SA/SD) oder die Modelle von [Yourdon 1991] und [DeMarco 1985], eignen sich nur bedingt für die Modellierung von Agentensystemen, da sie auf funktional ausgerichteten Programmlogiken basieren und viele

Aspekte eines Agenten nicht darstellen können. Objekt-orientierte Methoden bauen im Gegensatz dazu auf den Konzepten der Objekt-orientierung auf und versuchen, die Entwicklung objekt-orientierter Systeme möglichst reibungslos und inhaltlich vollständig zu unterstützen. Es existieren derzeit eine Vielzahl unterschiedlicher Methoden, zum Beispiel die Object Modelling Technique (OMT) [Rumbaugh 1993], Fusion [Coleman et al. 1994] oder die Methoden von [Booch 1991] und [Coad/Yourdon 1991a, 1991b].

All diesen Methoden ist gemeinsam, daß sie den Analyse- und Designprozeß mit einer Reihe graphischer Modelle unterstützen, die dem Systemdesigner die schwierige Aufgabe der Konzeption und Strukturierung des Systems erleichtern sollen. OMT verwendet beispielsweise drei Modelle: das Objektmodell, das dynamische Modell und das funktionale Modell [Rumbaugh 1993]. Das Objektmodell stellt die statische Struktur aller im System enthaltenen Objekte und ihre statischen Beziehungen untereinander dar (zum Beispiel Vererbungen oder Aggregationen). Graphisch dargestellt wird das Objektmodell durch ein oder mehrere Objektdiagramme. Das dynamische Modell enthält alle dynamischen Prozesse des Systems, das heißt diejenigen Prozesse, die sich im Laufe der Zeit verändern. Innerhalb eines oder mehrerer Zustandsdiagramme werden zu diesem Zweck potentielle Ereignisse und Transitionen des Systems dargestellt. Das dritte OMT-Modell, funktionales Modell genannt, beschreibt mit Hilfe von Datenflußdiagrammen die funktionalen Abläufe innerhalb des Systems und somit dessen interne Struktur. Weitergehende Informationen zu den einzelnen Modellen und deren Verwendung finden sich in [Rumbaugh 1993].

Obwohl andere Methoden zum Teil andere Modelle und Diagramme verwenden, läßt sich die allgemeine Vorgehensweise objekt-orientierter Entwurfsmethoden in vier Ablaufschritte, die durch drei Modelle unterstützt werden, unterteilen [Burmeister 1996]: die Identifikation der Objekte und Klassen, die Identifikation der statischen Beziehungen unter den Objekten, die Spezifikation der dynamischen Prozesse und die Beschreibung der internen Strukturen der Objekte. Bei den drei Modellen handelt es sich um:

- das **Basismodell**, welches die eigentlichen Objekte, samt ihrer Attribute und Methoden beinhaltet (vgl. Abbildung 5.1/3).

- das **statische Modell**, in dem die statische Struktur der Systemobjekte (zum Beispiel die Objekthierarchie und die Gruppierung in Subsysteme) wiedergegeben wird.

- das **dynamische Modell**, welches die Steuerung des Systems modelliert, indem es die dynamischen Beziehungen zwischen Objekten (engl. dynamics in the large), die Prozesse innerhalb eines einzelnen Objektes (engl. dynamics in the small) und die interne Struktur der Objekte abbildet.

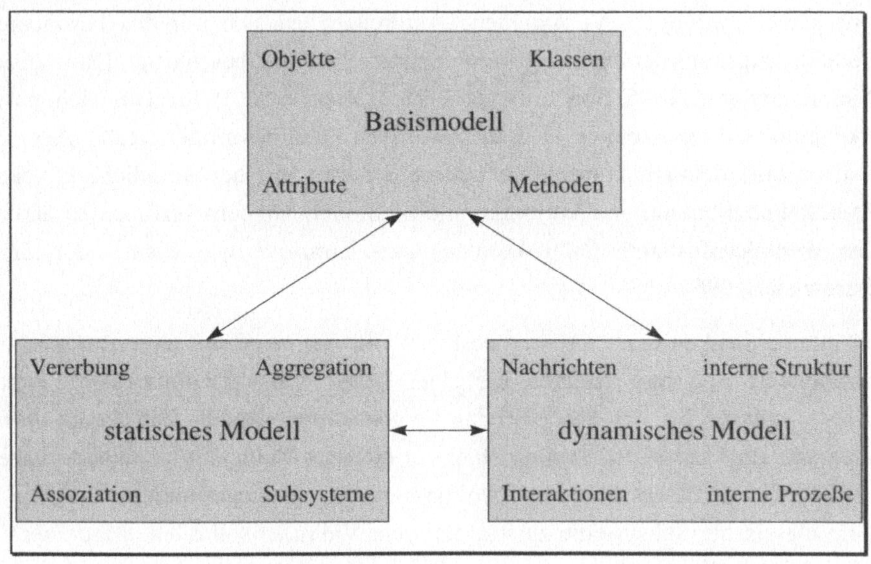

Abbildung 5.1/3: Allgemeine Modelle objekt-orientierter Methoden
(in Anlehnung an [Albayrak 1996])

Jedes der drei Grundmodelle entwickelt sich im Laufe des Entwicklungsprozesses kontinuierlich weiter. So werden beispielsweise die zu Beginn der Analyse sehr allgemein gehaltenen Modelle innerhalb der Designphase durch Konstrukte des Zielbereichs erweitert und im Rahmen der Implementierung die Konstrukte der Anwendungsdomäne und des Zielbereichs kodiert [Rumbaugh 1993]. Auch eine Verzahnung der einzelnen Modelle miteinander ist feststellbar. Kein Modell kann losgelöst von den beiden anderen betrachtet werden, sondern nur im Gesamtkontext des Systems. Allerdings ist es ein Ziel jeder Entwurfsmethodologie, zwischen den Modellen explizit sichtbare Verknüpfungen und Schnittstellen zu schaffen, um die unterschiedlichen Aspekte und Sichtweisen des Systems möglichst deutlich zu entkoppeln.

5.1.2 Agentenorientierte Methoden

Obwohl Agenten in der Regel in Form von Objekten dargestellt werden, besitzen sie eine Reihe von Eigenschaften, die sie von klassischen objekt-orientierten Systemen unterscheiden. Dementsprechend eignen sich auch die vorgestellten, rein objekt-orientierten Entwurfsmethoden nur bedingt für den Einsatz in agentenorientierten Umgebungen. Verschiedene Autoren haben sich mit den besonderen Modellierungsanforderungen agentenbasierter Systeme beschäftigt [Burmeister 1996, Kinny et al. 1995, Sundermeyer 1993, Iglesias et al. 1996]. Die wichtigsten Erkenntnisse ihrer Arbeiten sind im folgenden kurz zusammengefaßt: Agenten besitzen eine deutlich komplexere interne Struktur, als herkömmliche Objekte. Sie bestehen nicht nur aus Attributen und Methoden, sondern verfügen zusätzlich über mentale Zustände (BDI-Agenten) und Konzepte wie Pläne oder Ziele [Burmeister 1996].

Die interne Struktur eines Agenten besteht somit zum einen aus einer funktionalen Komponente und zum anderen aus einer Reihe von Verhaltensweisen. Beide Aspekte müssen bei der Modellierung berücksichtigt werden. Ein Agent ähnelt insgesamt eher einem Subsystem objekt-orientierter Methoden als einem einzelnen Objekt. Allerdings ist es nur bedingt sinnvoll, agentenorientierte Systeme in Form klassischer Subsysteme zu strukturieren. Vielmehr sollte eine Modellierung anhand der Rolle der Agenten innerhalb der Gesamtorganisation vorgenommen werden, da diese Strukturierung direkt in Analyse, Design und Implementierung übernommen werden kann [Albayrak 1996]. Agenten sind, im Gegensatz zu den klassischen passiven Objekten, aktive Einheiten. Sie können selbständig aktiv werden (Proaktivität) und ihre eigenen Pläne und Ziele verfolgen. Während Objekte durch das Versenden von Nachrichten oder den Aufruf von Methoden aktiviert werden, kann ein Agent jederzeit selbst entscheiden, ob und in welcher Form er auf eine bestimmte Nachricht reagiert. Eine agentenorientierte Methodologie muß Modelle zur Verfügung stellen, innerhalb derer derartige Verhaltensweisen abgebildet werden können.

Die Art der Kommunikation ist ein weiterer wesentlicher Unterscheidungsfaktor zwischen objekt- und agentenorientierten Architekturen. Innerhalb von objekt-orientierten Systemen findet eine Kommunikation nur auf einem relativ niedrigen Sprachniveau statt. Die Basis bildet der Austausch von Nachrichten. Ein Objekt nimmt die angebotene Funktionalität eines anderen Objektes in Anspruch, indem es diesem eine entsprechende Nachricht sendet. Dieses Vorgehen entspricht dem klassischen Client/Server-Prinzip. Agenten besitzen ein deutlich höherwertiges Kommunikationsniveau (vgl. Abschnitt 4.3). Sie verwenden komplexe Kommunikationsprotokolle und Dialogstrukturen, die zwar prinzipiell auf dem Prinzip des Nachrichtenaustausches basieren, inhaltlich aber weit darüber hinausgehen. Beispielsweise müssen Agenten in der Lage sein, andere Agenten über ihre Absichten und Ziele zu informieren und ihnen Wissen zu übermitteln. Auch die auf den Kommunikationsprotokollen aufbauenden Kooperationsprotokolle und -strategien sind zu berücksichtigen. Die dynamischen Modelle herkömmlicher objektorientierter Methoden bieten nur unzureichende Konstrukte, um derartige Mechanismen zu modellieren.

Den beschriebenen inhaltlichen Erweiterungen agentenorientierter Systeme stehen andere Konstrukte gegenüber, die im Vergleich zu objekt-orientierten Systemen eine deutlich geringere Bedeutung besitzen. Hierzu zählt beispielsweise das Prinzip der Vererbung, welches bei der objekt-orientierten Softwareentwicklung eine zentrale Rolle spielt, im Rahmen von Agentensystemen aber nur einen untergeordneten Faktor darstellt [Albayrak 1996]. Für diese Tatsache verantwortlich ist die in der Regel sehr spezielle Ausgestaltung eines Agenten in Verbindung mit der Existenz wissensbasierter Komponenten. Beides sind Kriterien, die einer breiten Verwendung des Vererbungsmechanismus im Wege stehen.

Im folgenden werden zwei agentenorientierte Entwicklungsmethoden vorgestellt. Es handelt sich um die Ansätze von [Burmeister 1996] und [Kinny et al. 1995]. Beide Autoren definieren im Rahmen ihrer Arbeiten sowohl eine Reihe von Modellen, als auch schrittweise Handlungsanweisungen zu deren Erstellung.

Burmeister unterstützt die Analysephase agentenorientierter Systeme mit drei Modellen: dem Agentenmodell, dem organisatorischen Modell und dem Kooperationsmodell (vgl. Abbildung 5.1/4):

- **Agentenmodell**: Das Agentenmodell enthält die eigentlichen Agenten, samt ihrer internen Struktur. Diese besteht sowohl aus den klassischen Komponenten Attribute und Methoden, als auch aus den Verhaltensweisen und Absichten der Agenten. Das Agentenmodell entspricht somit einem um Verhalten und Absichten erweiterten Basismodell objekt-orientierter Methoden. Auch die Schritte zur Erstellung des Agentenmodells lehnen sich an die Herleitung eines Basismodells an. Die Agenten und ihre Umweltobjekte sind zu identifizieren, die Motivation und das Verhalten jedes Agenten ist festzulegen und das Wissen des Agenten ist zu beschreiben. Burmeister schlägt vor, die zur Erstellung des Agentenmodells benötigten Informationen in Form von CRC-Karten (engl.

classes-responsibilities-collaborations) zu organisieren, wie sie beispielsweise beim Responsible Driven Design [Wirfs-Brock et al. 1990] verwendet werden.

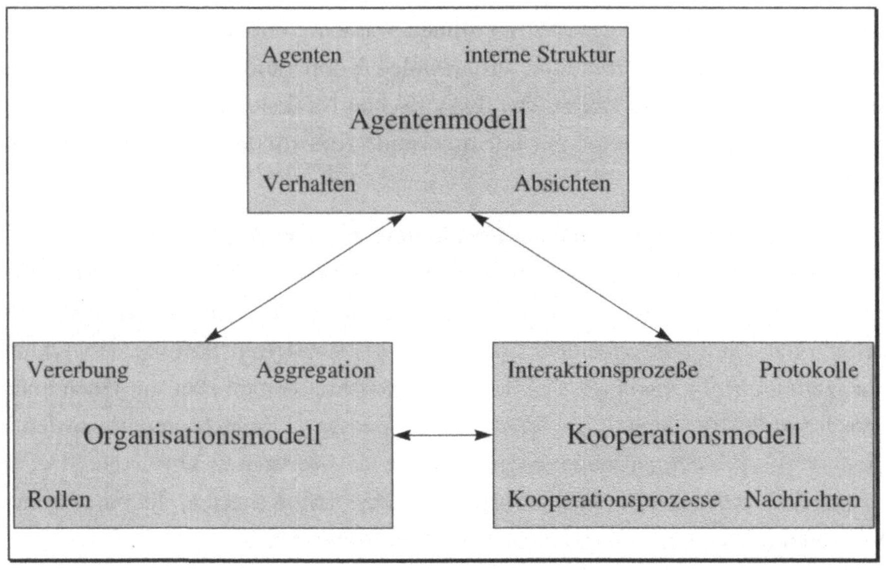

Abbildung 5.1/4: Agentenorientierte Analysemodelle nach Burmeister
(in Anlehnung an [Burmeister 1996])

- **Organisationsmodell**: Innerhalb des Organisationsmodells werden die statischen Beziehungen zwischen Agenten und Agentenkategorien dargestellt. Beziehungen können zum einen aus klassischen objekt-orientierten Prinzipien, wie Vererbung oder Aggregation bestehen, und zum anderen auf der jeweiligen Rolle der Agenten innerhalb der Gesamtorganisation basieren. Agenten sind untereinander durch ihre spezifischen Rollen assoziiert, allerdings sind derartige Assoziationen nicht so eng, wie bei herkömmlichen Klassen [Albayrak 1996]. Auch eine Aggregation läßt sich anhand von Organisationsformen modellieren. Insgesamt ähnelt das Organisationsmodell dem statischen Modell der objekt-orientierten Methoden. Zur Erstellung des Organisationsmodelles schlägt Burmeister drei Schritte vor: Die Identifikation einzelner Rollen innerhalb des Gesamtsystems, die Erstellung einer Vererbungshierarchie und die Zusammenfassung der identifizierten Rollen zu Organisationseinheiten.

- **Kooperationsmodell**: Das Kooperationsmodell besteht aus den Interaktions- und Kooperationsprozessen zwischen den Agenten. Die Basis für derartige Prozesse bilden einfache Nachrichten und die auf diesen Nachrichten aufbauenden Kommunikations- und Kooperationsprotokolle. Das Kooperationsmodell entspricht dem dynamischen Modell klassischer Methoden, mit dem Unterschied, daß die dynamischen Prozesse innerhalb eines Agenten (auch Agenten-Lebenszyklus genannt) nicht im Kooperationsmodell enthalten, sondern Teil des Agentenmodells sind. Auch zur Erstellung des Kooperationsmodells definiert Burmeister konkrete Handlungsschritte: Die Kooperationsziele, samt der daran beteiligten Partner, sind zu identifizieren, die Nachrichtentypen sind festzulegen (zum Beispiel KQML-Nachrichten) und die verwendeten Kooperationsprotokolle sind zu definieren.

Die von Kinny entwickelte Methodologie ähnelt den Ansätzen von Burmeister, setzt jedoch den Schwerpunkt auf die Ausgestaltung der internen Strukturen und Prozesse eines Agenten, während Burmeister der Interaktion und Kooperation einen größeren Stellenwert zuordnet. Kinny unterscheidet zwischen zwei Abstraktionsgraden: der externen und der internen Sichtweise [Kinny et al. 1995]. Dementsprechend sind auch die von ihm entwickelten Modelle in externe und interne Modelle unterteilt. Externe Modelle modellieren die Agenten, ihre Aufgaben und Verantwortlichkeiten, die von den Agenten benötigten Informationen und ihre Interaktionen mit anderen Objekten. Innerhalb der internen Modelle wird die Architektur eines einzelnen Agenten, inklusive seiner Verhaltensweisen und Absichten, dargestellt. Sinn dieser Zweiteilung ist es, die Architektur des Agenten von der des Systems zu trennen. So können die externen Modelle völlig losgelöst von der konkreten Gestaltung der Agenten, zum Beispiel als reaktive oder deliberative Systeme, entwickelt werden. Und die internen Modelle wiederum sind nicht abhängig von der Struktur des Gesamtsystems, zum Beispiel von den verwendeten Kommunikationsmechanismen und Kooperationsprotokollen.

Kinny definiert zwei externe Modelle, das Agentenmodell und das Interaktionsmodell:

- **Agentenmodell**: Das Agentenmodell beschreibt die statischen Beziehungen zwischen den Agenten in Form von Agentenhierarchien. Es erfüllt damit dieselben Aufgaben, wie das Organisationsmodell von Burmeister. Bei komplexen Systemen besteht das Agentenmodell aus zwei Komponenten. Dem Agentenklassenmodell, bei dem es sich um eine Reihe von Klassendiagrammen handelt, die abstrakte und konkrete Agentenklassen definieren und ihre statischen Beziehungen untereinander abbilden; und dem Agenteninstanzmodell, das sich aus einer Menge von Instanzmodellen zusammensetzt, die jede Instanz eines Agenten identifizieren.

- **Interaktionsmodell**: Ein Interaktionsmodell stellt die Verantwortlichkeiten, Dienste, Kommunikations-, Kooperationsprozesse und Kontrollbeziehungen zwischen Agenten graphisch dar. Auch die verwendete Nachrichtenstruktur und die Protokolle sind Teil des Interaktionsmodells. Es entspricht damit im wesentlichen dem Kooperationsmodell von Burmeister.

Die internen Modelle der Kinny-Methodologie sind das Überzeugungsmodell, das Zielmodell und das Planmodell. Die Verwendung dieser Modelle eignet sich vor allem für die Analyse und das Design von Agentensystemen, deren Basiseinheiten BDI-Agenten darstellen. Inwieweit auch andere Agentenarchitekturen, wie zum Beispiel reaktive Agenten, sinnvoll modelliert werden können, bleibt offen. Im einzelnen haben die drei internen Modelle die folgenden Aufgaben:

- **Überzeugungsmodell** (engl. belief model): Die Überzeugungen, die ein Agent über sich und seine Umwelt besitzt, werden in Form von Überzeugungsmengen (engl. belief sets) strukturiert. Durch die Ableitung sogenannter Überzeugungszustände (engl. belief states), bei den es sich um konkrete Instanzen der Überzeugungsmenge handelt, können Verhaltenszustände eines Agenten modelliert werden. Überzeugungsmengen werden als Objektdiagramme und Überzeugungszustände als Instanzdiagramme graphisch dargestellt.

- **Zielmodell** (engl. goal model): Das Zielmodell beschreibt zum einen die Ziele, die ein Agent verfolgen und zum anderen die Ereignisse, auf die er reagieren kann. Wie beim Überzeugungsmodell, setzt sich auch das Zielmodell aus einer Zielmenge und daraus abgeleiteten Zielzuständen zusammen.

- **Planmodell** (engl. plan model): Innerhalb des Planmodells werden die Pläne, die ein Agent zur Erreichung seiner Ziele aufstellt, modelliert. Die Eigenschaften und Kontrollstrukturen der Pläne werden durch eine Planmenge beschrieben. Jeder Plan ist in Form eines Plandiagrammes dargestellt. Abbildung 5.1/5 zeigt ein derartiges generisches Plandiagramm, das auf dem Prinzip der 'State Transition Diagrams' herkömmlicher objekt-orientierter Methoden basiert.

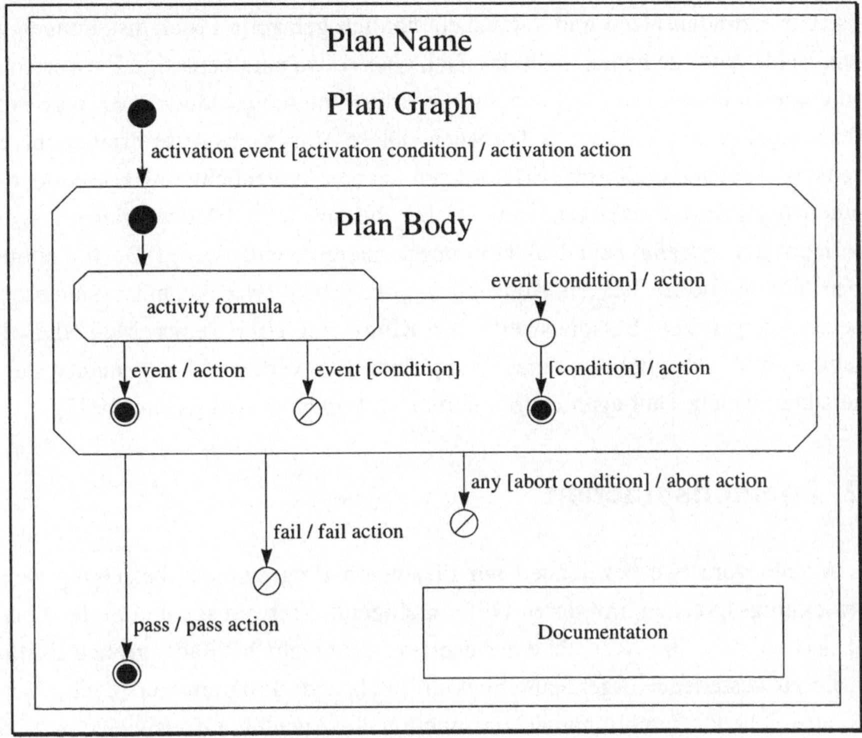

Abbildung 5.1/5: Generisches Plandiagramm [Kinny et al. 1995]

Zu Beginn steht eine Beschreibung des Ereignisses oder Zustandes, durch das der Plan ausgelöst wird. Dabei kann es sich sowohl um externe Ereignisse, als auch interne Zustandsänderungen, zum Beispiel die Änderung einer Überzeugung des Agenten, handeln. Innerhalb eines Plandiagrammes gibt es drei Arten von Zuständen: Anfangszustände (●), Endzustände (erfolgreich: ⊙, nicht-erfolgreich: ∅) und interne Zwischenzustände (O). Interne Zwischenzustände können entweder aktiv oder passiv sein. Während passive Zwischenzustände keine Unterstrukturen besitzen, sind aktive Zustände mit einer bestimmten Aktivität, zum Beispiel einem Ziel, und eventuellen Iterationsoperationen (Schleifen, Bedingungen) verknüpft. Übergänge zwischen aktiven Zuständen können erfolgreich oder nicht erfolgreich sein, je nach Ausgang der mit dem Zustand verknüpften Aktivität.

Abschließend läßt sich festhalten, daß sowohl die Ansätze von Burmeister als auch von Kinny einen ersten Schritt in Richtung einer allgemeinen Methodologie zur Entwicklung komplexer, verteilter Agentensysteme darstellen. Trotz ihrer zum Teil unterschiedlichen Modelle und Schwerpunkte, basieren beide Ansätze auf denselben Grundansätzen und versuchen, ähnlich gelagerte Problemstellungen zu lösen. Beide Ansätze haben nicht das Ziel, eine vollständig neuartige Entwurfsmethodologie zu entwickeln, sondern auf die Erkenntnisse und Modelle existierender objekt-orientierter Methoden aufzubauen. Diese Vorgehensweise ermöglicht es, bereits existierende praktische Erfahrungen bei der Anwendung objekt-orientierter Methoden zu berücksichtigen und nur für die speziellen Anforderungen agentenorientierter Systeme neue Modellierungskonstrukte einzusetzen. Beide Autoren haben ihre Methoden bei der Konzeption praxisorientierter Agentensysteme eingesetzt und getestet. Beispielsweise hat Kinny mit Hilfe seiner Methoden die Analyse- und Designphase eines komplexen Flugverkehr-Managementsystems unterstützt, welches auf agentenorientierten Techniken basiert [Kinny 1995].

5.2 Agentensprachen

Als Agentensprachen bezeichnen wir diejenigen Programmier- beziehungsweise Entwicklungssprachen, mit deren Hilfe intelligente Softwareagenten in der Praxis realisiert werden. Die Auswahl einer geeigneten Sprache hat dabei großen Einfluß auf die zu gestaltende Agentenarchitektur. Nicht jede Programmiersprache bietet eine ausreichende Funktionalität, um intelligente Agenten auf effiziente Art und Weise implementieren zu können. Auch die einer Sprache zugrunde liegenden Konzepte machen sie mehr oder weniger geeignet für die Entwicklung von Agenten. Ziel dieses Abschnittes ist es, zum einen eine Reihe grundlegender Anforderungen an eine Programmiersprache aus Sicht eines Agentensystems zu definieren und zum anderen in der Praxis existierende Sprachen auf ihre Eignung hin zu untersuchen.

5.2.1 Anforderungen

Verschiedene Autoren haben versucht, sinnvolle Kriterien für eine agentenorientierte Programmiersprache herauszuarbeiten (vgl. [Hohl 1995], [Knabe 1996]). Faßt man deren Erkenntnisse zusammen, so ergeben sich eine Reihe zentraler Anforderungen, die im folgenden kurz vorgestellt werden sollen:

- **Objekt-orientiertheit:** Eine Agentensprache sollte das objekt-orientierte Programmiermodell unterstützen, denn bei Agenten handelt es sich um klassische Objekte. Ein Agent besitzt Daten und Methoden. Die Kommunikation zwischen Agenten geschieht in der Regel durch den Aufruf einer Methode, wobei jeder

Agent eine bestimmte Teilmenge seiner Methoden öffentlich zugänglich macht. Diese Teilmenge bildet seine öffentliche Schnittstelle. Die Daten eines Agenten werden ausschließlich durch die dafür vorgesehenen Methoden manipuliert. Ein direkter Zugriff auf interne Datenstrukturen eines Agenten ist nicht möglich.

- **Plattformunabhängigkeit:** Agenten kommen innerhalb unterschiedlichster Hard- und Softwareumgebungen zum Einsatz. Dies gilt insbesondere für mobile Agenten, die im Rahmen ihrer Tätigkeit diverse heterogene Rechner eines Netzwerkes ansteuern, sowie für verteilte Agentensysteme. Auch der Zugriff auf einen Agenten kann in heterogenen Netzwerken von unterschiedlichen Plattformen aus geschehen. Die für die Entwicklung verwendete Agentensprache sollte aus all diesen Gründen ein möglichst hohes Maß an Plattformunabhängigkeit besitzen und von einem breiten Spektrum heterogener Systeme unterstützt werden.

- **Kommunikationsfähigkeit:** Eine Agentensprache muß Konstrukte zur Verfügung stellen, mit deren Hilfe kommunikationsorientierte Komponenten implementiert werden können. Kommunikationsorientiert bezieht sich hierbei sowohl auf die Kommunikation mehrerer Agenten untereinander, als auch auf die Fähigkeit eines Agenten, in einer netzwerkorientierten Umgebung zu agieren.

- **Sicherheit:** Die Sicherheitsproblematik spielt, wie bereits mehrfach angeklungen, eine zentrale Rolle bei der praktischen Ausgestaltung eines Agentensystems. Insbesondere beim Einsatz mobiler Agenten muß ein äußerst hohes Maß an Sicherheit gewährleistet sein. Die verwendete Agentensprache muß eine ausreichende Menge an Funktionalität zur Verfügung stellen. Dies kann entweder durch den Einsatz eines programmiersprachen-spezifischen Sicherheitsmodells oder durch die Integration externer Sicherheitsmodule (zum Beispiel Firewalls oder Verschlüsselungsprotokolle) erzielt werden.

- **Code-Manipulation:** Für viele Anwendungszwecke ist es notwendig, den Programmcode eines Agenten zur Laufzeit zu manipulieren. Die Agentensprache muß beispielsweise Mechanismen anbieten, den Code eines Agenten gegenüber anderen Objekten zu identifizieren und von anderen Agenten unterscheidbar zu machen [Knabe 1996]. Auch die Übertragung von Programmcode über ein Netzwerk ist häufig notwendig. Mobile Agenten erfordern zusätzlich die Fähigkeit der Agentensprache, den Programmcode eines Agenten empfangen und ausführen zu können.

Neben diesen zentralen Anforderungen existieren weitere wünschenswerte Merkmale einer Agentensprache, wie zum Beispiel Reaktivität, Multitasking, persistente Datenhaltung, Leistungsfähigkeit oder Erweiterbarkeit. Im folgenden werden verschiedene Programmiersprachen auf ihre Eignung für die Entwicklung intelligenter Agenten untersucht. Im einzelnen handelt es sich hierbei um die Sprachen Java, das auf Grund seiner, im Zeitalter des Internet erlangten, Popularität auch für den Bereich der Agenten eine wachsende Bedeutung erlangt, Telescript, eine speziell für die Entwicklung mobiler Agentensysteme konzipierte Sprache, und Tcl, eine aus der UNIX Welt hervorgegangene Skriptsprache, die durch verschiedene Spracherweiterungen auch für Agentensysteme interessant ist. Weitere Agentensprachen sind übersichtsartig in Abbildung 5.2/1 wiedergegeben. Die Abbildung gibt auch Hinweise auf weiterführende Literatur.

Agentenkategorie	**Sprachkategorie**	**Beispiel**	**Literaturreferenz**
Kooperationsagenten	Actor Sprachen	Actors	[Agha 1986]
	Agentenorientierte Sprachen	Agent-0	[Shoham 1993]
		Placa	[Thomas 1995]
Informationsagenten	Skriptsprachen	Tcl/Tk	[Oustershout 1994]
Mobile Agenten		Safe-Tcl	www.smli.com/research/tct/
		Agent-Tcl	www.cs.dartmouth,edu/~agent/agenttcl.htm
		Java	java.sun.com
		Telescript Active Web Tools	www.genmagic.com
		Python	www.python.org
		Obliq	http://www.research.digital.com/SRC/personal/Luca_Cardelli/Obliq/Obliq.html
		April	[McCabe 1995] [McCabe/Clark 1995]
		Scheme-48	photo.net/~jar/s48.html
Reaktive Agenten	Reaktive Sprachen	RTA/ABLE	[Wavish/Graham 1996]

Abbildung 5.2/1: Übersicht Agentensprachen [Nwana/Wooldridge 1997]

5.2.2 Java

Die von der Firma SUN Microsystems entwickelte Programmiersprache Java basiert auf zwei Konzepten, die sie für die Entwicklung intelligenter Agenten in besonderem Maße geeignet erscheinen läßt: einem netzwerk-zentrierten Ansatz und einer plattformunabhängigen Entwicklungsprache. Erreicht werden diese beiden Eigenschaften durch die in Abbildung 5.2/2 verdeutlichte Architektur.

In traditionellen Programmiersprachen wird der Source-Code eines Programmes mit Hilfe eines Compilers, beziehungsweise zur Laufzeit durch einen Interpreter, in systemspezifischen Binärcode übersetzt. Java geht an dieser Stelle einen anderen Weg. Der Java-Compiler übersetzt den Java Source-Code nicht direkt in Binärcode, sondern in einen sogenannten Java Byte-Code. Dieser Byte-Code ist plattformunabhängig und kann auf allen Systemen, die Java unterstützen, ohne Modifikationen ausgeführt werden. Die Ausführung des Byte-Code auf der Zielplattform geschieht mit Hilfe eines für diese Plattform entwickelten Java-Interpreters. Java verwendet also sowohl einen Compiler (zur Erzeugung des Byte-Codes), als auch einen Interpreter (zur Ausführung des Byte-Codes). Der Java Byte-Code wird auf der Zielplattform innerhalb einer sogenannten Java Virtual Machine ausgeführt.

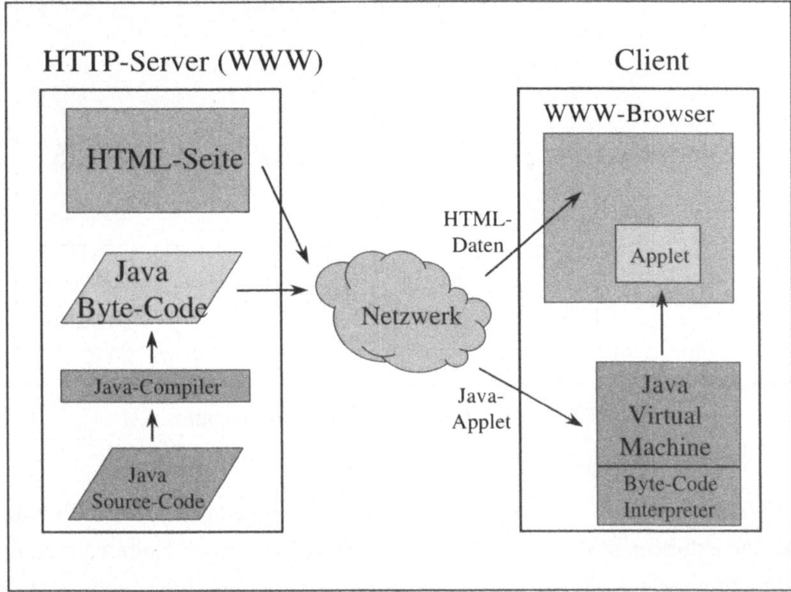

Abbildung 5.2/2: Das Grundprinzip von Java

Die Virtual Machine ist auf das eigentliche Betriebssystem des Zielrechners aufgesetzt und stellt eine simulierte, einheitliche Laufzeitumgebung zur Verfügung (vgl. Abbildung 5.2/3). Unabhängig von der eigentlichen Systemplattform (zum Beispiel Unix, Windows oder MacOS), findet ein Java-Programm mit der Java Virtual Machine grundsätzlich eine einheitliche Laufzeitumgebung vor.

Der Byte-Code kann sowohl lokal ausgeführt werden, in welchem Fall man von Java Anwendungen spricht, als auch als sogenanntes Java Applet über das Netzwerk übertragen und auf einem entfernten Rechner ausgeführt werden (vgl. Abbildung 5.2/2). Im WWW wird das Java Applet beispielsweise in eine HTML-Seite eingebettet, zusammen mit der HTML-Seite übertragen und auf dem Zielrechner innerhalb eines Browsers ausgeführt. In diesem Fall ist es die Aufgabe des Browsers, die notwendige Java-Laufzeitumgebung, das heißt eine Java Virtual Machine und einen Java Interpreter, zur Verfügung zu stellen.

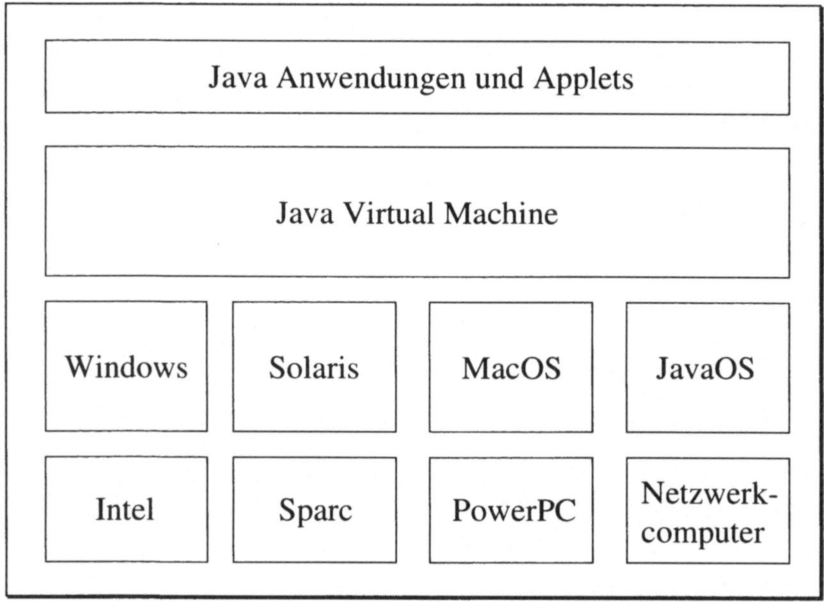

Abbildung 5.2/3: Die Java Virtual Machine

Java lehnt sich von der Syntax her an die Programmiersprache C++ an. Auf Grund der Erfahrungen mit C++ hat man aber auf der einen Seite eine Reihe von Vereinfachungen und auf der anderen Seite verschiedene inhaltliche Erweiterungen vorgenommen. So gibt es beispielsweise in Java keine Zeigerarchitekturen, kein Überladen von Operatoren, keinen direkten Speicherzugriff, keine Mehrfachvererbung und keine erweiterten Konstrukte wie *structs*, *typedefs* oder *unions*. Im Gegensatz zu C++ bietet Java dahingegen ein integriertes Exception Handling, eine automatische Garbage Collection, Multithreading und eine Prüfung von Feldzugriffen und nichtinitialisierten Variablen.

Im folgenden soll keine allgemeine Einführung in die Sprache Java folgen, sondern vielmehr die Betrachtung einiger, aus Sicht intelligenter Softwareagenten zentraler, Java-Prinzipien. Hierzu zählen insbesondere das Java Sicherheitsmodell, die Unterstützung verteilter Java Architekturen durch Remote Method Invocation / Object Serialization und die Java Beans Architektur.

Der netzwerk-zentrierte Ansatz von Java, und insbesondere das Prinzip der Applets, stellen Anforderungen an das Java Sicherheitsmodell, die weit über die herkömmlicher Programmiersprachen hinausgehen. Lädt ein Benutzer ein existierendes Applet über ein Netzwerk und läßt es auf seinem Rechner ausführen, so gestattet er die Ausführung eines ihm unbekannten Programmobjektes auf seinem lokalen System. Von den konkreten Aktionen eines Applets hat der Benutzer zwar auf Grund der ihm bekannten Aufgabe des Applets eine ungefähre Vorstellung, er kann aber niemals sicher sein, ob das Applet sich tatsächlich wie erwartet verhält oder ob es unter Umständen unbeabsichtigte Aktionen ausführt. Hinzu kommt, daß Applets sich prinzipiell gut für die Implementierung von Computerviren eignen.

Aus Sicht des Sicherheitsmodells kann die Ausführung eines Applets aus zwei Richtungen betrachtet werden: Zum einen könnte ein Applet vollen Zugriff auf das ausführende System erhalten. Dies entspräche dem traditionellen Modell, bei dem ein Betriebssystem den ausgeführten Softwareprogrammen Zugriff auf alle wichtigen Systemfunktionen gestattet. Voraussetzung für diesen Ansatz ist ein grundlegendes Vertrauen des Benutzers in das auszuführende Programm und eine Vorabüberprüfung des Programms durch das Betriebssystem. Beide Aspekte sind bei Java Applets nur schwer zu verwirklichen. Zum anderen können die Aktionen eines Applet auf einen fest vorgegebenen Raum innerhalb des Systems beschränkt werden (vgl. Abschnitt 4.5). SUN spricht in diesem Zusammenhang von der 'Sandbox' des Applets [Fritzinger/Mueller 1996]. Innerhalb seiner Sandbox kann ein Applet alle Aktionen ausführen, die es möchte, es hat aber keinerlei Zugriffsmöglichkeiten auf Ressourcen, die außerhalb der Sandbox liegen. In der Praxis wird die Sandbox von der Java Virtual Machine zur Verfügung gestellt.

Das Sicherheitskonzept von Java setzt sich aus verschiedenen Komponenten zusammen, die zum Teil in der Sprache Java selbst und zum Teil in der ein Applet ausführenden Anwendung positioniert sind. Das erste Sicherheitsglied stellt der Java Class Loader dar. Der Class Loader empfängt ein über ein Netzwerk übertragenes Applet auf dem ausführenden System und ordnet diesem einen sogenannten Namensraum (engl. name space) zu. Der Namensraum legt fest, welche Teile der Java Virtual Machine ein Applet verwenden darf. Auf diese Weise können je nach Herkunft eines Applets unterschiedliche Rechte vergeben werden. Der Class Loader selbst ist vor dem Zugriff von Applets geschützt. Diese sind weder in der Lage, den existierenden Class Loader zu modifizieren, noch können sie einen eigenen Class Loader erzeugen.

Vor der eigentlichen Ausführung eines Applets, ruft der Class Loader den sogenannten Verifier auf. Der Verifier überprüft, ob das Applet den Spezifikationen der Sprache Java genügt oder ob gegebenenfalls Verletzungen der Sprachregeln vorliegen. Auch typische Programmierfehler, wie zum Beispiel Fehler beim Speichermanagement, Stack Under- und Overflows, oder unzulässige Datentypzuweisungen, werden vom Verifier erkannt [Fritzinger/Mueller 1996]. Auf diese Weise können viele Aktionen und Sprachkonstrukte, mit denen ein Applet Schaden auf dem Zielsystem anrichten könnte, von vornherein unterbunden werden.

Während der Ausführung wird ein Applet kontinuierlich vom Java Security Manager überwacht. Aufgabe des Security Managers ist es, die Aktionen des Applet auf die zur Verfügung gestellte Sandbox zu beschränken. Wenn immer ein Applet versucht, Aktionen, die direkt das lokale System betreffen, auszuführen, wird der Security Manager durch die Virtual Machine aktiviert und um Erlaubnis zu der beabsichtigten Aktion gebeten. Welche konkreten Aktionen der Security Manager einem Java Programm gestattet, hängt wesentlich von dessen Ausgestaltung als lokal ausgeführte Java Anwendung oder als Java Applet ab. Eine Java Anwendung darf sowohl lokale Dateien lesen, schreiben und löschen, als auch beliebige Netzwerkverbindungen zu anderen Rechnern aufbauen. Diese umfangreichen Rechte sind gerechtfertigt, da eine Java Anwendung, wie alle herkömmlichen Softwareprogramme, vom Benutzer explizit auf seinem System installiert und ausgeführt werden muß. Anders gestaltet sich die Situation bei Applets. Sie werden beispielsweise beim Aufruf bestimmter WWW-Seiten automatisch auf das lokale System geladen und dort ausgeführt. Aus diesem Grund sind ihre Rechte deutlich geringer. Ein Applet hat keinen Zugriff auf das lokale Dateisystem, das heißt es darf keine lokalen Dateien lesen, schreiben oder löschen. Und auch der Aufbau von Netzwerkverbindungen ist streng reglementiert. So darf ein Applet nur zu seinem Ursprungsrechner, das ist der Rechner, von dem es geladen wurde, eine Netzverbindung aufbauen. Verbindungen zu anderen externen Rechnern sind nicht gestattet. Hat man beispielsweise ein Applet vom Server der Firma SUN Microsystems geladen, so darf dieses Applet nur mit diesem einen Server kommunizieren. Ein entsprechendes Vertrauen in den Server der Firma SUN vorausgesetzt, kann der Benutzer des Applets sicher sein, daß keine Kontakte mit fremden Systemen, zum Beispiel zum Zwecke der Übertragung oder Ausspähung von Informationen, stattfinden.

Eine Reihe wichtiger Sicherheitsmechanismen können durch das Sandbox-Prinzip nicht adressiert werden. Hierzu zählen vor allem Möglichkeiten zur Authentifizierung und Signatur von Applets, sowie der Einsatz von Verschlüsselungsmechanismen (vgl. Abschnitt 4.5). SUN hat aus diesem Grund Erweiterungen zum ursprünglichen Java Sicherheitsmodell entwickelt. Dazu gehören zum Beispiel der Einsatz von JAR (engl. Java archives) Dateien, Auditing Mechanismen und Verschlüsselungsalgorithmen. Innerhalb einer JAR Datei wird der gesamte, mit einem Applet zusammenhängende, Programmcode zusammengefaßt. Die JAR Datei kann mit Hilfe eines Message Authentication Code (vgl. Abschnitt 4.5) vor unbefugten Modifikationen geschützt werden und somit das Vertrauen eines Benutzers in ein Applet deutlich erhöhen. Auditing Mechanismen ermöglichen die Protokollierung aller auf einem System ausgeführten Aktionen. Somit kann zumindest nachträglich der Verursacher bestimmter Aktionen eindeutig identifiziert werden. Schließlich ist die Integration verschiedener Verschlüsselungsstandards in die Java Architektur zur Zeit in Arbeit, um das unbefugte Mitlesen der über ein Netzwerk übertragenen Applets zu unterbinden.

Die aus Sicht intelligenter Agenten zweite wesentliche Funktionalität von Java betrifft die Entwicklung verteilter Java Systeme. Zu diesem Zweck stellt Java derzeit zwei Schnittstellen zur Verfügung: Remote Methode Invocation (RMI) und Object Serialization. RMI ermöglicht es Entwicklern, Methoden entfernter Java Objekte aus anderen Java Virtual Machines heraus aufzurufen. Konkret kann ein auf Rechner A aktives Java Objekt die Methoden eines entfernten Objektes auf Rechner B aufrufen, obwohl beide Objekte keinen gemeinsamen Speicherraum (engl. shared memory) besitzen und durch ein Netzwerk voneinander getrennt sind. In diesem Beispiel ist der Rechner A der Client, während Rechner B als Server fungiert. Allerdings kann Rechner B gleichzeitig Objekte enthalten, die Methoden eines entfernten Objektes C aufrufen. Rechner B ist dann gleichzeitig Client und Server.

Um die Methoden eines entfernten Objektes verwenden zu können, muß das aufrufende Objekt eine Referenz auf das Zielobjekt erlangen. Diese Referenz kann entweder durch eine Suche nach dem entfernten Objekt unter Zuhilfenahme des durch RMI zur Verfügung gestellten Namensdienstes (engl. name service), oder durch den Empfang der Referenz als Argument oder Rückgabewert erlangt werden [SUN 1997a]. Die Gesamtarchitektur des RMI-Systems ist in Abbildung 5.2/4 dargestellt.

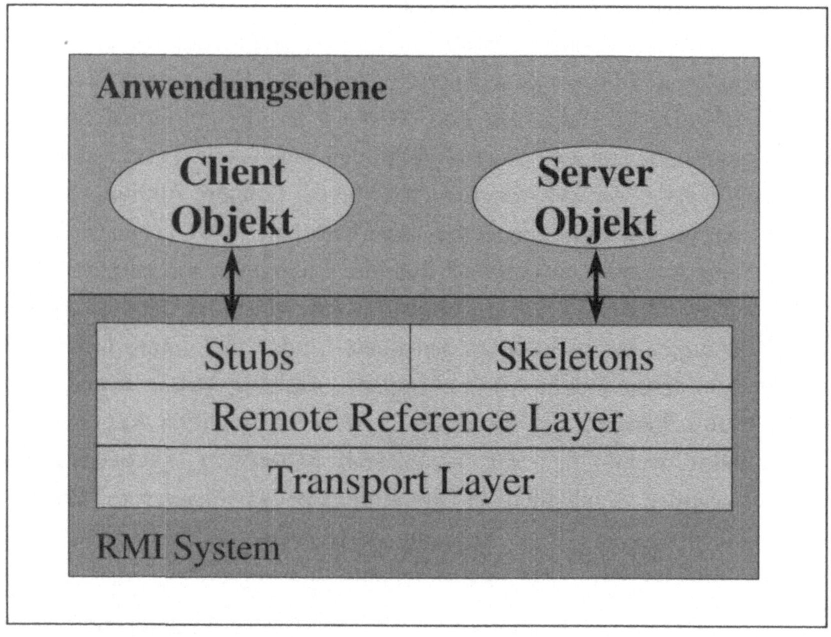

Abbildung 5.2/4: Architektur des RMI Systems [Fiedler 1996]

Ein Objekt, welches seine Methoden via RMI zur Verfügung stellen möchte, muß in einem ersten Schritt mit Hilfe eines Java Stub Compilers den sogenannten Stub-Code erzeugen. Der Stub-Code eines Objektes dient den entfernten Objekten des Clients als Stellvertreter für das Server-Objekt. Ruft also ein Objekt über RMI die Methoden eines entfernten Objektes auf, so bezieht sich dieser Aufruf in Wirklichkeit auf die Methoden des lokal vorliegenden Stub-Codes. Für das aufrufende Objekt ist der Vorgang völlig transparent. Der Stub-Code leitet die Methodenaufrufe über die darunterliegenden Schichten an das eigentliche entfernte Objekt weiter. Die für diese Kommunikation notwendige Gegenstelle auf Serverseite bildet der Skeleton-Code. Der Remote Reference Layer ist für die Semantik der ausgeführten RMI-Aufrufe, zum Beispiel die Feststellung der Referenzierungssemantik (single/multiple server object) verantwortlich [Fiedler 1996]. Die Schnittstelle zur eigentlichen Netzwerkschicht wird durch den Transport Layer gebildet.

Object Serialization erweitert die zentralen Eingabe/Ausgabe Klassen von Java und ermöglicht das Versenden eines Java Objektes über eine Netzwerkverbindung. Diese Erweiterung spielt eine bedeutende Rolle bei der Implementierung mobiler Agenten unter Java. Die Funktionalität des Object Serialization Paketes besteht darin, die zu einem Java Objekt gehörenden Klassen (inkl. der Klassen, auf die das Objekt Zugriff hat) in einen seriellen Datenstrom zu verpacken, über ein Netzwerk zu übertragen und auf dem empfangenden Rechner zum ursprünglichen Objekt wieder zusammenzusetzen. Object Serialization unterstützt somit die Schaffung persistenter Objekte. Ein Objekt kann an einem beliebigen Punkt seiner Ausführung unterbrochen, verpackt und übertragen, auf dem Zielrechner zusammengesetzt und an der ursprünglichen Programmstelle fortgesetzt werden.

Java Beans stellen eine Architektur für die Entwicklung komponentenbasierter Software unter Java zur Verfügung. Ein derartiges Komponentenmodell ermöglicht es dem Entwickler, eine Anwendung aus bereits existierenden Softwaremodulen (Komponenten oder Beans) zusammenzusetzten (vgl. Abschnitt 5.3). Er ist nicht gezwungen, jede Anwendung von Grund auf neu zu konzipieren und entwickeln, sondern kann bereits zur Verfügung stehende Komponenten wiederverwenden. Existiert beispielsweise ein Java Bean, welches eine KQML-Kommunikationsschnittstelle zur Verfügung stellt, so kann der Entwickler eines Agenten dieses Bean für seinen Agenten verwenden und muß keine Neuentwicklung vornehmen. Interessant wird dieses Prinzip vor allem dann, wenn eine vollständige Anwendung aus einer Vielzahl bestehender Komponenten zusammengesetzt wird, und im Optimalfall keinerlei Eigenentwicklung mehr notwendig ist.

Ein funktionsfähiges Komponentenmodell stellt eine Reihe von Anforderungen an die verwendeten Komponenten [Hughes 1997b]:

- die Komponenten müssen ihre konfigurierbaren Eigenschaften und die von ihnen generierten Ereignisse offen zur Verfügung stellen, damit diese von Entwicklern und anderen Komponenten verwendet werden können,

- die Eigenschaften müssen zum einen mit Hilfe eines graphischen Editors modifizierbar sein (dies ist wichtig für die Entwickler) und zum anderen direkt über eine Programmiersprache ansprechbar sein (diese Variante wird zur direkten Kommunikation zwischen Komponenten verwendet),

- die Komponenten müssen Mechanismen zur Verfügung stellen, die die Verknüpfung mehrerer Objekte erlauben.

Neben den Anforderungen an die Komponenten selbst, muß ein Komponentenmodell außerdem sogenannte Container, das heißt Objekte, in die die Komponenten eingebettet und innerhalb derer sie zusammengefügt werden, und eine Skript-Unterstützung zur direkten Interaktion zwischen Komponenten, zum Beispiel unter Zuhilfenahme traditioneller Programmiersprachen wie Java oder C++, enthalten.

Alle aufgeführten Bausteine und Konzepte werden durch das Java Beans Modell adressiert: Zur öffentlichen Bereitstellung seiner Komponenteneigenschaften besitzt jedes Bean eine sogenannte Introspector Klasse, die Methoden zur Verfügung stellt, mit deren Hilfe andere Komponenten oder Entwickler die Eigenschaften und Ereignisse des Beans in Erfahrung bringen können. Dies wird von SUN als Introspection-Mechanismus bezeichnet. Wird ein Bean in einen Container eingefügt, so steht dem Entwickler ein Eigenschaftenfenster (engl. property sheet) zur Verfügung, welches die Modifikation aller Eigenschaften des Beans gestattet (Customization-Mechanismus). Die Eigenschaften selbst werden durch den Introspection-Mechanismus bereitgestellt, während das Eigenschaftenfenster durch den Customization-Mechanismus angeboten wird.

Ein Event-Modell ermöglicht die Kommunikation zwischen verteilten dynamischen Komponenten. Jedes Bean stellt über den Introspection-Mechanismus eine Liste derjenigen Ereignisse zur Verfügung, die es auslösen kann. Sind andere Beans an einem der Ereignisse interessiert, so muß der Entwickler sogenannte Listener implementieren, die für ein Bean die Auslösung eines bestimmten Ereignisses durch ein anderes Bean überwachen. Löst beispielsweise das bereits beschriebene KQML-Bean beim Eintreffen einer neuen KQML-Nachricht ein Ereignis Namens *KQMLMessageNotify* aus, und existiert innerhalb des Agenten ein anderes Bean, das neue KQML-Nachrichten interpretieren soll, so kann dieses zweite Bean einen *KQMLMessageNotifyListener* implementieren und diesen beim KQML-Bean registrieren. Bei jedem Eintreffen einer KQML-Nachricht werden alle durch einen *KQMLMessageNotifyListener* registrierten Beans durch das KQML-Bean entsprechend benachrichtigt.

Für eine genauere Analyse des Java Beans Modells, insbesondere bezüglich
Aspekten wie Sicherheit, Interoperabilität und Cross-Plattform-Entwicklung, sei
an dieser Stelle auf die entsprechende Fachliteratur verwiesen [SUN 1997b, Hughes 1997a, 1997b, Shoffner 1997])

5.2.3 Telescript

Die von der Firma General Magic entwickelte Telescript Technologie stellte eine
der ersten kommerziellen Plattformen dar, die speziell für die Entwicklung mobiler Agentensysteme konzipiert wurde. Obwohl der ursprüngliche Entwicklungshintergrund der Aufbau agentenbasierter elektronischer Marktplätze darstellte, ist
Telescript im Prinzip für unterschiedlichste Szenarien einsetzbar. Die universelle
Verwendbarkeit wird durch eine Reihe allgemeiner Konzepte erreicht. Dies sind
im einzelnen Plätze, Agenten, Reisen, Treffen, Verbindungen, Autoritäten und
Berechtigungen [White 1996]. Abbildung 5.2/5 zeigt die Gesamtarchitektur und
das Zusammenspiel der einzelnen Konzepte innerhalb von Telescript.

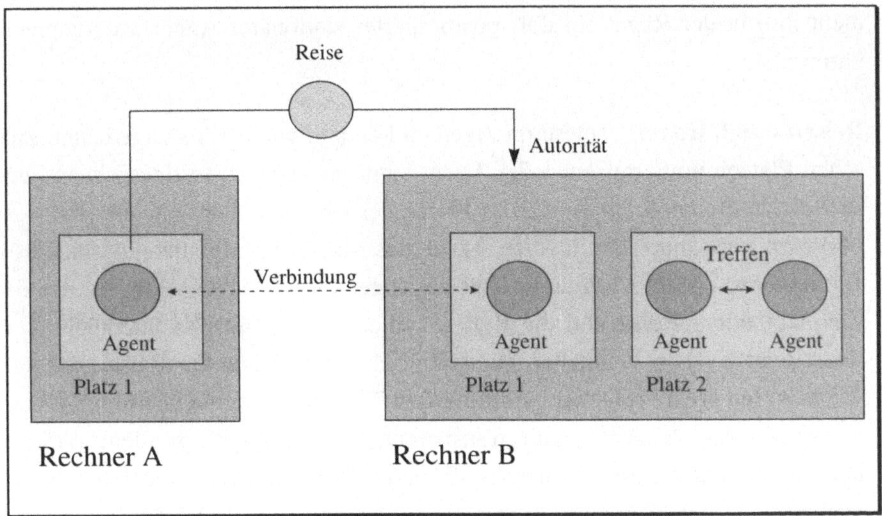

Abbildung 5.2/5: Telescript Architektur und Konzepte

* **Plätze (engl. places)**: Das Konzept der Plätze wird von Telescript verwendet,
  um die verteilte Architektur eines Netzwerkes logisch strukturieren zu können.
  Jeder Rechner eines Netzwerkes kann einen oder mehrere Plätze besitzen.

Konkret handelt es sich bei einem Platz um eine Einheit, die eine bestimmte Dienstleistung anbietet. Beispielsweise besitzt auf einem Rechner, der einen elektronischen Marktplatz beheimatet, jeder Händler einen eigenen Platz. Auch zentrale Dienste, wie zum Beispiel Verzeichnisse oder Datenbanken, bieten ihre Dienste in Form von Plätzen an. Nicht nur zentrale Netzwerkserver, wie der beschriebene Markplatzserver, besitzen Plätze, sondern auch die Clientrechner der beteiligten Benutzer. In diesem Fall dient der Platz vor allem zum Absenden und Empfang der Agenten des Benutzers.

- **Agenten**: Die eigentliche Funktionalität einer Anwendung wird innerhalb von Telescript ausschließlich durch Agenten zur Verfügung gestellt. Ein Agent ist zu jedem Zeitpunkt einem bestimmten Platz zugeordnet. Er besitzt jedoch die Fähigkeit, von einem Platz zu einem anderen zu migrieren. Typischerweise besucht ein Agent während seiner Arbeit unterschiedlichste Plätze. Auf jedem Platz kann der Agent die von diesem Platz angebotene Dienstleistung in Anspruch nehmen. Neben den beschriebenen mobilen Agenten besitzen Telescript Systeme häufig Agenten, die stationär einem bestimmten Platz zugeordnet sind und diesen nie verlassen. Begibt sich ein mobiler Agent zu einem Platz, so dient ihm in der Regel ein dort positionierter stationärer Agent als Ansprechpartner.

- **Reisen (engl. travel)**: Telescript Agenten können, wie bereits angedeutet, zwischen Plätzen umherreisen. Jeder Agent kann dabei selbst festlegen, wann und in welcher Reihenfolge er welche Plätze besucht. Um sich auf eine Reise zu begeben, verwendet der mobile Agent das von Telescript bereitgestellte *Go* Kommando. Zusätzlich muß er über ein sogenanntes Ticket verfügen, das den Zielplatz seiner Reise und die Reiseparameter (zum Beispiel maximale Zeitdauer oder Kosten) beinhaltet. Die technische Umsetzung der Reise wird vom weiter unten noch im Detail beschriebenen Telescript Engine übernommen und ist für den Agenten vollständig transparent. Dies bedeutet vor allem, daß sich der Agent nicht darum kümmern muß, sich selbst und seine Umgebung zu verpacken, über das Netzwerk zu versenden, Zugang zum Zielsystem zu erhalten und im Zielplatz wieder zusammenzusetzen. Statt dessen verwendet er das *Go* Kommando und kann bereits seinen nächsten Befehl am gewünschten Zielplatz ausführen.

- **Treffen (engl. meetings)**: Nehmen zwei Agenten, die sich innerhalb desselben Platzes befinden, miteinander Kontakt auf, so wird dies als Treffen bezeichnet.

Üblicherweise trifft ein mobiler Agent den stationären Agent eines Platzes, um mit seiner Hilfe die vom Platz angebotene Dienstleistung in Anspruch zu nehmen. Reist ein mobiler Einkaufsagent beispielsweise zu einem bestimmten Platz innerhalb eines elektronischen Marktplatzes, so kann er den dort ansässigen stationären Verkaufsagenten, der in diesem Fall den Händler repräsentiert, treffen und mit diesem über seine Kaufwünsche sprechen. Um ein Treffen einzuleiten, kann ein Agent das Telescript Kommando *Meet* verwenden. Als Parameter muß er eine sogenannte Petition übergeben, die alle Details des gewünschten Treffens enthält (zum Beispiel Anfangszeit oder maximale Dauer). Wird dem Wunsch nach einem Treffen durch den angesprochenen Agenten zugestimmt, kann die konkrete Kontaktaufnahme erfolgen.

- **Verbindungen (engl. connections)**: Als Verbindung wird die Kommunikation zwischen zwei Agenten, die sich nicht innerhalb desselben Platzes befinden, bezeichnet. Beispielsweise könnte der mobile Agent eines Benutzers von dem Platz des Netzwerkes, an dem er sich zur Zeit befindet, Kontakt mit dem Benutzer aufnehmen wollen, um ihn über erste Ergebnisse seiner Arbeit zu unterrichten. Anstatt selbst zum Rechner des Benutzers zurückzukehren, ist es für den mobilen Agenten sinnvoller, mit einem im Rechner des Benutzers wartenden stationären Agenten eine Verbindung aufzubauen und diesem die Informationen zu übermitteln. Auch für den Aufbau einer Verbindung steht ein spezielles Telescript Kommando mit dem Namen *Connect* zur Verfügung. Ein *Connect* Befehl benötigt als zusätzliche Parameter vor allen Dingen genaue Angaben über den Namen und Platz des entfernten Agenten. Nur so ist das System in der Lage, den gewünschten Verbindungspartner auch tatsächlich zu identifizieren.

- **Autoritäten (engl. authorities)**: Als Autorität bezeichnet man im Rahmen von Telescript die durch eine Signatur oder Zertifikat nachgewiesene Identität des Benutzer/Inhabers eines Agenten/Platzes. Jeder Agent oder Platz eines Telescript Systems ist in der Lage, seine Autorität kenntlich zu machen und die Autoritäten anderer Objekte in Erfahrung zu bringen. Innerhalb von Telescript existiert somit keinerlei Anonymität. Das System ist jederzeit in der Lage, die Autoritäten aller Agenten/Plätze in Erfahrung zu bringen. Nur so kann eine ausreichende Sicherheit erzielt werden. Je nach Autorität kann das System einem Agenten/Platz bestimmte Rechte erteilen, beziehungsweise Aktionen verbieten. Die Autorität eines Agenten wird immer dann überprüft, wenn er von einer Region eines Systems zu einer anderen reist. Eine Region bezeichnet dabei eine

Menge von Plätzen, die von derselben Autorität betrieben werden (zum Beispiel ein elektronischer Marktplatz). Kann die Ursprungsregion eines reisewilligen Agenten dessen Autorität gegenüber der Zielregion nicht nachweisen, so wird dem Agenten die Reise in die Zielregion untersagt. Konkret geschieht die Autoritätsüberprüfung durch die Verwendung des Telescript Kommandos *Name*. Möchte ein Agent/Platz die Autorität eines anderen Agenten/Platzes in Erfahrung bringen, so kann er dies mit Hilfe des *Name* Kommandos tun. Als Antwort erhält er einen sogenannten Telename, eine Datenstruktur, die die exakte Identität und Autorität des angesprochenen Agenten/Platzes beinhaltet. Das *Name* Kommando kann aus unterschiedlichen Gründen angewendet werden. Ein Platz kann einen ankommenden Agenten mit Hilfe des *Name* Kommandos identifizieren und zum Beispiel nur Agenten bestimmter Autoritäten zulassen. Ein Agent wiederum kann den Telename eines Platzes feststellen und nur zu Plätzen bestimmter Autoritäten reisen (zu denen er ein ausreichendes Maß an Vertrauen besitzt). Und ein Agent kann einen anderen Agenten identifizieren und sich nur mit Agenten bestimmter Autoritäten treffen beziehungsweise eine Verbindung aufbauen.

- **Berechtigungen (engl. permits)**: Mit Hilfe von Berechtigungen können Autoritäten ihren Agenten/Plätzen bestimmte Rechte zuweisen. Dies können zum einen Rechte zur Ausführung bestimmter Kommandos und zum anderen Rechte zur Verwendung bestimmter Ressourcen sein. Beispielsweise kann ein Benutzer seinem Agenten die Berechtigung erteilen, einen bestimmten Marktplatz aufzusuchen, maximal eine Stunde nach einem Produkt zu suchen und dabei höchstens einen Betrag x auszugeben. Überschreitet ein Agent die ihm zugestandenen Rechte, so wird er vom System zerstört. Berechtigungen können nicht nur von Autoritäten, sondern auch von Plätzen und Regionen erteilt werden. In der Praxis hat ein Agent also zu jedem Zeitpunkt drei Berechtigungsmengen (Autorität, Platz, Region), welche bei jeder Aktion des Agenten überprüft werden. Nur wenn die beabsichtigte Aktion in allen drei Berechtigungsmengen enthalten ist, darf der Agent sie ausführen. Reist er zu einem anderen Platz oder einer anderen Region, so müssen seine Berechtigungen neu ausgehandelt werden. Anstelle der Berechtigung des alten Platzes/Region tritt in diesem Fall die Berechtigung des neuen Ziels.

Die Sprache Telescript und ihre Konzepte werden durch die Telescript Engine realisiert (vgl. Abbildung 5.2/6). Jeder zu einem Telescript System gehörige Rechner muß über eine Telescript Engine verfügen, da diese die Basissoftware bildet und grundlegende Funktionalitäten zur Verfügung stellt (vgl. Abschnitte 4.2.2.3 und 4.6). Die Leistungsfähigkeit der Telescript Engine ist frei skalierbar. Je nach Funktion des Rechners kann sie mehrere hundert Agenten und Plätze, wie zum Beispiel bei einem Marktplatzserver, oder nur einen Agenten/Platz, bei einem Benutzerrechner, unterstützen. Die Schnittstelle zum eigentlichen Rechnersystem wird von drei APIs (Application Programming Interfaces) gebildet: Das Speicher-API ermöglicht es der Telescript Engine, die Speichermedien des Rechners zu verwenden, zum Beispiel um Plätze oder Agenten dauerhaft speichern zu können. Über das Transport-API wird der Zugriff auf das Kommunikationssubsystem des Rechners vollzogen. Mit dessen Hilfe können alle netzwerk-orientierten Konzepte von Telescript, wie Reisen oder Verbindungen, realisiert werden. Auch die Kommunikation zwischen mehreren Telescript Engines geschieht über das Transport-API.

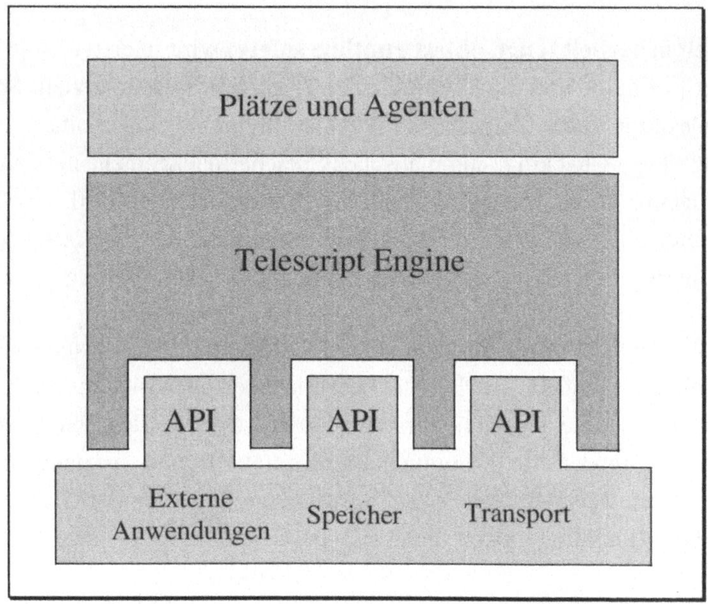

Abbildung 5.2/6: Telescript Engine [White 1996]

Das API für externe Anwendungen erlaubt es denjenigen Teilen eines Telescript Systems, die mit Hilfe der Telescript Programmiersprache entwickelt wurden, mit anderen Komponenten, die beispielsweise in C/C++ oder Java geschrieben sind, zu kommunizieren. Denn obwohl Telescript eine vollständige

Entwicklungssprache zur Verfügung stellt, werden typischerweise eine Reihe von Komponenten mit herkömmlichen Sprachen entwickelt. Hierzu zählen vor allem die stationären Softwarekomponenten in Benutzerrechnern und Servern, die beispielsweise die grundlegenden Kommunikationsmechanismen zwischen Plätzen oder die Verbindungen zu existierenden Datenbanken realisieren. Telescript selbst stellt eine Sprache dar, die vielen der am Anfang dieses Abschnittes formulierten Anforderungen an Agentsprachen gerecht wird. Kriterien wie Objektorientierung, Persistenz, Portabilität und Kommunikation sind im Rahmen von Telescript realisiert. Eine tiefergehende Einführung in Funktionalität und Syntax von Telescript findet sich in [White 1996].

Wie andere Agentensprachen auch, muß Telescript den hohen Sicherheitsanforderungen agentenorientierter Systeme mit speziellen Sicherheitskonzepten und -modellen gerecht werden. Dies geschieht durch vier getrennte Sicherheitsstufen [Tardo/Valente 1996, GeneralMagic 1996]:

- **Laufzeitsicherheit (engl. object runtime safety)** wird in erster Linie durch die Telescript Engine und die Merkmale der Telescript Sprache erzielt. So verwendet Telescript keine Zeigerkonstrukte, ist streng objekt-orientiert und bietet Laufzeit Type Checking, automatisches Speichermanagement inklusive Garbage Collection sowie Exception Handling [Tardo/Valente 1996]. Der Telescript Interpreter dient gleichzeitig als Sicherheitsmonitor, der die Aktionen der Objekte überwacht und eine strikte Beachtung der Objektkapselung erzwingt.

- **Prozeßsicherheit (engl. process safety and security)**, als zweite wesentliche Komponente, umfaßt die bereits beschriebenen Autoritäten- und Berechtigungskonzepte, die Kapselung privater Datenstrukturen, den Schutz von Objektreferenzen, moderierte Kommunikationsprotokolle und spezielle Sicherheitsklassen (zum Beispiel Copyright, Zugriffskontrolle). Eine detaillierte Beschreibung dieser Funktionalitäten findet sich in [GeneralMagic 1996].

- **Systemsicherheit (engl. system safety and security):** Innerhalb des Bausteines Systemsicherheit wird der Zugriff von Telescript Objekten auf Systemressourcen kontrolliert. Obwohl Agenten und Plätze zum Beispiel prinzipiell Zugriff auf das lokale Dateisystem haben (über die Telescript Engine und das Speicher-API), kann dieser Zugriff stark reglementiert werden. So können Dateien vor Kopieraktionen geschützt und mit einem Copyright versehen werden.

Dieselbe Kontrolle gilt auch für den Zugriff auf Netzwerkressourcen und spezielle Systemroutinen.

- **Netzwerksicherheit (engl. network security):** Ein verteiltes System wie Telescript benötigt zwangsläufig Konzepte zur Netzwerksicherheit. Ein derartiges Konzept stellt das bereits beschriebene Regionenmodell dar, welches eine Sicherheitsüberprüfung bei Betreten einer Region zur Folge hat. Des weiteren bietet Telescript die Möglichkeit, sichere Übertragungskanäle zwischen Regionen zu schaffen. Ein derartiger sicherer Kanal kann, je nach Anforderung, unterschiedlich gestaltet werden. Telescript ermöglicht die Verschlüsselung mittels Algorithmen wie RSA oder DES an (vgl. Abschnitt 4.5).

Der durchschlagende Erfolg ist Telescript bisher, trotz seiner für die Entwicklung mobiler Agentensysteme hervorragend geeigneten Konzepte, versagt geblieben. Dies liegt vor allem an der proprietären, nicht frei verfügbaren Entwicklungsumgebung und -sprache, was einen deutlichen Nachteil gegenüber anderen Ansätzen, wie zum Beispiel Java, darstellt. Insbesondere die Entwicklung heterogener, plattformübergreifender Anwendungen ist derzeit mit Telescript nur schwer möglich. Genau dies sind jedoch die von der Praxis gestellten Anforderungen an eine zukunftsfähige Agentensprache. Die weitere Entwicklung von Telescript bleibt daher abzuwarten.

5.2.4 Tcl/Tk, Safe-Tcl, Agent-Tcl

Tcl (Tool Command Language) ist eine ursprünglich aus der UNIX-Welt stammende, frei verfügbare Skriptsprache, die sich seit ihrer Entwicklung im Jahre 1987 einer ständig wachsenden Beliebtheit erfreut. Mittlerweile existieren nicht nur Tcl Implementierungen für eine Vielzahl von Nicht-UNIX-Plattformen (DOS, Windows 95/NT, OS/2, MacOS), sondern auch zahlreiche Erweiterungen für spezielle Anwendungsfelder (Agent-Tcl, Tacoma, TKQML).

Tcl setzt sich aus einer Skriptsprache und einem Interpreter zusammen. Ziel der Entwicklung war es, den Interpreter so zu gestalten, daß er möglichst einfach in bestehende Anwendungen integriert werden kann und diese um eine Tcl-Komponente erweitert. Mit Hilfe der Skriptsprache ist es möglich, komplexe Skripte zu entwickeln, die bestehenden Anwendungskomponenten miteinander zu verbinden und auszuführen. Das Prinzip ist identisch zu den klassischen UNIX Shells, wie zum Beispiel der C, Korn oder Bourne Shell. Die Existenz des Interpreter hebt Tcl jedoch von der Funktionalität im Vergleich zu anderen Shellskriptsprachen hervor. Indem man einen Tcl Interpreter zu seiner Anwendung hinzufügt, wird man in die Lage versetzt, seine Anwendung in Form einer Menge primitiver Operationen zu strukturieren, die durch ein Skript zusammengefügt werden [SUN 1997d]. Tcl selbst wird in diesem Zusammenhang zur Konfiguration und Anpassung der einzelnen Komponenten verwendet.

Die Tcl Funktionsbibliothek besitzt eine öffentlich zugängliche Schnittstelle, hinter der sich die Kernfunktionen von Tcl verbergen. Zusammen mit Funktionen zum Zugriff auf Betriebssystemroutinen stellt diese Bibliothek eine virtuelle Maschine dar, innerhalb derer Tcl Programme ausgeführt werden können. Es ist ohne weiteres möglich, mit Hilfe herkömmlicher Programmiersprachen, wie C/C++ oder Java, neue Funktionen (die auch Primitive genannt werden) zur Tcl Funktionsbibliothek hinzuzufügen. Die Funktion selbst wird zum Beispiel in C++ geschrieben und als neuer Tcl Befehl angeboten. Auf diese Weise kann die Funktionalität von Tcl auf einfache Weise erweitert und die Portabilität der Applikation erhöht werden.. Ein Tcl Skript fügt die existierenden Tcl Primitive zu einer Anwendung zusammen. Innerhalb eines Skriptes können zum einen, wie bei allen klassischen Shellskriptsprachen, externe Programme gestartet werden und zum anderen Aufrufe der definierten Tcl Primitive erfolgen.

Auf Grund der freien Verfügbarkeit von Tcl und der dementsprechend großen Zahl von Entwicklern, existieren mittlerweile eine Vielzahl anwendungsspezifischer Erweiterungen (in Form von Tcl Primitiven). Die meist verwendete ist Tk (Toolkit), eine Toolbox für die Entwicklung graphischer Benutzeroberflächen. Tk stellt eine Menge von Tcl Primitiven zur Verfügung, mit deren Hilfe alle wichtigen graphischen Elemente einer Benutzeroberfläche erzeugt und manipuliert werden können.

Aus der Sicht agentenorientierter Systeme bietet Tcl eine Reihe von Vorteilen [Gray 1995]: Es ist einfach zu lernen (Tcl besitzt eine C ähnliche Syntax); es ist frei verfügbar für eine große Zahl von Plattformen; es ist eine Interpretersprache; es kann in bestehende Anwendungen eingebettet werden; und es ist durch anwendungsspezifische Funktionen frei erweiterbar. Diesen Vorteilen stehen jedoch eine Reihe von Nachteilen gegenüber: Tcl ist nicht objekt-orientiert; es ist wie die meisten Interpretersprachen relativ langsam; es gibt kein ausgeprägtes Sicherheitsmodell; und es existiert keine Unterstützung für die Migration von Agenten. Die im folgenden vorgestellten Erweiterungen Safe-Tcl und Agent Tcl versuchen, diese Nachteile durch eine Steigerung der Funktionalität zu verringern.

Wie die bereits vorgestellten Sprachen Java und Telescript, bietet auch Safe-Tcl die Möglichkeit, Tcl Programme unbekannten Ursprungs innerhalb eines fest definierten Raumes auszuführen und die Aktivitäten des Tcl Programms auf diesen Raum zu beschränken. Erreicht wird dies durch den Einsatz mehrerer Tcl Interpreter [SUN 1997c]. Ein sogenannter Master-Interpreter führt die zentrale Anwendung aus. Wird innerhalb dieser Anwendung der Start eines unbekannten oder nicht vertrauenswürdigen Tcl Skriptes gewünscht, so wird zu diesem Zweck ein neuer Interpreter, Slave-Interpreter genannt, gestartet. Der Slave-Interpreter besitzt nur einen beschränkten Befehlssatz. So können zum Beispiel Befehle zum Zugriff auf das lokale Dateisystem aus dem Befehlssatz des Slave-Interpreters entfernt werden. Welche Befehle ein Slave-Interpreter konkret ausführen darf, bestimmt der Master-Interpreter. Abhängig ist dessen Entscheidung vor allem von der Herkunft des innerhalb des Slave-Interpreters auszuführenden Tcl Skriptes. Der Master-Interpreter selbst besitzt immer den gesamten zur Verfügung stehenden Befehlssatz.

Das zweite wesentliche Konzept innerhalb von Safe-Tcl ist das Prinzip der sicheren Funktionsaufrufe (engl. safe calls). Möchte ein Slave-Interpreter auf Ressourcen, die außerhalb seines Zugriffbereiches liegen, zugreifen, so kann er dies mit Hilfe der sicheren Funktionsaufrufe tun. Diese werden vom Master-Interpreter zur Verfügung gestellt und überwacht. Zum Beispiel könnte ein Master-Interpreter einem seiner Slave-Interpreter über einen sicheren Funktionsaufruf erlauben, Dateien in ein bestimmtes Verzeichnis zu schreiben. Die Ausführung eines sicheren Funktionsaufrufes durch einen Slave-Interpreter wird vom Master-Interpreter kontinuierlich überwacht.

Agent Tcl stellte einen Ansatz dar, mit dessen Hilfe die Entwicklung mobiler Agenten in Tcl möglich wird. Die am Dartmouth College entstandene Tcl Erweiterung verfolgt mehrere Ziele [Gray et al. 1996]:

- die Entwicklung eines Tcl Primitives, welches es Agenten ermöglicht, mit einem einzigen Befehl von einem Rechner zu einem anderen zu migrieren (ähnlich dem *Go* Befehl aus Telescript),

- die Bereitstellung effektiver Sicherheitsmechanismen zum Betrieb eines Agentensystems,

- Tcl Primitive zur transparenten Kommunikation zwischen Agenten,

• die Schaffung einer einfachen Skriptsprache als zentrale Agentensprache.

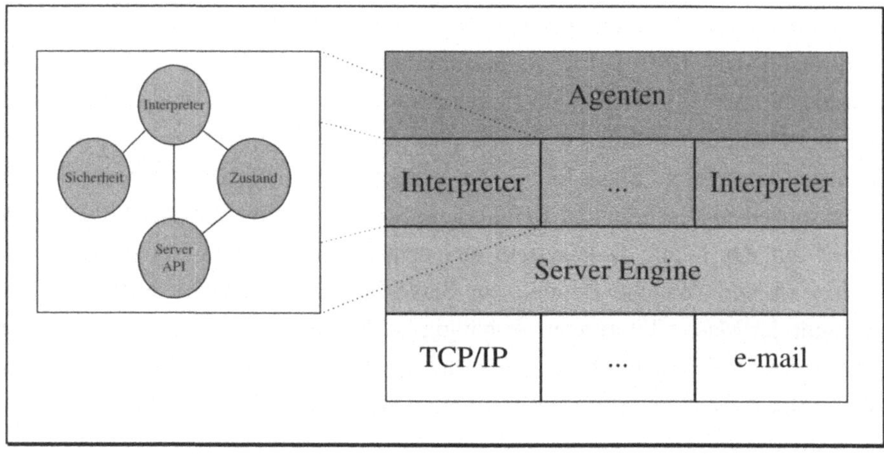

Abbildung 5.2/7: Architektur von Agent-Tcl [Gray 1995]

Abbildung 5.2/7 zeigt die Basisarchitektur von Agent Tcl, welche aus vier Schichten besteht. Die unterste Schicht stellt Schnittstellen für alle verwendeten Kommunikationsprotokolle zur Verfügung. Die zweite Schicht bildet die eigentliche Server Engine, die auf jedem beteiligten Rechnersystem installiert sein muß. Die Server-Engine führt die zentralen Aufgaben, die das Management mobiler Agenten mit sich bringen, durch und entspricht im wesentlichen der in Abschnitt 4.2.2 vorgestellten Basissoftware. Sie empfängt ankommende Agenten, verschickt Agenten an andere Server, ermöglicht die Kommunikation zwischen Agenten, führt Buch über die zu einem Zeitpunkt auf dem Server aktiven Agenten und schützt die Agenten vor Systemausfällen, indem sie diese auf Speichermedien ablegt. Die dritte Schicht bilden die Interpreter der unterstützten Programmiersprachen. Jede Sprache besitzt ihren eigenen Interpreter, der wiederum aus vier Komponenten besteht: einem Sicherheitsmodul; einem Zustandsmodul, welches den Zustand eines Agenten vor der Migration festhält und nach der Migration wiederherstellt; ein Server API, über das die gesamte Interaktion mit dem Server bei einer Migration oder Kommunikation des Agenten abläuft; und dem eigentlichen sprachspezifischen Interpreter. Die oberste Schicht der Agent-Tcl Architektur bilden die Agenten selbst. Alle Dienste, die nicht durch die Server Engine zur Verfügung gestellt werden, müssen innerhalb der Agenten realisiert werden. Hierzu zählen beispielsweise Kooperations- und Verhandlungsstrategien, Zielfindung, Planung und Scheduling.

Zur Zeit existiert ein erstes Alpha-Release von Agent Tcl, dessen Funktionsweise in Abbildung 5.2/8 wiedergegeben ist.

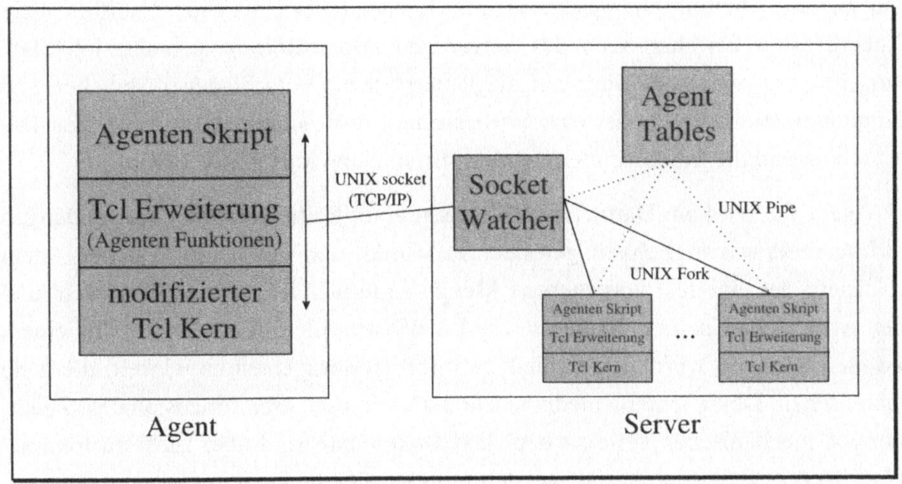

Abbildung 5.2/8: Architektur des Alpha-Release [Gray 1997a]

Die Architektur besteht aus zwei Komponenten, den Agenten und dem Server. Ein Agent besteht aus einem erweiterten Tcl Interpreter, der die Tcl Agenten ausführt [Gray 1997a]. Wie aus der Abbildung hervorgeht, erfolgt die Implementierung des Interpreters in drei Schichten: einem modifizierten Tcl Kern, der zusätzlich zur ursprünglichen Tcl Funktionalität Primitive zur Erfassung und Wiederherstellung des internen Zustandes eines Tcl Skriptes enthält; einer Menge von Tcl Erweiterungen, die insbesondere die Implementierung des Migrationsprimitives *Jump* beinhalten; und dem eigentlichen Agenten Skript.

Die zweite architektonische Komponente bildet der auf jedem beteiligten Rechnersystem laufende Server. Dieser besteht aus zwei festen Modulen (Socket Watcher und Agent Tables) und den Prozessen der auf einem Server aktiven Agenten. Der Socket Watcher überwacht einen bestimmten TCP/IP Port auf eintreffende Agenten und Nachrichten. Desweiteren gehört es zu seinem Aufgabenbereich, die Einhaltung der Sicherheitsvorschriften innerhalb des Servers zu überwachen. Trifft ein Agent auf dem Server ein, so wird dieser vom Socket Watcher mit Hilfe eines UNIX Fork Befehls als neuer Prozeß zur Ausführung gebracht. Eintreffende Nachrichten leitet der Socket Watcher zur Zwischenspeicherung an den Agent Table weiter. Der Agent Table hat neben der Speicherung von Nachrichten vor allem die Aufgabe, eine Liste der auf dem Server aktiven Agenten zu führen. Treffen Nachrichten für einen bestimmten Agenten ein, werden diese solange im Agent Table zwischengespeichert, bis der Agent bereit ist, sie zu empfangen. Die Übermittlung geschieht unter Einsatz einer Unix Pipe. Für die nähere Zukunft sind Erweiterungen des derzeitigen Alpha-Release geplant. Inhaltlich beziehen sich diese vor allem auf die Unterstützung verschiedener Sprachen und Kommunikationsprotokolle, eine Verbesserung der Sicherheitskonzepte, den Datenschutz und die Implementierung eines Ereignismodells [Gray 1997b].

Agent Tcl wird am Dartmouth College in einer Reihe konkreter Anwendungen auf seine Praxistauglichkeit getestet. So wurde zum einen ein Watcher Agent realisiert, der eine fest vorgegebene Menge entfernter Ressourcen überwacht und bei Änderungen seinen Benutzer via Email informiert [Gray 1995]. In einem zweiten Szenario wurden verschiedene Informationsagenten entwickelt, die nach technischen Dokumenten, medizinischen Daten und drei-dimensionalen Zeichnungen mechanischer Teile suchen. Die Dokumente sind über mehrere Rechner eines Netzwerkes verteilt, die von den mobilen Tcl Agenten aufgesucht und nach Informationen untersucht werden. Die gefundenen Informationen werden von den Agenten zu ihren Ursprungsrechnern transportiert und können dort weiterverarbeitet werden.

5.3 Komponentenbasierte Softwareentwicklung

Die Entwicklung, die Verwaltung und der Ausbau verteilter Client/Server Anwendungen stellt eine äußerst anspruchsvolle Aufgabe dar. In der Regel kommen die Teilkomponenten eines verteilten Systems in heterogenen Netzwerkstrukturen, sowie innerhalb unterschiedlicher Systemplattformen und Betriebsysteme zum Einsatz. Trotzdem sollte eine Komponente nicht für jede Plattform neu entwickelt werden müssen, sondern durch die Schaffung einheitlicher Schnittstellen eine hohe Wiederverwendbarkeit erzielt werden. Ziel der komponentenbasierten Softwareentwicklung und -standards ist es, Mechanismen zur Verfügung zu stellen, die das Zusammenspiel unabhängiger, verteilter Objekte nach einer Menge allgemeingültiger Regeln gestalten. Nur so kann die angestrebte Wiederverwendbarkeit, die verteilte Lösung von Problemen, die Schaffung allgemeiner Service-Module und eine Plattform- sowie Sprachunabhängigkeit erzielt werden.

Innerhalb eines Komponentenbasierten Systems werden Objekte in die Lage versetzt, über verschiedene Netzwerke und Plattformen hinweg miteinander zu kommunizieren und kooperieren, ohne auf implementierungsspezifische Details Rücksicht nehmen zu müssen. Auch die zur Entwicklung eines Objektes verwendete Programmiersprache darf in diesem Zusammenhang keinen Hinderungsgrund darstellen. Komponentenbasierte Standards machen es beispielsweise möglich, daß ein in Pascal entwickeltes Objekt, welches auf einer Microsoft Windows Plattform ausgeführt wird, mit einem C++ Objekt auf einer UNIX Workstation oder einem Cobol Objekt eines Großrechners kommuniziert. Entscheidend ist hierbei die Tatsache, daß ein Objekt weder wissen muß, wo sich der gewünschte Ansprechpartner innerhalb des Netzwerkes konkret befindet, noch wie dieser implementiert wurde. Die gesamte Kommunikation wird statt dessen über eine allgemein definierte Schnittstelle, nach der sich alle beteiligten Objekte, unabhängig von ihrer Implementierung und Systemplattform, zu richten haben, abgewickelt.

Eine derartige Bündelung von Software in miteinander kooperierende Einzelobjekte oder -komponenten bringt eine Reihe von Vorteilen mit sich [Nwana/Azarmi 1997]:

- Anwendungen können durch das Zusammensetzen existierender Komponenten entwickelt werden. Steht eine bestimmte Funktionalität in Form einer Komponente bereits zur Verfügung, so muß diese nicht ein zweites Mal entwickelt werden, sondern kann in die Anwendung integriert werden. Im Optimalfall läßt sich eine vollständige Anwendung durch das bloße Zusammenfügen bestehender Objekte konzipieren.

- Die Komponenten sind portierbar, das heißt sie können auf unterschiedlichsten Systemplattformen eingesetzt werden. Ein unter Microsoft Windows entwickeltes Objekt ist ohne größere Anpassungen zum Beispiel auch unter UNIX oder OS/2 lauffähig.

- Steht ein Standard zur Kommunikation zwischen Komponenten zur Verfügung, so können Objekte unterschiedlicher Hersteller in heterogenen Systemumgebungen miteinander kooperieren. Eine derartige verteilte Anwendung zeichnet sich demnach durch ein hohes Maß an Interoperabilität aus. Ein Client stellt eine Anforderung an eine entfernte Server-Komponente, ohne daß er über Wissen bezüglich der zur Kommunikation notwendigen Basismechanismen verfügen muß.

- Existierende Systeme können um neue Komponenten erweitert werden, indem man sie um eine standardisierte Schnittstelle erweitert. Investitionen in bestehende Anwendungen bleiben somit weitestgehend erhalten.

Die von der Object Management Group (OMG) geschaffene Common Object Request Broker Architecture (CORBA) stellt einen der beiden derzeit bedeutendsten Standards zur komponentenbasierten Softwareentwicklung dar. Den anderen Ansatz bildet das Distributed Common Object Model (DCOM) der Firma Microsoft. Auf Grund der weiten Verbreitung und der fortgeschrittenen Konzepte erfolgt die Darstellung komponentenbasierter Architekturen im folgenden aus dem Blickwinkel von CORBA und der darauf basierenden allgemeinen Object Management Architecture. Einen besonderen Schwerpunkt bilden dabei die Auswirkungen von CORBA auf die Entwicklung agentenbasierter Systeme.

Die OMG bildet einen Zusammenschluß von derzeit über 700 Unternehmen, die sich zum Ziel gesetzt haben, die Portabilität, Wiederverwendbarkeit und Interoperabilität von Software zu maximieren, eine Referenzarchitektur zur Verfügung zu stellen und ein Diskussionsforum zur Förderung objekt-orientierter Technologien zu bieten [OMG 1997a]. Das aus den Arbeiten der OMG hervorgegangene CORBA-Referenzmodell war somit von Anfang an als Industriestandard konzipiert, dessen zukünftige Bedeutung aber, auf Grund der Beteilung nahezu aller namhaften Softwareunternehmen, als sehr hoch einzuschätzen ist.

Die Abbildung 5.3/1 zeigt die allgemeine Architektur eines CORBA-basierten Systems. Den zentralen Baustein bilden die Object Request Broker (ORB). ORBs stellen die Basisfunktionen zur Kommunikation der Objekte innerhalb eines CORBA Systems zur Verfügung. Hierzu zählt zum einen die Abkapselung der Objekte von implementierungsspezifischen Details (Betriebssystem, Programmiersprache, Netzwerk) und zum anderen die Bereitstellung grundlegender Dienste, zum Beispiel die Ermittlung anderer Objekte oder das Routing der Nachrichten.

CORBA 2.0 erlaubt erstmals das Zusammenwirken von ORBs verschiedener Hersteller. Seitdem wurden von einer Vielzahl von Anbietern ORBs für unterschiedlichste Plattformen entwickelt. So ist beispielsweise der Object Broker von Digital derzeit für 20 verschiedene Plattformen verfügbar, unter anderem Windows 3/95/NT, MacOS, AIX, MVS, OS/2, OS/400, Digital Unix, Open-VMS und

HP-UX [Montgomery 1997]. Mit der Entwicklung von Java-ORBs, an der nahezu alle Hersteller arbeiten, und der Integration eines ORB in einen WWW-Browser, wie es bei der neuesten Browser Generation der Firma Netscape der Fall ist, erhält jeder Internet-Nutzer die potentielle Möglichkeit, Teil eines CORBA Systems zu werden. Die Interoperabilität von CORBA-Anwendungen ist daher bereits heute sehr ausgeprägt und stellt eine der wesentlichen Stärken des Standards dar.

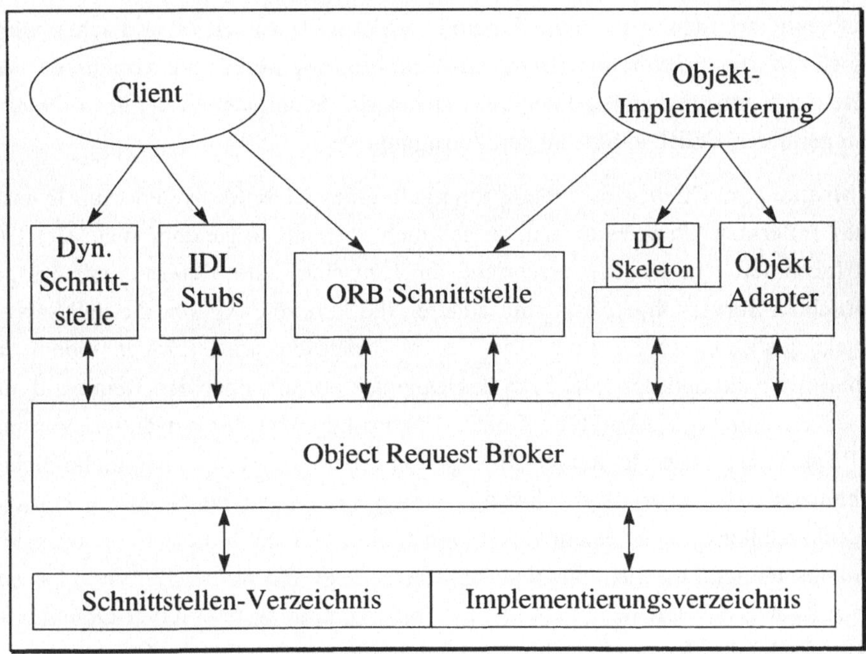

Abbildung 5.3/1: Common Object Request Broker Architektur (CORBA)

Den nach dem ORB zweiten zentralen Baustein eines CORBA-Systems bildet die Interface Definition Language (IDL). Mit Hilfe der IDL wird jedes Objekt in die Lage versetzt, seine Dienste in Form einer einheitlichen Schnittstelle nach außen hin sichtbar und verfügbar zu machen. Eine IDL ist keine Programmiersprache im eigentlichen Sinne, sondern beschreibt Schnittstellen zwischen verteilten Komponenten [OMG 1997b]. In einem CORBA System besitzen die in verschiedenen Programmiersprachen entwickelten und auf unterschiedlichen Betriebssystemen ausgeführten Objekte einheitliche IDL-basierte Schnittstellen und sind so in der Lage, Methoden anderer Objekte, unabhängig von implementierungsspezifischen Unterschieden, aufzurufen. Bei der von der OMG entwickelten

IDL handelt es sich um eine deklarative Sprache, die programmiersprachen-unabhängig gestaltet ist. Durch sprachspezifische IDL Abbildungen (engl. language mappings) wird sichergestellt, daß Objekte in der jeweiligen Programmiersprache entwickelt werden können und die Kommunikation mit anderen Objekten in einer für die Entwicklungssprache natürlichen Form geschehen kann [OMG 1997a]. Dem ORB kommt hierbei die Aufgabe zu, aus der IDL Schnittstellenbeschreibung den Programmcode in der eigentlichen Zielsprache zu generiern. Existiert beispielsweise eine IDL-nach-Java Abbildung, so können in Java entwickelte Objekte ihre Schnittstellen in einheitlicher Form extern verfügbar machen, ohne jedoch auf die sprachlichen Besonderheiten von Java verzichten zu müssen. Mit Hilfe eines entsprechenden Java ORB stehen die Schnittstellen der Java Objekte dem gesamten CORBA-System zur Verfügung.

Möchte eine Client-Anwendung innerhalb eines CORBA-Systems die Dienste eines entfernten Objektes nutzen, so geschieht dies auf folgendem Weg: Der Client formuliert eine Request-Nachricht, die zum einen eine Referenz auf das gewünschten Server-Objekt und zum anderen die konkrete Aktion, die das Server-Objekt ausführen soll, enthält. Die Request-Nachricht wird erzeugt, indem der Client die Routinen des IDL Stub des Objektes aufruft, oder den Request dynamisch erzeugt (vgl. Abbildung 5.3/1). Unabhängig von der gewählten Variante stellt sich das entfernte Server-Objekt dem Client in Form einer einheitlichen Schnittstelle dar, unabhängig davon, wo sich das Objekt im Netzwerk befindet und in welcher Sprache es entwickelt wurde. Der IDL Stub, beziehungsweise die dynamische Schnittstelle, leitet den Request an den ORB weiter. Der ORB hat nun die Aufgabe, den Ort der tatsächlichen Implementierung des Server-Objektes zu lokalisieren, den Request dorthin weiterzuleiten, und das Server-Objekt entsprechend zu informieren. Im Anschluß daran übergibt der ORB die Kontrolle an das Server-Objekt. Hat dieses den Request bearbeitet, werden die Ergebnisse über den ORB an den aufrufenden Client zurückgeleitet. Gleichzeitig geht die Kontrolle zurück an den Client.

CORBA ist Teil einer umfassenderen Architektur, der Object Management Architecture (OMA) (vgl. Abbildung 5.3/2). Im Rahmen der OMA werden um den zentralen ORB herum die Dienstleistungen eines Systems positioniert. In Analogie zum System-Bus eines Computers spricht man in diesem Zusammenhang häufig auch von einem Software-Bus. Im einzelnen handelt es sich bei den angebotenen Dienstleistungen um allgemeine Systemdienstleistungen (Object Services und Common Facilities), um konkrete Schnittstellen für ein bestimmtes

Anwendungsfeld (Domain Interfaces) oder um eine einzelne Anwendung (Application Interfaces).

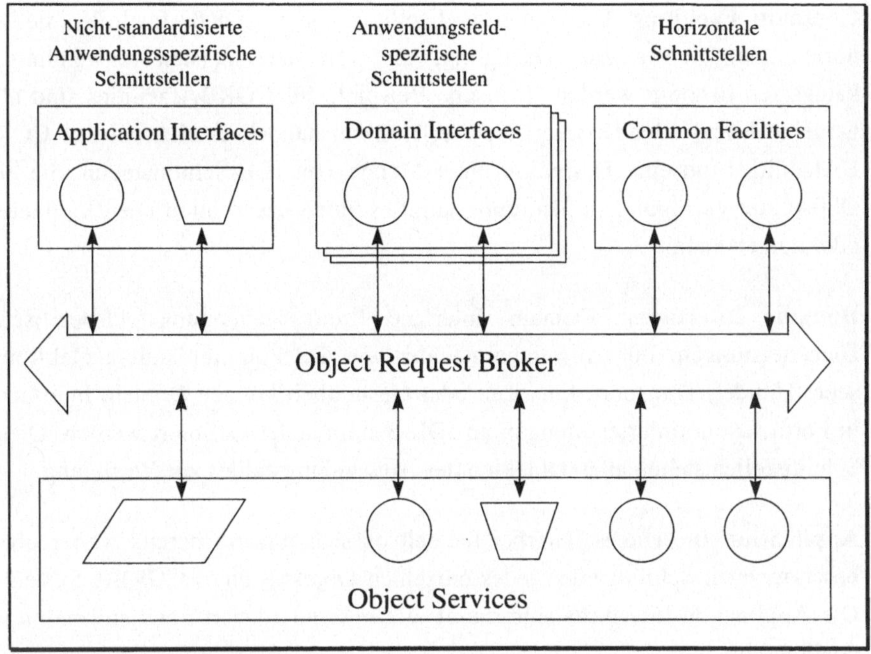

Abbildung 5.3/2: Object Management Architecture (OMA) Referenz Modell [OMG 1997a]

Die vier Dienstleistungskategorien haben die folgenden Aufgaben:

- **Object Services**: Die Object Services, auch CORBAservices genannt, bieten allgemeine Dienstleistungen an, die üblicherweise von allen CORBA-basierten Anwendungen benötigt werden. Konkret zählen hierzu Dienste wie Naming, Events, LifeCycle, Persistent Objects, Transactions, Concurrency Control, Relationships, Externalization, Licensing, Query, Properties, Security, Time, Collections und Trader [OMG 1997a]. CORBAservices enthalten somit vor allem Dienste zur Objektverwaltung, zur Instanzenverwaltung und zur Systemsicherheit. So bietet beispielsweise der Security Dienst Funktionen zur Identifikation und Authentifizierung von Objekten, zur Zugriffskontrolle, zum Auditing und zur Verwaltung sicherheitsrelevanter Informationen. Der Licensing Dienst ermöglicht die Kontrolle des geistigen Eigentums eines Entwicklers. Stellt man beispielsweise ein Objekt innerhalb eines CORBA-Systems zur Verfügung, so kann mit Hilfe der Licensing Dienste dessen Nutzungsdauer, gruppenabhängige Zugriffsrechte oder Zugriffskosten definiert und verwaltet werden.

- **Common Facilities**: Die Common Facilities, oder CORBAfacilities, stellen horizontale Dienste zur Verfügung, die von den meisten Anwendungskategorien benötigt werden. Typische Beispiele für CORBAfacilities sind allgemeine Email oder Drucker Dienste. Konkret handelt es sich bei den CORBAfacilities um eine Definition einer Menge von IDL-Schnittstellen, die ein Objekt zur Verfügung stellen muß, damit es einen bestimmten Dienst anbieten oder nutzen kann.

- **Domain Interfaces**: Domain Interfaces sind anwendungsfeldspezifische Dienstleistungen. Für Anwendungsfelder wie Telekommunikation, elektronischer Handel, Transport, Finanzen oder Gesundheit können Domain Interfaces in Form fest definierter Mengen an IDL-Schnittstellen definiert werden. Diese Schnittstellen stehen allen Objekten des Anwendungsfeldes zur Verfügung.

- **Application Interfaces**: Hierbei handelt es sich um die bereits weiter oben beschriebenen Schnittstellen jedes einzelnen Objektes eines CORBA-Systems. Die Application Interfaces sind damit weder standardisiert noch anwendungsunabhängig.

Ein weiteres zentrales Konzept der Object Management Architecture stellen die sogenannten Object Frameworks dar. Object Framworks bestehen aus einer Anzahl kooperierender Einzelobjekte und stellen somit umfassende, höherwertige Komponenten dar, deren Dienste für Endbenutzer eines bestimmten Anwendungs- oder Technologiebereiches direkt von Interesse sind [OMG 1997a]. Die in einem Object Frameworks enthaltenen Objekte lassen sich in vier Kategorien zusammenfassen: Application Objects, Domain Objects, Facility Objects und Service Objects. Je nach Kategorie bieten die Objekte verschiedene Schnittstellen an (vgl. Abbildung 5.3/3). Application Objects besitzen beispielsweise eine Schnittstelle, die aus Kombinationen von Object Services, Common Facilities, Domain Interfaces und Application Interfaces bestehen. Die Schnittstelle eines Service Objects stellt dahingegen nur Object Services bereit. Ein konkretes Object Framework besteht immer aus einem oder mehreren Objekten einer oder mehrerer der vier Objektkategorien. Beispielsweise kann ein Object Framework drei Application Objects, vier Domain Objects, ein Facility Object und fünf Service Objects enthalten. Es ist allerdings nicht zwingend erfordlich, daß ein Vertreter jeder Kategorie in einem Framework enthalten sein muß.

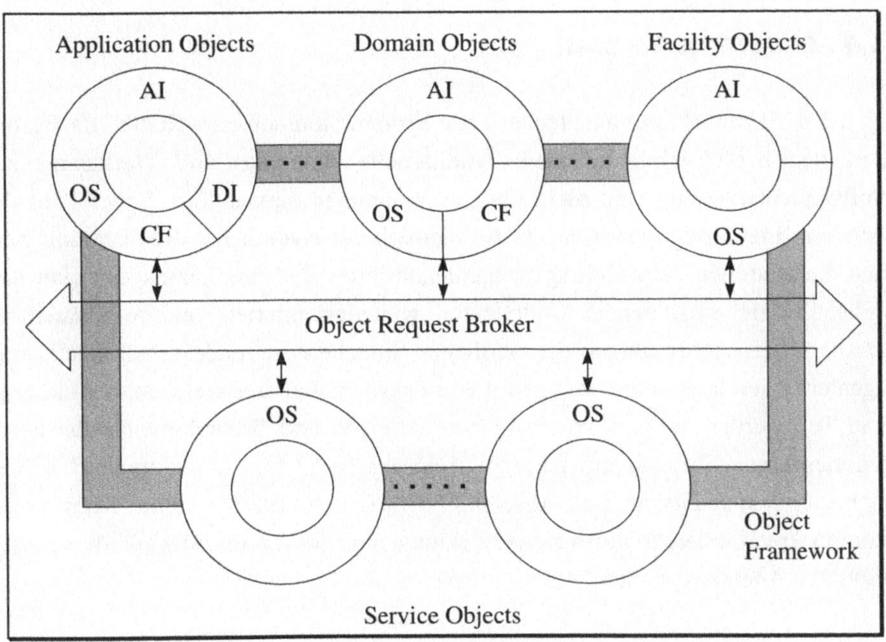

Abbildung 5.3/3: Object Frameworks [OMG 1997a]

Da es sich bei CORBA/OMA um einen allgemeinen Standard zur Entwicklung verteilter Client/Server Anwendungen handelt, ist die Bedeutung der Architektur für agentenorientierte Systeme entsprechend hoch. Mit der zunehmenden Verbreitung von CORBA geht eine wachsende Fokussierung auf dezentrale Systemstrukturen einher. Diese wiederum bilden die Basis aller Multi-Agentensysteme. CORBA ist somit in der Lage, die Entwicklung agentenorientierter Architekturen direkt zu unterstützen und fördern. Dies geschieht zum einen durch die Bereitstellung verteilter Kommunikations- und Kooperationsmechanismen, zum anderen ist aber auch die Entwicklung einer spezifischen Agentenschnittstelle, zum Beispiel als Domain Interface der OMA, denkbar. Eine derartige Schnittstelle sollte alle zentralen Dienste und Funktionen, die zum Aufbau verteilter Agentensysteme notwendig sind, bereitstellen und den Entwicklungsaufwand auf diese Weise deutlich verringern. Auch der im Bereich der Agentensysteme dringend erforderliche Standardisierungsprozeß läßt sich durch die Verwendung von CORBA und einer IDL vorantreiben. Ein Beispiel einer bereits existierenden CORBA-basierten Agentenschnittstelle stellt der ADEPT Demonstrator der British Telecom dar [Nwana/Azarmi 1997].

5.4 Zusammenfassung

Bei der Entwicklung agentenbasierter Systeme müssen eine Reihe von Besonderheiten berücksichtigt werden. Traditionelle Methoden und Werkzeuge zur Softwareentwicklung sind nicht ohne Anpassungen verwendbar. Sowohl für die Analyse- und Designphase, als auch innerhalb der eigentlichen Realisierung werden die zentralen Anforderungen agentenbasierter Systeme herausgearbeitet und anhand zweier existierender Modelle zur agentenorientierten Analyse erläutert. Es existieren eine Vielzahl unterschiedlicher Sprachen zur praktischen Realisation agentenbasierter Systeme. Anhand dreier ausgewählter Beispiele, Java, Telescript und Tcl, werden die wesentlichen Anforderungen und Besonderheiten der agentenorientierten Softwareentwicklung herausgearbeitet und unter praktischen Gesichtspunkten analysiert. Den Abschluß bildet eine Einführung in das Konzept der komponentenbasierten Softwareentwicklung und dessen Einfluß auf die Gestaltung von Agentensystemen.

Teil II: Anwendungen

Der zweite Teil des Buches setzt sich mit ausgewählten Anwendungsgebieten intelligenter Softwareagenten auseinander. Beispiele für Anwendungsgebiete, die in diesem Teil beschrieben werden, sind *Information
Retrieval und Filterung*, *Entertainment* und *Electronic Commerce*. Die
Anwendungsgebiete werden sowohl in die drei Agentenkategorien Informationsagent, Kooperationsagent und Transaktionsagent als auch in die
Klassifikationsmatrix für Agentensysteme eingeordnet. Anhand von konkreten Anwendungen und Forschungsprojekten, wie beispielsweise *Firefly*
oder *Kasbah*, werden der Aufbau und die Funktionsweise intelligenter
Agenten beschrieben. Dabei werden die Konzepte der einzelnen Anwendungsgebiete ebenso behandelt wie zugrunde liegende Architekturen.

6 Anwendungsgebiete intelligenter Softwareagenten[1]

6.1 Überblick

Der Schwerpunkt dieses Kapitels liegt in der Beschreibung ausgewählter Beispiele. Dabei folgt die Darstellung ausgewählter Anwendungsgebiete intelligenter Agenten bewußt nicht der Sichtweise eines Informatikers oder eines Entwicklers intelligenter Agenten. Mit diesem Kapitel soll im Gegensatz zum Teil I des Buches erreicht werden, daß der interessierte Leser durch anschauliche Beispiele eine Einführung in den komplexen Bereich intelligenter Agenten erhält und die zukünftigen Potentiale dieser Technologie erkennen kann.

Die Ausführungen zu den einzelnen Anwendungsgebieten umfassen die Einführung in das Gebiet, und als Marktübersicht eine Auflistung ausgewählter derzeitig bekannter Anwendungen. Diesen Abschnitten folgen die Beschreibung einzelner Beispiele sowie die Darstellung genereller Konzepte und der generellen Architektur.

Unter Konzepten wird in diesem Zusammenhang die Darstellung der wesentlichen Sachverhalte und Grundlagen eines Anwendungsgebietes verstanden. Sie beziehen sich vor allem auf die Wirkungsweise und Funktionalität der Anwendungen. Diese Konzepte besitzen eine Abstraktionsstufe, die aufgrund von Ähnlichkeiten und wiederkehrenden Merkmalen innerhalb der vorhandenen Beispiele gebildet wurde. Konnten diese Kriterien nicht für alle Beispiele innerhalb eines Anwendungsgebietes gefunden oder bestätigt werden, wurde auf die Beschreibung genereller Konzepte verzichtet und diese bei der Beschreibung des konkreten Beispiels eingefügt. Am Anfang jedes Anwendungsgebietes wird darauf hingewiesen.

---

[1] Dieses Kapitel wurde von Claudia Schubert und Prof. Dr. Walter Brenner und unter Verwendung der Diplomarbeit von Torsten Fritsch 'Die Klassifikation Intelligenter Agenten anhand von Anwendungsbeispielen' erstellt.

Die Darstellung der konkreten Architektur umfaßt die Beschreibung der wesentlichen Softwarekomponenten, wobei nicht der Anspruch einer umfassenden Darstellung erhoben wird. Ähnlich der Darstellung genereller Konzepte folgt die Beschreibung der Architektur den Ähnlichkeiten und Merkmalen, die bei den meisten der Beispiele innerhalb eines Anwendungsgebietes gefunden wurden und eine gewisse Allgemeingültigkeit aufweisen. Bei den Gebieten, die diesem Maßstab nicht genügen können, verzichten wir auf die Darstellung einer generellen Architektur und verweisen auf die konkreten Beispiele, über die gesicherte Aussagen hinsichtlich einer Architektur getroffen werden können. Am Anfang jedes Abschnittes wird der Leser darauf aufmerksam gemacht.

Als Grundlage der Beschreibung der einzelnen Anwendungsgebiete dient das in Kapitel 3 (vgl. Abschnitt 3.3) erarbeitete Modell der Klassifikationsmatrix intelligenter Agenten (vgl. Abbildung 6.1/1) sowie die Einteilung in die Kategorien Informationsagent, Kooperationsagent und Transaktionsagent.

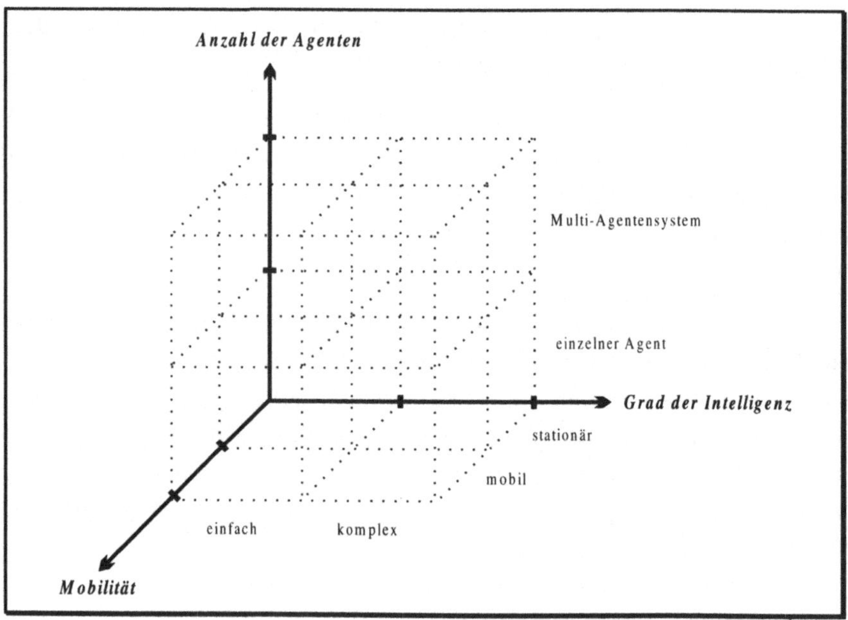

Abbildung 6.1/1: Die Klassifikationsmatrix intelligenter Agenten

Jedes einzelne Anwendungsgebiet wird innerhalb der Klassifikationsmatrix dargestellt, sowohl mit dem jetzigen Entwicklungsstand als mit dem zukünftigen

Entwicklungsziel. Damit soll für den Leser die Einordnung des Anwendungsgebietes innerhalb der grundlegenden Eigenschaften *Mobilität, Anzahl der Agenten* und *Grad der Intelligenz* intelligenter Agenten vereinfacht werden.

Das Kriterium für die Zuordnung der Anwendungsgebiete in eine der drei Kategorien Informationsagent, Kooperationsagent und Transaktionsagent basiert auf ihrem jeweiligen Aufgabenschwerpunkt. Bereits in Kapitel 3 (vgl. Abschnitt 3.1) haben wir darauf hingewiesen, daß sich letztendlich die Merkmale aller drei Agentensysteme in einem Anwendungsgebiet wiederfinden werden. Jedoch ihr Einsatzschwerpunkt bestimmt die Zuordnung zu einer der drei Kategorien. In Abbildung 6.1/2 sind die einzelnen Anwendungsgebiete und ihre Zuordnung zu den drei Kategorien dargestellt.

Aufgabenschwerpunkt	*Anwendungsgebiet*
Informationsagent	• Information Retrieval und Filtering • NewsWatcher • Advising und Focusing • Traffic
Kooperationsagent	• Entertainment • Groupware • Netzwerkmanagement/Telekommunikation
Transaktionsagent	• Electronic Commerce • Manufacturing • Management von Geschäftsprozessen

Abbildung 6.1/2: Die Einteilung der einzelnen Anwendungsgebiete hinsichtlich ihres Aufgabenschwerpunktes

Die primäre Aufgabe der Informationsagenten besteht in der Unterstützung seines Benutzers bei der Suche nach Informationen und der Bereitstellung von Informationen. Dabei müssen sowohl die einzelnen Informationen zuverlässig gefunden als auch bewertet und entsprechend seiner persönlichen Interessen gefiltert werden. Das Anwendungsgebiet *Information Retrieval und Filtering* unterstützt den Benutzer bei der Suche nach Informationen innerhalb des Internet.

Das Anwendungsgebiet *NewsWatcher* faßt Agenten zusammen, deren Ziel in der Bereitstellung relevanter Informationen durch die Festlegung eines persönlichen Nutzerprofils besteht. Die Agenten des Anwendungsgebietes *Advising und Focusing* realisieren ihre Unterstützung bei der Suche nach Informationen über die Beobachtung des Benutzers während der Arbeit im WWW. Diese Überwachung ist die Voraussetzung für die Präsentation von Hinweisen und Ratschlägen zur effektiven und effizienten Informationsbeschaffung im WWW. Das Anwendungsgebiet *Traffic* beschäftigt sich mit der Unterstützung von Agenten zur Bereitstellung intelligenter Dienstleistungen innerhalb der Reise- und Transportplanung. Solche Dienstleistungen umfassen die Bereitstellung von Informationen zu Flug- und Bahnverbindungen und zum Personennahverkehr. Eine Weiterentwicklung, die dieses Anwendungsgebiet in die Kategorie Transaktionsagent einordnen wird, ist die Unterstützung beziehungsweise Übernahme der Reisebuchungen des Benutzers durch Agenten. Aufgrund des derzeitigen geringen Entwicklungsstandes dieses Gebietes wird auf eine gesonderte Beschreibung verzichtet.

Der Schwerpunkt der Kooperationsagenten liegt in der Lösung komplexer Problemstellungen, indem die Agenten mit anderen Teilnehmern kooperieren. Das Anwendungsgebiet *Entertainment* nutzt diese Kooperation zum Aufbau eines Interessenprofils, mit dem der Benutzer weitere Freizeitaktivitäten entdecken oder sein Wissen entsprechend der Interessenfelder vertiefen kann. Dem Unterhaltungswert dieser Anwendungen wird eine hohe Bedeutung beigemessen. Das Anwendungsgebiet *Groupware* ist im betrieblichen und Verwaltungsumfeld angesiedelt und dient der Unterstützung und der Übernahme einer Vielzahl von Routinetätigkeiten, die innerhalb einer Arbeitsgruppe oder Abteilung anfallen. Der hohe Kommunikationsbedarf zur Erfüllung dieser Aufgaben zwingt die Agenten zu einer Kooperation. Das Anwendungsgebiet *Netzwerkmanagement/Telekommunikation* fokussiert auf die persönliche Unterstützung der Benutzer beim Management von Aufgaben innerhalb eines Netzwerkes durch Agenten. Dabei steht vor allem die Kooperation der einzelnen Agenten der Netzwerkteilnehmer im Mittelpunkt der Unterstützung. Auf eine gesonderte Beschreibung wird wegen der wenigen zur Verfügung stehenden Informationsquellen verzichtet.

Der Schwerpunkt der Transaktionsagenten liegt in der Überwachung und Ausführung von Transaktionen. Die Transaktionen umfassen dabei nicht nur die finanzielle Abwicklung eines Kaufvorgangs, sondern auch die Durchführung oder Überwachung von Produktionsprozessen und anderen betriebswirtschaftlich orientierten Prozeßabläufen. Das Anwendungsgebiet *Electronic Commerce* umfaßt Agenten, die den Benutzer beim Kauf oder Verkauf von Produkten und Services unterstützen. Der Bereich des Anwendungsgebietes *Manufacturing* fokussiert auf die Unterstützung durch Agenten in PPS-Systemen. Der Schwerpunkt dieses Gebietes liegt in der Realisierung von Multi-Agentensystemen zur Planung, Steuerung und Koordination flexibler und verteilter Fertigungsprozesse. In diesem Anwendungsgebiet geht es ausschließlich um die Unterstützung der Produktionsprozesse. Das Anwendungsgebiet *Management von Geschäftsprozessen* befaßt sich mit der Unterstützung durch Agenten bei der Abwicklung von Geschäftsprozessen. Dabei werden sowohl Anwendungen realisiert, die sich auf die Verhandlung zwischen den einzelnen Agenten der jeweiligen Geschäftsprozesse konzentrieren als auch Anwendungen, die einen speziellen Geschäftsprozeß als Grundlage der Agentenunterstützung heranziehen. Dieses Anwendungsgebiet ist nicht Gegenstand der Beschreibung.

Darüber hinaus existieren weitere Anwendungsgebieteintelligenter Agenten. Ein Beispiel ist das Anwendungsfeld der Militär- und Raumfahrtindustrie, in dem in hohem Maße intelligente Agenten eingesetzt werden, wie beispielsweise zur Flugzeugsteuerung. Des weiteren werden mit der fortschreitenden Entwicklung intelligenter Agenten neue Anwendungsgebiete entstehen, wie zum Beispiel im Bankenwesen und Finanzdienstleistungssektor.

6.2 Information Retrieval und Filtering

6.2.1 Grundlagen

Anwendungen im Bereich des Information Retrieval und Filtering unterstützen den Benutzer bei der gezielten Suche nach Informationen im WWW. Der rasante Anstieg des Informationsangebotes erfordert zur Navigation in den verschiedenen Suchräumen des WWW wirksame Werkzeuge, die den Benutzer gezielt bei der Informationsbeschaffung unterstützen. Zu solchen Werkzeugen gehören die Navigatoren, die Suchkataloge und die Suchmaschinen. Navigatoren entsprechen der einfachsten Form von Werkzeugen, die eine Suche nach Informationen ermöglichen. Beispiele dafür sind die heute bekannten Browser. Suchkataloge umfassen eine Vielzahl von Themengebieten, in denen dem Benutzer Informationen zur Verfügung stehen Ein Beispiel ist der Suchkatalog Yahoo (www.yahoo.com beziehungsweise www.yahoo.de). Die Themengebiete werden manuell erstellt und verwaltet. Suchmaschinen in ihrer heutigen Form sind agentenbasierte Softwareprogramme, die das WWW automatisch nach neuen Informationen durchsuchen.

Zu solchen Suchmaschinen zählen unter anderem AltaVista (www.altavista.com) und MetaCrawler (www.metacrawler.com). Diese Suchmaschinen sind Gegenstand der folgenden Ausführungen. In Abbildung 6.2/1 ist die Einordnung dieses Anwendungsgebietes in die Klassifikationsmatrix dargestellt (vgl. Abschnitt 3.3).

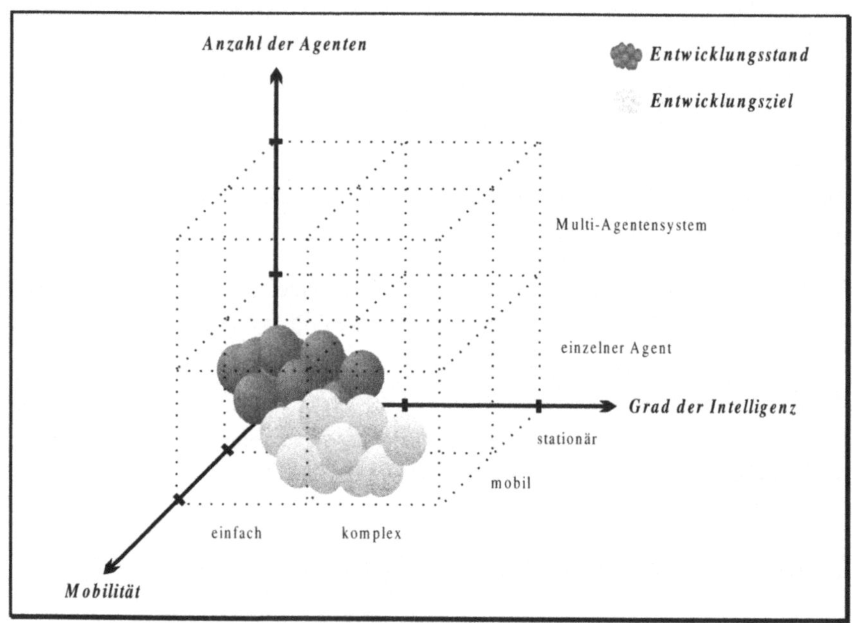

Abbildung 6.2/1: Die Klassifikationsmatrix für das Anwendungsgebiet
Information Retrieval und Filtering

Dem derzeitigen Entwicklungsstand entsprechend arbeiten die Agenten dieses Anwendungsgebietes stationär mit geringer Intelligenz. Eine mögliche Entwicklungsrichtung dieser Agenten ist die Ausprägung als mobile Agenten höherer Intelligenz.

Die agentenbasierten Suchmaschinen können nach ihrem Entwicklungsstand in vier verschiedene Stufen unterteilt werden, wie in Abbildung 6.2/2 dargestellt ist.

Die einfachen Suchmaschinen stellen eine niedrige Stufe von Suchwerkzeugen im WWW dar, die über die Technologie der intelligenten Agenten realisiert werden. Ihr zentrales Merkmal ist die Speicherung aller gefundenen Informationen in einer Datenbank, die zentral oder verteilt vorliegen kann. Vertreter einfacher Suchmaschinen oder Simple Search Engines sind AltaVista (www.altavista.com)

oder Lycos (www.lycos.com). Der Zyklus der Aktualisierung der jeweiligen Datenbanken einfacher Suchmaschinen bildet den Hauptnachteil dieser Entwicklungsstufe. Die ständig wechselnden und steigenden Informationsangebote führen zu WWW-Dokumenten mit gleichen Adressen und unterschiedlichen Inhalten. Die gezielte Suche nach Informationen kann nicht zuverlässig abgedeckt werden und liefert dem Benutzer nur ungenügend aktuelle Dokumente. Dadurch nutzen erfahrende WWW-Benutzer meistens mehrere einfache Suchmaschinen, um die Zuverlässigkeit und Genauigkeit der Suche nach Informationen zu erhöhen. Zur Unterstützung dieser Vorgehensweise können Pseudo Meta Suchmaschinen verwendet werden. Deren Prinzip besteht darin, dem Benutzer eine Sammlung von bekannten Suchmaschinen anzubieten, die als Startpunkt für die individuelle Suche nach Informationen dienen. Dabei wird der Benutzer nur aus dem Datenbestand der gewählten Suchmaschine bedient. Ein Beispiel für diese Ausprägung ist CUSI (Configurable Unified Search Engines) (www.nexor.co.uk/public/cusi/).

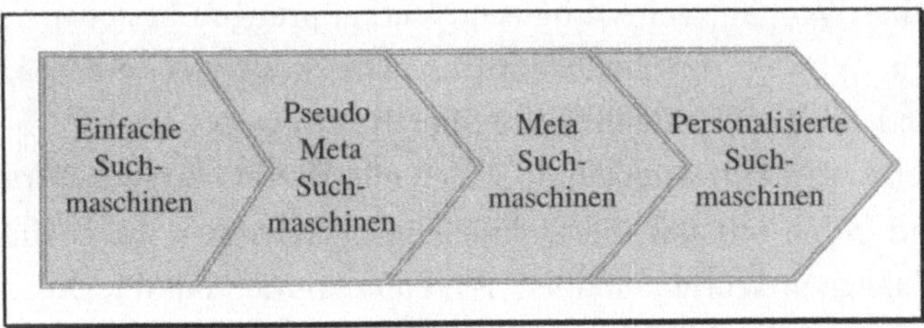

Abbildung 6.2/2: Die Entwicklungsstufen der Suchmaschinen

Eine Automatisierung der gleichzeitigen Anfrage an mehrere einfache Suchmaschinen bieten die Meta Suchmaschinen. Meta Suchmaschinen oder Meta Search Engines fragen automatisch in einem parallelen Prozeß mehrere einfache Suchmaschinen ab. Sie präsentieren dem Benutzer die Ergebnisse der jeweiligen Suchanfrage in einer komprimierten und qualitativ höherwertigen Form als die einfachen Suchmaschinen. Zur Speicherung der Informationen nutzen die Meta Suchmaschinen keine eigene Datenbank, da sie auf die Datenbestände der einfachen Suchmaschinen zurückgreifen und diese auswerten. Vertreter sind beispielsweise SavvySearch (guaraldi.cs.colostate.edu:2000/form) und MetaCrawler. Eine mögliche Entwicklungsrichtung der Meta Suchmaschinen basiert auf der Idee der Personalisierung der Ergebnismengen. Erfahrungsgemäß werden mit der Suche nach Informationen die speziellen Interessengebiete des Benutzers abgedeckt, so daß sich eine gewisse inhaltliche Ähnlichkeit der Ergebnismengen ergibt. Dadurch läßt

sich eine personalisierte Datenbasis aufbauen, die zur gezielten Informationsbe-
reitstellung genutzt werden kann. Ein Prototyp dieser Evolutionsstufe ist eine
Weiterentwicklung des MetaCrawler an der University of Washington, Seattle,
USA [Selberg/Etzioni1995].

Die Ausführungen dieses Anwendungsgebietes beschränken sich auf die Darstellung der einfachen Suchmaschinen und der Meta Suchmaschinen. Dabei wird
von einer Unterscheidung in einfacher und erweiterter Suchanfrage ausgegangen.
Einfache Suchanfragen erlauben in der Regel die Suche nach einem Begriff ohne
die Definition zusätzlicher Suchkriterien. Ein Beispiel für eine einfache Suchanfrage ist die Suche nach dem Begriff Internet. Es wird dabei weder eine Einschränkung hinsichtlich der genauen Interessengebiete innerhalb des Internet noch
der Inhalte vorgenommen. Der Benutzer erhält eine Ergebnismenge, die alle Dokumente enthält, die diesen Suchbegriff aufweisen. Zusätzliche Suchkriterien, die
Einschränkungen des Suchbegriffes ermöglichen, sind Gegenstand einer erweiterten Suchanfrage und beziehen sich in der Regel auf logische Verknüpfungen sowie eine exakte Wortlautsuche. Logische Verknüpfungen bestehen zwischen den
verschiedenen Worten des Suchbegriffes. Die konkreten Ausprägungen sind
AND, OR und NOT. Sie erlauben die Spezifizierung der Suchanfrage. AND ermöglicht Suche nach Dokumenten, in denen alle Worte der Suchanfrage enthalten
sind, während durch OR nur die Dokumente präsentiert werden, die mindestens
eines der enthaltenen Worte enthalten. Bei NOT werden nur die Dokumente geliefert, die nicht das durch NOT ausgeschlossene Wort des Suchbegriffes enthalten.
Die Möglichkeit der exakten Suche erlaubt die Kennzeichnung des Suchbegriffes
als exakten Wortlaut. Es werden nur die Dokumente präsentiert, die genau den
definierten Wortlaut enthalten. Jede Suchmaschine besitzt unterschiedliche Ausprägungen und Abgrenzungen von einfacher und erweiterter Suchanfrage, auf die
in den einzelnen Beispielen hingewiesen wird.

6.2.2 Einfache Suchmaschinen

6.2.2.1 Marktübersicht

In Abbildung 6.2./3 ist eine Auswahl derzeit bekannter einfacher Suchmaschinen
mit Namen und WWW-Adresse aufgeführt.

Einfache Suchmaschinen	WWW-Adresse
AltaVista	www.altavista.com
WebCrawler	www.webcrawler.com
Excite	www.excite.com
HotBot	www.hotbot.com
InfoSeek	www.infoseek.com
OpenText	www.opentext.com
Lycos	www.lycos.com

Abbildung 6.2/3: Eine Auswahl derzeit bekannter einfacher Suchmaschinen

Die Beschreibung konzentriert sich auf die einfachen Suchmaschinen WebCrawler und HotBot. WebCrawler repräsentiert die erste agentenbasierte Suchmaschine im WWW und ist somit ein Klassiker unter den Simple Search Engines, während HotBot zu den derzeit fortschrittlichsten einfachen Suchmaschinen gezählt wird. Beide Suchmaschinen werden anhand des Suchbegriffes **TU Bergakademie Freiberg** demonstriert. Das Ziel der Suchanfrage besteht darin, die Homepage der TU Bergakademie Freiberg zu erhalten.

6.2.2.2 WebCrawler

Der WebCrawlerentstand als Forschungsprojekt an der University of Washington, Seattle, USA, und ist seit April 1994 als einfache Suchmaschine kostenlos verfügbar. Im Jahre 1995 wurde WebCrawler an America Online veräußert. Seit Ende 1996 gehört die Suchmaschine dem Unternehmen Excite Inc., das selbst eine einfache Suchmaschine unter dem Namen Excite (www.excite.com) anbietet.

Die Homepage des WebCrawler ist in zwei wesentliche Bereiche gegliedert (vgl. Abbildung 6.2/4). Der erste zentrale Bereich enthält alle Funktionen, die dem Benutzer die gezielte Suche erlauben. Der zweite Bereich ermöglicht dem Benutzer sowohl die einfache und übersichtliche Navigation innerhalb des WebCrawler als auch Nutzung der Dienste der Suchmaschine Excite, die der Benutzer neben denen des WebCrawler nutzen kann. Die Navigation innerhalb des WebCrawler erfolgt über die Benutzung von insgesamt fünf Buttons: *Search, Guide, Services, Fun* und *Help*, wobei der ausgewählte Button durch einen Pfeil gekennzeichnet ist.

Der WebCrawler besitzt einen einzigen Suchmodus, mit dem einfache und erweiterte Suchanfragen realisiert werden können. Einfache Suchanfragen erlauben die Verarbeitung des Suchbegriffes ohne Berücksichtigung der exakten Reihenfolge der einzelnen Wörter. Bei der erweiterten Suchanfrage kann durch eine gezielte Spezifikation des Suchbegriffes die Ergebnismenge eingeschränkt oder ausgedehnt werden. WebCrawler bietet dem Benutzer unter dem Button *Help* Hinweise zur Spezifikation. Zusätzlich hat der Benutzer die Möglichkeit, in den angegebenen Kategorien themenspezifisch nach Informationen zu suchen.

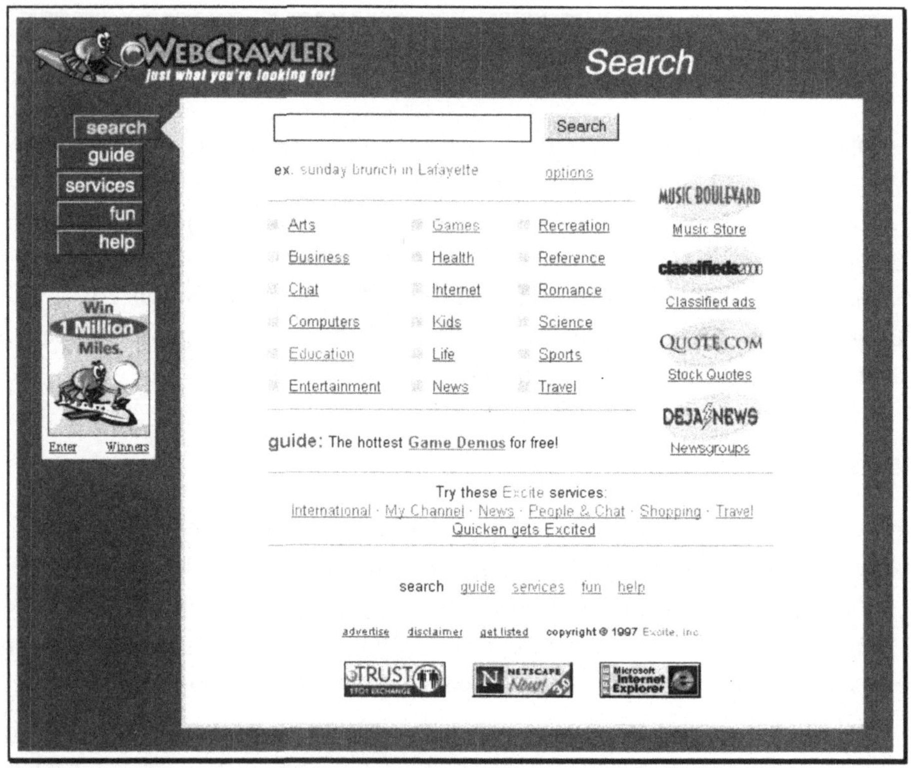

Abbildung 6.2/4: Die Homepage des WebCrawler

Direkt unterhalb des Textfeldes befindet sich der Verweis *Options*, mit dem der Benutzer die Darstellung der Ergebnismenge individuell anpassen kann (vgl. Abbildung 6.2/5). *Titles or Summaries* ermöglichen die Festlegung der Präsentation der gefundenen Dokumente, mit *Number of Results per Page* kann die Anzahl der gefundenen Dokumente pro Seite spezifiziert werden. Im dritten Feld *More*

Results kann die Anzeigeart für die Navigation innerhalb der Ergebnismenge ausgewählt werden. Notwendige Voraussetzung für die Festlegung dieser Options ist
die Unterstützung von Cookies durch den Browser, um die einmalig definierten
Präferenzen lokal speichern zu können. Cookies sind Programmteile, in denen
Informationen über die aktuelle WWW-Seite gespeichert werden. Der Benutzer
wird von seinem Browser darauf hingewiesen, wenn dieser die Verwendung von
Cookies nicht unterstützt.

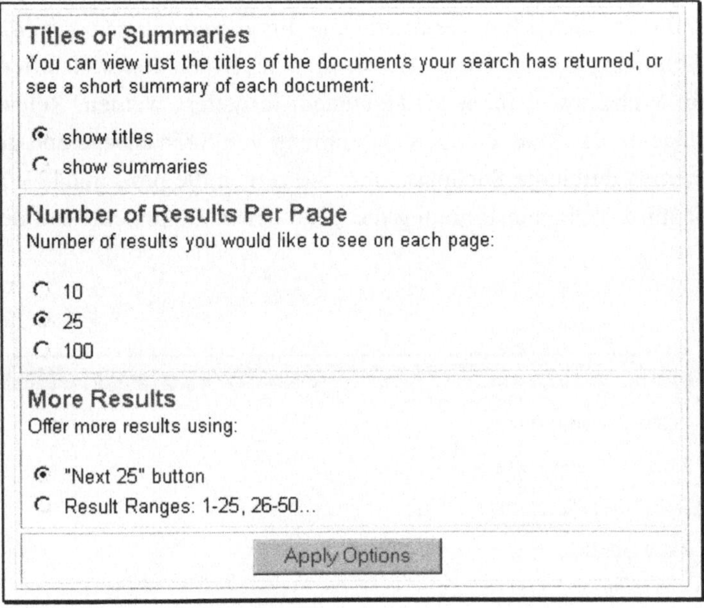

Abbildung 6.2/5: Die Einstellung der Präferenzen

Im folgenden wird anhand des bereits festgelegten Suchbegriffes 'TU Bergakademie Freiberg' die Suche des WebCrawler erläutert, indem die einfache und die
erweiterte Suchanfrage demonstriert werden. Auf eine Demonstration der Suche
nach Kategorien wird aufgrund des ergänzenden Charakters dieses Angebots
verzichtet.

- **Einfache Suchanfrage:** Bei dieser Alternative werden die eingegebenen Wörter der Anfrage ohne Berücksichtigung der Reihenfolge gesucht. Der
  WebCrawlersucht automatisch nach Dokumenten, die sowohl alle als auch nur

einzelne Wörter des Suchbegriffes enthalten. Der Wortlaut dieser einfachen Suchanfrage lautet **TU Bergakademie Freiberg** (vgl. Abbildung 6.2/6).

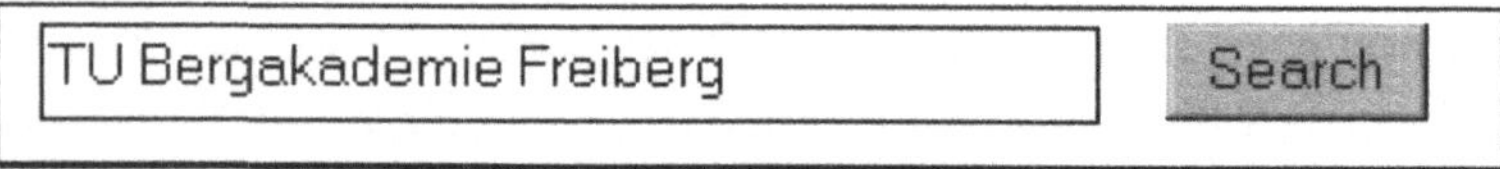

Abbildung 6.2/6: Textfeld der einfachen Suchanfrage

Aus dieser Suchanfrageresultiert eine Ergebnismenge von 8.142 Treffern (vgl. Abbildung 6.2/7). Diese Treffer sind nach den Relevanzziffern sortiert, die vom WebCrawler für jedes Dokument festgelegt werden. Relevanzziffern symbolisieren das Maß an Übereinstimmung von Suchanfrage und gefundenen Dokumenten durch die Suchmaschine. Sie zeigen die prozentuale Wahrscheinlichkeit für die Übereinstimmung der gefundenen Dokumente mit der Suchanfrage.

Abbildung 6.2/7: Die ersten 25 Treffer der Ergebnismenge der einfachen Suchanfrage

WebCrawler bestimmt diese Relevanzziffern, indem die Dokumente, die alle
Wörter der Suchanfrage des Benutzers enthalten, mit einer größeren Relevanz
bewertet werden. Sie stehen in einer höheren Position als die Dokumente, die
nicht alle Wörter der Suchanfrage enthalten. Während der Auswertung der
ermittelten Ergebnisse wurde festgestellt, daß viele der Dokumente lediglich
Verweise auf die Homepage der Universität enthalten. Das Dokument mit der
höchsten Relevanz stellt eine der Folgeseiten der Homepage der TU Bergakademie Freiberg dar. Die eigentliche Homepage (www.tu-freiberg.de) steht mit
91% an vierter Stelle.

In der erweiterten Suchanfrage wird der Umfang der Ergebnismenge der einfachen Suchanfrage durch zusätzliche Suchkriterien eingeschränkt. um eine höhere Relevanz hinsichtlich unserer Suchanfrage zu erreichen.

- **Erweiterte Suchanfrage:** Bei der erweiterten Suchanfrage können die Such-
  begriffe durch die logischen Verknüpfungen AND, OR und NOT verbunden
  werden. Außerdem wird über die Verwendung von Anführungszeichen der
  Suchbegriff als exakter Wortlaut festgelegt. In diesem Beispiel wird eine AND-
  Verknüpfung der Begriffe **'TU Bergakademie Freiberg'** und **'Deutschland'**
  gewählt und die Anführungszeichen zur Definition der exakten Begriffsreihen-
  folge benutzt (vgl. Abbildung 6.2/8).

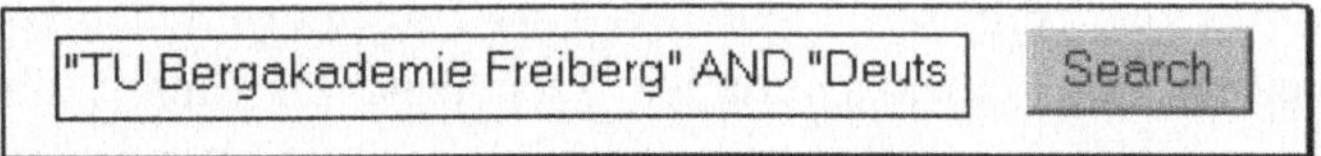

Abbildung 6.2/8: Textfeld der erweiterten Suchanfrage

Die Ergebnismenge besteht aus sieben Treffern, wiederum nach den einzelnen Relevanzziffern sortiert (vgl. Abbildung 6.2/9). Die Eingrenzung des
Suchbegriffes als exakten Wortlaut und die Spezifikation des Landes verringern
den Umfang der Ergebnismenge erheblich. Drei von sieben Dokumenten enthalten nur Verweise zur Startseite der TU Bergakademie Freiberg. Die Homepage der Universität ist bei dieser Ergebnismenge nicht enthalten.

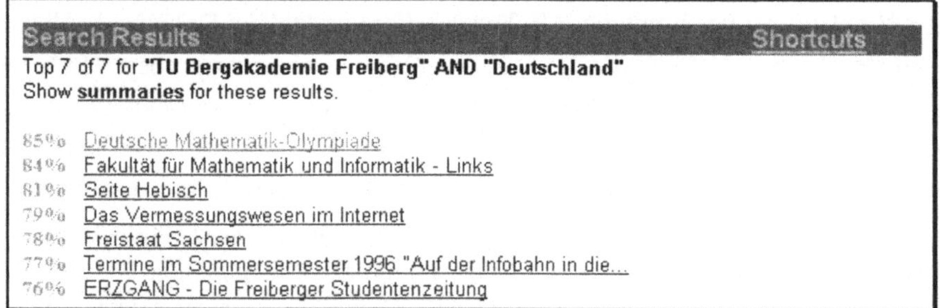

Abbildung 6.2/9: Die Ergebnismenge der erweiterten Suchanfrage

6.2.2.3 HotBot

HotBot wurde im Rahmen eines Forschungsprojektes des Bereiches Computer Science Division an der University of California Berkeley, USA, entwickelt. Seit 1996 wird HotBot von der Firma Inktomi Corp. und dem Wired Magazin als kommerzielle Suchmaschine kostenlos angeboten. Die Datenbasis des HotBot besteht aus mehr als 50 Millionen WWW-Dokumenten sowie aus mehr als 4 Millionen Usenet-Artikel [HotBot 1997].

Die Homepage des HotBot ist in drei zentrale Bereiche gegliedert (vgl. Abbildung 6.2/10). Im oberen zentralen Teil befinden sich neben den Textfeldern für die Suchanfrage ein Werbefenster und drei Verweise zu den Seiten von Bigyellow (www.bigyellow.com), einem speziellen Suchdienst für Emails, Personen und Telefonnummern. Im zweiten zentralen Bereich sind als Buttons die einzelnen Kategorien zur Festlegung der zusätzlichen Suchkriterien dargestellt. Darüber hinaus sind bestimmte Buttons zu sehen, die für die Navigation und die zusätzlichen Dienste der Suchmaschine HotBot notwendig sind. Im unteren Bereich sind sowohl bestimmte Verweise zu WWW-Seiten des Content-Providers WiredSource (www.wiredsource.com) der Firma Hotwired Inc. als auch die beiden Verweise zu den unterstützten Browsern aufgeführt.

HotBot bietet einen einzigen Suchmodus an, mit dem einfache und erweiterte Suchanfragen realisiert werden können. Die Definition beider Suchalternativen erfolgt bei HotBot im wesentlichen über Pulldown-Menüs, wie sie im oberen Bereich der Homepage zu sehen sind.

Im folgenden werden anhand des festgelegten Suchbegriffes 'TU Bergakademie Freiberg' die beiden Alternativen der Suche erläutert.

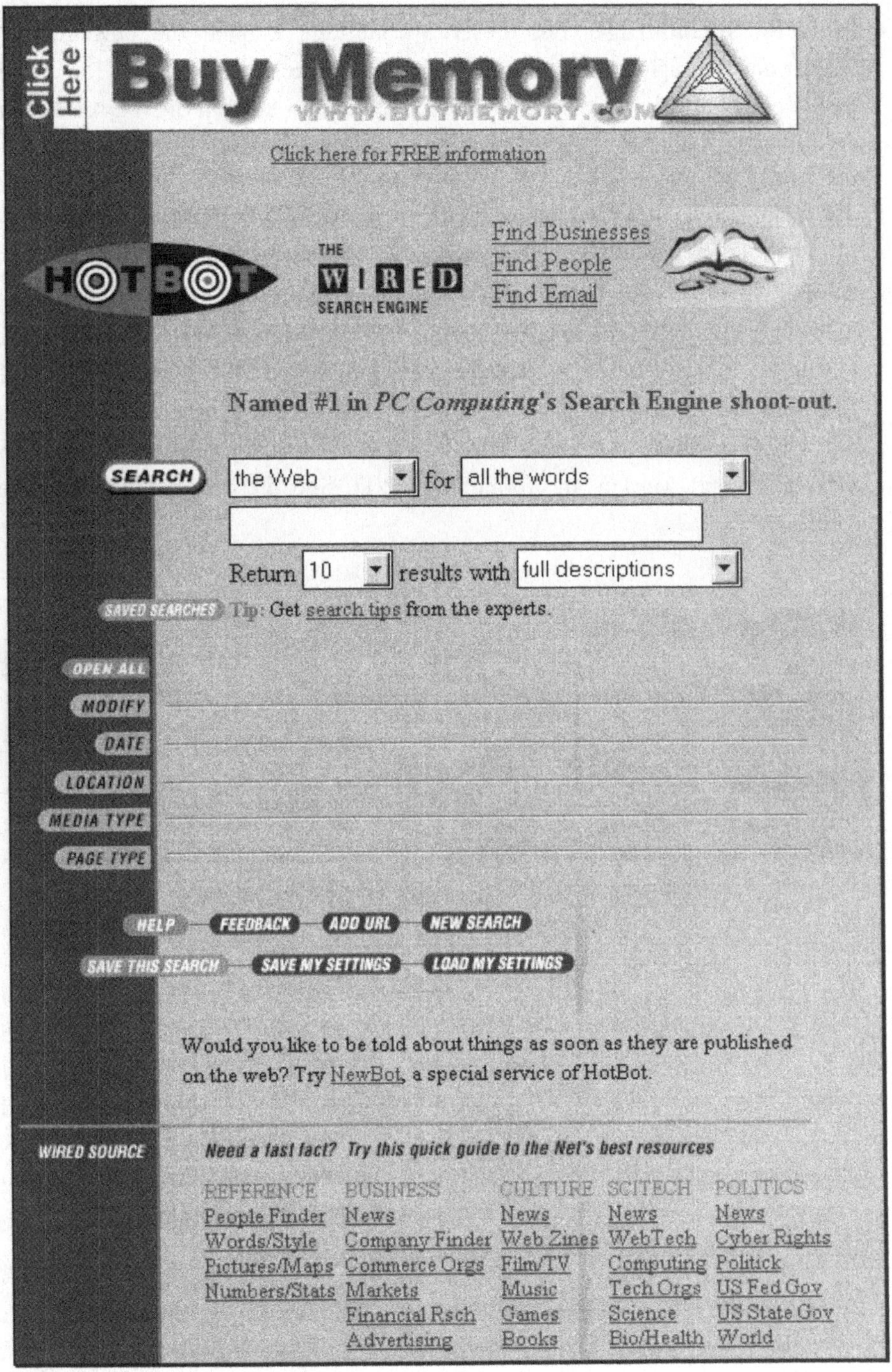

Abbildung 6.2/10: Die Homepage des HotBot

- **Einfache Suchanfrage**: Bei dieser Suchanfrage können die eingegebenen Wörter der Anfrage sowohl mit als auch ohne Berücksichtigung der Reihenfolge der einzelnen Wörter gesucht werden. Außerdem können die logischen Verknüpfungen AND und OR in Form der Alternativen *all the words* und *any of the words* genutzt werden. Die Festlegung erfolgt in einem Pulldown-Menü, das zusätzlich auch die Suche nach Personen und WWW-Adressen ermöglicht. In einem anderen Pulldown-Menü kann der gewünschte Suchraum ausgewählt werden. Zwei weitere Pulldown-Menüs unterhalb des Textfeldes bieten Möglichkeiten zur individuellen Anpassung der Präsentation der Ergebnismenge. Für dieses Beispiel wird die Suchanfrage mit dem Wortlaut **TU Bergakademie Freiberg** festgelegt. Alle Wörter werden durch die Suchmaschine berücksichtigt. Die Ergebnisse sollen mit ihrer WWW-Adresse zu je 25 Dokumenten pro Seite angezeigt werden. In Abbildung 6.2/11 sind diese Festlegungen dargestellt.

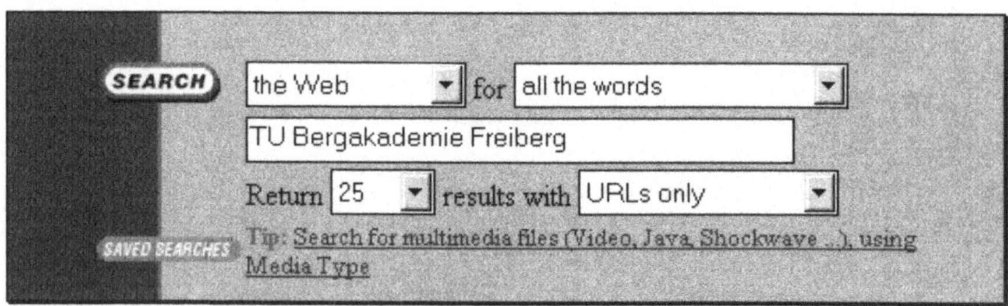

Abbildung 6.2/11: Textfeld der einfachen Suchanfrage

Der Umfang dieser Ergebnismenge beträgt 1.469 Treffern. Diese Treffer sind nach Relevanzziffern sortiert, die von der Suchmaschine festgelegt wurden. Die Relevanzziffern werden über einen Vergleich der Wörter in der Suchanfrage mit der Häufigkeit der Wörter im Titel und innerhalb des Dokumentes berechnet. Je häufiger eines der Wörter der Suchanfrage in dem jeweiligen Dokument vorkommt, um so höher wird die Relevanz des gefundenen Dokumentes hinsichtlich der Suchanfrage bewertet. Unsere gesuchte Adresse steht innerhalb der Ergebnismenge mit 99% an siebter Stelle, wie Abbildung 6.2/12 zeigt.

In der erweiterten Suchanfrage wird der Umfang der Ergebnismenge der einfachen Suchanfrage eingeschränkt, indem nach Informationen über die Universität im Zusammenhang mit der Fakultät für Wirtschaftswissenschaften gesucht wird.

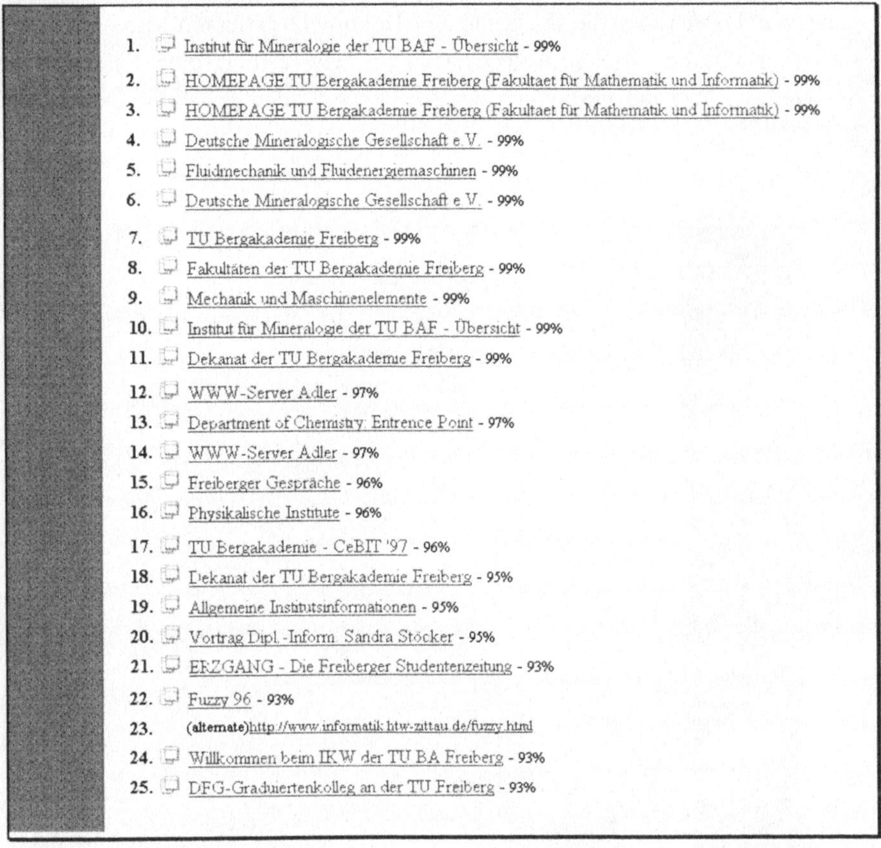

Abbildung 6.2/12: Die ersten 25 Treffer der Ergebnismenge der einfachen Suchanfrage

- **Erweiterte Suchanfrage**: Die Suchmaschine HotBot bietet dem Benutzer fünf verschiedene Kategorien zur Spezifizierung seiner Suchanfrage an. Die Eingabe des Suchbegriffes in den Textfeldern der einfachen Suchanfrage ist die notwendige Voraussetzung für diese weiteren Spezifizierungen. Die erste Kategorie *Modify* ermöglicht die Modifizierung der Suchanfrage, indem zum ursprünglichen Suchbegriff einschränkende Begriffe hinzugefügt werden können. Über die beiden Pulldown-Menüs kann der Benutzer die Art der Berücksichtigung durch die Suchmaschine festlegen. Über die Kategorie *Date* kann die Suche innerhalb eines definierten Zeitraumes eingeschränkt werden, während die Kategorie *Location* die Spezifikation des Suchraumes nach geographischen Plätzen oder nach Domains, wie beispielsweise *.de* für Deutschland, erlaubt. Mit der Kategorie *Media Type* kann der Benutzer die Suche durch die Festle-

gung von Dateitypen, die im gesuchten Dokument enthalten sein sollen, ein-
schränken. In der letzten Kategorie *Page Type* erfolgt eine Selektion der
Suchanfrage über die Festlegung der Art der Seite des gesuchten Dokumentes
(vgl. Abbildung 6.2/13).

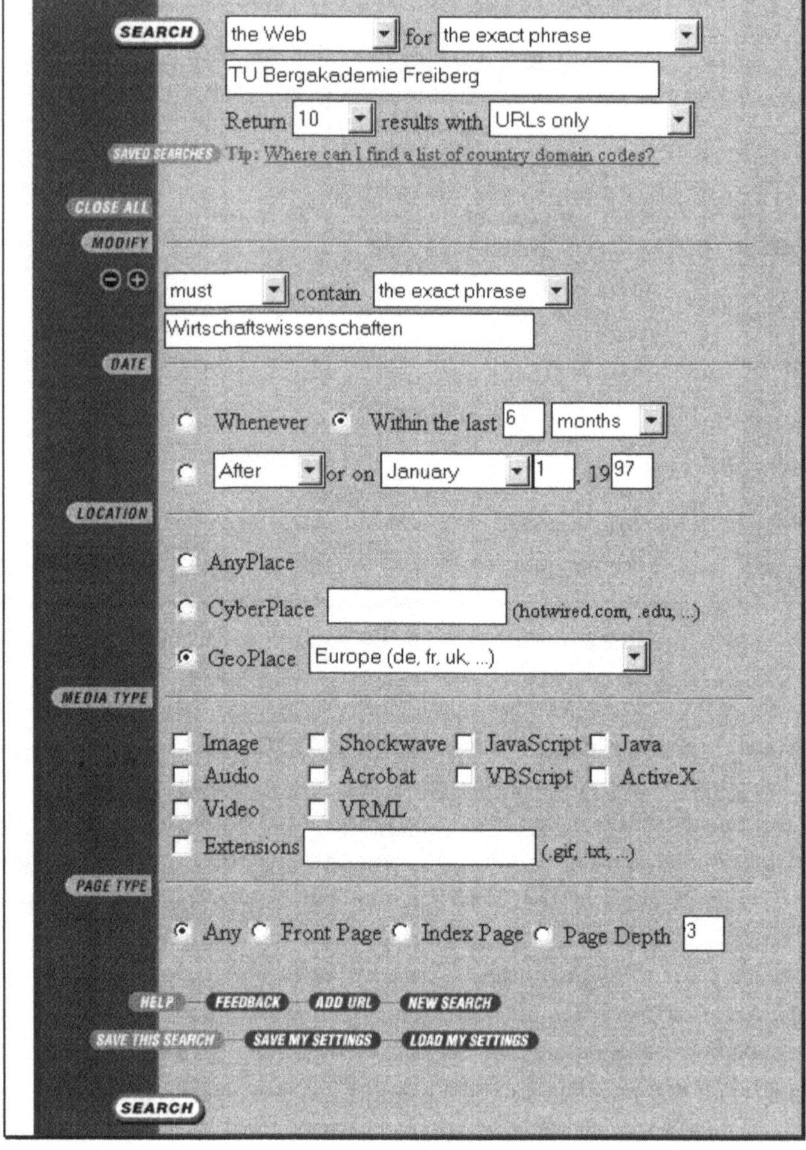

Abbildung 6.2/13: Textfelder der erweiterten Suchanfrage

Für dieses Beispiel wird die Suchanfrage **TU Bergakademie Freiberg** als exakten Wortlaut gewählt sowie durch folgende Kategorien eingeschränkt: die gesuchten Dokumente müssen Verweise zur Fakultät für **Wirtschaftswissenschaften** enthalten, nicht älter als **sechs Monate** sein und aus **Deutschland** stammen. Der Datentyp und die Art der Seite bleiben unberücksichtigt.

Die Ergebnismenge beinhaltet 663 Treffer, die nach den Relevanzziffern sortiert sind. In Abbildung 6.2/14 sind die ersten zehn Verweise zu sehen. Der Verweis auf die Homepage der Universität erscheint an erster Stelle mit gleicher Relevanzziffer wie bei der einfachen Suchanfrage. An zweiter Stelle folgt mit 99% das Dokument, welches die Verweise zu den einzelnen Fakultäten der Universität enthält. Bei der einfachen Suchanfrage steht dieses Dokument an achter Stelle. Diese Spezifikation der Suchanfrage hat neben der erheblichen Verringerung des Umfangs der Ergebnismenge auch die Reihenfolge der präsentierten Einzelergebnisse zugunsten der gesuchten Dokumente verändert.

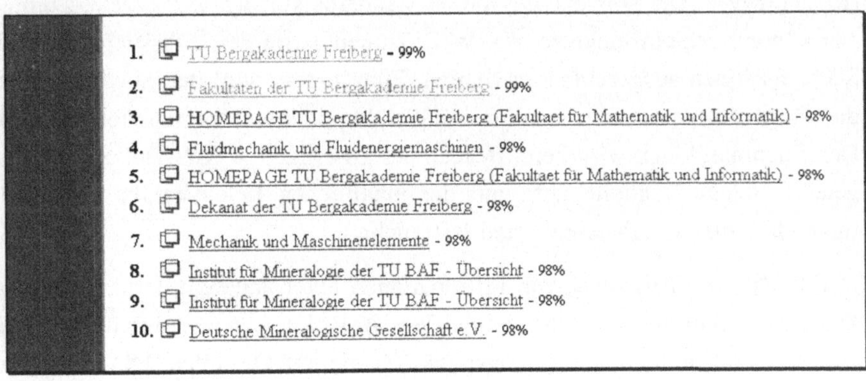

Abbildung 6.2/14: Die ersten 10 Treffer der Ergebnismenge der erweiterten Suchanfrage

6.2.2.4 Konzepte

Die Arbeitsweise einfacher Suchmaschinen beruht auf drei wesentlichen Konzepten. Diese Konzepte sind bei den meisten der heute bekannten agentenbasierten einfachen Suchmaschinen existent, weisen jedoch einen starken Bezug zur Konzeption der einfachen Suchmaschine WebCrawler [Koster 1995, Pinkerton 1997] auf.

- **Erfassung von Informationen:** Einfache Suchmaschinen benötigen für den Aufbau ihrer Datenbank eine Vielzahl von Informationen. Dafür nutzen sie eine Ursprungsliste an bekannten WWW-Dokumenten, die einen großen Umfang an Verweisen zu unbekannten Dokumenten besitzen. Dadurch wird eine weitere Verfolgung der darin enthaltenen Verweise durch die Suchmaschinen möglich. Diese Verfolgung von bereits referenzierten Dokumenten ist ein wichtiges Merkmal agentenbasierter Suchmaschinen und wird als rekursive Verfolgung bezeichnet. Darüber hinaus können bei den meisten der heute bekannten Suchmaschinen manuell WWW-Adressen eingegeben werden. Andere Quellen zur Erfassung von Informationen bilden die 'What`s New'-Rubriken vieler WWW-Dokumente sowie die Archive der Mailing Listen.

Über den Robot Exclusion Standard besteht eine zusätzliche Möglichkeit, gezielt WWW-Dokumente zu erfassen. Dieser Standard ermöglicht den Entwicklern von WWW-Dokumenten die Erstellung einer inhaltlichen Übersicht über die gesamten Dokumente eines Servers oder über einzelne Dokumente [Koster 1994]. Die Anwendung dieses Standards verfolgt zwei Ziele. Zum einen können gekennzeichnete WWW-Dokumente von der Erfassung durch die Suchmaschinen ausgeschlossen werden. Zum andern wird den Suchmaschinen die Möglichkeit zu einer qualitativen Selektion von Informationen gegeben. Den Suchmaschinen wird beim Besuch der jeweiligen WWW-Dokumente mitgeteilt, welche Textteile aufgrund der inhaltlichen Relevanz für eine nachfolgende Indizierung geeignet sind oder nicht.

Das Ziel der Erfassung von Informationen unter anderem darin, eine möglichst hohe Anzahl von unbekannten WWW-Dokumenten zu erhalten. Dieser Arbeitsschritt bildet den Ausgangspunkt für die Selektion der Dokumente hinsichtlich möglicher Indizierung und Speicherung in der Datenbank.

- **Indizierung der Informationen und Speicherung in der Datenbank:** Indizierung von WWW-Dokumenten bedeutet, die ausgewählten Dokumente syntaktisch zu analysieren sowie für die Speicherung in der Datenbank aufzuarbeiten. Die Ziele der Indizierung sind das inhaltliche Erschließen und das gezielte Auffinden der WWW-Dokumente. Die syntaktische Analyse dient der inhaltlichen Erschließung der Dokumente und wird von den Suchmaschinen jeweils unterschiedlich durchgeführt. Prinzipiell erfolgt bei allen Simple Search Engines eine Ermittlung der Hauptinhalte. Einige Suchmaschinen, wie beispielsweise Lycos (www.lycos.com) bilden dafür eine komprimierte, inhaltliche Zusammenfassung des Dokumentes, andere verwenden den gesamten Inhalt

(Volltext) zur syntaktischen Analyse. Solche Suchmaschinen sind zum Beispiel WebCrawler oder HotBot. Im Anschluß werden von allen einfachen Suchmaschinendie Inhalte auf sogenannte Stop-Wörter überprüft und selektiert. Stop-Wörter stehen in einem geringen Zusammenhang zum eigentlichen Inhalt des Dokumentes. Sie werden von der Indizierung ausgeschlossen und müssen deshalb analysiert werden. Solche Stop-Wörter können zum Beispiel die Wörter 'und' oder 'der', 'die' sowie 'das' sein. Jede Suchmaschine nutzt andere Kriterien zur Bestimmung von Stop-Wörtern. Für den Benutzer von Suchmaschinen kann die Kenntnis über die Art der Stop-Wörter von großer Bedeutung sein, da bei irrtümlicher Verwendung in der Suchanfrage die Relevanz-qualität erheblich eingeschränkt wird.

Der erstellte Index wird in der Datenbank der Suchmaschine abgelegt und bildet die Voraussetzung, daß die indizierten Dokumente gefunden werden. In der Regel werden die indizierten Inhalte der Dokumente, die WWW-Adressen und die bereits erwähnten Listen bekannter WWW-Dokumente in getrennten Datenbanken gespeichert.

- **Auffinden der Informationen nach den benutzerspezifisch definierten Suchanfragen und Ranking:** Das Auffinden von Dokumenten ist das primäre Ziel der agentenbasierten Suchmaschinen. Mittels Vergleich von Dokumenteninhalten und Inhalten der Suchanfrage werden die in Frage kommenden WWW-Dokumente bestimmt. Ihre Darstellung erfolgt über die Relevanzziffern. Die Festlegung von Relevanzziffern soll die Genauigkeit und Vollständigkeit der gefundenen Dokumente widerspiegeln. Der Prozeß der Festlegung von Relevanzziffern wird als Ranking bezeichnet. Das allgemeine Ziel aller Ranking-Methoden ist die Erreichung eines sehr hohen Konfidenzniveaus für die Übereinstimmung von Suchanfrage und Ergebnismenge. Dabei werden alle gefundenen Dokumente mit der Suchanfrage überprüft und Relevanzziffern gebildet. Die Ergebnismenge repräsentiert eine Sortierung der WWW-Dokumente nach den Relevanzziffern. Einige Suchmaschinen stellen diese Ziffern als Prozentzahlen dar, wie die beiden Beispiele gezeigt haben. Andere Suchmaschinen nutzen das mathematische System der natürlichen Zahlen, um eine Gewichtung innerhalb der Ergebnismenge auszudrücken.

In den vorangegangen Beispielen konnte durch die Art der Definition der Suchanfrage die Ergebnismenge beeinflußt werden. Der Umfang und die Auswahl, welche Dokumente wiedergefunden werden sollen, hängen im entscheidenden Maß von der Definition der Suchanfrage ab.

6.2.2.5 Architektur

Die Architektur der einfachen Suchmaschinen besteht aus vier wesentlichen Komponenten, die in Abbildung 6.2/15 dargestellt sind. Diese Komponenten nehmen einen starken Bezug auf die Architektur der einfachen Suchmaschine WebCrawler [Pinkerton 1997, WebCrawler 1997]. Die Erkenntnis aus der Analyse der Publikationen ermöglicht es, die Komponenten auf die anderen der heute bekannten einfachen Suchmaschinen anzuwenden.

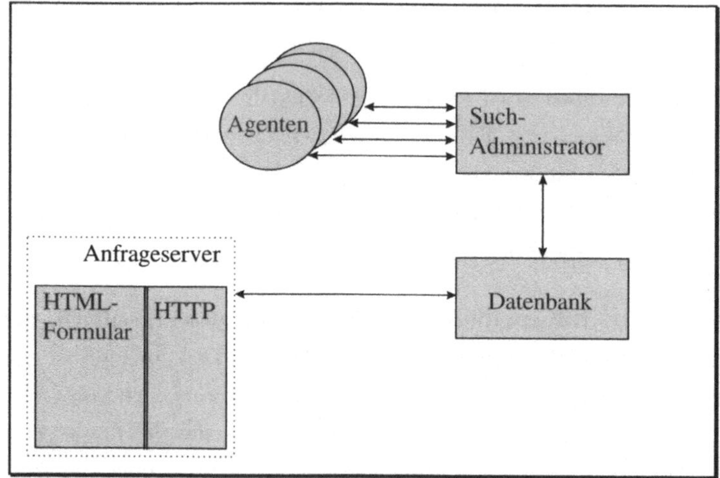

Abbildung 6.2/15: Die Architektur einfacher Suchmaschinen

- **Such-Administrator**: Die zwei wesentlichen Aufgabenbereiche des Such-Administrators umfassen die Initiierung und Kontrolle der Informationserfassung sowie die Durchführung der Indizierung. Die einzelnen Schritte, die für die Indizierung von Dokumenten notwendig sind, wurden im konzeptionellen Bereich bereits beschrieben. Der Such-Administrator ist sowohl für die syntaktische Analyse als auch für die Speicherung in der Datenbank und deren Verwaltung verantwortlich. Durch genaue Anweisungen an die Agenten erfolgt die Initiierung zur Informationsbeschaffung. Für alle gefundenen Dokumente erfolgt die Festlegung der Relevanzziffern und die Weiterleitung an den Anfrageserver, der die gefundenen Adressen in eine HTML-Liste umwandelt.

- **Agenten**: Die primäre Aufgabe der Agenten ist das Auffinden indizierter Dokumente. Da diese Aufgabe das wesentliche Ziel von Suchmaschinen darstellt, kommt dieser Komponente eine zentrale Bedeutung zu. Die einzelnen Suchmaschinen, wie beispielsweise der WebCrawler, benutzen mehrere Agenten, um in separaten, parallelen Prozessen die Dauer für das Wiederfinden der Dokumente zu reduzieren. Sie arbeiten ausschließlich auf Anweisung des Entscheidungsträgers, dem Such-Administrator. Die Agenten navigieren eigenständig mit einer exakt vorgegebenen Zielsetzung im WWW, um die gewünschten Dokumente wiederzufinden. Sie kommunizieren nur zu Zwecken der Aufgabenerteilung und der Ergebnispräsentation mit dem Such-Administrator.

- **Datenbank**: Die Aufgabe der Datenbank ist die permanente Speicherung des Index. Neben dem Volltext-Index, wie ihn die meisten Suchmaschinen aufbauen, werden in der Datenbank die WWW-Adressen und die Verweise zu den noch nicht indizierten Dokumenten abgelegt. Sie dienen dem Such-Administrator als Ausgangspunkt für die Erweiterung der Datenbasis. Die Datenbank kann sich sowohl auf einem Server als auch auf verschiedenen Servern befinden.

- **Anfrageserver**: Der Anfrageserver besteht aus den zwei wesentlichen Softwarekomponenten HTTP-Protokoll und HTML-Formular. Die Aufgabe des Anfrageservers besteht darin, dem Benutzer eine Oberfläche zur Definition seiner Suchanfrage zu geben sowie die gefundenen Ergebnisse zu präsentieren. Mit dem HTML-Formular können die Suchanfragen des Benutzers spezifiziert werden. In den beiden beschriebenen Beispielen sind die konkreten Ausgestaltungsmöglichkeiten solcher Formulare zu sehen. Das Protokoll HTTP wird benötigt, um die Anfragen an die Datenbank weiterzuleiten und die gefundene Ergebnismenge dem Benutzer in einer weiteren HTML-Seite darzustellen.

6.2.3 Meta Suchmaschinen

6.2.3.1 Marktübersicht

In Abbildung 6.2/16 ist eine Auswahl derzeit bekannter Meta Suchmaschinen mit Namen und WWW-Adresse aufgeführt.

Meta Suchmaschinen	WWW-Adresse
MetaCrawler	www.metacrawler.com
MetaGer	meta.rrzn.uni-hannover.de
SavvySearch	guaraldi.cs.colostate.edu:2000/form

Abbildung 6.2/16: Eine Auswahl derzeit bekannter Meta Suchmaschinen

Die Beschreibung konzentriert sich auf die Meta Suchmaschinen MetaCrawler und MetaGer. MetaCrawler repräsentiert eine der ersten verfügbaren Meta Suchmaschinen, während MetaGer vorrangig den deutschsprachigen Raum bedient. Beide Suchmaschinen werden anhand des Suchbegriffes **TU Bergakademie Freiberg** demonstriert. Das Ziel der Suchanfrage besteht darin, die Homepage der Universität zu erhalten.

6.2.3.2 MetaCrawler

Der MetaCrawler wurde an der University of Washington, Seattle, USA, entwickelt. Er ist seit 1995 für jeden Benutzer des Internet frei verfügbar. Seit Ende 1996 wird MetaCrawler unter der Regie der Firma go2Net Inc. (www.go2net.com), einem Content Provider, betrieben. Der MetaCrawler bedient den Benutzer durch eine parallele Abfrage der einfachen Suchmaschinen AltaVista, Excite, InfoSeek, Lycos, WebCrawler und des Suchkataloges Yahoo. Im Jahr 1996 erfolgten pro Tag 150.000 Anfragen an den MetaCrawler [Selberg/Etzioni 1997].

Die Homepage des MetaCrawler ist in zwei wesentliche Bereiche gegliedert (vgl. Abbildung 6.2/17). Der zentrale Bereich enthält alle Funktionen, die dem Benutzer die gezielte Suche erlauben. Im zweiten und linken Bereich werden die Dienste des go2Net angeboten, die darüber hinaus auch über die Buttons im Kopf der Homepage genutzt werden können. Im unteren Bereich der linken Seite werden unter dem Stichwort *go2search services* vier mögliche Funktionen zur Hilfestellung und Information für den Benutzer dargestellt.

Der MetaCrawler besitzt für die einfache und die erweiterte Suchanfrage einen gesonderten Suchmodus. Die einfache Suchanfrage wird über das *Standard search interface* realisiert. Sie ist durch den MetaCrawler standardisiert und beinhaltet eine zeitliche Suchdauer von 30 Sekunden und eine maximale Ergebnislieferung pro Suchanfrage von zehn Dokumenten je Suchmaschine.

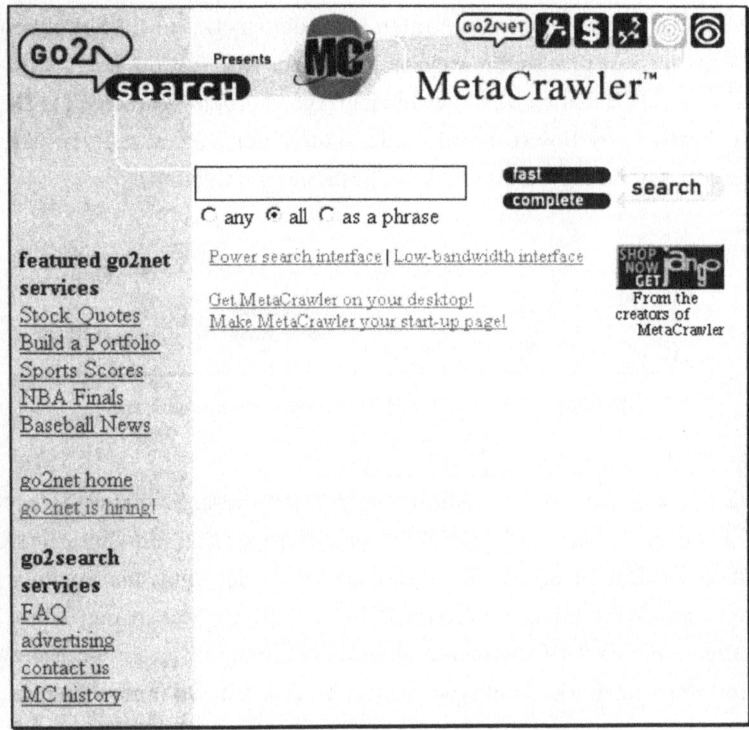

Abbildung 6.2/17: Die Homepage des MetaCrawler

Die erweiterte Suchanfrage ermöglicht eine Erweiterung oder Einschränkung der Suchdauer. Ein Wechsel in diesen Modus erfolgt über den Verweis *Power bandwidth interface* unterhalb des Textfeldes. Der Modus *Low-bandwidth interface* ermöglicht die Reduzierung der Bandbreite, da die enthaltenden Verweise der Firma go2Net in der Oberfläche sowohl der Suchanfrage als auch der Ergebnismenge nicht enthalten sind. Der Umfang der Ergebnismenge bleibt unberücksichtigt. Aus diesem Grund wird auf eine Demonstration dieses Modus verzichtet.

Im folgenden wird anhand des bereits festgelegten Suchbegriffes 'TU Bergakademie Freiberg' die Suche des MetaCrawler erläutert, indem die einfache und erweiterte Suchanfrage demonstriert werden.

- **Einfache Suchanfrage**: Bei dieser Suchanfrage können die eingegebenen Wörter der Suchanfrage sowohl mit als auch ohne Berücksichtigung der Reihenfolge der einzelnen Wörter über den Button *as a phrase* gesucht werden. Über die Buttons *any* und *all* können die logischen Verknüpfungen OR und

AND genutzt werden. Die vordefinierte Standardsuche von 30 Sekunden und je zehn Ergebnissen pro Suchmaschine kann über den Button *fast* verkürzt werden. Für dieses Beispiel wird die Suchanfrage mit dem Wortlaut **TU Bergakademie Freiberg** definiert, bei der alle Wörter der Suchanfrage berücksichtigt werden. In Abbildung 6.2/18 ist diese Festlegung dargestellt.

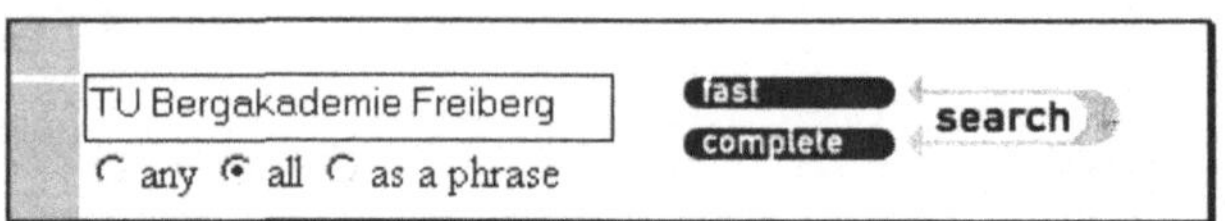

Abbildung 6.2/18: Textfeld der einfachen Suchanfrage

Die Ergebnismenge (vgl. Abbildung 6.2/19) dieser Suchanfrage enthält 37 Treffer. Diese Treffer sind nach Relevanzziffern sortiert, die vom MetaCrawler ermittelt wurden. Er ordnet den Relevanzziffern der einfachen Suchmaschinen einen neuen Wert im Bereich von 0 bis 1.000 zu. Sind in den Einzelergebnismengen identische Dokumente mehrfach enthalten, werden die Relevanzziffern mit der Anzahl der Duplikate korrigiert und dem Dokument zugewiesen.

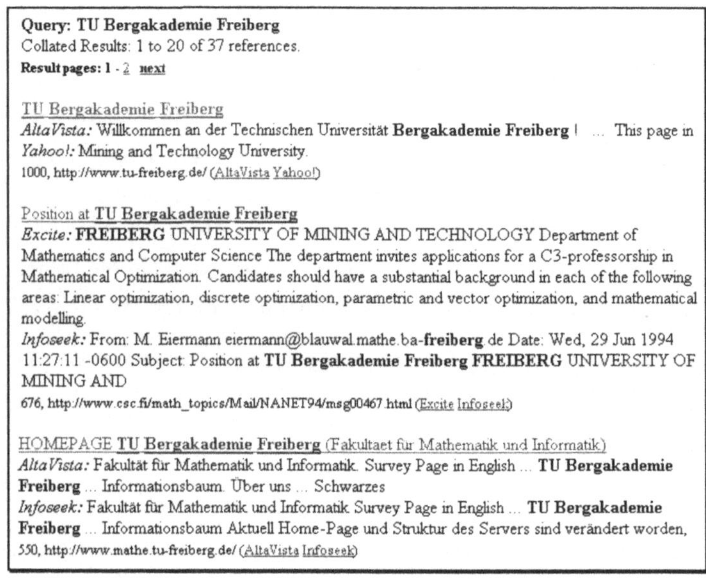

Query: TU Bergakademie Freiberg
Collated Results: 1 to 20 of 37 references.
Result pages: 1 - 2 next

TU Bergakademie Freiberg
AltaVista: Willkommen an der Technischen Universität **Bergakademie Freiberg** | ... This page in
Yahoo!: Mining and Technology University.
1000, http://www.tu-freiberg.de/ (AltaVista Yahoo!)

Position at **TU Bergakademie Freiberg**
Excite: **FREIBERG** UNIVERSITY OF MINING AND TECHNOLOGY Department of
Mathematics and Computer Science The department invites applications for a C3-professorship in
Mathematical Optimization. Candidates should have a substantial background in each of the following
areas: Linear optimization, discrete optimization, parametric and vector optimization, and mathematical
modelling.
Infoseek: From: M. Eiermann eiermann@blauwal.mathe.ba-**freiberg**.de Date: Wed, 29 Jun 1994
11:27:11 -0600 Subject: Position at **TU Bergakademie Freiberg FREIBERG** UNIVERSITY OF
MINING AND
676, http://www.csc.fi/math_topics/Mail/NANET94/msg00467.html (Excite Infoseek)

HOMEPAGE **TU Bergakademie Freiberg** (Fakultaet für Mathematik und Informatik)
AltaVista: Fakultät für Mathematik und Informatik. Survey Page in English ... **TU Bergakademie
Freiberg** ... Informationsbaum. Über uns ... Schwarzes
Infoseek: Fakultät für Mathematik und Informatik Survey Page in English ... **TU Bergakademie
Freiberg** ... Informationsbaum Aktuell Home-Page und Struktur des Servers sind verändert worden.
550, http://www.mathe.tu-freiberg.de/ (AltaVista Infoseek)

Abbildung 6.2/19: Die ersten Treffer der Ergebnismenge der einfachen Suchanfrage

Die gesuchte WWW-Adresse steht mit einer Relevanzziffer von 1.000 an erster Stelle und wurde von der einfachen Suchmaschine Altavista und dem Suchkatalog Yahoo geliefert.

In der erweiterten Suchanfrage wird der Modus des *Power search interface* beschrieben.

- **Erweiterte Suchanfrage**: Diese Alternative ermöglicht die Veränderung sowohl der Zeitspanne der Suchdauer als auch des Umfanges der maximal möglichen Einzelergebnisse je Suchmaschine. Außerdem kann eine geographische Einschränkung und eine Anpassung der Präsentation der Ergebnismenge vorgenommen werden. Je kürzer die Zeitspanne für die Lieferung der Dokumente gewählt wird, um so größer wird die Ergebnismenge beziehungsweise um so unzuverlässiger die Übereinstimmung der gefundenen Dokumente mit der Suchanfrage. Diese Einstellungen werden über Pulldown-Menüs vorgenommen. Die Auswahl der logischen Verknüpfung des Suchbegriffes sowie deren Wortlautdefinition entsprechen der Festlegungen der einfachen Suchanfrage. Für dieses Beispiel wurde neben der Berücksichtigung der exakten Reihenfolge der Wörter des Suchbegriffes eine zeitliche Beschränkung der Suchdauer von fünf Sekunden festgelegt. Mit der Berücksichtigung der exakten Reihenfolge soll eine Erhöhung der Übereinstimmung von WWW-Dokumenten und Suchanfrage erreicht werden. Die maximale Ergebnismenge wurde auf 30 Ergebnisse je Suchmaschine erweitert. In Abbildung 6.2/20 sind diese Spezifikationen abgebildet.

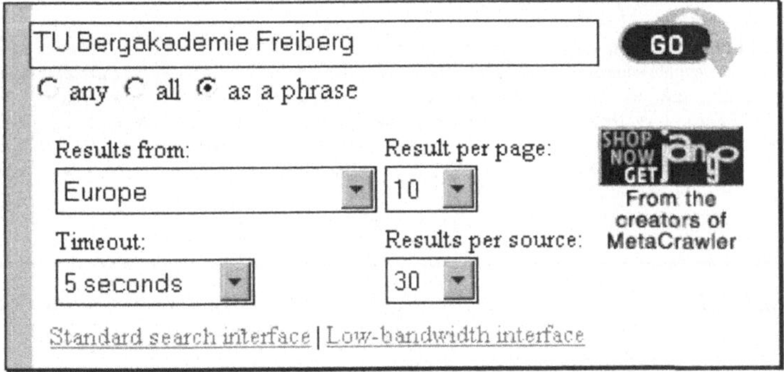

Abbildung 6.2/2: Textfelder der erweiterten Suchanfrage

Der Umfang der Ergebnismenge beträgt 78 Treffer. Das gesuchte Dokument, das heißt die Homepage der Universität, steht mit 793 Punkten an dritter Stelle. Die Relevanz bezüglich der Suchanfrage ist aufgrund der zeitlichen Beschränkung gesunken, da der MetaCrawler nicht alle zur Verfügung stehenden einfachen Suchmaschinen vollständig durchsuchen konnte. Die Spezifizierung des Suchbegriffes als exakten Wortlaut hat neben der Erweiterung der maximalen Ergebnismenge je Suchmaschine eine ausreichend hohe Relevanz für das Dokument bewirkt. In Abbildung 6.2/21 ist diese Ergebnismenge abgebildet.

Query: TU Bergakademie Freiberg
Collated Results: 1 to 10 of 87 references.
Result pages: 1 - 2 - 3 - 4 - 5 - 6 - 7 - 8 - 9 **next**

HOMEPAGE **TU Bergakademie Freiberg** (Fakultaet für Mathematik und Informatik)
AltaVista: Fakultät für Mathematik und Informatik. Survey Page in English ... **TU Bergakademie Freiberg** ... Informationsbaum. Über uns ... Schwarzes
WebCrawler: Fakultät für Mathematik und Informatik. Veranstaltungen (Vorträge, Workshops, Tagungen. Services (Bibliotheken, Datenbanken, elektronische Fachinformation. Forschung. Publikationen. Lehre (Studienordnung, Prüfungsordnung, Vorlesungsverzeichnisse.). von,
Infoseek: Fakultät für Mathematik und Informatik Survey Page in English ... **TU Bergakademie Freiberg** ... Informationsbaum Aktuell Home-Page und Struktur des Servers sind verändert worden,
1000, http://www.mathe.tu-freiberg.de/ (AltaVista WebCrawler Infoseek)

Deutsche Mathematik-Olympiade
WebCrawler: Die DEUTSCHE MATHEMATIK-OLYMPIADE wird unterstützt aus Mitteln des SÄCHSISCHEN STAATSMINISTERIUMS FÜR KULTUS. Schirmherren der Olympiade sind der BÜRGERMEISTER DER STADT FREIBERG und der REKTOR DER **TU BERGAKADEMIE FREIBERG**. Die **TU Bergakademie Freiberg** ist
Lycos: **TU BERGAKADEMIE FREIBERG** Fakultät für Mathematik und Informatik Deutsche Mathematik-Olympiade 1...
Infoseek: 1995 vom 7. bis 10. Mai 1995 in Freiberg Informationen zum Programm Preisträger der DeMO 1995 (Presseinformation vom 10. Mai 1995) Die DEUTSCHE MATHEMATIK-OLYMPIADE (DeMO) ist der H
979, http://www.mathe.tu-freiberg.de/AMM1/demoinfo/demoinfo.html (WebCrawler Lycos Infoseek)

TU Bergakademie Freiberg
AltaVista: Willkommen an der Technischen Universität Bergakademie Freiberg ! ... This page in
WebCrawler: No summary available. http://www.tu-freiberg.de/ 91% Fakultät für Mathematik und Informatik - Links Hier findet man eine Auswahl von weltweiten Angeboten zu den jeweiligen WWW-Servern, geordnet nach den Gruppen: Verlage; Buchhandlungen; Zeitschriften, Magazine; Zeitungen; Weiteres zum Buch. Kostenlose Direktbuchungen mit Sofortbestätigung, zur Zeit 15.000
Lycos: Herzlich Willkommen bei uns, der Technischen Universität Bergakademie Freiberg Wir möchten Sie ...
795, http://www.tu-freiberg.de/ (AltaVista WebCrawler Lycos)

Abbildung 6.2/21: Die ersten drei Treffer der Ergebnismenge der erweiterten Suchanfrage

6.2.3.3 MetaGer

Die Meta Suchmaschine MetaGer wurde am regionalen Rechenzentrum der Universität Hannover, Deutschland, entwickelt und bedient durch die Nutzung deutscher einfacher Suchmaschinen vor allem die deutschsprachigen Benutzer des Internet. In Abbildung 6.2/22 sind im unteren Bereich der Homepage die verwendeten einfachen Suchmaschinen aufgeführt.

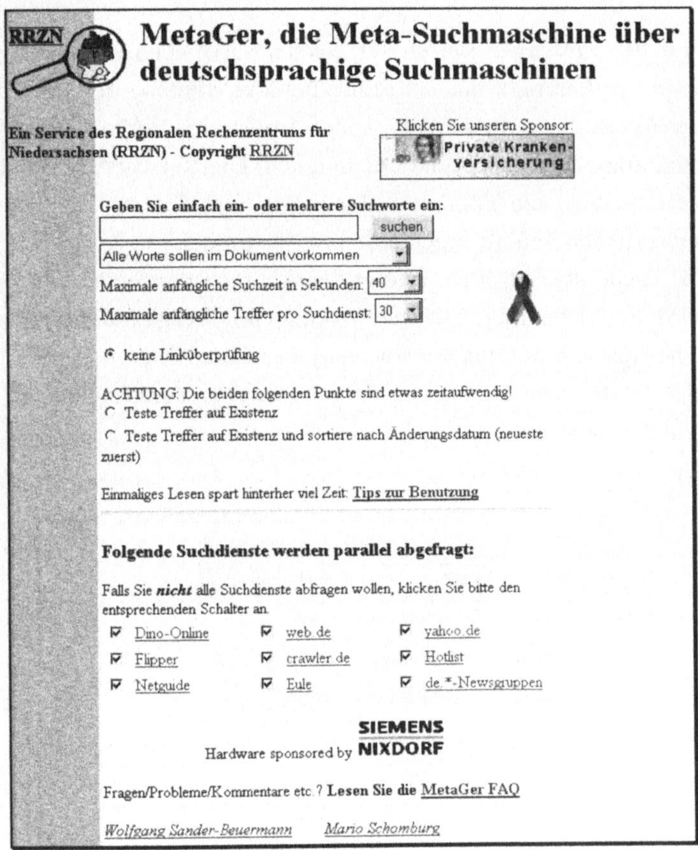

Abbildung 6.2/22: Die Homepage des MetaGer

Die Homepage des MetaGer ist in zwei wesentliche Bereiche gegliedert (vgl. Abbildung 6.2/22). Der zentrale obere Bereich enthält alle Funktionen, die dem Benutzer die Definition seiner Suchanfrage erlauben. Der MetaGer benutzt für einfache und erweiterte Suchanfragen einen gemeinsamen Suchmodus. Bei der erweiterten Suchanfrage ist eine zeitliche und qualitative Spezifikation möglich. Im unteren Bereich der Homepage sind die verwendeten einfachen Suchmaschinen aufgelistet. MetaGer hat in der Voreinstellung alle angegebenen Suchmaschinen zur Abfrage aktiviert, bei Bedarf kann jedoch die Menge möglicher Suchmaschinen manuell eingeschränkt werden.

Im folgenden wird anhand des festgelegten Suchbegriffes 'TU Bergakademie Freiberg' die Suche des MetaGer demonstriert, indem beide Suchalternativen berücksichtigt werden.

- **Einfache Suchanfrage**: Bei dieser Suchanfrage können die eingegebenen Wörter der Suchanfrage mit und ohne Berücksichtigung der Reihenfolge der einzelnen Wörter gesucht werden. Außerdem ist eine Verknüpfung der Wörter der Suchanfrage über AND und OR möglich. Die Realisierung dieser Spezifikation erfolgt über ein Pulldown-Menü. Die vordefinierte Standardsuche beträgt 40 Sekunden und 30 Ergebnisse pro Suchmaschine. Wird diese Zeit während der Suche überschritten, erfolgt der Abbruch der Suche. Für dieses Beispiel wird die Suchanfrage mit dem Wortlaut **TU Bergakademie Freiberg** definiert, bei der alle Wörter der Suchanfrage berücksichtigt werden. In Abbildung 6.2/23 ist diese Festlegung dargestellt. Die Voreinstellungen zur Zeitspanne und Ergebnismenge werden nicht verändert.

Abbildung 6.2/23: Textfelder der einfachen Suchanfrage

Die Ergebnismenge enthält 78 Treffer. Die Verweise zu den gefundenen Dokumenten werden ohne Relevanzziffern angegeben, da MetaGer keine Beurteilung der Dokumente bezüglich der Suchanfrage vornimmt. Die einzelnen Dokumente werden über eine aufsteigende Numerierung dargestellt. Das gesuchte Dokument steht an 55. Stelle, wie in Abbildung 6.2/24 zu sehen ist. Sind in der Ergebnismenge Relevanzziffern enthalten, so stellen diese die festgelegte Relevanz der zitierten einfachen Suchmaschine dar.

55) TU Bergakademie Freiberg

http://www.tu-freiberg.de/
o *(Yahoo.de)*

Abbildung 6.2/24: Der Stellenwert des gesuchten Dokumentes in der Ergebnismenge der einfachen Suchanfrage

Darüber hinaus bietet diese Suchmaschine eine statistische Auswertung der Ergebnismenge an, wie in Abbildung 6.2/25 zu sehen ist.

Suchdienst	**Treffer** (gesamt)	davon Dubletten	davon äquivalent	**Treffer** (effektiv)	**Existenz** getestet	Timeout bei Test	ungetestet	nicht vorhanden
Crawler.de	**6**	0	0	**6**	**0**	0	6	0
Eule	**10**	0	1	**9**	**0**	0	10	0
Fireball	**10**	0	0	**10**	**0**	0	10	0
Netguide	**30**	0	0	**30**	**0**	0	30	0
Yahoo.de	**22**	11	0	**11**	**0**	0	11	0
Gesamtergebnis	**78**	12	1	**65**	**0**	0	66	0

Abbildung 6.2/25: Ergebnismenge in Tabellenform der einfachen Suchanfrage

Neben der Angabe, welche einfachen Suchmaschinen wieviel Ergebnisse beziehungsweise Treffer geliefert haben, können in dieser Tabelle auch Angaben über gefundene *Dubletten* und *äquivalente* Treffer abgelesen werden. Dubletten sind in diesem Fall Dokumente, die mehrfach von einer Suchmaschine geliefert wurden. Sie werden zahlenmäßig aufgeführt und bei der weiteren Auswertung ignoriert. Äquivalente Treffer beinhalten identische Dokumente auf verschiedenen Servern. Daraus ergibt sich die korrigierte Anzahl gefundener Dokumente, die in der Spalte *effektive Treffer* zu sehen ist.

In einer erweiterten Suchanfrage soll durch die Spezifikation der Suchkriterien die Qualität der Ergebnismenge hinsichtlich der Relevanz der Suchanfrage erhöht werden.

- **Erweiterte Suchanfrage**: Die erweiterte Suchanfrage bietet die Möglichkeit, über die Veränderung der Zeitspanne für die Suche sowie der Veränderung der maximalen Anzahl an möglichen Ergebnissen pro Suchmaschine die Ergebnismenge zu beeinflussen. Die Auswahl erfolgt über zwei Pulldown-Menüs. Darüber hinaus können die gefundenen Ergebnisse durch die Suchmaschine auf ihre Existenz überprüft werden. In Abbildung 6.2/26 sind diese Optionen in Form von Buttons zu sehen. Für diese Suchanfrage wird der Suchbegriff **TU Bergakademie Freiberg** als exakter Wortlaut definiert und die maximale Suchzeit auf 20 Sekunden eingeschränkt. Außerdem sollen die Ergebnisse auf ihre Existenz überprüft werden, das heißt, bereits nicht mehr vorhandene WWW-Dokumente aus der Ergebnismenge eliminiert werden.

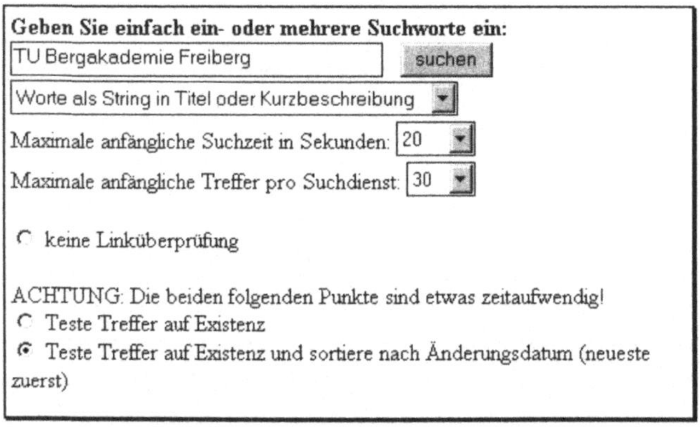

Abbildung 6.2/26: Textfelder der erweiterten Suchanfrage

Bei der erweiterten Suchanfrage ergibt sich eine Ergebnismenge von 55 Treffern. Durch die Überprüfung hinsichtlich vorhandener Dubletten, äquivalenter Treffer und der Existenz verringert sich die Ergebnismenge auf 53 Treffer. Das gesuchte Dokumente wird an 17. Stelle präsentiert (vgl. Abbildung 6.2/27).

17) **TU Bergakademie Freiberg**

http://www.BA-Freiberg.de/
  o *(Eule)* Willkommen an der Technischen Universitaet Bergakademie Freiberg ! ... This page in
     English ... Français Die aelteste Bergakademie der Welt hat sich zu einer modernen technischen Univer
     Status: Existiert (Last Modified: Thu Mar 13 08:51:05 1997)
http://www.tu-freiberg.de/
  o *(Yahoo.de)*
     Status: Existiert (Last Modified: Thu Mar 13 08:51:05 1997)

Abbildung 6.2/27: Der Stellenwert des gesuchten Dokumentes in der Ergebnismenge der
erweiterten Suchanfrage

In Abbildung 6.2/28 ist diese Ergebnismenge in Tabellenform dargestellt. Die Spalte *Existenz getestet* enthält eine Reihe von Zahlen. Diese geben an, wieviele der maximal gefundenen Dokumente aus der Spalte *Treffer gesamt* erfolgreich getestet wurden. Ihre Existenz ist gewährleistet. In der Spalte *Timeout beim Test* steht die Anzahl der Dokumente, bei deren Überprüfung die Zeitspanne überschritten wurde.

Suchdienst	Treffer (gesamt)	davon Dubletten	davon äquivalent	Treffer (effektiv)	Existenz getestet	Timeout bei Test	ungetestet	nicht vorhanden
Crawler.de	8	0	0	8	8	0	0	0
Eule	6	0	1	5	6	0	0	0
Fireball	4	0	0	4	4	0	0	0
HarvestUniHannover	2	0	0	2	0	0	2	0
Netguide	25	0	0	25	22	1	0	2
Yahoo.de	1	0	0	1	1	0	0	0
web.de	9	0	0	9	8	1	0	0
Gesamtergebnis	55	1	1	53	48	2	2	2

Abbildung 6.2/28: Ergebnismenge in Tabellenform der erweiterten Suchanfrage

6.2.3.4 Konzepte

Die Arbeitsweise der Meta Suchmaschinen beruht auf zwei wesentlichen Konzepten. Die Darstellung der Sachverhalte und Grundlagen der Meta Suchmaschinen lehnt sich stark an die Konzeption des MetaCrawler an [Selberg/Etzioni 1995, 1997].

- **Adaption der geglätteten Suchanfrage an die Schnittstellen der einfachen Suchmaschinen**: Das Ziel von Meta Suchmaschinen ist die Lieferung qualitativ hochwertiger Ergebnisse durch die parallele Abfrage der Datenbanken einfacher Suchmaschinen. Dafür müssen die Meta Suchmaschinen einen Algorithmus besitzen, der die einheitliche Anfrage an die vorgeschriebenen Anfragekriterien der einfachen Suchmaschinen anpaßt. Die zentrale Komponente dieses Algorithmus bildet eine syntaktische Analyse. Eine syntaktische Analyse untersucht die Struktur des Suchbegriffes, indem die Stellung der einzelnen Wörter der Suchanfrage zueinander ermittelt wird. Die notwendige Voraussetzung für die wirkungsvolle Arbeit dieser Analyse ist die Kenntnis der einzelnen Suchkriterien der Simple Search Engines. Dadurch wird es möglich, den zerlegten Suchbegriff an die Kriterien und Möglichkeiten der jeweiligen einfachen Suchmaschine anzupassen. Kann durch eine Simple Search Engine ein Kriterium nicht erfüllt werden, so muß die Meta Suchmaschine die definierte Suchanfrage in die zulässigen Festlegungen umwandeln. Dies bedeutet jedoch eine Verminderung der Qualität der zu erwartenden Ergebnismenge.

An einem kurzen Beispiel soll diese Analyse-Methodik erläutert werden. Die Meta Suchmaschine nutzt für ihre Arbeit unter anderem die Datenbank des WebCrawler. Wird an den MetaCrawler eine Suchanfrage gestellt, die als exakter Wortlaut verarbeitet werden soll, legt der Benutzer über ein Textfeld diese Spezifikation fest. Beim WebCrawler kann diese Definition jedoch nur über die Verwendung von Anführungszeichen realisiert werden. Der MetaCrawler muß vor der Durchführung der Suche die Anfrage an die Restriktionen des WebCrawler anpassen, um den Begriff in der Datenbank des WebCrawler mit einer hohen Relevanz finden zu können.

- **Analyse, Bewertung und Präsentation der aggregierten Ergebnismenge**: Meta Suchmaschinen erhalten eine Fülle von unterschiedlichen Informationen durch die einfachen Suchmaschinen. Dabei ist nicht ausgeschlossen, daß sich die Informationen der einzelnen Suchmaschinen teilweise überschneiden. Ergebnismengen, die mehrfach identische Dokumente enthalten, sind das Resultat. Daher müssen die Meta Suchmaschinen die gelieferten Einzelergebnismengen nachträglich analysieren und bewerten. Die Ziele dieser Aufgabe sind das Überprüfen der einzelnen Ergebnisse auf Relevanz bezüglich der gestellten Suchanfrage sowie das Erkennen und Eliminieren von Duplikaten.

Im ersten Konzept der Meta Suchmaschinen wurde bereits angesprochen, daß die Suchanfragen an die Restriktionen der einfachen Suchmaschinen angepaßt werden müssen. Daher ist es erforderlich, die erhaltenen Einzelergebnisse einer Relevanzprüfung zu unterziehen. Als Kriterium der Überprüfung dient die ursprünglich definierte Suchanfrage. Dokumente, die aufgrund der angepaßten Suchanfrage den gewünschten Suchraum weit überschreiten, werden ausgewiesen und erscheinen nicht in der aggregierten Ergebnismenge. Gleichzeitig erfolgt die Bewertung der Dokumente mit Relevanzziffern, sofern die Meta Suchmaschine diese Bewertung unterstützt.

Die Analyse zum Erkennen der Duplikate und deren Bewertung geschieht über eine inhaltsbezogene Untersuchung der erhaltenen Dokumente. In einem ersten Schritt werden die WWW-Adressen der zu vergleichenden Dokumente überprüft. Dies erfolgt über den Vergleich von Wortlaut und Pfadangabe. In einem zweiten Schritt findet die Überprüfung des gesamten Inhaltes der ausgewählten Dokumente statt. Sind diese Analyseschritte positiv, kann die Meta Suchmaschine mit hoher Wahrscheinlichkeit die Duplikate erkennen und eliminieren. Einige der einfachen Suchmaschinen wie beispielsweise Lycos indizieren jedoch nicht den gesamten Inhalt der Dokumente, so daß bei den Dokumenten solcher Suchmaschinen keine eindeutige Duplikatsüberprüfung vorgenommen werden kann. Daher weisen Ergebnismengen der Meta Suchmaschinen oft doppelte Treffer auf.

Nach diesen Schritten der Nachbearbeitung werden die ausgewählten Dokumente dem Benutzer in einer einheitlichen Form präsentiert.

6.2.3.5 Architektur

Die Architektur der Meta Suchmaschinen besteht im wesentlichen aus vier Komponenten, die in Abbildung 6.2/29 dargestellt sind. Diese Architektur trifft für die meisten der heute bekannten Meta Search Engines zu, beruht jedoch in ihren wesentlichen Komponenten auf der Architektur des MetaCrawler [Selberg/Etzioni 1997].

- **Such-Administrator**: Die zwei wesentlichen Aufgabenbereiche des Such-Administrators umfassen die Analyse und Bewertung der Einzelergebnisse. Dabei ist er für die Relevanzprüfung sowie für das Erkennen und Eliminieren der Duplikate verantwortlich. Außerdem werden sowohl die Übermittlung der angepaßten Suchanfrage an die einfachen Suchmaschinen als auch der aggregierten Ergebnismenge an die Anfrageschnittstelle durch den Such-Administrator übernommen.

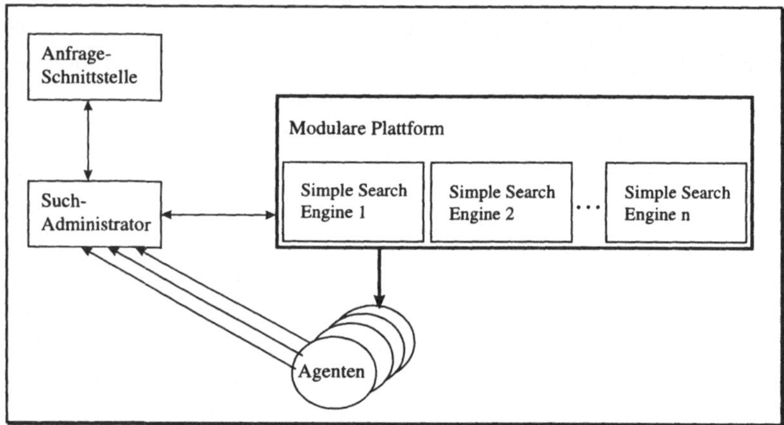

Abbildung 6.2/29: Die Architektur der Meta Suchmaschinen

- **Modulare Plattform**: Die zentrale Funktion dieser Plattform besteht in der Zusammenführung der ausgewählten einfachen Suchmaschinen. Die notwendigen Aufgaben zur Erfüllung dieser Funktion bestehen einmal in der Überprüfung der angepaßten Suchanfrage hinsichtlich Erfüllbarkeit durch die einfachen Suchmaschinen und zum anderen in der Übermittlung der Verweise der referenzierten Dokumente an die Agenten der Meta Search Engine. Darüber hinaus liefert die Plattform Statusinformationen, wie beispielsweise die Durchlaufzeiten der einzelnen Simple Search Engines, an den Such-Administrator. Der modulare Aufbau garantiert eine Erweiterung um zusätzliche einfache Suchmaschinen.

- **Agenten**: Die primäre Aufgabe der Agenten ist das Auffinden der referenzierten Dokumente. Die Agenten führen diese Arbeit in parallelen und separaten Prozessen aus. Dabei handeln sie nach Vorgabe der gelieferten Verweise der modularen Plattform und navigieren eigenständig mit einer exakt vorgegebenen Zielsetzung im WWW, um die gewünschten Dokumente zu liefern. Diese Dokumente werden an den Such-Administrator übergeben.

- **Anfrageschnittstelle**: Die Anfrageschnittstelle ist sowohl für die Definition der Suchanfrage als auch für die Präsentation der aggregierten Ergebnismenge verantwortlich. Darüber hinaus führt sie die Adaption der geglätteten Suchanfrage an die Spezifikationen der einzelnen Suchmaschinen durch.

6.3 NewsWatcher

6.3.1 Grundlagen

Die zielgerichtete Zusammenführung und automatische Aktualisierung von nutzerspezifischen Nachrichten und Informationen im Internet ist das Ziel des Anwendungsbereiches der NewsWatcher. Über die Definition eines persönlichen Nutzerprofils hat der Benutzer die Möglichkeit, individuell mit den neuesten Nachrichten und Informationen versorgt zu werden. In Abbildung 6.3/1 ist die Einordnung dieses Anwendungsgebietes in die Klassifikationsmatrix dargestellt (vgl. Abschnitt 3.3). Dem derzeitigen Entwicklungsstand entsprechend arbeiten die Agenten stationär mit geringer Intelligenz. Eine mögliche Entwicklungsrichtung dieser Agenten ist die Ausprägung als mobile Agenten höherer Intelligenz.

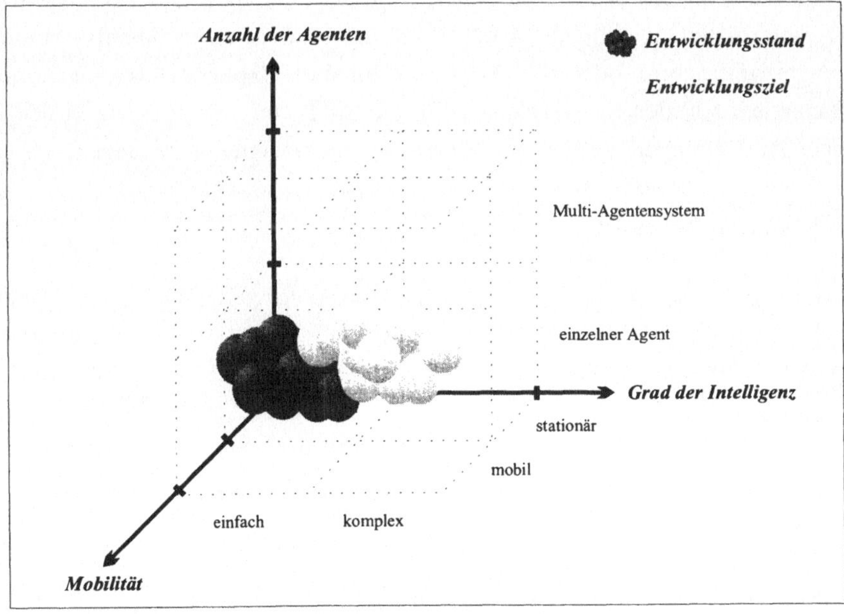

Abbildung 6.3/1: Die Klassifikationsmatrix für das Anwendungsgebiet der NewsWatcher

Als Pull-Technologien werden die Anwendungen bezeichnet, bei denen die Informationsbeschaffung über eine Vielzahl einzelner, getrennter Informationsanbieter beziehungsweise Content-Provider erfolgt. Der Benutzer muß sich diese

Informationen selbst aus dem Netz ziehen (pull) und hat nur einen geringen Einfluß auf den Umfang und den Inhalt der Informationen. Diese Art der Informationsbeschaffung wird heute von den meisten Nutzern des WWW, zum Beispiel in Form der Suchmaschinen, betrieben. Push-Technologien haben den Prozeß der Informationsbeschaffung umgekehrt, indem dem Benutzer gezielt von einem einzigen Anbieter nutzerspezifisch zugeschnittene Informationen zur Verfügung gestellt bekommt (push). In Abschnitt 4.7 wurden die Push-Technologien bereits beschrieben, so daß an dieser Stelle auf diesen Abschnitt verwiesen wird (vgl. Abschnitt 4.7.4.4). Die wichtigste Eigenschaft dieser Technologie besteht darin, daß die Handlungen des Abrufens der Informationen und des Betrachtens dieser Informationen zeitlich entkoppelt sind. Die Push-Technologien sind Gegenstand dieser Ausführungen. NewsWatcher kombinieren die Personalisierung der Nachrichten mit den Eigenschaften der Push-Technologien. Dabei können die konkreten Anwendungen den Schwerpunkt ihres Einsatzes auf eine der beiden Technologien konzentrieren. PointCast Network (www.pointcast.com) oder Backweb (www.backweb.com) besitzen ihre Stärken in der Personalisierung der Nachrichten, Informationen sowie anderer Dienstleistungen, während Marimba (www.marimba.com) oder der Microsoft Internet Explorer 4.0 (www.microsoft.com/ie/ie40/) den Schwerpunkt auf die Push-Technologien legen. In den folgenden Ausführungen wird auf diese Trennung nicht weiter eingegangen.

6.3.2 Marktübersicht

In Abbildung 6.3/2 ist eine Auswahl derzeit bekannter NewsWatcher Anwendungen mit Namen und WWW-Adresse aufgeführt.

NewsWatcher	*WWW-Adresse*
After Dark Online	www.afterdark.com
Backweb	www.backweb.com
Marimba - Castanet Tuner	www.marimba.com
Intermind Communicator	www.intermind.com
PointCast Network	www.pointcast.com
FreeLoader	www.freeloader.com
Netscape Netcaster	www.netscape.com
Microsoft Internet Explorer 4.0	www.microsoft.com/ie/ie40/

Abbildung 6.3/2: Eine Auswahl derzeit bekannter NewsWatcher

Im folgenden werden die beiden Anwendungen PointCast Network und Free-Loader beschrieben. PointCast Network ist die erste Anwendung in diesem Anwendungsgebiet. Es zählt derzeit zu den führenden Anwendungen und besitzt einen hohen Verbreitungsgrad. FreeLoader gehört zu den ersten Entwicklungen, die offline Informationen liefern können, indem sie agentenbasierte Technologien verwenden.

6.3.3 PointCast Network

Das Unternehmen PointCast wurde 1992 in Kalifornien, USA, gegründet. Point-Cast bietet einen kostenfreien Internet-Nachrichtendienst zur gezielten und automatischen Verteilung von Nachrichten und Informationen mit vorwiegend amerikanischem Fokus. Durch die Definition eines persönlichen Nutzerprofils können aus der gesamten Menge der bereitgestellten Nachrichten und Informationen die gewünschten Informationen für den Benutzer herausgefiltert werden. Informationsanbieter wie CNN, The New York Times und die Zeitschrift Wired stehen bei PointCast in Version 1.1 unter Vertrag.

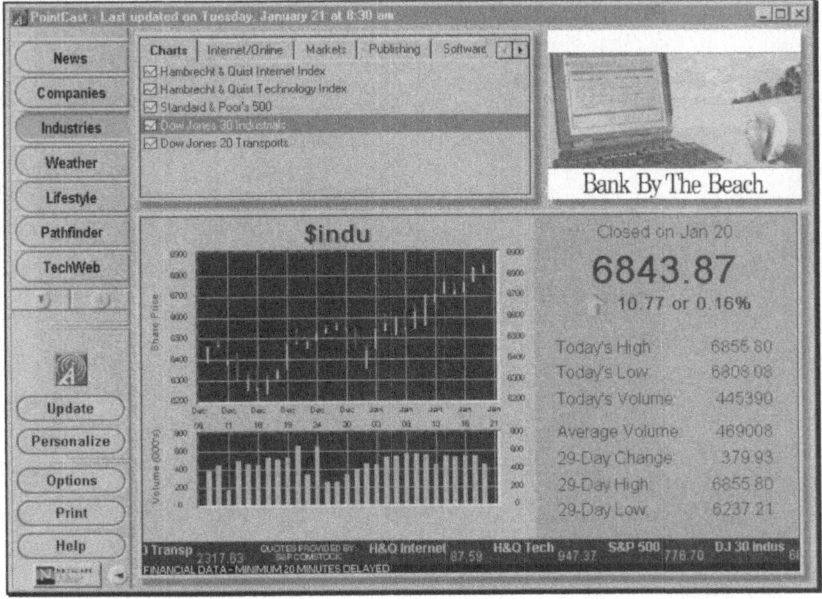

Abbildung 6.3/3: Die Oberfläche von PointCast

Der zentrale Bildschirm, der bei jeder PointCast Network Anwendung sichtbar ist (vgl. Abbildung 6.3/3), präsentiert sich mit drei Fenstern, dem Register-, dem Anzeige- und dem Werbefenster, sowie einer Menüleiste in Form einer Kanal- und Toolleiste. Mit dieser Oberfläche können sowohl die nutzerspezifischen Nachrichten und Informationen angesehen als auch die Einstellung des Nutzerprofils vorgenommen werden. Diese Seite organisiert die ankommenden Informationen in Kanäle und präsentiert sie dem Benutzer.

Über die Kanalleiste im linken oberen Bereich der Oberfläche kann der Benutzer die einzelnen Kanäle auswählen. In Abbildung 6.3/4 sind die beiden Darstellungsvarianten dieser Leiste zu sehen.

Alle Informationen, die das PointCast Network zur Verfügung stellt, sind über Themen in Kanälen organisiert. Zur Zeit sind folgende sechs Basiskanäle verfügbar: News, Companies, Industries, Weather, Lifestyle, Pathfinder und TechWeb. Darüber hinaus können weitere Services wie Boston Globe, CNN, LA Times, Internet oder New York Times gewählt werden. Die Anzahl der standardmäßig verfügbaren Kanäle wächst beständig. Innerhalb der meisten Kanäle sind Gruppen definiert, die wiederum aus einzelnen digitalen Publikationen bestehen.

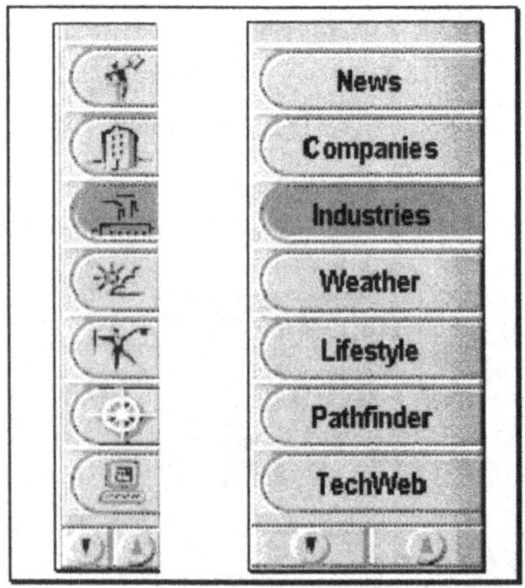

Abbildung 6.3/4: Die beiden Varianten der Kanalleiste des PointCast

Das Registerfenster im oberen linken Bereich (vgl. Abbildung 6.3/3) ermöglicht die Selektion einer Gruppe innerhalb des gewählten Kanals. Die einzelnen Publikationen einer Gruppe erscheinen als Liste von Überschriften unter dem

Gruppentitel. Nach Auswahl einer Publikation der Liste erscheint diese in dem Anzeigefenster, das den größten Bereich der Oberfläche einnimmt. Dieses Fenster ermöglicht die inhaltliche Darstellung der Publikationen. Im oberen rechten Bereich (vgl. Abbildung 6.3./3) ist das Werbefenster zu sehen. Über dieses Fenster präsentieren sich die verschiedenen Unternehmen und Dienstleister. Durch die Anwahl einer Werbefläche kann der Benutzer über einen Verweis direkt zu den jeweiligen WWW-Seiten wechseln.

Einige Kanäle werden zur Präsentation der Nachrichten und Informationen durch die Darstellung eines Tickers unterstützt. So werden zum Beispiel der Sportkanal oder Börsennachrichten zusätzlich über einen jeweiligen Ticker dargestellt.

Die Auswahl der auf die Informationsbedürfnisse zugeschnittenen Kanäle mit ihren News erfolgt über die Toolleiste. In Abbildung 6.3/5 sind die beiden Gestaltungsvarianten der Toolleiste dargestellt.

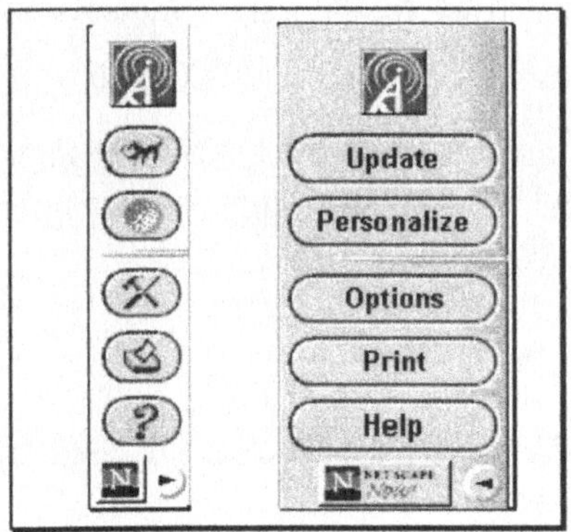

Abbildung 6.3/5: Die beiden Varianten der Toolleiste des PointCast

Die Toolleiste enthält Funktionen zum Aktualisieren der nutzerspezifischen Informationen, zur Definition der Präferenzen sowie zum Drucken, zur Organisation der Oberfläche und zur Hilfe. Der Button *Update* ermöglicht dem Benutzer die Aktivierung der Übertragung der neuesten Nachrichten und Informationen. Der Benutzer erhält Informationen über den aktuellen Status der Übertragung. Über den Button *Personalize* kann das persönliche Nutzerprofil festgelegt werden. In Abbildung 6.3/6 ist das Fenster zur Definition der Interessengebiete abgebildet. Dieses Fenster enthält als Register alle verfügbaren Kanäle. Innerhalb eines Kanals können die verschiedenen Gruppen ausgewählt werden, wobei ein Kanal aus

maximal zehn Gruppen aufgebaut ist, die wiederum bis zu 25 Artikel enthalten
können. Die getroffenen Festlegungen sind jederzeit veränderbar.

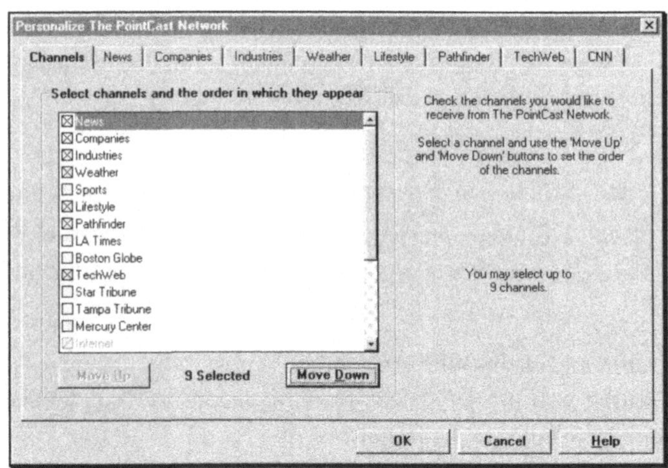

Abbildung 6.3/6: Das Fenster des Buttons *Personalize*

Über den Button *Option* der Toolleiste können die Funktionsweise der Oberfläche sowie Einstellungen zur Aktualisierung der Nachrichten und Informationen
festgelegt werden (vgl. Abbildung 6.3/7).

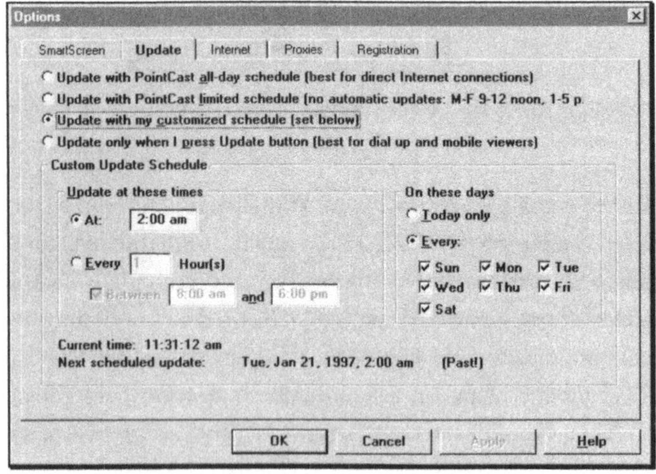

Abbildung 6.3/7: Das Fenster des Buttons *Option*

Im einzelnen enthält diese Oberfläche die Register zur Steuerung des Bildschirmschoners, für den Updatemechanismus, für die Definition der Verbindung zum Internet, für die Festlegung von Proxies zum Zugriff auf das WWW innerhalb einer Firewall sowie für die Möglichkeiten der Registrierung des Benutzers.

Im Register *SmartScreen* können die Einstellungen für die Nutzung eines Bildschirmschoners vorgenommen werden. PointCast bietet neben der Oberfläche zur detaillierten Darstellung der Nachrichten und Informationen auch einen Bildschirmschoner (vgl. Abbildung 6.3/8). Dieser Bildschirmschoner präsentiert in den Arbeitspausen des lokalen Rechners die neuesten Nachrichten und Informationen. Über einen Mausklick auf den Animationsbereich wird die zentrale Oberfläche aktiviert, wodurch vertiefende Informationen zugänglich werden.

Abbildung 6.3/8: Der PointCast Screensaver

Das Register *Update* des Fensters *Option* (vgl. Abbildung 6.3/7) ermöglicht die Festlegung des Mechanismus zur Aktualisierung der Nachrichten. Dabei kann der Benutzer zwischen vier verschiedenen Formen wählen. Wählt der Benutzer die Alternative zur benutzerspezifischen Festlegung der Aktualisierungszeiten, werden die darunter liegenden beiden kleinen Fenster aktiviert. Es müssen sowohl die Uhrzeit als auch die Wochentage für das automatische Update festgelegt werden. Die drei anderen Alternativen, die im oberen Bereich des Fensters Update als auswählbare Menüpunkte zu sehen sind, werden durch PointCast vorgegeben und sind nicht veränderbar.

Über das Register *Internet* des Fensters *Option* (vgl. Abbildung 6.3/7) werden die Verbindung zum Internet sowie die notwendigen Email-Parameter für den Aufbau definiert. Die Einstellungen bezüglich der Proxy-Funktionen erfolgen im Register *Proxies*. Im Register *Registration* stellt der Benutzer persönliche Daten wie Alter, Herkunft oder Email-Adresse ein.

Der Button *Print* der Toolleiste (vgl. Abbildung 6.3/5) gestattet dem Benutzer den Druck seiner aktiven Artikel oder Beiträge. Über den Button *Help* kann eine interaktive Hilfe zur Arbeit mit PointCast abgerufen werden. Der Button oberhalb der Toolleiste wird als *Pointcast-radio-tower-Icon* bezeichnet. Verändert der Button sein Aussehen, indem ein anderes Icon erscheint, ist eine neue Version von PointCast verfügbar und kann zur Aktualisierung der eigenen Version aktiviert werden. Beim Anklicken dieses Buttons wird automatisch die neueste Version geladen und die alte Version durch diese ersetzt. Das festgelegte Nutzerprofil wird beibehalten.

6.3.4 FreeLoader

Das Unternehmen FreeLoader wurde 1995 in Kalifornien, USA, gegründet. Mitte 1996 wurde FreeLoader von der Firma Individual Inc., die kundenspezifische Dienstleistungen auf dem Gebiet der Nachrichten anbietet, übernommen. Wie PointCast bietet auch der FreeLoader dem Benutzer entsprechend seiner definierten Interessengebiete automatisch die neuesten Nachrichten und Informationen, teilweise durch Unterstützung multimedialer Inhalte an. Der bedeutendste Unterschied beider Anwendungen liegt darin, daß FreeLoader ausschließlich die Inhalte der WWW-Seiten der vorher definierten Anbieter liefert, während PointCast auch Quellen benutzt, die über eine eigene WWW-Adresse nicht im Internet zur Verfügung stehen.

FreeLoader benutzt zur Darstellung der gewünschten Informationen einen der beiden Browser Netscape Navigator oder Microsoft Internet Explorer. Durch die Nutzung eines Browsers sind neben der zentralen Oberfläche des FreeLoader auch die graphischen Möglichkeiten des gewählten Browsers, in diesem Fall des Netscape Navigator, vorhanden. In Abbildung 6.3/9 ist diese Oberfläche abgebildet.

Die Oberfläche des FreeLoader ist in drei zentrale Bereiche untergeteilt. Im linken Teil der Oberfläche ist die Kanalleiste zu sehen. Darüber kann der Benutzer die bestimmten nutzerspezifischen Kanäle auswählen, deren Inhalt im zentralen Anzeigefenster präsentiert wird. Die derzeitig verfügbaren Basiskanäle sind unter anderem: Art & Style, Music, Science & Health, Computers, Politics, Marketplace und Travel. Sie sind in der Kanalleiste im einzelnen zu sehen.

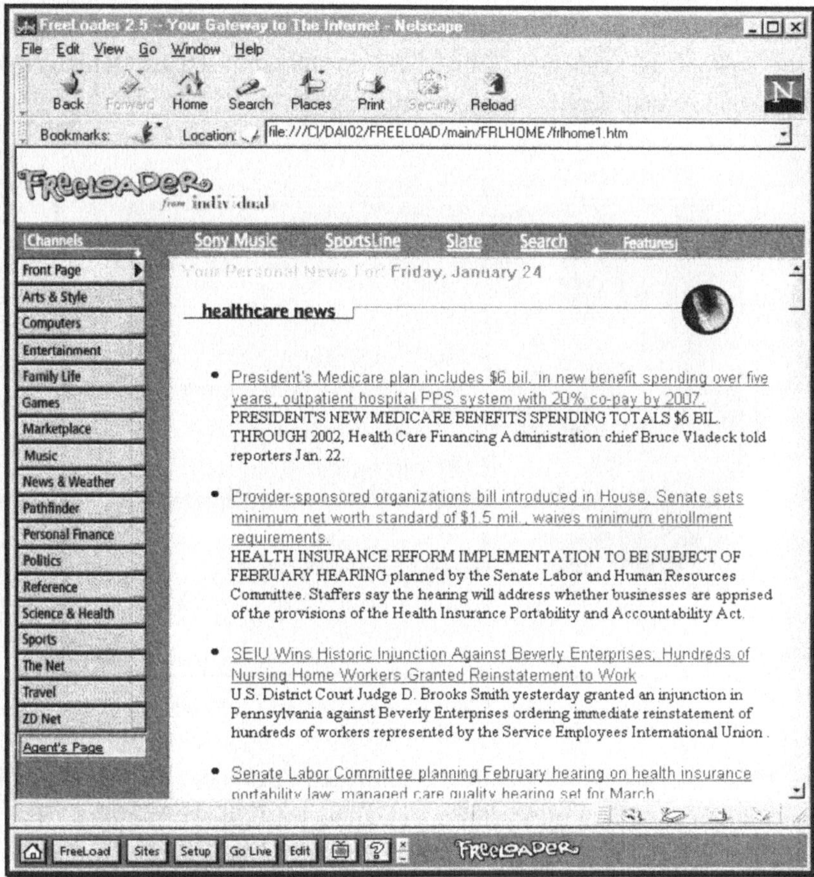

Abbildung 6.3/9: Die Oberfläche von FreeLoader

Wie bei PointCast stehen hinter diesen Kanälen die konkreten Informationsanbieter, wie beispielsweise US Today, Hotwired, Sportsline, MSNBC oder ZD Net. Die einzelnen Informationsangebote beschränken sich auf die amerikanische und englischsprachige Zielgruppe. Das zentrale Anzeigefenster stellt die Beiträge des gewählten Kanals als kurze Zusammenfassungen in Form einer Liste dar und ermöglicht über Verweise den Wechsel zu den detaillierten Inhalten der Beiträge. Die Navigation innerhalb der einzelnen Beiträge wird über die Nutzung der Buttons *back* und *forward* des jeweiligen Browsers verbessert.

Im oberen Bereich der Oberfläche (vgl. Abbildung 6.3/9) des FreeLoader ist eine Leiste zu sehen, die dem Benutzer zusätzlich in übersichtlicher Form den ausgewählten Kanal, die durch die Anwendung vordefinierten Informationsquellen, eine Suchmöglichkeit und über *Features* eine Informationshilfe über die Anwendung liefert. Im unteren Bereich der Oberfläche ist eine Toolleiste dargestellt, über die sowohl die einzelnen Kanäle ausgewählt als auch Einstellungen zum automatischen Aktualisieren vorgenommen werden.

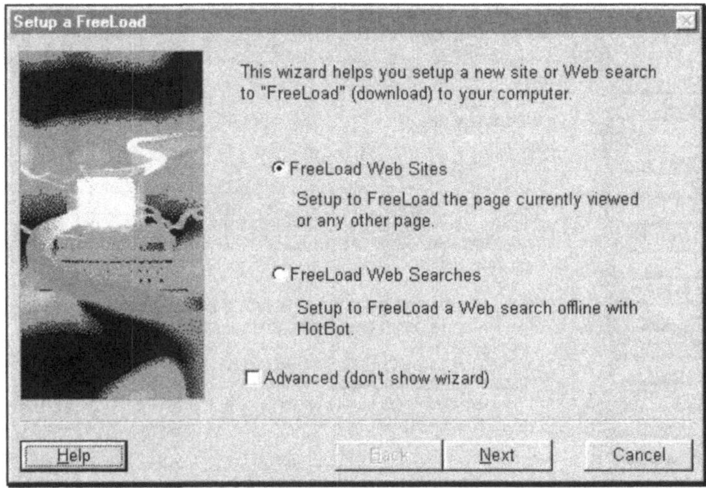

Abbildung 6.3/10: Der Assistent des Buttons *FreeLoad*

Der Button *Home* dieser Toolleiste führt den Anwender auf die Front Page (vgl. Abbildung 6.3/9), zurück, sofern er sich nicht auf dieser befindet. Über den Button *FreeLoad* können aktuelle WWW-Seiten zusätzlich zum automatischen Aktualisieren durch den FreeLoader eingebunden werden. Der Zweck dieser Option besteht darin, dem Benutzer ein ständig erweiterbares Spektrum an Informationsquellen zu bieten. Diese Erfassung kann über einen Assistenten (Wizard) oder manuell durch den Benutzer erfolgen, wobei diese Art der Erfassung dem fortgeschrittenen Benutzer vorbehalten sein sollte. In Abbildung 6.3/10 ist die Erfassung aktueller WWW-Seiten durch die Unterstützung eines Assistenten dargestellt.

Ohne Verwendung eines Assistenten sind diese Festlegungen durch die Benutzung von Registern vorzunehmen. In Abbildung 6.3/11 ist dieses Fenster dargestellt. Im Register *Add Site* erfolgt die Zuordnung zum Kanal und die automatische Erfassung der aktuellen WWW-Seite mit Titel und WWW-Adresse. Der Benutzer bestimmt die Häufigkeit der Aktualisierung und die Suchtiefe. Im Register *Add Search* kann der Benutzer zusätzlich eine Suchoption eintragen. Dieses Register entspricht der zweiten Alternative bei Verwendung des Assistenten. Im Register *Limits* werden der Speicherbedarf und die Zeitdauer der Aktualisierung festgelegt. Das Register *Info* enthält eine Reihe von Statusinformationen über den FreeLoader.

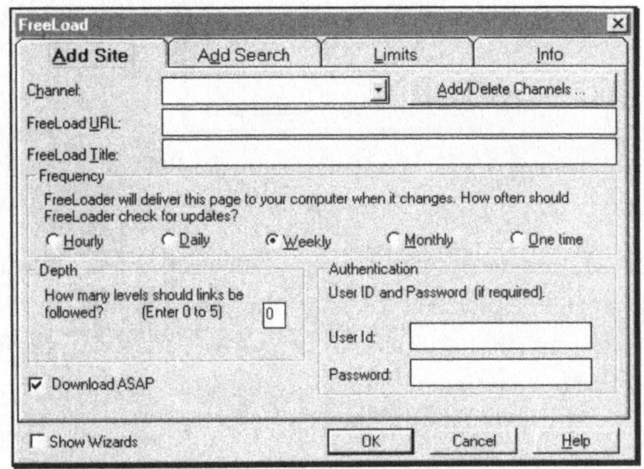

Abbildung 6.3/11: Die manuelle Erfassung neuer WWW-Seiten

Der Button *Sites* der FreeLoader Toolleiste (vgl. Abbildung 6.3/9) aktiviert ein Dialogfenster, in welchem die aktuellen Kanäle, die darin enthaltenen WWW-Seiten sowie der aktuelle Status aufgeführt sind (vgl. Abbildung 6.3/12). In diesem zusätzlichen Fenster kann der Benutzer an den erfaßten WWW-Seiten, dem jeweiligen Status und der Zuordnung zu den einzelnen Kanälen Änderungen vornehmen.

Im Button *Setup* der FreeLoader Toolleiste (vgl. Abbildung 6.3/9) kann der Benutzer Einstellungen zur Konfiguration der Anwendung vornehmen. Diese Festlegungen können ebenfalls über die Wahl eines Assistenten oder durch manuelle Einstellungen in Form von Registern getroffen werden (vgl. Abbildung 6.3/13).

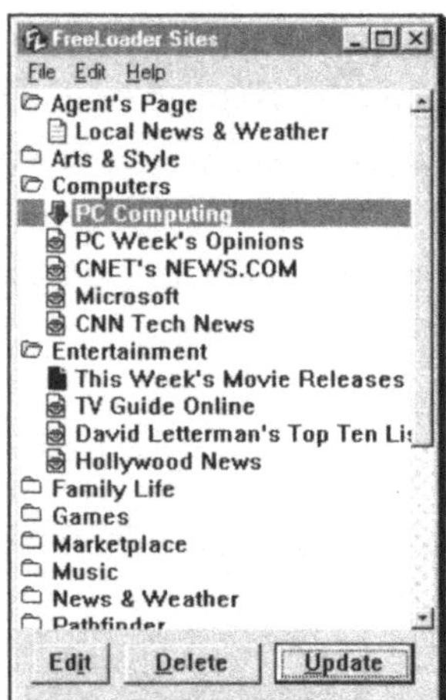

Abbildung 6.3/12: Das Dialogfenster des Buttons *Sizes*

Das Register *Settings* spezifiziert den verwendeten Browser, die maximal nutzbare Speicherkapazität des lokalen Rechners und das Zeitlimit für die Aktualisierung. Das Register enthält Informationen zur Auslastung der verfügbaren Ressourcen und der bisher benötigten Zeit.

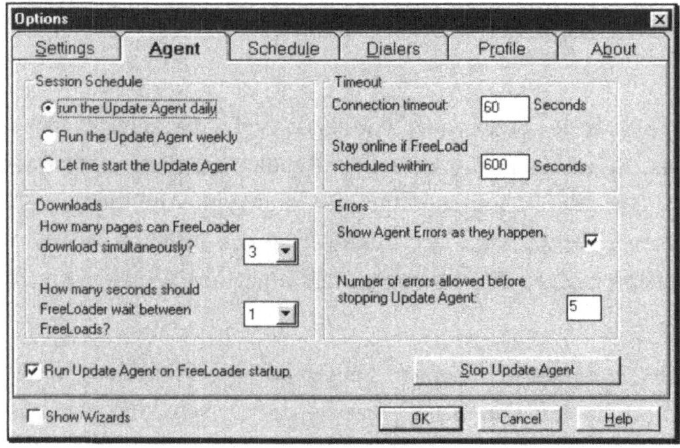

Abbildung 6.3/14: Das Dialogfenster des Buttons *Setup*

Im Register *Agent* wird die Funktionsweise des Agenten festgelegt. Unter anderem werden die Aspekte der Fehlerbehandlung und die Anzahl der gleichzeitig zu ladenden Seiten fixiert. Das Register *Schedule* richtet die Aktualisierungszeiten des Agenten ein. Die Einstellungen gestatten einen stündlichen, täglichen, wöchentlichen und monatlichen Eintrag. Im Register *Dialers* wird die Art der Einwahl in das Internet vermerkt. Das Register *Profile* speichert einzelne Nutzerdaten, wie Name, Alter, Gehalt und Herkunft, während das Register *System* alle Systemeinstellungen wie Prozessorerkennung, Hauptspeicher und Verbindungsart enthält, die für die Nutzung der Anwendung gebraucht werden. Im Register *About* werden die Versionsnummer und Adressen für Rückfragen angezeigt.

Bei der Nutzung des Assistenten navigiert dieser den Benutzer durch die einzelnen Bereiche und fragt dabei sukzessive die einzelnen Parameter ab. In Abbildung 6.3/15 ist der Assistent dargestellt.

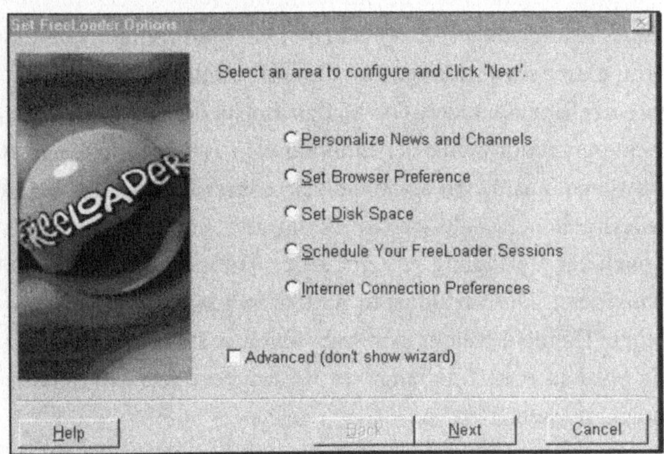

Abbildung 6.3/15: Der Assistent des Buttons *Setup*

Der Button *Go Live* der Toolleiste (vgl. Abbildung 6.3/9) führt den Benutzer bei ähnlichen WWW-Seiten auf die eingetragene Seite zurück. Unter ähnlichen Seiten versteht die Anwendung WWW-Seiten, die beispielsweise in verschiedenen Landessprachen implementiert wurden. Mit dem Button *Edit* der Toolleiste (vgl. Abbildung 6.3/9) kann der Benutzer alle Eintragungen für eine von FreeLoader registrierte WWW-Seite vornehmen. Nach der Betätigung des Buttons öffnet sich das entsprechende Dialogfenster des Buttons *FreeLoad*. Der Button mit dem *TV-Icon* innerhalb der Toolleiste ermöglicht dem Benutzer die Aktivierung des Bildschirmschoners. Über den Button mit dem *Fragezeichen-Icon* kann der Benutzer ein Hilfetool zur Arbeit mit dieser Anwendung aktivieren.

6.3.5 Konzepte

Die Arbeitsweise der NewsWatcher beruht auf zwei wesentlichen Konzepten. Diese haben einen starken Bezug zur Arbeitsweise der Anwendung PointCast. Die meisten der heute bekannten Anwendungen auf diesem Gebiet zeichnen sich durch eine ähnliche Arbeitsweise aus, was an der Adressierung der Nachrichten und Informationen in Form von Kanälen sichtbar ist.

- **Personalisierung der Nachrichtenkanäle:** Das ständig steigende Angebot an Informationen, das für jeden online verfügbar ist, hat zur schnellen Entwicklung des Anwendungsbereiches der NewsWatcher beigetragen. Die zentrale Aufgabe der Anwendungen besteht darin, aus der Fülle der vorhandenen Nachrichten und Informationen die herauszufiltern, die den persönlichen Interessen der Informationssuchenden entsprechen. Die notwendige Voraussetzung zur Realisierung dieser Anwendungen ist die Definition der persönlichen Interessen durch den einzelnen Benutzer. Die beiden Beispiele haben bereits verdeutlicht, daß zur besseren Einordnung der individuellen Interessengebiete vordefinierte Kanäle existieren, aus denen der Benutzer bestimmte Themen auswählen kann. Diese vordefinierten Kanäle werden durch den Anbieter der Nachrichten und Informationen zur Verfügung gestellt. Jeder Anbieter nutzt dabei unterschiedliche Informationen. Die verfügbaren Kanäle werden über eine Personalisierung der einzelnen Themenbereiche den individuellen Informationsbedürfnissen angepaßt. Es entsteht eine Teilmenge an Nachrichten und Informationen, die auf den Benutzer zugeschnitten ist.

  Die Personalisierung der Nachrichtenkanäle ist die wichtigste Voraussetzung zur nutzerspezifischen Verteilung der Nachrichten und Informationen, die über den automatischen Informationsabgleich realisiert wird.

- **Automatischer Informationsabgleich:** Der automatische Informationsabgleich garantiert eine ständige Verfügbarkeit der neuesten Nachrichten und Informationen. Die Voraussetzungen sind die Spezifizierung der Aktualisierungs-parameter wie Zeitpunkt und Art der Verbindung und eine Plattform, welche die neuesten Nachrichten und Informationen zur Verfügung stellt. Durch die Festlegung der Aktualisierungsparameter kann der Benutzer den Zeitraum und den Zeitpunkt für die Aktualisierung der Nachrichten und Informationen bestimmen, vergleichbar mit der Entscheidung für eine Tages- oder Wochenzeitschrift. Der Prozeß der Übertragung dieser Nachrichten und Informationen erfolgt für den Benutzer ohne direkte Einflußnahme. In beiden Beispielen wurde der Vorgang zur Spezifizierung der Aktualisierungsparameter dargestellt.

6.3.6 Architektur

Die Architektur der Anwendungen des Bereiches der NewsWatcher beruht auf dem Client-Server-Prinzip (vgl. Abschnitt 4.1.3). Dieses Prinzip liegt den meisten der heute bekannten Anwendungen zugrunde. Im einzelnen setzt sich die Architektur aus folgenden Komponenten zusammen, die in Abbildung 6.3/16 abgebildet sind.

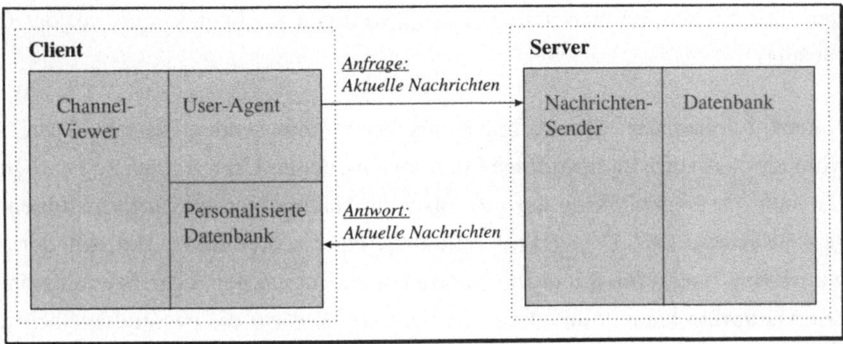

Abbildung 6.3/16: Die Architektur der NewsWatcher

- **Channel Viewer**: Die Aufgabe des Channel-Viewer ist die Organisation der ankommenden Nachrichten und Informationen in Kanälen und deren Präsentation. Der Channel Viewer verfügt über die Möglichkeit, die personalisierten Nachrichten und Informationen so zu organisieren, daß diese dem Benutzer in einer übersichtlichen und einheitlichen Form präsentiert werden. Dabei müssen die Informationen an die anwendungsspezifische Oberfläche angepaßt werden. Jede Anwendung benutzt als Voraussetzung zur Arbeit des Channel Viewer entweder einen herkömmlichen oder einen eigenentwickelten Browser, der dem Benutzer den Zugang zum Internet ermöglicht.

- **User-Agent**: Die Aufgabe des User-Agent besteht darin, die Übermittlung der neuesten Nachrichten und Informationen anzustoßen. Die Voraussetzung für die Erfüllung dieser Aufgabe ist die eindeutige Definition der dafür notwendigen Parameter wie Zeitpunkt oder Zeitintervall der Übertragung. Nur mit diesen Spezifikationen kann der User-Agent die Übermittlung der aktuellen Nachrichten und Informationen durch die Serverseite initiieren. Dabei arbeitet der User-Agent selbständig ohne weitere Anweisungen des Benutzers.

- **Personalisierte Datenbank**: Die Aufgabe der personalisierten Datenbank besteht darin, die von der Serverseite gelieferten personalisierten Nachrichten und Informationen lokal zu speichern, damit der Channel Viewer jederzeit auf diese Informationen zurückgreifen kann. Sie enthält die auf den Benutzer zugeschnittenen neuesten Nachrichten und Informationen. Bei einer Aktualisierung werden die letzten Nachrichten und Informationen durch die ankommenden ersetzt. Der dafür notwendige Speicherbedarf auf der lokalen Festplatte des Benutzers kann individuell angepaßt werden und richtet sich in der Regel nach den systemspezifischen Voraussetzungen des jeweiligen Rechnersystems auf der Clientseite.

- **Nachrichtensender**: Die Aufgabe des Nachrichtensenders besteht darin, sowohl die Aktualisierungsanfragen der verschiedenen User-Agents zu bearbeiten als auch die Übermittlung der gewünschten Nachrichten und Informationen zu gewährleisten. Der User-Agent teilt dem Nachrichtensender die Art der gewünschten Nachrichten und Informationen zu Beginn der Aktualisierungsphase mit. Daraufhin kann er aus der Datenbank des Servers die passenden Nachrichten und Informationen selektieren und an die personalisierte Datenbank des Clients senden.

- **Datenbank**: Die Datenbank enthält alle Nachrichten und Informationen der Anbieter, die für die konkrete Anwendung als Informationsquelle zur Verfügung stehen. In beiden Beispielen wurden die einzelnen Nachrichtenanbieter genannt. Diese Datenbanken können als Kataloge verstanden werden, die als hierarchische Themenverzeichnisse aufgebaut sind. Sie repräsentieren die maximale Anzahl an Kanälen, die dem Benutzer zur Verfügung stehen. An dieser Stelle wird zusätzlich auf die Ausführungen in Abschnitt 4.6 zur Verwaltung von Metadaten hingewiesen (vgl. Abschnitt 4.6.2.1).

6.4 Advising und Focusing

6.4.1 Grundlagen

Die beiden vorangegangenen Anwendungsbereiche Information Retrieval und Filtering sowie NewsWatcher zeigen, daß der Benutzer zur gezielten Bereitstellung von gewünschten Informationen sowohl Suchmaschinen als auch Push-Technologien verwenden kann. In einem dritten Gebiet, welches das Ziel der Suche nach Informationen verfolgt, helfen dem Benutzer persönliche Assistenten während der Arbeit mit dem Browser. Durch die Beobachtung des Benutzers lernen die Assistenten aus seinen Handlungen (Advising) und geben ihm für seine weitere Arbeit Ratschläge und Hinweise. Dadurch wird die Arbeit des Benutzers auf das Wesentliche konzentriert (Focusing). Diese Unterstützung verfolgt das Anwendungsgebiet Advising und Focusing. In Abbildung 6.4/1 ist die Einordnung des Anwendungsgebietes in die Klassifikationsmatrix (vgl. Abschnitt 3.3) dargestellt.

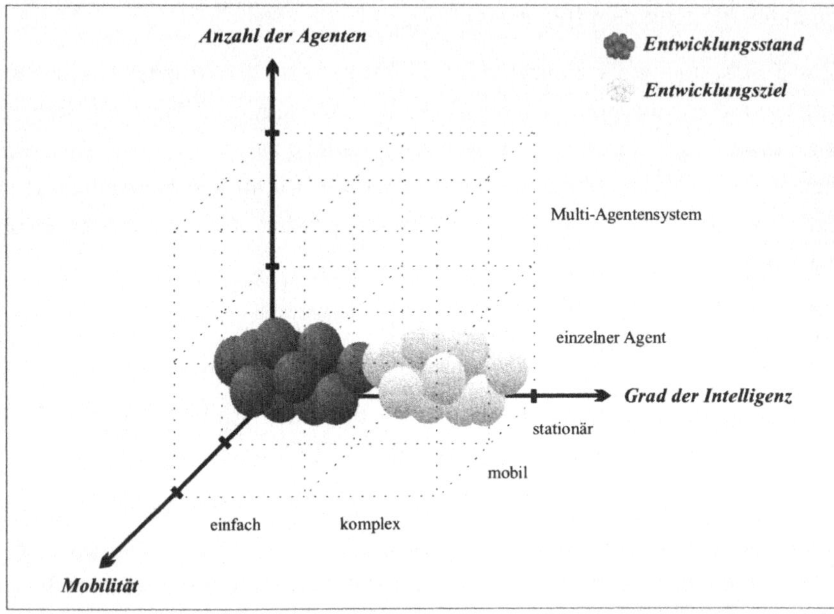

Abbildung 6.4/1: Die Klassifikationsmatrix für das Anwendungsgebiet Advising und Focusing

Dem aktuellen Entwicklungsstand entsprechend arbeiten die Agenten stationär mit einem geringen Intelligenzgrad. Eine Erhöhung des Intelligenzgrades ist die Forderung an die künftigen Entwicklungen der Agenten in diesem Anwendungsgebiet.

Anwendungen im Bereich Advising und Focusing ermöglichen die Übernahme der Informationssuche und deren Bewertung. Diese Aufgaben verbinden sie mit der Automatisierung von zeitaufwendigen Tätigkeiten des Benutzers während der Arbeit mit dem Browser. Außerdem können sie ein persönliches, auf die Informationsbedürfnisse des Benutzers angepaßtes Nutzerprofil erstellen. Die Vielzahl der an die Agenten dieses Anwendungsbereiches gestellten Aufgaben erfordert von ihnen ein hohes Maß an Intelligenz, das sich vor allem in einem hohen Grad an Lernfähigkeit äußert. Lernfähigkeit in diesem Zusammenhang bedeutet, daß die Agenten das Verhalten des Benutzers überwachen sowie imitieren und ihr eigenes Verhalten aufgrund der Kommunikationsfähigkeit mit dem Benutzer anpassen können. Dabei können sie sowohl vom Benutzer durch Beispiele trainiert werden als auch mit anderen Agenten kommunizieren [Maes 1994a]. Die Potentiale der derzeitigen Entwicklungen liegen vor allem im Bereich der Überwachung und der eigenständigen Schlußfolgerung aus dem Verhalten des Benutzers sowie der Kommunikation mit dem Benutzer.

Zur Beschreibung der Konzepte für die Darstellung der Arbeitsweise sowie der Architektur der Anwendungen des Bereiches Advising und Focusing stehen die theoretischen Grundlagen der Anwendung Letizia zur Verfügung. Aus diesem Grund wird die Beschreibung des Prototypen Letizia um die Darstellung der zugrunde liegenden Konzepte erweitert. Aussagen zur Architektur werden nicht getroffen.

6.4.2 Marktübersicht

In Abbildung 6.4/2 ist eine Auswahl derzeit bekannter Anwendungen im Bereich des Advising und Focusing mit Namen und WWW-Adresse aufgeführt.

Die Beschreibung konzentriert sich im folgenden auf die Anwendungen Web Browser Intelligence und Letizia. Während der Web Browser Intelligence einige der genannten Entwicklungspotentiale aufweist, ist Letizia ein noch nicht abgeschlossenes Forschungsprojekt.

Advising und Focusing	*WWW-Adresse*
Web Browser Intelligence	www.networking.ibm.com/wbi/wbisoft.htm
Letizia	lieber.www.media.mit.edu/people/lieberary/ Letizia/Letizia.mov
Basar	Forschungsprojekt des GMD
Webdoggie	rg.media.mit.edu:80/projects

Abbildung 6.4/2: Eine Auswahl derzeit bekannter Anwendungen des
Advising und Focusing

6.4.3 IBM Web Browser Intelligence

Der Web Browser Intelligence wurde innerhalb des Forschungsbereiches der IBM
Corporation entwickelt und ist zur freien Nutzung verfügbar. Der Web Browser
Intelligence ist ein persönlicher Assistent, der dem Benutzer bei der Arbeit mit
dem Browser hilft. Durch seine Hilfeleistung liefert der Web Browser Intelligence
dem Benutzer besuchte, veränderte oder vergessene WWW-Seiten [Gilbert 1997].

Nach erfolgreicher Installation durch den Benutzer erscheint bei jeder folgenden Benutzung des selektierten Browsers die Toolleiste des Web Browser Intelligence, die in Abbildung 6.4/3 zu sehen ist.

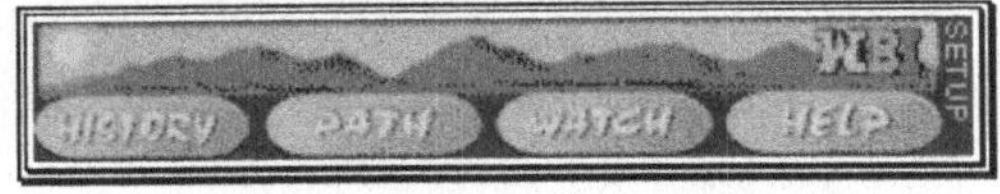

Abbildung 6.4/3: Die Toolleiste des Web Browser Intelligence

Der Button *History* aktiviert dem Benutzer eine Liste mit den bereits besuchten WWW-Seiten (vgl. Abbildung 6.4/4). Die einzelnen WWW-Seiten sind nach
den Kriterien der Zugriffshäufigkeit sowie der Zugriffsgeschwindigkeit sortiert.
Die Zugriffshäufigkeit ergibt sich aus der Anzahl der Besuche pro Seite und wird
durch den Web Browser Intelligence automatisch vergeben. Je öfter eine Seite
besucht wurde, um so höher steht diese in der Rangliste des Web Browser Intelligence. Die Zugriffsgeschwindigkeit ist der Zeitraum von der Aktivierung der
Verbindung zu dem Server, auf dem sich die gewählte Seite befindet, bis zur

erfolgreichen Beendigung der Übertragung. Die Spalte *Score* zeigt diese Sortierung durch die Darstellung von Zahlen im Bereich von 0 bis 100, die den jeweiligen Verweisen zugeordnet sind.

Der Web Browser Intelligence besitzt die Möglichkeit, nach Inhalten in den bereits besuchten WWW-Seiten zu suchen. Dafür können das Textfeld im oberen Bereich der Oberfläche sowie das daneben stehende Pulldown-Menü verwendet werden. In diesem Menü kann der Suchbegriff über die Kriterien *All*, *Title* oder *URL* spezifiziert werden.

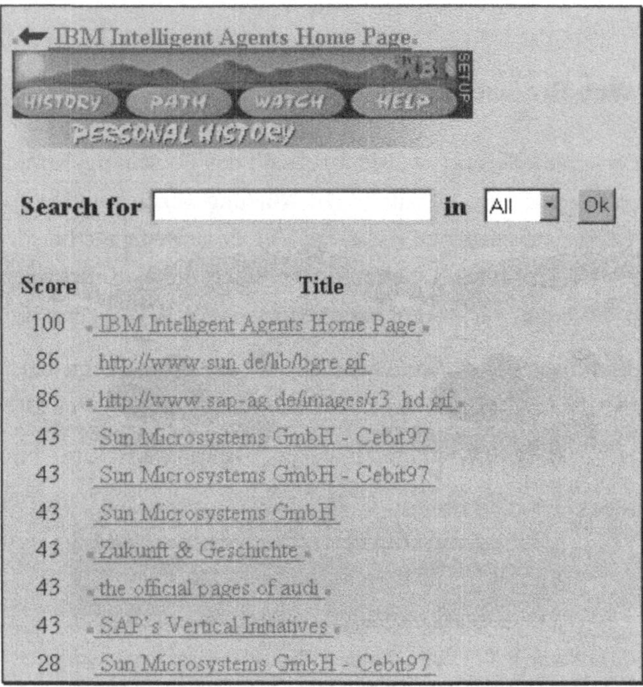

Abbildung 6.4/4: Die Oberfläche des Buttons *History*

Die Klassifikation der Seiten hinsichtlich der Zugriffsgeschwindigkeit hebt der Web Browser Intelligence zusätzlich durch eine farbige Markierung hervor, die sich *Web Traffic Lights* nennt. Die Aktivierung dieser Markierung wird durch den Benutzer manuell festgelegt. Der Web Browser Intelligence überprüft die Geschwindigkeit für die Übertragung der WWW-Seiten und kennzeichnet dem Benutzer die Zugriffsgeschwindigkeit jeder Seite durch die Farben Grün, Gelb oder

Rot. Grün markierte WWW-Seiten besitzen eine hohe und gelb markierte eine mittlere Zugriffsgeschwindigkeit. Bei rot markierten WWW-Seiten war ein Zugriff auf diese Seite nicht möglich.

Durch den Button *Path* innerhalb der Toolleiste erscheint eine Oberfläche, mit der der Benutzer alle bisher benutzten Verweise bis zu den Ursprungsseiten zurückverfolgen kann. Damit ist es ihm möglich, den Weg vom Beginn seiner Informationssuche bis zur aktuellen WWW-Seite nachzuvollziehen. In Abbildung 6.4/5 ist die Oberfläche des Buttons *Path* dargestellt. Der Benutzer befindet sich beim Aufruf dieses Buttons auf der WWW-Seite 'trends-online', die er über die Verweise *Kurzmeldungen*, *TV-Projekte* und letztendlich über *Querschnitt* erreicht hat.

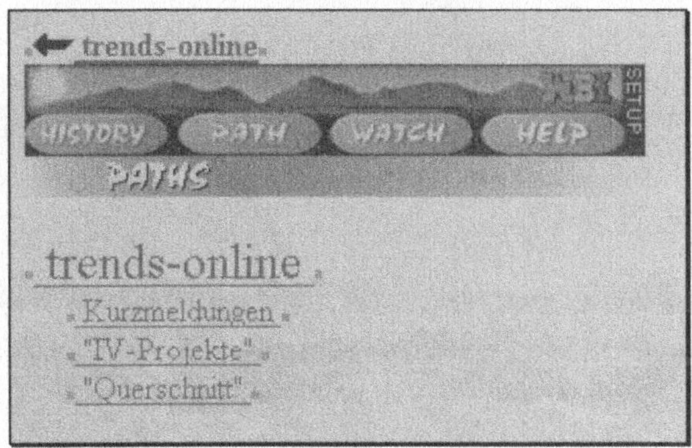

Abbildung 6.4/5: Die Oberfläche des Buttons *Path*

Über den Button *Watch* können verschiedene WWW-Seiten zur Überwachung durch den Web Browser Intelligence ausgewählt werden (vgl. Abbildung 6.4/6). Änderungen häufig benutzter WWW-Seiten werden durch den Web Browser Intelligence kontrolliert und dem Benutzer mitgeteilt. Außerdem können sowohl die bereits zur Überwachung ausgewählten Seiten angeschaut als auch nicht mehr favorisierte Seiten von der Überwachung ausgeschlossen werden. Für den Eintrag neuer WWW-Seiten kann das Textfeld in der Mitte der Oberfläche verwendet werden. Bei Aufruf der Oberfläche wird in dieses Textfeld automatisch die aktuelle WWW-Seite eingetragen. Die Personalisierung von WWW-Adressen und ihre Inhalte ähnelt der Funktionalität der NewsWatcher (vgl. Abschnitt 6.3). Über die Buttons *Yes* oder *No* erfolgt die Entscheidung für eine zukünftige Überwachung.

Im unteren Teil der Oberfläche hat der Benutzer die Möglichkeit, bereits ausgewählte Seiten von der weiteren Überwachung auszuschließen.

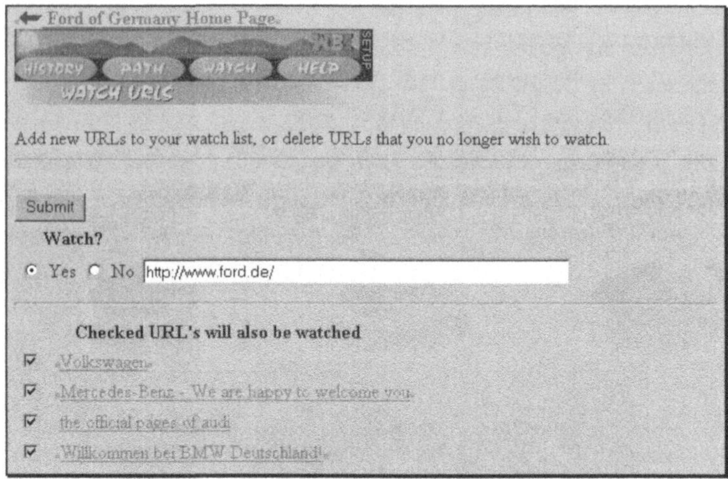

Abbildung 6.4/6: Die Oberfläche des Buttons *Watch*

Hat der Web Browser Intelligence die Änderung einer WWW-Seite registriert,
weist er den Benutzer über eine Markierung mit dem Wortlaut *Look Here!* oberhalb des Buttons *Watch* darauf hin (vgl. Abbildung 6.4/7).

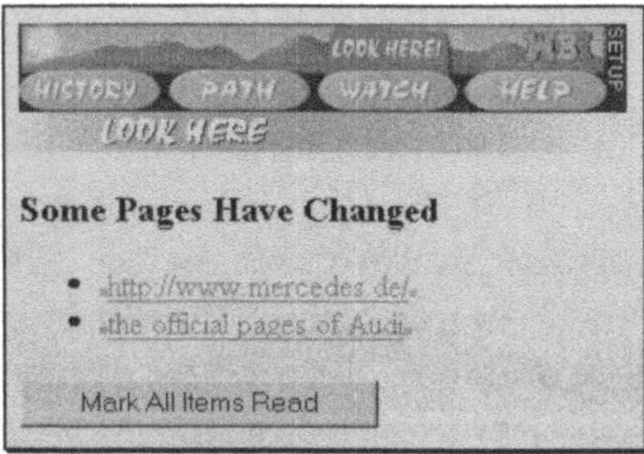

Abbildung 6.4/7: Die Oberfläche des Buttons *Look Here!*

In diesem Beispiel teilt der Web Browser Intelligence dem Benutzer mit, daß
sich zwei der oben ausgewählten WWW-Seiten geändert haben. Er überprüft
automatisch die in den veränderten Seiten enthaltenen Verweise, um eine Zuord-

nung bezüglich der Zugriffsgeschwindigkeit vornehmen zu können. Nach Betrachtung der veränderten Adressen durch den Benutzer verschwindet der Button *Look Here!* wieder von der Toolleiste.

Über den Button *Help* kann der Benutzer eine allgemeine und eine inhaltsbezogene Hilfe abrufen. Erstere dient der Beschreibung der einzelnen Funktionen der Anwendung, während die inhaltsbezogene Hilfe Erklärungen über die, durch Web Browser Intelligence entwickelten, Oberflächen wie beispielsweise *Path* oder *Watch* bietet.

Alle wichtigen Parameter werden vom Benutzer in der Oberfläche *Setup* eingestellt. In Abbildung 6.4/8 ist die Oberfläche *Setup* zu sehen.

WBI Setup

To set up WBI, fill in and then submit this form.

Make these changes? Yes

WBI Listens on Port 8088

Socks Server		Port	1080
Proxy Server	www2.mms-dresden.telekom.de	Port	80
No Proxy For			
Cache Size	50	Files	
Show WBI Toolbar in	no frame		

WBI Module Setup

On	Module Name	Module Description
✓	Personal History	Allows querying of personal web history, watches pages for changes, adds shortcut links
✓	Web Traffic Lights	adds colored dots around links indicating network speed to server

Abbildung 6.4/8: Die Oberfläche *Setup*

In dieser Oberfläche werden sowohl die netzwerktechnischen und systemspezifischen Voraussetzungen festgelegt als auch die Auswahl der Module Personal History und Web Traffic Lights vorgenommen, die innerhalb der Toolleiste benutzt werden.

6.4.4 Letizia

Letizia ist als Prototyp für die Automatisierung der Arbeit des Benutzers mit den Browsern Netscape Navigator und Mosaic am Media Lab des Massachusetts Institute of Technology in Cambridge, USA entwickelt worden. Letizia liefert durch die permanente Beobachtung der Handlungen des Benutzers und deren Imitation Ratschläge und Hinweise für die zukünftige Arbeit mit dem Browser. Daneben bietet Letizia die Möglichkeit der automatischen Suche nach Informationen. Die Relevanz der Ergebnisse hinsichtlich der gewünschten Suche des Benutzers beruht auf den Ergebnissen der Beobachtungen.

Neben dem ursprünglichen Fenster des Browsers werden durch Letizia zwei weitere Fenster geöffnet, welche die Anwendung zur Durchführung seiner Aufgaben benötigt. In Abbildung 6.4/9 sind diese drei Fenster dargestellt. Das linke Fenster ist der Arbeit des Benutzers vorbehalten.

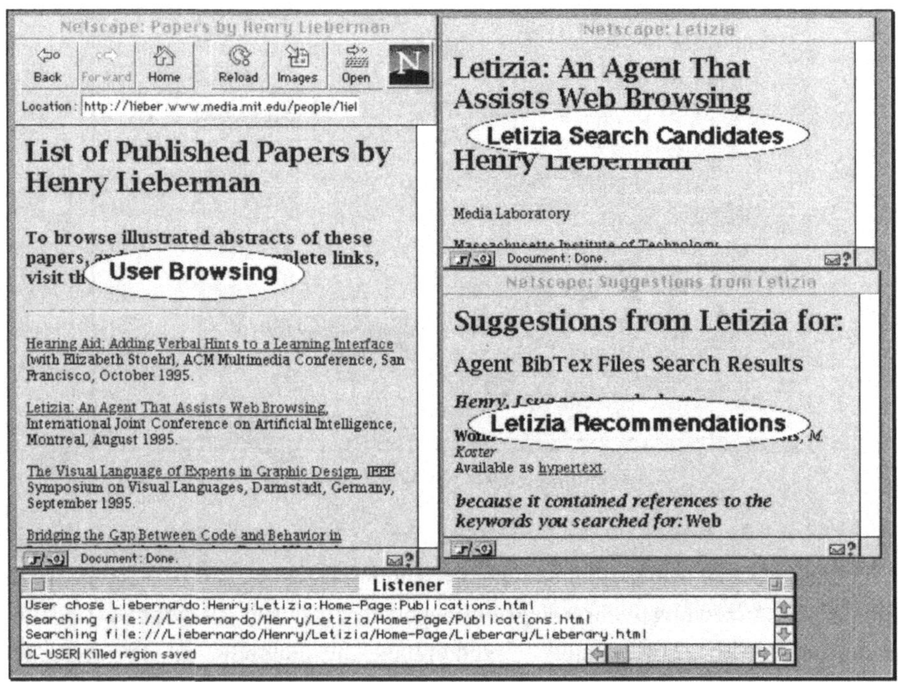

Abbildung 6.4/9: Die Oberfläche des Letizia [Lieberman 1997]

Zwei der wesentlichsten Eigenschaften intelligenter Agenten sind deren Lernfähigkeit und Autonomie (vgl. Abschnitt 3.2). Übertragen auf diese Anwendung versteht sich Letizia als autonomer Interface Agent [Lieberman 1997]. Autonome Interface Agenten ermöglichen sowohl die Durchsetzung des Prinzips der indirekten Manipulationals auch die Delegation von Aufgaben durch den Benutzer.

Bei der direkten Manipulation muß der Benutzer alle notwendigen Arbeitsschritte zur Erreichung seines Ziels selbst durchführen. Der Browser ist das graphische Interface, das die Verarbeitung der eingegebenen Aktionen ermöglicht. Die Ergebnisse der Handlungen müssen durch den Benutzer überprüft werden, ehe er über eine Initiierung weiterer Aktionen entscheiden kann. Die Interface Agenten ermöglichen den Wechsel zur indirekten Manipulation. Sie können ohne die expliziten Einwirkungen des Benutzers sowohl die Ausführung von Aktionen beeinflussen als auch die Ergebnisse dieser überprüfen. Der Interface Agent beeinflußt die Handlungsabfolge des Benutzers, indem er selbständig Einwirkungen vornehmen kann. Die Autonomie der Interface Agenten bietet dem Benutzer den Vorteil der Übertragung einer Reihe von Aufgaben an den Agenten. In diesem Zusammenhang ist es die automatische Suche nach relevanten Informationen. Der Agent ist unabhängig, ständig aktiv und nicht auf die Anweisungen seines Benutzers angewiesen.

Der linke Bereich der Oberfläche (vgl. Abbildung 6.4/9) entspricht der Funktionalität einer herkömmlichen Browseroberfläche und ist ausschließlich dem Benutzer vorbehalten. In diesem Fenster kann er sowohl bekannte WWW-Seiten eingeben als auch eine Reihe unbekannter WWW-Seiten auswerten. Dieses Verhalten wird durch Letizia beobachtet. Das ist Grundlage für die zukünftige Präsentation von Empfehlungen hinsichtlich der Betrachtung unbekannter WWW-Seiten. Diese Empfehlungen werden dem Benutzer im rechten unteren Teil der Oberfläche angezeigt (vgl. Abbildung 6.4/9).

Um zuverlässig Entscheidungen fällen zu können, muß Letizia über eine Wissensbasis verfügen, welche Schlußfolgerungen aus diesem Verhalten zuläßt. Die Grundlagen liefern die Simulation des Browsingprozesses des Benutzers und die Einordnung seiner jeweiligen Handlungen.

Das Prinzip des Browsingprozesses besteht darin, daß der Benutzer die Verweise einer Seite, die schon bisher seinen Interessen entsprochen hat, weiterverfolgt. Dabei bewegt er sich durch die einzelnen Verweise meistens zur Ausgangsseite zurück und fügt die neuen interessanten Verweise seiner Bookmarkliste hinzu.

Letizia simuliert diese Schritte, indem er die Überprüfung der einzelnen Verweise in einer wesentlich kürzeren Zeitspanne als der Benutzer übernimmt, während der Benutzer die Inhalte auf eine mögliche Relevanz überprüft. Dabei können vor allem solche Verweise herausgefunden werden, die keine Inhalte aufweisen und dem Benutzer als 'dead-ends' gemeldet werden. Durch diese eigenständige Überprüfung aller Verweise kann Letizia schlußfolgern, welche der Verweise für die weitere Vorgehensweise des Benutzers relevant sein können. Im oberen rechten Bereich der Oberfläche sind die gegenwärtig durchsuchten Verweise durch Letizia zu sehen, die sogenannten Suchkandidaten (vgl. Abbildung 6.4/9).

Als zweite Grundlage für eine zuverlässige Schlußfolgerung bewertet Letizia die einzelnen Handlungen des Benutzers. Die Bewertung erfolgt über eine Prioritätenfestlegung, deren Ziel darin besteht, Entscheidungen über die Relevanz einzelner WWW-Seiten treffen zu können. Das Abspeichern einer WWW-Seite in der Bookmarkliste ist für Letizia die Handlung mit der größten Priorität hinsichtlich des Interesses des Benutzers. Die Verfolgung eines Verweises und die Zeitspanne für den Besuch dieser Seite ordnet Letizia ebenfalls eine hohe Priorität zu, wobei vor allem die Häufigkeit und die Zeitdauer die notwendigen Kriterien dafür sind, wie interessant diese Seite für den Benutzer ist. Außerdem wird der Anzahl von verfolgten Verweisen pro Seite eine gewisse Aussagekraft beigemessen. Je mehr Verweise einer Seite verfolgt werden, um so höher kann das Interesse für die Inhalte dieser Seite eingeschätzt werden.

Alle überprüften Verweise speichert Letizia in seiner Wissensbasis. Diese enthält bestimmte Schlüsselwörter, nach denen die Entscheidung getroffen wird, ob ein Dokument für den Benutzer von Interesse ist. Zur Festlegung der genauen Relevanz hinsichtlich der Bedeutung für den Benutzer nutzt Letizia keine prozentuale Angabe, sondern läßt den Benutzer entscheiden, indem er ihm alle Empfehlungen zur Beurteilung anbietet. Zur Erhöhung der Akzeptanz der Empfehlung präsentiert Letizia dem Benutzer zusätzlich eine Übersicht, die Dokumente mit ähnlichen Inhalten enthält. Außerdem überprüft Letizia autonom die Beständigkeit des Interesses, indem der Zeitraum seit dem letzten Besuch als Kriterium für die Einordnung in die aktuellen Interessengebiete herangezogen wird. Zur Überprüfung der einzelnen Verweise wird als erstes die Relevanz für das aktuelle Dokument festgelegt, ehe die einzelnen Verweise durchsucht werden.

6.5 Entertainment

6.5.1 Grundlagen

Anwendungen im Bereich des Entertainment verfolgen das Ziel, dem Benutzer bei der Auswahl von Freizeitaktivitäten, die seinem Interessenprofil entsprechen, zu unterstützen. Dabei sollen vor allem in den Bereichen Online-Shopping sowie Film, Musik und Fernsehen Hilfestellung gegeben werden. Beide Freizeitbereiche sind von einem kaum überschaubaren Angebot an Informationen im Internet geprägt und fordern von dem Benutzer eine zeitaufwendige Suche nach Informationen, die seinen Interessengebieten und Vorlieben entsprechen. Entertainment Anwendungen versuchen, durch den Aufbau eines persönlichen Nutzerprofils dem Benutzer diese Informationssuche abzunehmen. Die Präsentation personalisierter Informationen ist die Aufgabe der Anwendungen. In Abbildung 6.5/1 erfolgt die Einordnung dieses Anwendungsgebietes in die Klassifikationsmatrix (vgl. Abschnitt 3.3).

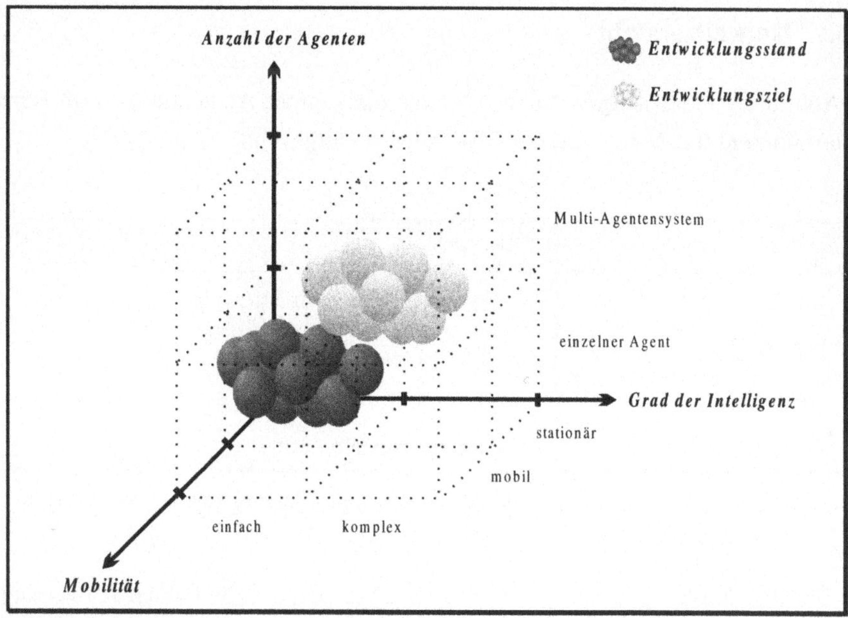

Abbildung 6.5/1: Die Klassifikationsmatrix für das Anwendungsgebiet Entertainment

Dem aktuellen Entwicklungsstand entsprechend arbeiten die Agenten stationär mit einem geringen Intelligenzgrad. Die Ursachen der jetzigen Anwendungen für die Einordnung in diese Entwicklungsstufe liegen vor allem in der geringen Kooperationsfähigkeit begründet. Diese Fähigkeit bedeutet, daß mehrere Agenten zur Erfüllung ihrer Einzelaufgaben zusammenarbeiten, um damit komplexe Aufgabenstellungen lösen zu können. Zur Erlangung von umfangreichem Wissen über die Interessengebiete und Vorlieben des Benutzers müssen sie neben der Kommunikation mit dem Benutzer vor allem einzelne Nutzerprofile miteinander vergleichen können. Die Agenten der Benutzer kooperieren. Von den heutigen Anwendungen besitzt nur Firefly diese Fähigkeit.

Für die Beschreibung der Konzepte zur Darstellung der Arbeitsweise sowie der Architektur der Anwendungen im Bereich des Entertainment stehen die theoretischen Grundlagen des Firefly zur Verfügung. Aus diesem Grund wird die Beschreibung der Anwendung Firefly um die Darstellung der zugrunde liegenden Konzepte erweitert. Verallgemeinerungen zur Architektur können nicht getroffen werden. Weitere Konzepte, die bereits beschrieben wurden, beziehen sich auf die Clusting-Analyse (vgl. Abschnitt 4.61.1.4) sowie das Matching (vgl. Abschnitt 4.6.1.1.5).

6.5.2 Marktübersicht

In Abbildung 6.5/2 ist eine Auswahl derzeit bekannter Anwendungen im Bereich Entertainment mit Namen und WWW-Adresse aufgeführt.

Entertainment	*WWW-Adresse*
LifestyleFinder	lifestyle.cstar.ac.com/lifestyle/
Firefly	www.firefly.com
Netradio	www.netradio.net
OpenSesame	www.opensesame.com

Abbildung 6.5/2: Eine Auswahl derzeit bekannter Entertainment Anwendungen

Die Beschreibung konzentriert sich im folgenden auf die beiden Anwendungen LifestyleFinder und Firefly. LifestyleFinder ist eine agentenbasierte Anwendung der Firma Andersen Consulting und bietet dem Benutzer eine interessenbezogene

Auswahl an verfügbaren Online-Shopping Alternativen an. Firefly ist eine der führenden Anwendungen auf dem Gebiet des agentenbasierten Entertainment in den Bereichen Film und Musik und zeigt die Potentiale für zukünftige Entwicklungen.

6.5.3 LifestyleFinder

Der LifestyleFinder wurde von dem Forschungsinstitut für Intelligente Agenten der Beratungsfirma Andersen Consulting in Zusammenarbeit mit der Firma Claritas Inc. entwickelt. Das Unternehmen Claritas Inc. stellt die für diese Anwendung notwendigen demographischen Daten zur Verfügung. Das Ziel der Anwendung LifestyleFinder besteht darin, über die Ermittlung des Lebensstils des Benutzers Empfehlungen für Besuche verschiedener Online-Anbieter auszusprechen.

Die Erstellung des persönlichen Profils durch den LifestyleFinder beginnt für den Benutzer mit der Beantwortung einiger Fragen. Diese Fragen sind den Kategorien Auto, Wohnung, Reisen, Freizeit, Fernsehen, Zeitung, Getränke und Musik zugeordnet und in From von Bildern, die den Inhalt der jeweiligen Frage ausdrükken, dargestellt. Innerhalb dieser Kategorien hat der Benutzer sechs verschiedene Möglichkeiten, die Frage entsprechend seines Interessengebietes zu beantworten. Dabei werden ihm mindestens zwei Kategorien vorgeschlagen. In Abbildung 6.5/3 ist eine der acht Kategorien dargestellt.

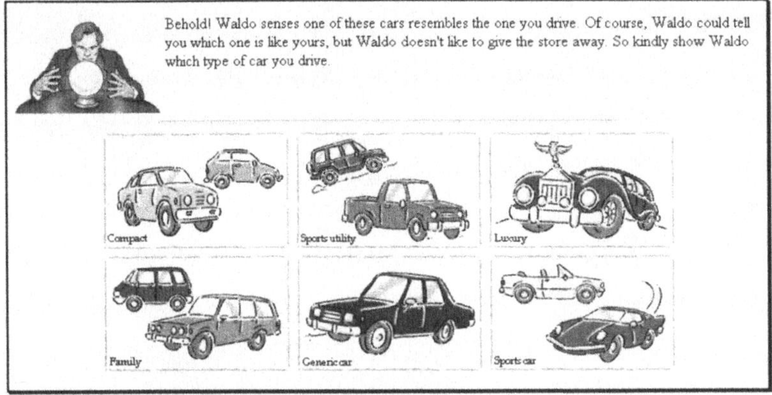

Abbildung 6.5/3: Die Kategorie Auto

Je nach Beantwortung der einzelnen Kategorien ergibt sich das persönliche Profil, das in einer Übersicht präsentiert wird (vgl. Abbildung 6.5/4).

Abbildung 6.5/4: Das Anwenderprofil

Darüber hinaus präsentiert der LifestyleFinder eine Übersicht mit Online-Anbietern, die seiner Meinung nach am besten die Interessengebiete und Neigungen des Benutzers befriedigen (vgl. Abbildung 6.5/5).

Waldo's description of you may be crazy, but Waldo's crystal ball still shows you enjoying the following Web pages. The point of the LifestyleFinder research project isn't to write fortune cookies but rather to suggest URL's, so Waldo would appreciate knowing whether you like the following. Just select the Y or N next to each link you check out. Then press the **tell me more** button at the bottom to hear how LifestyleFinder has the power to change the Web as you know it.

Things you can buy
   ⊂ Y ⊂ N The Golf Circuit - everything you want to know about golf. Information about the British Open, the Michelob Championship and more!
   ⊂ Y ⊂ N Hops Internationale - an imported beer lover's club. Outstanding feature: the weekly newsletter.
   ⊂ Y ⊂ N Honda/Acura Integra Performance - find out more about the Acura Integra.
   ⊂ Y ⊂ N Fidelity Investments: Online Investor Center - a good one-stop information source on personal finance. Features Retirement Calculator and Commission Calculator.
   ⊂ Y ⊂ N Homelite Chainsaws - detailed information about Homelite chainsaws, with pricing info.

Places you can go
   ⊂ Y ⊂ N Sara's City Workout: give the Internet a workout - find out about the latest aerobics seminars and conventions from Sara.
   ⊂ Y ⊂ N Preview Vacations: about Puerto Rico - browse through this page for Puerto Rico attractions, travel tips and more!
   ⊂ Y ⊂ N Travel Org: welcome to France - your trip begins here! Here's everything about travel in France.
   ⊂ Y ⊂ N Virtually San Francisco - this virtually entertaining, sightseeable, hospitable Web site invites you to visit the world's second most visited city.
   ⊂ Y ⊂ N Hokeo Hawaii: Welcome to the Islands - where you can enter to win your own customized Hawaii Vacation! Learn more about the islands, or find out about accomodations.

Stores you can shop at
   ⊂ Y ⊂ N Internet Shopping Network - good one-stop shopping for computer hardware and software - visit this site and get hot deals.
   ⊂ Y ⊂ N Virtual Vineyards - excellent online store for rare wines and gourmet food. Also featuring the Sizzlin' Summer Sampler!
   ⊂ Y ⊂ N Wal-Mart Stores--store information, corporate information, SAM'S Club information, community involvement and so forth.
   ⊂ Y ⊂ N Time Warner's DreamShop - an online collection of well-known catalogs. You can shop by store or by category with "Personal Shopper."
   ⊂ Y ⊂ N Fashion Net - a global meeting point for the world of fashion; you'll find links to fashion magazines, online shopping as well as links to other fashion and beauty sites.

Abbildung 6.5/5: Die Empfehlungsliste

Es werden sowohl Empfehlungen für bestimmte Produkte und zu ausgewählten Online-Geschäften als auch für allgemeine WWW-Seiten ausgesprochen. Jede dieser Empfehlungen kann durch den Benutzer über einen Verweis besucht werden.

Der Benutzer kann die Aussagefähigkeit seines Profils erhöhen, indem er über die Buttons *Yes* und *No* der Empfehlungsliste die einzelnen Anbieter bewerten kann. Außerdem kann der Benutzer weitere Daten zu seiner Person wie beispielsweise sein Alter angeben. Diese zusätzlichen Angaben können dem LifestyleFinder abschließend zugesandt werden und dienen zur Verfeinerung des Nutzerprofils.

6.5.4 Firefly

Die Anwendung Firefly ist ein Produkt der Firma Firefly Network Inc., Cambridge, Massachusetts, USA, und ist über eine Registrierung für jeden Benutzer verfügbar. Das Ziel des Firefly besteht darin, dem Benutzer auf der Grundlage eines persönlichen Profils die gezielte Navigation nach Informationen und Produkten zu ermöglichen. Die Erstellung eines persönlichen Profils erlaubt dem Benutzer, personalisierte Informationen zu erhalten und mit anderen Benutzern der Anwendung, die ähnliche Interessenfelder besitzen, zu kommunizieren. Die Registrierung jedes Mitglieds oder Teilnehmers ermöglicht den Aufbau einer virtuellen Gemeinschaft als Voraussetzung für eine interaktive Kommunikation zwischen den Mitgliedern.

Die Grundlage für die Erstellung eines persönlichen Profils ist die Festlegung der benutzerspezifischen Interessen innerhalb der Bereiche Film und Musik. Diese beiden Bereiche bilden auch die Ausgangsbasis für die Kommunikation mit anderen Mitgliedern.

Nach der Registrierung des Benutzers aktiviert sich sein persönlicher Paß, der in Abbildung 6.5/6 dargestellt ist. Dieser Paß dient dem Benutzer zur Navigation innerhalb der Anwendung und bleibt für den Zeitraum der Teilnahme des Benutzers als eigenes Fenster aktiv.

Dieser Paß enthält zwei zentrale Register, das *Personal* und das *Directory*. Der obere Bereich enthält den Namen des Benutzers, in diesem Fall das Pseudonym Test-Agent. Im unteren Bereich dieses Passes sind vier Buttons zu sehen *talk*, *help*, *messages* und *exit*.

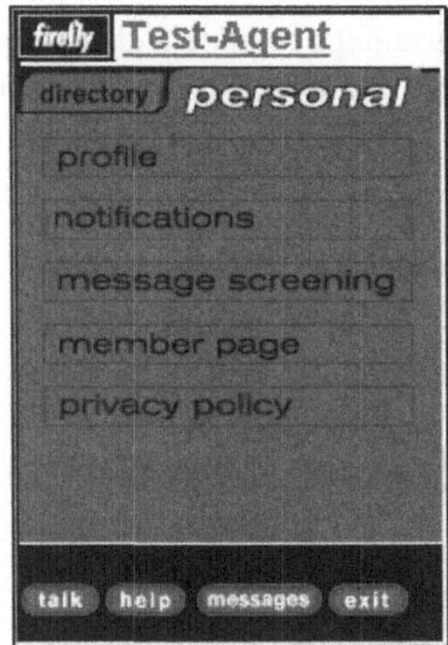
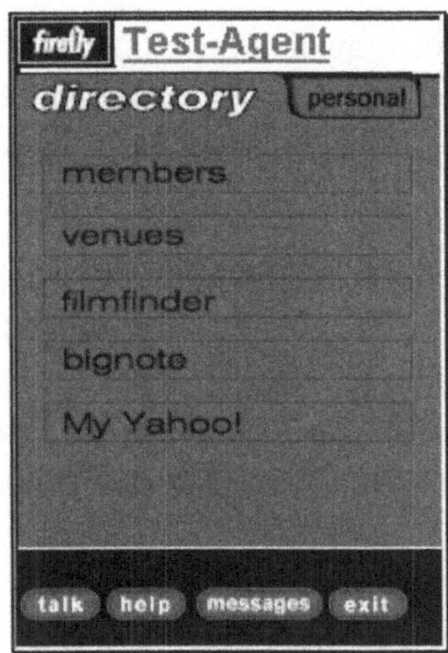

Abbildung 6.5/6: Der persönliche Paß des Benutzers

Das Register *Personal* enthält fünf Auswahlfelder *profile*, *notifications*, *message screening*, *member page* und *privacy policy*. Sie dienen dem Benutzer zur Administration seiner Arbeitsweise mit dem Firefly.

Im ersten Auswahlfeld *profile* kann der Benutzer seine persönlichen Daten eingeben und verändern. In Abbildung 6.5/7 ist diese Oberfläche abgebildet.

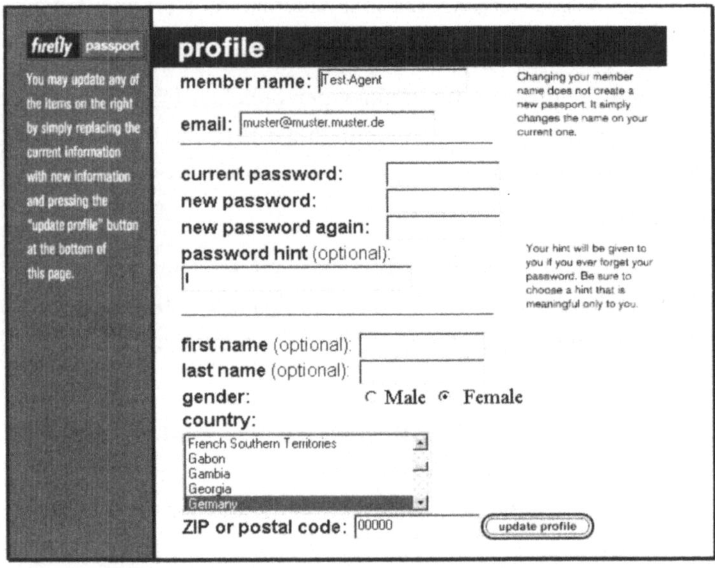

Abbildung 6.5/7: Die Oberfläche *profile*

Das zweite Auswahlfeld *notifications* (vgl. Abbildung 6.5/8) ermöglicht dem Benutzer, innerhalb der Bereiche Movie, Artist, Member und Interest/Hobby eine Liste zu definieren, zu deren Eintragungen der Benutzer neue Informationen, Veränderungen oder Meinungen anderer Teilnehmer zu diesen Themen erhalten möchte. Dazu kann er innerhalb dieser Bereiche seine konkreten Interessen angeben. Der Firefly liefert ihm daraufhin jede neue Information oder Veränderung, welche diese angegebenen Ausprägungen betrifft.

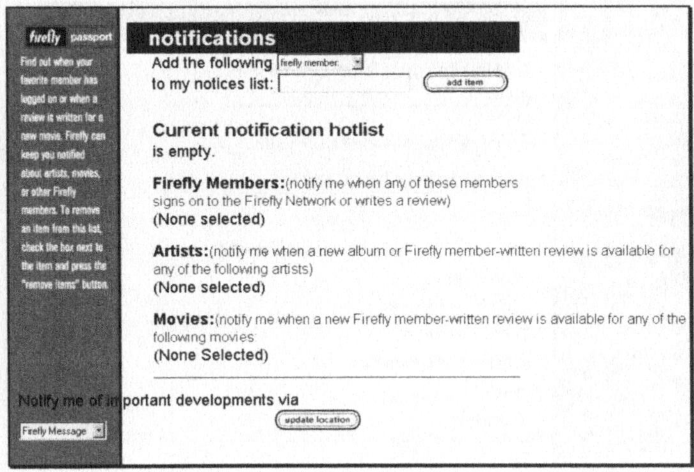

Abbildung 6.5/8: Die Oberfläche *notifications*

Über das Auswahlfeld *message screening* kann der Benutzer andere Teilnehmer dieser Anwendung von einer Kommunikation mit ihm ausschließen, wie Abbildung 6.5/9 zeigt. Durch den Eintrag des gewählten Mitgliedes ist es diesem unmöglich, dem Benutzer Nachrichten zu senden.

Abbildung 6.5/9: Die Oberfläche *message screening*

Das Auswahlfeld *member page* erlaubt dem Benutzer, eine eigene Homepage zu erstellen und seine schon vorhandene Homepage über einen Verweis einzubinden. Das Ziel dieses Auswahlfeldes besteht vor allem darin, dem Teilnehmerkreis seine persönlichen Interessenfelder zu präsentieren und somit eine Vorauswahl für einen möglichen Gedankenaustausch mit Teilnehmern ähnlicher Interessen zu erreichen. In Abbildung 6.5/10 ist die Oberfläche *member page* dargestellt.

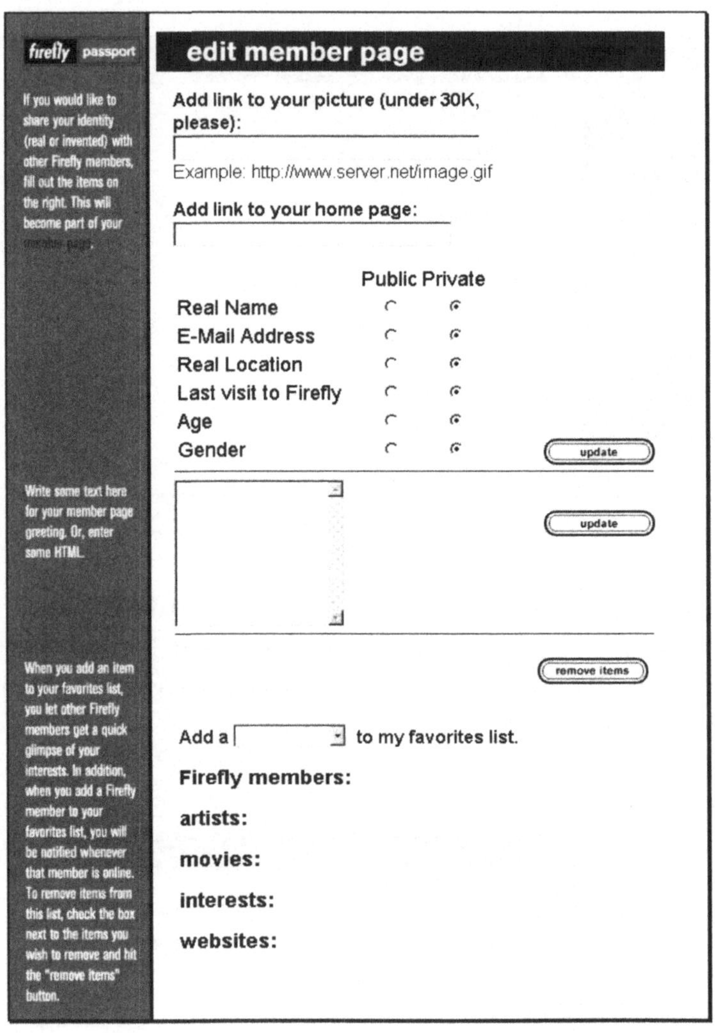

Abbildung 6.5/10: Die Oberfläche *member page*

Im letzten Auswahlfeld *privacy policy* des Registers *Personal* wird der Benutzer durch die Betreiber der Anwendung über den Datenschutz bezüglich seiner persönlichen Daten informiert.

Das zweite Register *Directory* (vgl. Abbildung 6.5/6) enthält die fünf Auswahlfelder *members*, *venues*, *filmfinder*, *bignote* und *My Yahoo!*. Mit diesem Register hat der Benutzer die Möglichkeit, sowohl nach anderen Mitgliedern zu suchen als auch seine Interessen in den Bereichen Film und Musik zu definieren und eine Bewertung innerhalb dieser beiden Bereiche vorzunehmen. Außerdem steht eine Plattform zur Kommunikation der Teilnehmer über verschiedene Themen zur Verfügung.

Über das erste Auswahlfenster *members* kann der Benutzer nach anderen Mitgliedern suchen, mit denen er Kontakt aufnehmen möchte. Dabei stehen dem Benutzer mehrere Bereiche zur Verfügung, innerhalb derer er nach anderen Teilnehmern suchen kann. Die Selektion der Mitglieder erfolgt über das persönliche Profil des Benutzers. In Abbildung 6.5/11 ist diese Oberfläche abgebildet. Bei erfolgreicher Suche wird dem Benutzer eine Liste mit möglichen Teilnehmern präsentiert.

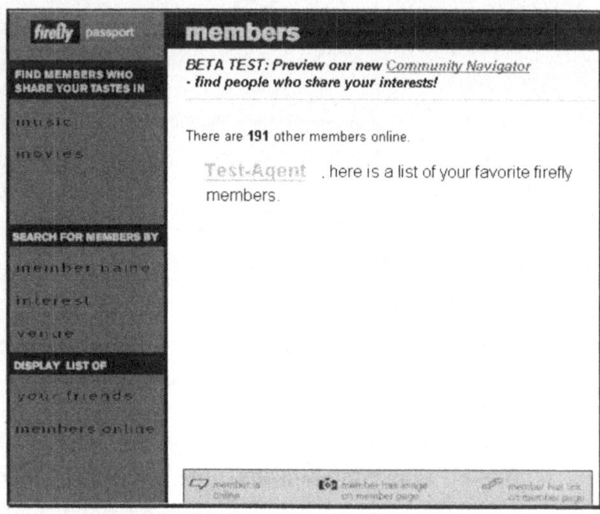

Abbildung 6.5/11: Die Oberfläche *members*

Das zweite Auswahlfeld *venues* ermöglicht dem Benutzer in Foren unterschiedlicher Interessengebiete den Austausch mit anderen Teilnehmern. Vergleichbar ist diese Oberfläche mit den Diskussionslisten im Internet. Der Benutzer kann sich in einer Vielzahl zur Verfügung stehender Foren sowohl an- oder abmelden als auch neue Foren eröffnen. Zur einfacheren Navigation werden dem Benutzer sechs Kanäle angeboten, in denen sich die meisten der Teilnehmer unterhalten. Diese Kanäle sind in der Abbildung 6.5/12 zu sehen.

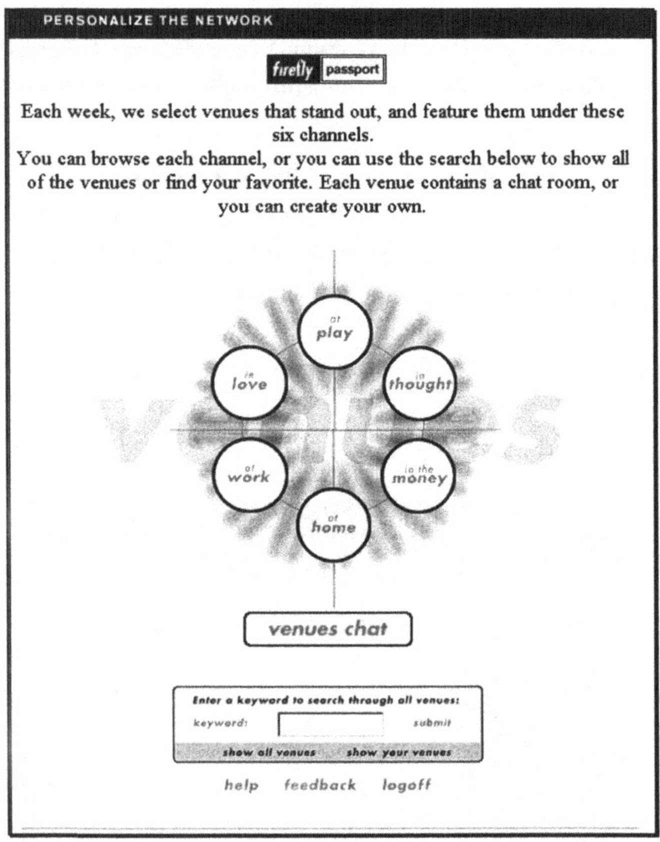

Abbildung 6.5/12: Die Oberfläche *venues*

Die weiteren möglichen Foren können über die Suchfunktion im unteren Bereich der Oberfläche ermittelt werden. Die Unterhaltung zu speziellen Themen mit Mitgliedern, die zum Zeitpunkt des Besuches online sind, ermöglicht die Funktion *venues chat*. Der Benutzer kann sich wiederum in bestehende Gruppengespräche einbinden oder neue eröffnen. Dabei besteht die Möglichkeit, die Teilnehmerzahl zu beschränken, indem der Benutzer die Neueröffnung als *private room* definiert.

Das Auswahlfeld *filmfinder* bildet einen zentralen Bereich innerhalb des Firefly. Die wesentlichen Funktionen dieser Oberfläche sind die Bewertung, Überprüfung und Empfehlung von Filmen mit dem Ziel der Definition eines persönlichen Profils. In Abbildung 6.5/13 ist die Oberfläche des *filmfinder* zu sehen.

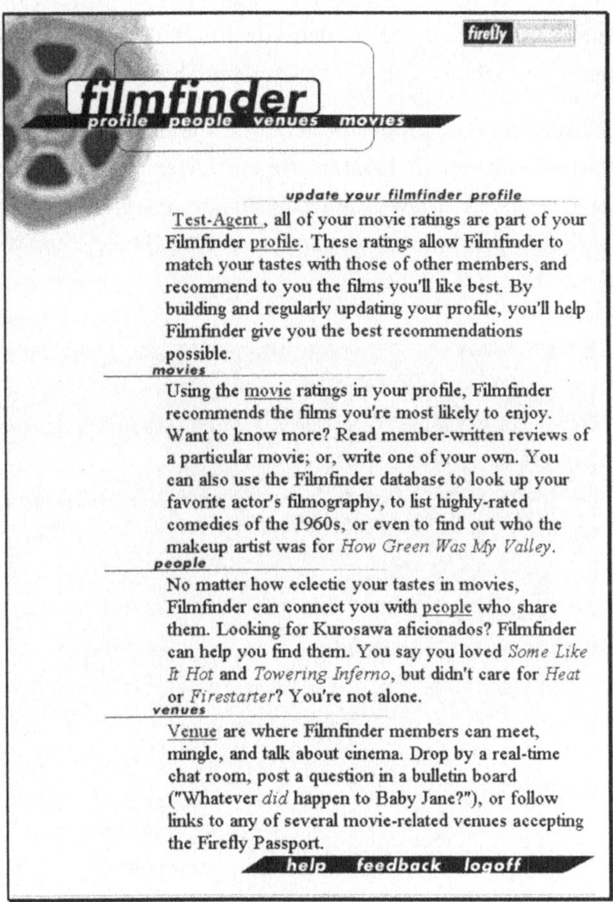

Abbildung 6.5/13: Die Oberfläche *filmfinder*

Die Bewertung der Filme erfolgt über die Wahl des Buttons *profile*. Dieser Button präsentiert eine neue Oberfläche. In dieser kann der Benutzer sowohl eine Reihe von Filmen bewerten als auch weitere Filme zur zukünftigen Bewertung vorschlagen. Je mehr Filme bewertet werden, um so zuverlässiger sind die Empfehlungen des Firefly hinsichtlich neuer Filme. Diese erhält der Benutzer über den

Button *movies*. Sie basieren auf den einzelnen, bereits erfolgten Bewertungen. Firefly liefert dem Benutzer eine Liste mit Vorschlägen, die dem angegebenen Interessenprofil für Filme entsprechen. Er kann diese Vorschläge bewerten und somit sein persönliches Profil vertiefen. Zu jedem Film stehen eine Reihe von Zusatzinformationen zur Verfügung, wie beispielsweise Informationen über Schauspieler, Regisseure oder Produzenten. Neben der Bewertung der Filme kann der Benutzer auch eigene Kritiken zu den von ihm bewerteten Filmen schreiben, die jedem anderen Teilnehmer von Firefly zugänglich sind.

Über den Button *people* kann der Benutzer mit anderen Mitgliedern, die ähnliche Filminteressen besitzen, in Kontakt treten. Diese Oberfläche entspricht der Funktionsweise des ersten Auswahlfeldes *member* des Registers *Directory*. Der Button *venues* liefert die bereits beschriebene Oberfläche *venues* sowie deren Möglichkeiten.

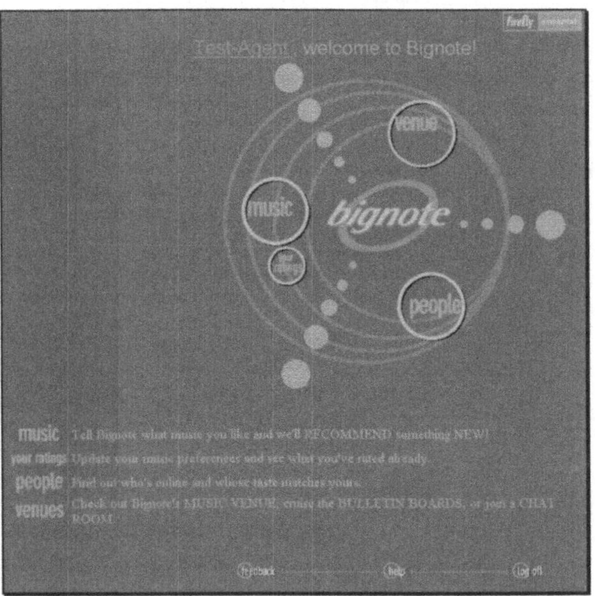

Abbildung 6.5/14: Die Oberfläche *bignote*

Das Auswahlfeld *bignote* des Registers *Directory* bietet dem Benutzer im Bereich der Musik die ähnliche Funktionen wie das Auswahlfeld *filmfinder*. Neben diesen Funktionen unterstützt Bignote den Benutzer beim Bestellvorgang der ausgewählten Musik. Außerdem kann der Benutzer zur Erleichterung der Bewertung einzelner Titel diese anhören. Der einzige Unterschied beider Auswahlfelder bezieht sich auf das Layout der einzelnen Oberflächen. In Abbildung 6.5/14 ist die Oberfläche des *bignote* dargestellt.

Im letzten Auswahlfeld des Registers *Directory* stellt der Firefly die Oberfläche von *My Yahoo!* zur Verfügung, die dem Benutzer die allgemeine Suche nach Informationen erlaubt. Auf der Grundlage des persönlichen Profils durch die Bewertung innerhalb der Bereiche Film und Musik können die Suchergebnisse des Suchkatalogs Yahoo diesem persönlichen Profil angepaßt werden (vgl. Abschnitt 6.2). Sie bewirken damit eine höhere Erfolgsaussicht bezüglich der Relevanz von Suchanfrage und Ergebnis. In Abbildung 6.5/15 ist die Oberfläche von *My Yahoo!* abgebildet.

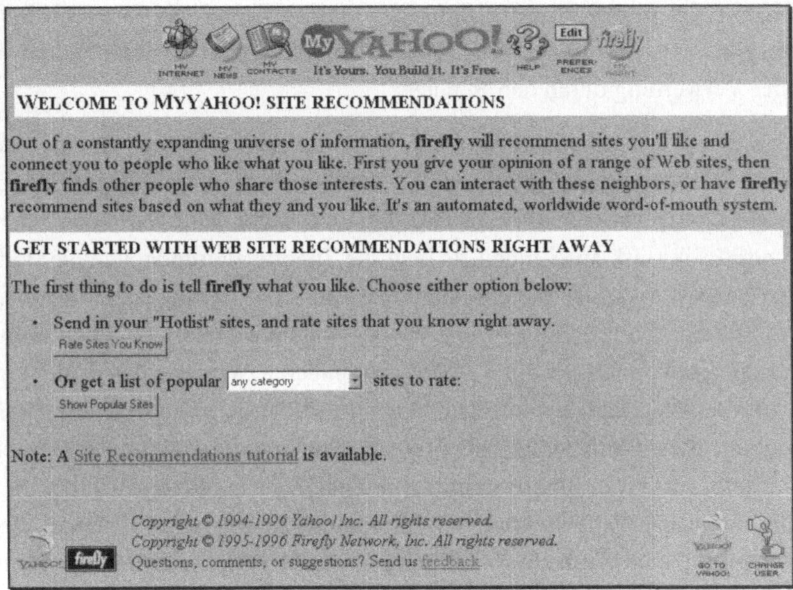

Abbildung 6.5/15: Die Oberfläche *My Yahoo!*

Der Aufbau eines persönlichen Nutzerprofils ist die Voraussetzung für die zielgerichtete Unterstützung bei der personalisierten Suche nach Informationen und deren Auswahl innerhalb der Interessenbereiche des Benutzers. Firefly benutzt zur Erreichung dieser Zielsetzung zwei Konzepte: High Performance Profile Management Architecture und Advanced Collaborative Filtering [Firefly 1997a]. Das Konzept High Performance Profile Management Architecture schafft die Grundlagen zum Aufbau eines verwertbaren Nutzerprofils. Dieses Nutzerprofil enthält sowohl demographische Daten als auch die Angaben zu den persönlichen Präferenzen des Benutzers. Die Oberflächen *profile* und *member page* im Register *Personal* sowie die Oberflächen *profile* des Filmfinder und *music* des Bignote innerhalb des Registers *Directory* ermöglichen dem Benutzer die Eingabe der persönlichen Daten und Präferenzen. In der Regel trägt die umfangreiche und ausführliche Angabe des Benutzers über seine Interessen und Präferenzen zu einem zuverlässigen und vertrauenswürdigen Aufbau des Nutzerprofils bei. Die vorhandenen Nutzerprofile der Benutzer werden zur Präsentation personalisierter Informationen herangezogen. Damit kann sich der Benutzer sowohl innerhalb der relevanten Informationen als auch in den entsprechenden Teilnehmerkreisen bewegen. Die Oberfläche *venues* dient dem Zweck der Kommunikation unter den Teilnehmern, während die Oberflächen *movies* des Filmfinder und *your ratings* des Bignote die personalisierten Informationen in Form von Empfehlungslisten liefern. Die Vertrauenswürdigkeit dieser Empfehlungen bestimmen dabei den Grad der Verwertung durch den Benutzer.

Das Konzept Advanced Collaborative Filtering wird in Bereichen eingesetzt, in denen die Entscheidungen der Benutzer für ein bestimmtes Interesse in einem hohen Maße einer subjektiven Einschätzung unterliegen. Dies ist in den Bereichen Film und Musik stark ausgeprägt. Es liegt die Theorie zugrunde, daß die Präferenzen und Interessen der Teilnehmer einer Gemeinschaft herangezogen werden, um weitere Präferenzen beziehungsweise Interessengebiete eines einzelnen Benutzers vorhersagen zu können [Firefly 1997b]. Mit anderen Worten: über den Vergleich des konkreten Nutzerprofils mit den anderen Profilen der Benutzer des Firefly ist es möglich, dem Benutzer gezielt Vorhersagen und Empfehlungen hinsichtlich seiner Interessenschwerpunkte zu präsentieren. Der Anwendung steht des weiteren ein umfangreicher Datenbestand an Informationen zu vielen Themen aus den Bereichen Film und Musik zur Verfügung, der zusätzlich die Grundlage für diesen Vergleich bildet. Dieser Datenbestand setzt sich nicht aus den Inhalten der einzelnen Nutzerprofile zusammen, sondern enthält die Informationen, aus denen der Benutzer seine Interessengebiete definieren kann. Die Oberflächen *profile* des Filmfinder und *music* des Bignote bieten diese Funktionen. Danach wird das entstandene Nutzerprofil mit den weiteren Nutzerprofilen der anderen Benutzer des Firefly verglichen, um daraus Empfehlungen für den Benutzer abzuleiten. Desweiteren wird durch die Kommunikation des Benutzers mit Teilnehmern ähnlicher Interessen erreicht, daß der Benutzer weitere Informationen und Empfehlungen innerhalb seiner Interessengebiete erhalten kann. Die Teilnehmer lernen untereinander von ihren persönlichen Erfahrungen und Interessen [Firefly 1997b].

Das Konzept Advanced Collaborative Filtering ist durch die Entwicklung dieser Anwendung und deren Zielsetzungen entstanden und ermöglicht den Benutzern eine qualitativ hochwertige Präsentation personalisierter Informationen. Diese Informationen können sich zukünftig auch auf andere Bereiche, die einer starken subjektiven Bewertung unterliegen, beziehen. Das Konzept High Performance Profile Management Architecture ermöglicht eine problemlose Erweiterung der Benutzerzahl ohne Verluste der Leistungsfähigkeit der Anwendung [Firefly 1997a].

6.6 Groupware

6.6.1 Grundlagen

Groupware Anwendungen oder Workgroup-Computing-Systeme unterstützen Teams und Arbeitsgruppen ... bei der Bearbeitung einer gemeinsamen, relativ unstrukturierten Aufgabe [Mertens et. al. 1995]. Aus betriebswirtschaftlicher Sicht erzeugen Groupware-Systeme Inhalte und Informationen, die gesammelt und bewertet sowie innerhalb der Arbeitsgruppe verteilt werden [Hansen 1996]. Die konkreten Ausprägungen der Groupware Anwendungen umfassen unter anderem Computer-Konferenz-Systeme, wie Email, Entscheidungsunterstützungssysteme und Terminabstimmungsprogramme [Mertens et. al. 1995].

Agentenbasierte Anwendungen bieten in diesem Bereich vor allem Unterstützung bei der Informationsbeschaffung und der Entscheidungsfindung innerhalb eines Problemlösungsprozesses. Sie ermöglichen die Bereitstellung und Verwaltung wichtiger Informationen und Inhalte für alle Mitglieder der Gruppe sowie die Übernahme von Routinearbeiten innerhalb dieser [Maes 1994a]. In Abbildung 6.6/1 ist die Einordnung dieses Anwendungsgebietes in die Klassifikationsmatrix dargestellt (vgl. Abschnitt 3.3). Die Anwendungen im Bereich Groupware zeichnen sich derzeitig durch eine geringe Intelligenz aus und bestehen in der Regel aus mehreren Agenten, die zusammenarbeiten. In den zukünftigen Anwendungen werden sie vor allem durch eine höhere Intelligenz gekennzeichnet sein.

Die Be- und Verarbeitung elektronischer Post innerhalb einer Arbeitsgruppe bildet einen idealen Einsatzschwerpunkt für Agenten. Durch ihre Anwendung wird ein großer Teil der routinemäßigen Arbeiten, wie zum Beispiel das Lesen, Löschen, Drucken oder Weiterleiten von Emails übernommen. Im Bereich der

Terminplanung können sie den Prozeß der Terminierung von Arbeitsgesprächen, Konferenzen und Meetings wirkungsvoll unterstützen. Sie helfen den einzelnen Mitarbeitern bei der Lösung von Problemen und der Entscheidungsfindung.

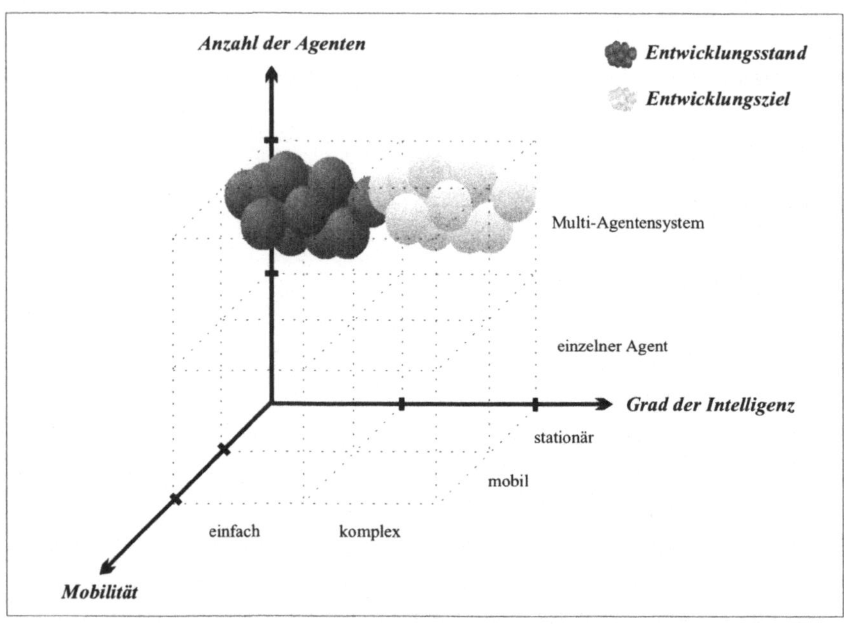

Abbildung 6.6/1: Die Klassifikationsmatrix für das Anwendungsgebiet Groupware

Die folgenden Beispiele basieren nicht auf der Grundlage eines potentiellen Einsatzes innerhalb von Groupware Anwendungen. Dennoch verdeutlichen sie sehr eindrucksvoll die möglichen Wirkungsfelder. Auf die gesonderte Beschreibung eines Konzeptes und einer Architektur wird aufgrund des prototypischen Charakters der meisten derzeitigen Anwendungen verzichtet. Sie sind, sofern nachvollziehbar, Gegenstand der einzelnen Beispiele.

6.6.2 Marktübersicht

In Abbildung 6.6/2 ist eine Auswahl derzeit bekannter Groupware Anwendungen mit Namen und Adresse aufgeführt.

Groupware	WWW-Adresse
MAXIMS	lcs.www.media.mit.edu/groups/agents/research.html
Lotus Notes Mail	www.lotus.com
PLEIADES	www.cs.cmu.edu/softagents/pleiades/
Calendar Agent	lcs.www.media.mit.edu/groups/agents/research.html

Abbildung 6.6/2: Eine Auswahl derzeit bekannter Groupware Anwendungen

Die Beschreibung konzentriert sich im folgenden auf die Anwendungen Lotus Notes Mail, MAXIMS und PLEIADES. Lotus Notes Mail stellt eine kommerzielle Anwendung dar, die agentenbasierte Technologien verwendet, während MAXIMS als Forschungsprojekt die zugrunde liegenden Konzepte verdeutlicht. Im Bereich der agentenbasierten Terminplanung beschränkt sich die Beschreibung auf das Forschungsprojekt PLEIADES, das als verteiltes Agentensystem konzipiert wurde. Das Projekt Calendar Agent beruht auf identischen konzeptionellen Ansätzen wie die Anwendung MAXIMS und wird aus diesem Grund nicht gesondert beschrieben.

6.6.3 Lotus Notes Mail

Lotus Notes Mail ist die agentenbasierte Komponente zur Verwaltung und Bearbeitung von Emails innerhalb der Groupware Anwendung Lotus Notes 4.5. Lotus Notes ist ein Produkt der Firma Lotus Development Corporation.

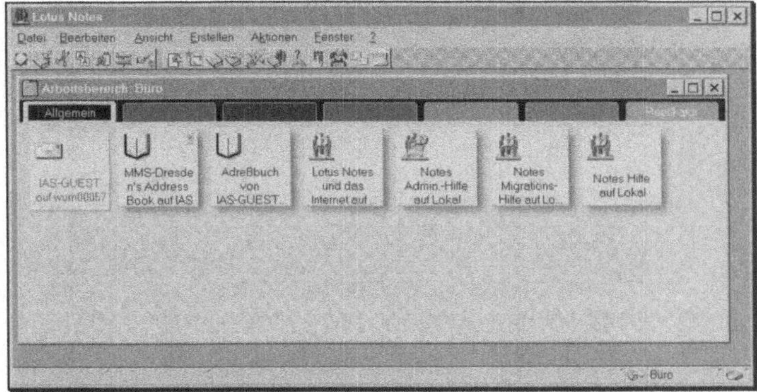

Abbildung 6.6/3: Der Arbeitsbereich der Anwendung Lotus Notes

Das Ziel von Lotus Notes Mail ist die automatische Verarbeitung von Emails, indem die Agenten mit dem Benutzer kommunizieren und zusammenarbeiten. Die Agenten erhalten vom Benutzer vordefinierte Aufgabenstellungen und versuchen, durch eine eigenständige Ausführung dieser Aufgaben, dem Benutzer bei der täglichen Bearbeitung seiner Emails zu unterstützen. Die Oberfläche der Lotus Notes Anwendung präsentiert sich durch den Arbeitsbereich (vgl. Abbildung 6.6/3).

Über die Menüleiste *Erstellen* kann der Benutzer den Menüpunkt *Agent* aufrufen. Dieser Menüpunkt erlaubt die Definition des Agenten durch den Benutzer. Im folgenden wird anhand der Erstellung eines Agenten die Arbeitsweise der Komponente Lotus Notes Mail demonstriert. Die Aufgabe des Agenten besteht darin, eingehende Emails des Benutzers zu beantworten sowie jeweils ein Duplikat an ihn und den weiteren Teilnehmer zu senden.

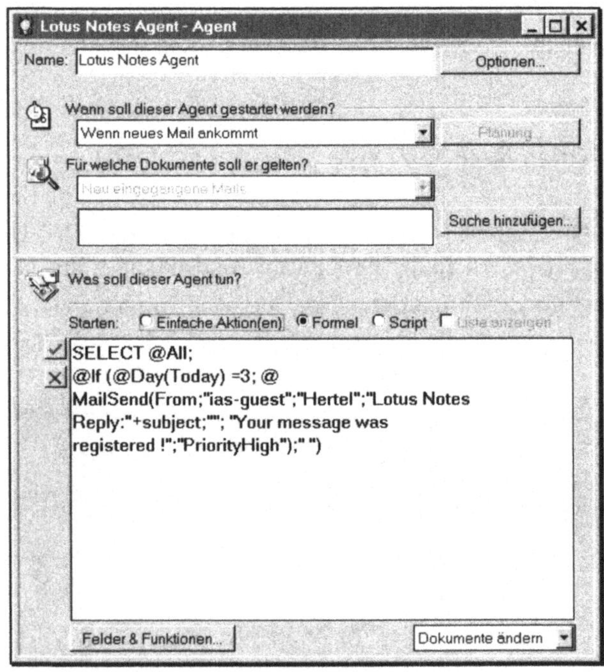

Abbildung 6.6/4: Das Dialogfenster zur Definition des Agenten

Nach der Aktivierung des Menüpunktes *Agent* wird ein Dialogfenster zur Definition des Agenten geöffnet (vgl. Abbildung 6.6/4). Über dieses Dialogfenster werden der Name des Agenten sowie der Zeitpunkt und die Option für die Aktivierung des Agenten festgelegt. Über den Button *Formel* kann die genaue Handlungsanweisung für den Agenten hinterlegt werden. Diese Anweisungen enthalten die Angabe für den konkreten Zeitraum der Aktivität des Agenten, in diesem Beispiel März. Weiterhin wird festgelegt, daß alle eintreffenden Emails kurz beantwortet werden und die Benutzer ein Duplikat erhalten. Diese Kurzantwort besteht im Textteil der Email aus dem Wortlaut *Your message was registered !* sowie im Kopfteil neben dem Originaltext aus dem Eintrag *Lotus Notes Reply.*

Die Definitionen des Agenten werden in der Datenbank gespeichert, die im Register *Allgemein* des Arbeitsbereiches für den Benutzer sichtbar ist (vgl. Abbildung 6.6/3). Über diese Datenbank erfolgt gleichzeitig die Initialisierung des definierten Agenten. In Abbildung 6.6/5 ist dieser Arbeitsschritt des Benutzers zu sehen.

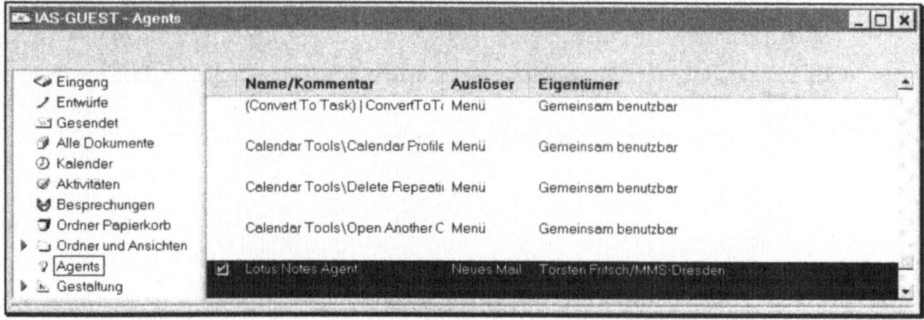

Abbildung 6.6/5: Das Dialogfenster zur Initialisierung des Agenten

Die Kommunikation zwischen Agent und Benutzer erfolgt über eine Protokolloberfläche. In dieser Oberfläche werden alle Arbeitsschritte des Agenten festgehalten und für den Benutzer dokumentiert. In Abbildung 6.6/6 ist das Protokoll des Agenten zu sehen.

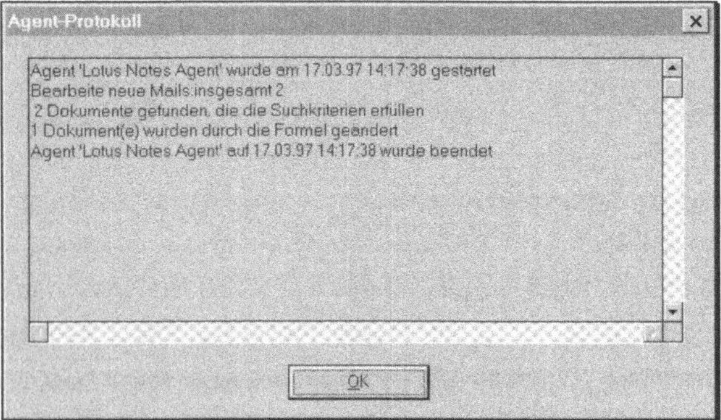

Abbildung 6.6/6: Das Agent-Protokoll

Für die Unterstützung jeder Aufgabe muß durch den Benutzer genau ein Agent definiert werden. Solche Aufgaben können beispielsweise das Generieren von Emails zu einem fest bestimmten Zeitpunkt, das Beantworten der Emails oder die Weiterleitung an bestimmte Teilnehmer der Anwendung sein. Zur Koordination der einzelnen Agenten ist der *Agent Manager* zuständig (vgl. Abbildung 6.6/7).

Abbildung 6.6/7: Der Agent Manager

Dieser Agent Manager befindet sich auf dem Serversystem der Anwendung. Es können sowohl die Personen festgelegt werden, welche die einzelnen Agenten aktivieren, als auch die maximale Ausführungsdauer, der mögliche Ausführungszeitraum, die Anzahl gleichzeitig agierender Agenten und die maximale Ressourcenauslastung. In Abbildung 6.6/7 ist der Agent Manager abgebildet.

6.6.4 MAXIMS

MAXIMS ist ein Forschungsprojekt des Media Laboratory des Massachusetts Institute of Technology, Cambridge, USA. Diese Anwendung ist frei verfügbar und benötigt eine lokale Installation auf einem Apple Macintosh mit der Email Software Eudora 1.3. Diese Software wurde um die Agenten Komponente erweitert und liegt in der Version Eudora 1.3ag vor [Metral 1997].

Das Ziel von MAXIMS besteht darin, den Benutzer beim Management seiner Emails zu unterstützen. Dabei geht es konkret um die Übernahme einiger Routinearbeiten wie beispielsweise Löschen und Weitersenden von Nachrichten sowie Sortieren und Archivieren der einzelnen Emails des Benutzers [Maes 1994a]. Die Voraussetzung dieser Unterstützung bildet die Lernfähigkeit (vgl. Abschnitt 4.4) des MAXIMS, die durch die Existenz eines Gedächtnisses ermöglicht wird. Das zugrunde liegende Konzept wird als Memory Based Reasoning bezeichnet und beruht auf einem Algorithmus, nach dem alle Situationen und Aktionen des Benutzers registriert und als Situation/Aktion-Paare (Situation/Action-Pairs) im Gedächtnis gespeichert werden [Lashkari et al. 1994]. Neben der zusätzlichen Speicherung der konkreten Beispiele hinter dem Situation/Aktion-Paar ermöglicht die entstehende Wissensbasis die Erzeugung eines nutzerspezifischen Verhaltensmusters. Auf dieser Grundlage können zukünftige Situationen durch den Agenten bewertet sowie dem Benutzer die passenden Aktionen vorgeschlagen werden.

In Abbildung 6.6/8 sind die einzelnen Fenster abgebildet, die für die Funktionsweise des Agenten notwendig sind. MAXIMS besteht aus drei Softwarekomponenten, dem Agenten MAXIMS, der Central Knowledge Base (CentralKB) und der Agent Bulletin Board (AgentBB).

Die Softwarekomponente MAXIMS ist das Herzstück der Anwendung und ermöglicht die Konfiguration des Agenten sowie den Aufbau seiner Wissensbasis. Die Fenster *Agent Activity Monitor* und das obere der beiden Fenster *Listener* gehören dieser Softwarekomponente. Im Fenster *Agent Activity Monitor* wird die aktuelle Aktion angezeigt, die vom Agenten vorgeschlagen wird, während das Fenster *Listener* der Kommunikation mit dem Email-Programm Eudora dient.

Die CentralKB ermöglicht die Speicherung der Personen mit ihrem Namen, der Stellung innerhalb der Arbeitsgruppe und ihrer Email-Adresse, die mit der Anwendung MAXIMS arbeiten. Im Normalfall ist diese Komponente lokal auf dem Rechner des einzelnen Benutzers installiert. Das untere der beiden Fenster *Liste-*

ner zeigt die Kommunikation mit der Softwarekomponente MAXIMS. Die Eintragung des Benutzers ist die notwendige Voraussetzung für die Arbeitsweise des Agenten.

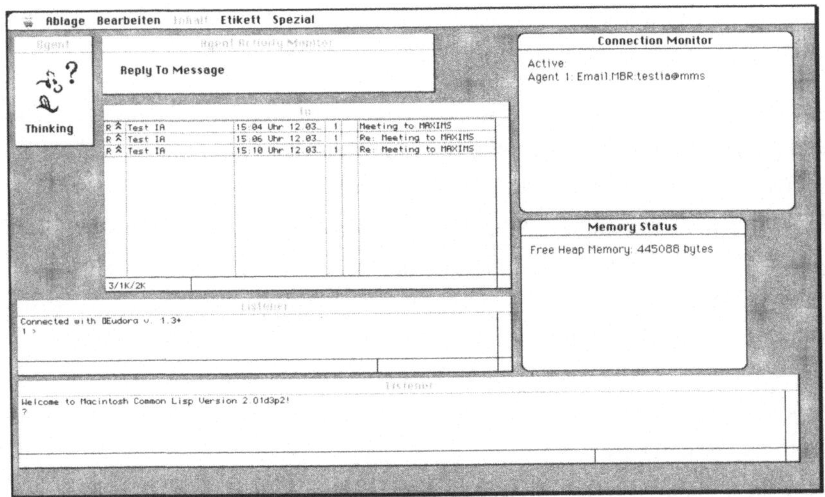

Abbildung 6.6/8: Die einzelnen Arbeitsfenster der Anwendung

Über die AgentBB können mehrere Agenten innerhalb dieser Anwendung und damit ihre Benutzer zusammenarbeiten. Die Voraussetzung für dieses Zusammenwirken ist die zentrale Installation der CentralKB. In diesem Beispiel ist keine Multi-Agenten-Umgebung vorgesehen.

Die Fenster *Agent* und *In* gehören dem Email-Programm Eudora. Das Fenster *In* zeigt alle eingegangenen Emails an, während das Fenster *Agent* der visuellen Kommunikation von Agent und Benutzer dient. Die jeweilige Mimik des Agenten symbolisiert einen bestimmten Zustand des Agenten wie beispielsweise Thinking, Working, Unsure oder Suggestion. Die beiden rechten Fenster sind zwei Statusfenster, die dem Benutzer eine Kontrollfunktion ermöglichen.

Die Grundlage des Lernprozesses ist die Beobachtung des Benutzers während seiner täglichen Arbeit mit dem Email-Programm. Dabei überwacht MAXIMS jede neu eingetretene Situation und die damit verbundenen Aktionen des Benutzers. Jede Situation wird über eine bestimmte Anzahl von Merkmalen eindeutig beschrieben. Solche Merkmale umfassen unter anderem den Sender, den Empfänger sowie die Kurzüberschrift der Email. Darüber hinaus wird festgehalten, ob die

Nachricht gelesen (read), weiter verschickt (forward) oder eine direkte Anwort auf die Nachricht gegeben (reply) wurde. Über den Algorithmus Automatic Feature Selection ist eine Selektion relevanter Merkmale durch den Agenten möglich [Lashkari et. al. 1994], da eine Vielzahl möglicher Kriterien als Merkmale zur Beschreibung der Situation herangezogen werden können. Je weniger Merkmale zur eindeutigen Beschreibung ausreichen, um so schneller kann MAXIMS agieren, obwohl eine höhere Anzahl an Merkmalen die Genauigkeit und Sorgfalt des Agenten erhöhen [Metral 1997].

Die Speicherung der Situation und der damit verbundenen Aktionen ermöglicht die Vorhersage zukünftiger Aktionen durch den Agenten. Diese Vorhersage zukünftiger Aktionen beruht auf einem Vergleich der neuen Situationen mit den bereits gespeicherten Situationen. Dieser Vergleich erfolgt durch eine Gewichtung der einzelnen Merkmale der gespeicherten Situationen in Bezug auf die Bedeutung der damit verbundenen Aktivitäten. Die Zuordnung der passenden Aktionen zur neuen Situation ist die Grundlage für die Vorhersage der konkreten Aktivitäten. In einem weiteren Schritt soll die Vorhersage durch eine automatische Erledigung der Aktivitäten durch den Agenten abgelöst werden.

Zur Erfüllung dieser Zielsetzung ist die Vertrauenswürdigkeit in die Vorhersage für den Benutzer von zentraler Bedeutung. Nur bei einem hinreichend hohem Vertrauensniveau der Vorhersage erlaubt der Benutzer dem Agenten die eigenständige Erfüllung der Aufgaben. Für die Festlegung der Vertrauenswürdigkeit existieren zwei Grenzfälle: der do-it- und der tell-me-Bereich. Im do-it-Bereich besitzt der Agent die Erlaubnis, die damit verbundene Aktion automatisch ohne Benutzerrückfrage auszuführen. Er informiert den Benutzer in einem Report über die ausgeführte Aktion. Im tell-me-Bereich schlägt der Agent dem Benutzer für jede aufgetretene Situation die passende Aktion vor. Er führt die Aktion nicht selbständig aus. Die Vertrauenswürdigkeit des Benutzers in den tell-me-Bereich ist die notwendige Voraussetzung für die eigenständige Arbeit des Agenten im do-it-Bereich.

Jede Aktion wird in den beiden Bereichen do-it und tell-me durch Vertrauenswerte in den Grenzen von 0 bis 1 repräsentiert. Aufgrund der nicht vorhandenen Wissensbasis am Anfang des Lernprozesses gibt die Anwendung bestimmte Grundeinstellungen vor, die bei Bedarf vom Benutzer verändert werden können. Unter anderem liegen die Grundeinstellungen für das Lesen (read) einer Nachricht bei 0,1 für den tell-me-Bereich und bei 0,6 für den do-it-Bereich. Mit anderen Worten, dem Benutzer wird das Lesen einer Nachricht relativ schnell vorgeschlagen, während der Bereich der Automatisierung durch den Agenten einen höheren Vertrauenswert besitzt. Unter einem Vertrauenswert von 0,1 wird der Agent überhaupt nicht aktiv. Erst im Verlauf des Lernprozesses baut sich der Agent eine eigene Wissensbasis auf, die aus der Beobachtung des Benutzers und der Situation/Aktion-Paar Speicherung entsteht. Diese Wissensbasis und die wiederholte Akzeptanz für eine vorgeschlagene Aktion ermöglichen den Anstieg des jeweiligen Vertrauenswertes im tell-me-Bereich. Entspricht der Vertrauenswert im tell-me-Bereich dem Vertrauenswert des do-it-Bereiches, erfolgt die automatische Erledigung der vorgeschlagenen Aktionen durch den Agenten. Im Allgemeinen ist der Vertrauenswert für die Automatisierung einer Aktion um so höher, je bedeutender und entscheidungskritischer eine Aktion ist. Der Vertrauenswert weist dann einen Wert nahe dem Grenzwert 1 auf.

Zur Beschleunigung des Lernprozesses kann MAXIMS von seinem Benutzer trainiert werden, indem dieser hypothetische Situationen zu bewerten hat. Die Handlungsweise des Agenten wird vom Benutzer überwacht. Eine andere Möglichkeit besteht darin, das die Agenten der einzelnen Benutzer miteinander kommunizieren, da sie über die AgentBB und die CentralKB miteinander verbunden sind. Die Agenten der Benutzer mit einem höheren Erfahrungsgrad senden dem neuen Agenten Beschreibungen von einzelnen Situationen und geben ihm somit die Möglichkeit zum Lernen. Maes bezeichnet diese Multi-Agenten-Kommunikation als eine wirkungsvolle Methode für den Wissenstransfer innerhalb einer Arbeitsgruppe [Maes 1994a].

6.6.5 PLEIADES

PLEIADES ist im Rahmen des Forschungsprojekts RETSINA (Reusable Task Structure-based Intelligent Network Agents) der Carnegie Mellon University (CMU), Pittsburgh, USA, entstanden. Das Ziel des Forschungsprojektes bestand darin, ein verteilte, wiederverwendbare Systemarchitektur intelligenter Agenten zu entwickeln, in der die Agenten zur Erfüllung ihrer einzelnen Aufgaben zusammenarbeiten. Die Kooperation der jeweiligen Agenten bezieht sich auf die zielgerichtete Lieferung von Informationen und deren Integration als Voraussetzung zur Lösung einer Reihe von Entscheidungsaufgaben [Sycara et al. 1996].

PLEIADES stellt ein konkretes Anwendungsbeispiel des Projektes RETSINA dar und wurde als Visitor Hosting System zur Planung von Besuchen innerhalb der Forschungseinrichtungen der CMU konzipiert. PLEIADES besteht aus mehreren Agenten, die einen genau definierten Aufgabenbereich besitzen und zu dessen

Erfüllung miteinander kooperieren. Im einzelnen sind das der Visitor Host Agent, der Personnel Finder Agent, der Interest Agent und der Visitor Scheduling Agent. Die Forschungseinrichtungen der CMU werden teilweise durch Calendar Agents vertreten.

Der Visitor Hosting Agent ist das Bindeglied zwischen der Universität und dem Besucher. Sie empfangen die Anfrage des Besuchers, koordinieren den Prozeß der Informationsbeschaffung und Terminierung und liefern dem Besucher einen detaillierten Terminplan. Dafür benötigt er den Interest Agent und den Personnel Finder Agent, die ihm sowohl weitergehende Informationen über die einzelnen Forschungseinrichtungen als auch über personelle Daten der Mitarbeiter und Besucher beschaffen. Zur Sammlung der notwendigen Informationen kontaktieren der Interest Agent und der Personnel Finder Agent das Internet und verschiedene Datenbanken der Universität, in denen sich die Daten über die Forschungsgebiete und die einzelnen Mitarbeiter befinden. Im Internet wird nach weitergehenden Informationen über den Besucher, wie der genaue Titel des Besuchers, seine Stellung innerhalb seiner Organisation sowie Email-Adresse, gesucht. Die erhaltenen Informationen werden dem Visitor Host Agent übermittelt. Dieser wendet sich an die einzelnen Calendar Agents, welche die Terminvorschläge des Visitor Host Agents im Empfang nehmen, mit den möglichen Terminen der Mitarbeiter der Forschungseinrichtung abgleichen und die daraus resultierenden Vorschläge zurücksenden. Die Ermittlung der Vorschläge hängt in einem hohen Maße von der Stellung des Besuchers innerhalb seiner Organisation ab. Daraus wird das potentielle Interesse des Besuchers hinsichtlich des gewünschten Treffens eingeschätzt. Zur Konfliktvermeidung während der endgültigen Terminierung des Treffens steht ein Visitor Scheduling Agent zur Verfügung. Er paßt auf der Basis der möglichen Termine der Mitarbeiter der Forschungseinrichtung diese an die Terminvorschläge des Besuchers an. Dabei kann er selbständig mit den Agenten der Forschungseinrichtung in Kontakt treten, um letzte Unstimmigkeiten zu beseitigen. Das Ergebnis seiner Arbeit ist ein detaillierter Terminplan, der dem Besucher übermittelt wird.

Die Entwickler von RETSINA haben zur eindeutigen Klassifizierung der einzelnen Agenten und für deren Aufgabenzuweisung drei Gruppen von Agenten gebildet: die Interface Agents, die Task Agents und die Information Agents. Die Interface Agents kommunizieren mit dem Benutzer, sie erhalten seine Anfrage und liefern die gewünschte Antwort. Die Task Agents sind für die Erfüllung der Aufgabe, die mit der Anfrage an das System gerichtet wurde, verantwortlich. Zur zuverlässigen Lösung benötigen sie die Information Agents, welche die für diese

Aufgabe notwendigen Informationen aus einer Vielzahl zur Verfügung stehender Datenbanken liefern. Die einzelnen Agenten kooperieren sowohl innerhalb ihrer Gruppe als auch untereinander. Die Gruppe der Task Agents arbeitet vor allem zusammen, um die erhaltenen Informationen in den Lösungsprozeß der Aufgabe zu integrieren. Die Information Agents kooperieren, um die einzelnen Informationen abzugleichen und zu bewerten. Übertragen auf das Projekt PLEIADES, gehört der Visitor Agent zu den Interface Agents, der Personnel Finder Agent, der Visitor´s Scheduling Agent und die einzelnen Calendar Agents zu den Task Agents, während der Interest Agent zu den Information Agents gerechnet wird [Sycara et al. 1996].

6.7 Electronic Commerce

6.7.1 Grundlagen

Die Beschreibung der agentenbasierten Anwendungen im Bereich des Electronic Commerce beschränkt sich auf das Teilgebiet, das sich mit dem Kauf und Verkauf von Produkten und Services im Internet beschäftigt. Agenten unterstützen den Kauf oder Verkauf von Produkten und Services im Internet für ihre Benutzer [Chavez/Maes 1996]. Die Verwendung von Agenten in diesem Bereich kann als Katalysator für deren weitere Entwicklung wirken. In Abbildung 6.7/1 ist die Einordnung dieses Anwendungsgebietes in die Klassifikationsmatrix abgebildet (vgl. Abschnitt 3.3). Dem derzeitigen Entwicklungsstand entsprechend arbeiten die Agenten teilweise mobil mit einem geringen Grad an Intelligenz. Eine Erhöhung des Intelligenzgrades sowie die Ausprägung als mobile Multi-Agentensysteme sind die Forderungen an die zukünftige Entwicklung.

Am Anfang der Entwicklung von agentenbasierten Anwendungen für den Bereich des Electronic Commerce stand die Zielsetzung, den Benutzer bei der gezielten Suche nach Produkten und Services im Internet zu unterstützen (vgl. Abbildung 6.7/2). Die einfachen Kaufagenten greifen auf die Produktbestände der Anbieter zu und nutzen diese Informationen zur Lieferung der vom Benutzer gewünschten Produktinformationen. Das Ergebnis dieser Suche ist eine Produktübersicht, die den alternativen Vergleich der Preise der angegebenen Produkte der gewählten Anbieter ermöglicht. In der Regel ist die Menge der zur Verfügung stehenden virtuellen Anbieter fest und bezieht sich auf eine vorher festgelegte Produktgruppe.

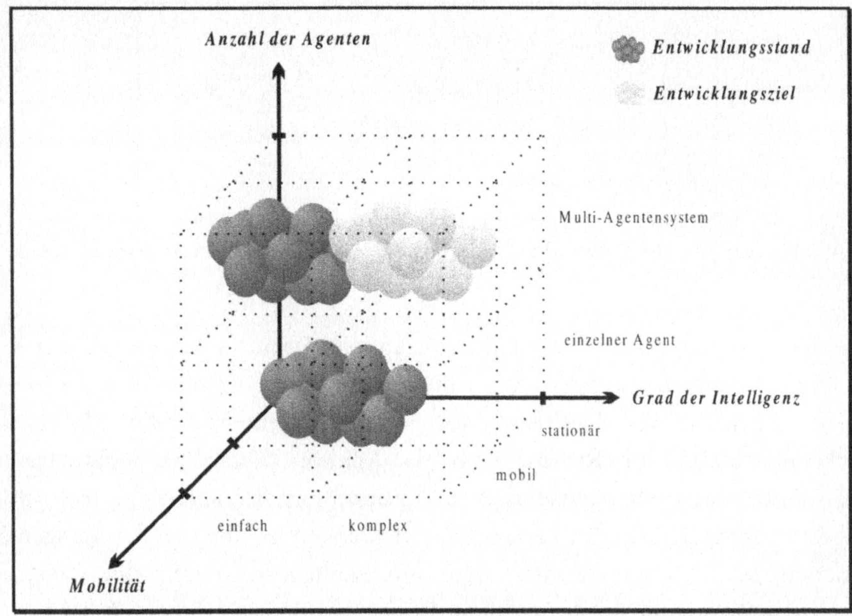

Abbildung 6.7/1: Die Klassifikationsmatrix des Anwendungsgebietes
Electronic Commerce

Die Unterstützung des Kaufvorgangs steht bei dieser Entwicklungsstufe nicht
im Vordergrund. Für den Kauf des gewünschten Produktes muß der Benutzer den
jeweiligen Anbieter selbständig aufsuchen. Vertreter dieses Bereiches sind zum
Beispiel der BargainFinder (bf.cstar.ac.com/bf/) und der BargainBot
(www.ece.curtin.edu.au/~saounb/bargainbot/). Dieser Ansatz ist mit den bereits
bekannten Preisagenturen vergleichbar. Auf Anfrage ermittelten die Mitarbeiter
einer Preisagentur die am Markt vorhandenen Preise für das vom Kunden gewünschte Produkt und liefern ihm einen Preisvergleich.

Die komplexen Kaufagenten gehen einen Schritt weiter, indem sie neben der
Suche und der Möglichkeit zum Preisvergleich auch den Kaufvorgang unterstützen. Die Unterstützung des Kaufvorgangs erfolgt in den derzeitigen Ausprägungen
über eine lokale Speicherung der persönlichen Daten des Benutzers, welche Angaben zu den Kaufpräferenzen und zur finanziellen Abwicklung der Transaktion
enthalten. Die komplexen Kaufagenten können nach Aufforderung durch den
Benutzer das gewählte Produkt kaufen, indem sie selbständig und autonom mit
dem jeweiligen Anbieter Kontakt aufnehmen und die Transaktion abwickeln. Ein
Vertreter dieser Entwicklungsstufe ist Jango (www.jango.com).

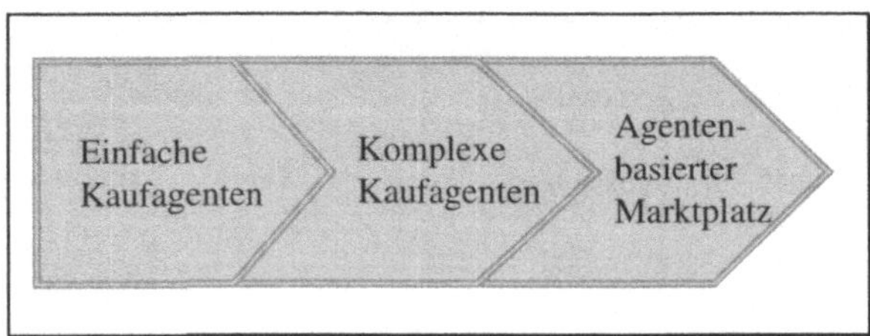

Abbildung 6.7/2: Die Entwicklungsstufen des agentenbasierten Electronic Commerce

Einen erweiterten Ansatz zur Unterstützung der Benutzer beim Kauf oder Verkauf von Produkten und Services im Internet bieten die agentenbasierten Marktplätze. Elektronische Marktplätze als Vorstufe agentenbasierter Marktplätze zeichnen sich durch die Repräsentation der Anbieter, Hersteller, Nachfrager und Dienstleister unter einer gemeinsamen Plattform aus [Brenner/Zarnekow 1997]. Diese Plattform stellt in den heutigen Entwicklungen das Internet dar. In agentenbasierten Marktplätzen werden diese Marktteilnehmer durch ihre einzelnen Agenten vertreten, die im Auftrag ihrer Besitzer Aufgaben erfüllen. Dabei existieren eine Vielzahl unterschiedlicher Agenten wie beispielsweise Einkaufsagenten und Verkaufsagenten sowie Zahlungsagenten oder Werbeagenten. Der wesentliche Unterschied zu den einfachen und komplexen Kaufagenten besteht darin, daß die Nachfrage und die Angebotsseite durch Agenten repräsentiert werden. Während die Kaufagenten der beiden unteren Entwicklungsstufen über die statischen Informationen der einzelnen Produktbestände der Anbieter ihre Aufgaben für den Benutzer erfüllen, kommunizieren die Agenten der Benutzer mit den Agenten der Anbieter. Dabei steht vor allem die Verhandlungsfähigkeit der einzelnen Agenten der Marktteilnehmer im Vordergrund. Vertreter dieser Entwicklungsstufe sind Kasbah (mandrake.media.mit.edu/) und der Personal Electronic Trader als Forschungsprojekt der Multimedia Software GmbH Dresden, Deutschland und des DAI Labors der Technischen Universität Berlin, Deutschland.

6.7.2 Einfache Kaufagenten

6.7.2.1 Marktübersicht

In Abbildung 6.7/3 ist eine Auswahl derzeit bekannter einfacher Kaufagenten mit Namen und WWW-Adresse aufgeführt.

Einfache Kaufagenten	WWW-Adresse
BargainFinder	bf.cstar.ac.com/bf
BargainBot	www.ece.curtin.edu.au/~saounb/bargainbot/
Fido	www.shopfido.com/
AdHound	www.adone.com/

Abbildung 6.7/3: Eine Auswahl derzeit bekannter einfacher Kaufagenten

Die Beschreibung konzentriert sich im folgenden auf die Kaufagenten BargainFinder und BargainBot. Es sind die bekanntesten Vertreter dieser Evolutionsstufe. Mit diesen beiden Agenten sollen die Potentiale intelligenter Anwendungen für den Bereich des Electronic Commerce innerhalb der Suche nach Anbietern und der Informationsbeschaffung dargestellt werden. Beide Anwendungen beziehen sich auf eine jeweils festgelegte Produktgruppe.

6.7.2.2 BargainFinder

Der BargainFinder entstand im Rahmen der Studie 'Smart Store Virtual' der Beratungsfirma Andersen Consulting. Das Ziel dieser Anwendung besteht im Preisvergleich verschiedener virtueller Anbieter von Musik-CDs.

Zu den insgesamt zehn vom BargainFinder ausgewählten Anbietern gehören unter anderem CDnow, Tower Records und CD Universe. Über eine Suche in den Informationsbeständen dieser Anbieter bietet der BargainFinder dem Benutzer die Möglichkeit, die für ihn preiswerteste CD auszuwählen. Der Kauf erfolgt beim ausgewählten virtuellen Anbieter selbst.

In Abbildung 6.7/4 ist die Homepage des BargainFinder zu sehen. Auf dieser Seite findet der Benutzer sowohl Informationen über die Anwendung selbst als auch zusätzliche Angebote wie eine Liste über die Top 40 der Musik CDs oder über die vorhandenen Online-Anbieter. Im unteren Teil der Homepage kann der Benutzer drei weitere, vom BargainFinder empfohlene, Verweise auswählen. Im zentralen Bereich der Homepage befinden sich zwei Textfelder, die der Definition der Suchanfrage über Interpret und Album vorbehalten sind.

Im folgenden wird die Arbeitsweise der Anwendung anhand der Suche nach dem Album Music Box der Sängerin Mariah Carey demonstriert.

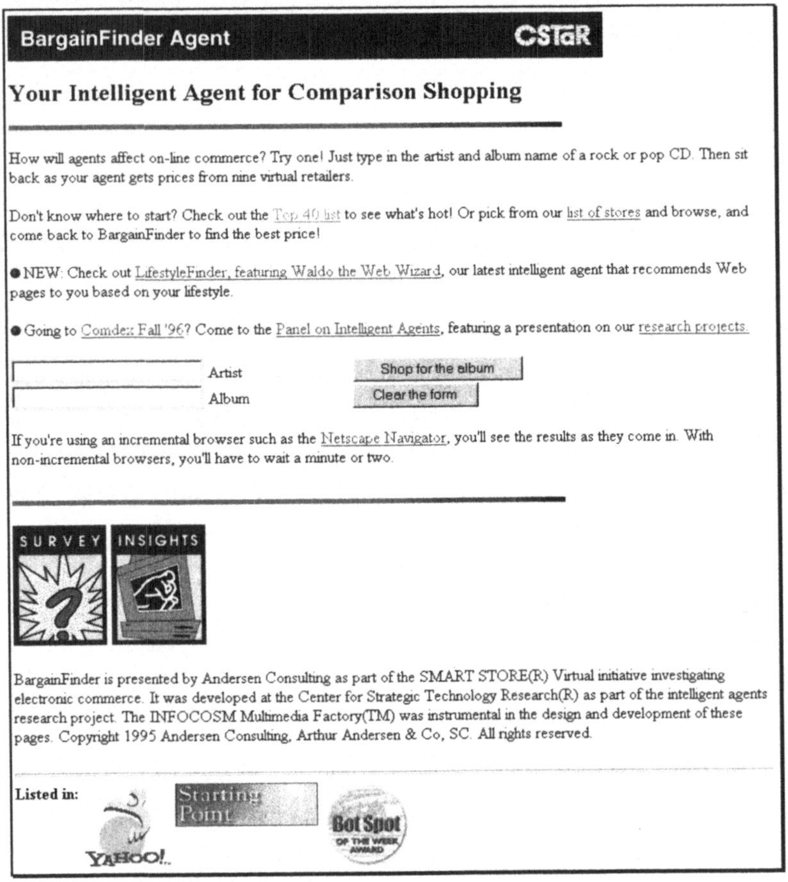

Abbildung 6.7/4: Die Homepage des BargainFinder

In das obere Textfeld *Artist* wird als Interpret die Sängerin Mariah Carey eingetragen, in das zweite Textfeld *Album* der Titel der Musik-CD Music Box. In Abbildung 6.7/5 ist die Eingabe der Suchanfrage dargestellt. Der Button *Clear the form* ermöglicht das Editieren der Eingabe, der Button *Shop for the album* startet die Suche des BargainFinder.

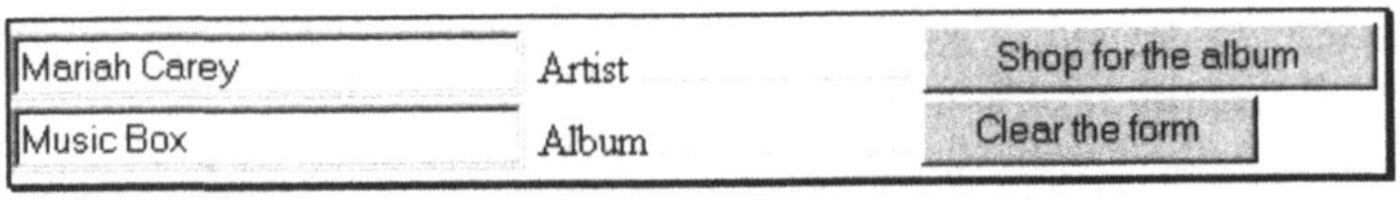

Abbildung 6.7/5: Die Textfelder der Eingabe der Suchanfrage

Der Benutzer besitzt neben dieser Festlegung die Möglichkeit, innerhalb der Top 40 Liste nach den gewünschten Interpreten zu suchen. Der Verweis befindet sich im oberen Teil der Homepage (vgl. Abbildung 6.7/4). Damit kann die Suchzeit erheblich verkürzt werden, vorausgesetzt die gewünschte Musik-CD befindet sich in diesem Repertoire.

Der BargainFinder sucht bei den vorhandenen Anbietern nach der gewünschten Musik-CD und ermittelt die jeweiligen Offerten. In einem neuen Fenster werden dem Benutzer die Ergebnisse mit Preis und Anbieter präsentiert, wie Abbildung 6.7/6 darstellt. Bei der Preisdarstellung werden nur teilweise die unterschiedlichen Zahlungskonditionen der Einzelanbieter angegeben. Dadurch kann ein auf den ersten Blick preisgünstiges Angebot bei Prüfung der Zahlungskonditionen und Versandkosten teilweise erheblich vom dargestellten Netto-Preis abweichen. Der Benutzer sollte aus diesem Grund vor der endgültigen Wahl des Produktes die einzelnen Konditionen der Anbieter prüfen.

Music Box by Mariah Carey :

$13.47 Emusic (Shipping starts at $1.99 first item, $0.49 each additional item.)
(BID) (used) GEMM (Broker service for independent sellers; many used CDs, imports, etc.)
$13.35 (new) GEMM (Broker service for independent sellers; many used CDs, imports, etc.)
$ 13.35 CD Universe (Shipping starts at $2.49. World-wide shipping. 30 day returns.)
$ 13.47 CDworld (Variety of shipping options, starting at $2.74 for first item.)
$ 14.95 Music Connection (Shipping from $3.25, free for 9 or more. 20 day returns.)
CDnow is blocking out our agents. You may want to try browsing there yourself.
NetMarket is blocking out our agents. You may want to try browsing there yourself.
CDLand was blocking out our agents, but decided not to. You'll see their prices here soon.
IMM did not respond. You may want to try browsing there yourself.

Abbildung 6.7/6: Die Ergebnismenge der Suchanfrage

Einzelne ausgewählte Anbieter haben bei dieser Suchanfrage der Anwendung den Zutritt zu ihren Datenbeständen verweigert, was für den Benutzer über den Ausdruck *'is blocking out our agent'* ersichtlich ist. Überschreitet der BargainFinder bei einzelnen Anbietern die Zeitdauer für die Suchanfrage, so wird das dem Benutzer über die Meldung *did not respond* mitgeteilt.

Über Verweise kann der Benutzer direkt zum jeweiligen Anbieter wechseln. In Abbildung 6.7/7 ist die WWW-Seite eines Anbieters zu sehen.

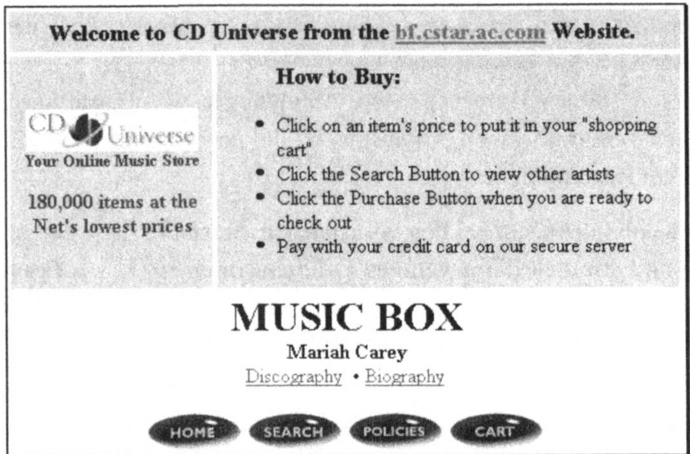

Abbildung 6.7/7: Die WWW-Seite des gewählten Anbieters

Mit diesem Schritt ist die Arbeit des BargainFinder abgeschlossen. Der Benutzer wird jetzt von der Bestätigung der Auswahl bis zur Absendung der Bestellung vom Anbieter selbst geleitet.

6.7.2.3 BargainBot

Der BargainBot entstand als Forschungsprojekt der IMAGE Technology Research Group der Curtin University of Technology, Australien. Die Anwendung wurde mit dem Ziel des simultanen Preisvergleiches von ausgewählten Online-Buchhandlungen entwickelt. Zu den derzeit insgesamt zwölf virtuellen Anbietern von Büchern zählen unter anderem der Marktführer Amazon.com, Book Stacks Unlimited und Bookserve.

In Abbildung 6.7/8 ist die Homepage des BargainBot zu sehen. Auf dieser Seite findet der Benutzer sowohl allgemeine Informationen über den BargainBot als auch entwicklungsrelevante Hinweise. Im zentralen Bereich der Homepage sind die zwei Textfelder für die Eingabe der Suchanfrage nach Buchtitel und Autor zu sehen.

Im folgenden wird die Arbeitsweise der Anwendung anhand der Suche nach dem Buch The Importance of Being Earnest von Oscar Wilde demonstriert.

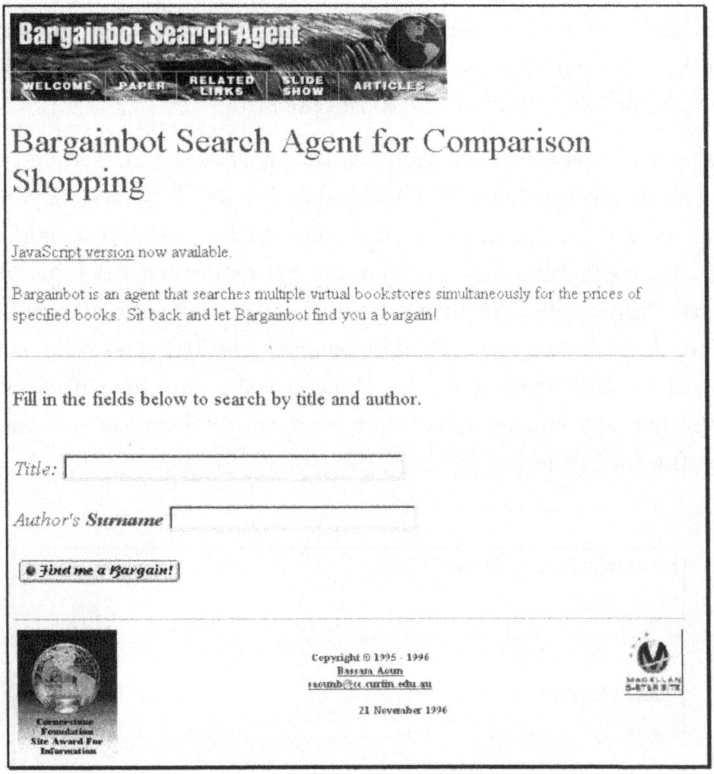

Abbildung 6.7/8: Die Homepage des BargainBot

Die Festlegung der Kriterien zur Suche nach dem gewünschten Buch umfaßt die Eingabe des Titels und des Buchautors (vgl. Abbildung 6.7/9). Im oberen Textfeld *Title* wird als Buchtitel The Importance of Being Earnest und im unteren Textfeld *Author's Surname* Wilde als Nachname des Buchautors eingetragen. Über den Button *Find me a Bargain!* startet der Benutzer die Suchanfrage.

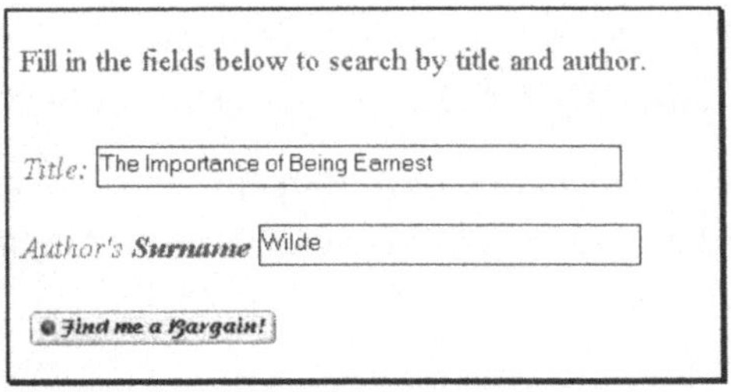

Abbildung 6.7/9: Die Textfelder der Eingabe der Suchanfrage

Nach Bestätigung der Eingabe beginnt der BargainBot mit der Suche nach den relevanten Ergebnissen. Die ermittelte Ergebnismenge wird in einem neuen Fenster präsentiert, das in Abbildung 6.7/10 zu sehen ist.

Die einzelnen Ergebnisse sind nach den Buchhandlungen sortiert und enthalten den Preis und in der Regel den Verlag und den Typ des Einbandes. Bei der Preisdarstellung werden jedoch nicht die unterschiedlichen Zahlungskonditionen der Einzelanbieter angegeben. Dadurch kann ein auf den ersten Blick preisgünstiges Angebot bei Prüfung der Zahlungskonditionen und Versandkosten teilweise erheblich vom dargestellten Netto-Preis abweichen. Der Benutzer sollte aus diesem Grund vor der endgültigen Wahl des Produktes die einzelnen Konditionen der Anbieter prüfen. Bei einigen Geschäften wird ein direkter Verweis zu dem gewünschten Buch mitgeliefert.

CompuBooks Bookstores

Sorry no books were found

Staceys Bookstores

Sorry no books were found.

WordsWorth Bookstores

3 books found:

IMPORTANCE OF BEING EARNEST , WILDE,O , Price 0.91

IMPORTANCE OF BEING EARNEST , WILDE,O , Price 3.60

IMPORTANCE OF BEING EARNEST & OTHER , WILDE,O , Price 6.26

Abbildung 6.7/10: Ein Ausschnitt aus der Ergebnismenge der Suchanfrage

Über Verweise kann der Benutzer direkt zum jeweiligen Anbieter wechseln. In Abbildung 6.7/11 ist die WWW-Seite eines Anbieters zu sehen.

Mit diesem Schritt ist die Arbeit des BargainBot abgeschlossen. Der Benutzer wird jetzt von der Bestätigung der Auswahl bis zur Absendung der Bestellung vom Anbieter selbst geleitet.

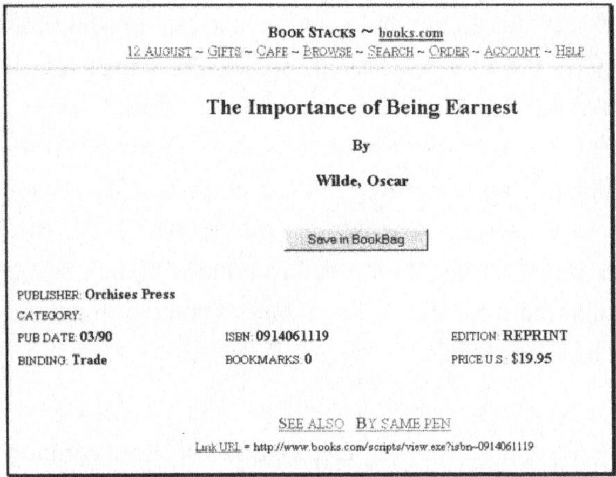

Abbildung 6.7/11: Die WWW-Seite eines Anbieters

6.7.2.4 Konzepte

Die Arbeitsweise der einfachen Kaufagenten beruht auf zwei Konzepten. Die Darstellung der Sachverhalte und Grundlagen der einfachen Kaufagenten lehnt sich stark an die Konzeption des BargainBot an [Aoun 1996].

- **Unterstützung der Suche:** Das Ziel der einfachen Kaufagenten besteht darin, den Benutzer bei der gezielten Suche nach einem gewünschten Produkt zu unterstützen. Die Voraussetzung zur Erreichung dieser Unterstützung ist die Nutzung der Daten- oder Produktbestände der gewählten Anbieter. Nach definierter Suchanfrage durch den Benutzer greifen die einfachen Kaufagenten auf die Datenbestände der einzelnen Anbieter zu, sammeln die notwendigen Produktinformationen und liefern diese dem Benutzer in einer einheitlichen Darstellungsform. Die derzeitigen Anwendungsbeispiele im Bereich der einfachen Kaufagenten können nur innerhalb einer festgelegten Gruppe von Anbietern nach Produktinformationen suchen. Im Rahmen dieser Produktgruppe besitzt der Benutzer die Möglichkeit, die Kaufagenten nach Informationen suchen zu lassen. In der Anwendung BargainFinder ist es die Produktgruppe der Musik-CDs, der BargainBot sucht innerhalb der Produktgruppe Bücher.

- **Preisvergleich:** Die Präsentation der gefundenen Ergebnisse für das gesuchte Produkt des Benutzers erfolgt über eine preisliche Darstellung der Anbieter. Teilweise wird eine kurze Produktbeschreibung angefügt. In den beiden Beispielen wurde auf die Darstellung der jeweiligen Produktpräsentation einge-gangen. Das Ziel dieser Präsentation ist der Preisvergleich des gewünschten Produktes innerhalb der verschiedenen Anbieter. Damit können für den Benut-zer erhebliche Zeitersparnisse realisiert werden. Dennoch ist diese Möglichkeit des Preisvergleiches unvollständig, da die einfachen Kaufagenten nicht in der Lage sind, zum jeweiligen Produktpreis die zusätzlichen Versandkosten anzu-geben, die der Benutzer bei Wahl des Produktes übernehmen muß. Die Folgen dieser mangelhaften Preisdarstellung sind Veränderungen des Netto-Preises und eine falsche Produktwahl durch den Benutzer.

Über direkte Verweise zu den einzelnen Online-Anbietern kann der Benutzer sein gewähltes Produkt bestellen. Der eigentliche Kaufvorgang wird durch die einfachen Kaufagenten nicht unterstützt.

6.7.2.5 Architektur

Die Architektur der einfachen Kaufagenten besteht im wesentlichen aus drei Komponenten, die in Abbildung 6.7/12 dargestellt sind. Diese Architektur trifft auf die beiden beschriebenen Anwendungen einfacher Kaufagenten zu, beruht jedoch in ihren wesentlichen Komponenten auf der Architektur des BargainBot [Aoun 1996].

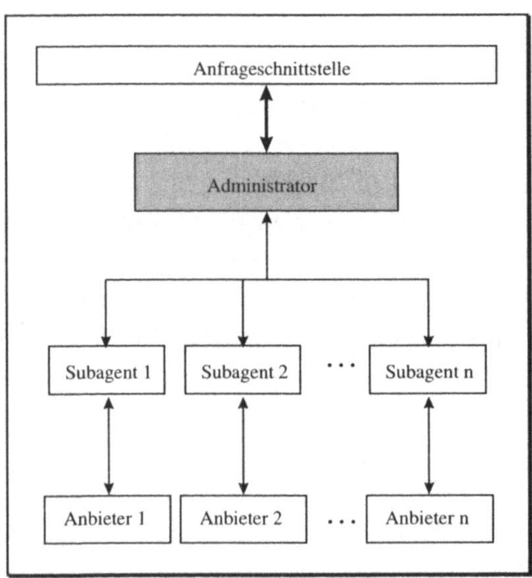

Abbildung 6.7/12: Die Architektur einfacher Kaufagenten

- **Anfrageschnittstelle:** Durch die Anfrageschnittstelle ist sowohl die Definition des Produktwunsches als auch die Präsentation der Ergebnismenge möglich. Die getroffenen Suchanfragen werden weitergeleitet und dem Benutzer die ermittelte Ergebnismenge präsentiert.

- **Subagenten:** Die Aufgabe der Subagenten ist die Durchführung der Suchanfrage und die Ergebnisübermittlung an den Administrator. Die Subagenten haben den Auftrag, mit den entsprechenden Online-Anbietern Kontakt aufzunehmen und ihre Datenbanken nach dem gewünschten Produkt zu durchsuchen. Die erhaltenen Ergebnisse leiten sie an den Administrator weiter. Der Prozeß der Informationssammlung durch die Subagenten erfolgt parallel. Das bedeutet, daß jeder Subagent genau einen Online-Anbieter durchsucht, was die Suchdauer erheblich verkürzt.

- **Administrator:** Der Administrator ist für die Koordination der Subagenten wie auch für die Organisation der Suchanfrage und der Ergebnismenge verantwortlich. Er besitzt das Wissen sowohl über alle registrierten Online-Anbieter als auch über alle vorhandenen Subagenten. Entsprechend des spezifizierten Produktwunsches des Benutzers leitet er diese Anfrage an alle Subagenten weiter. Der Administrator aggregiert diese Ergebnisse, indem er eine preisvergleichende Sortierung vornimmt. Diese Zusammenstellung wird an die Anfrageschnittstelle übertragen, die diese dem Benutzer präsentiert.

- **Anbieter:** Die durch die Kaufagenten erreichbaren Online-Anbieter stellen diesem ihre Daten- und Produktbestände zur Verfügung. Damit können die Subagenten nach den relevanten Informationen suchen. Die Bestellung und Zahlungsabwicklung wird von jedem Anbieter selbst übernommen. Der einfache Kaufagent hat darauf keinen Einfluß.

6.7.3 Komplexe Kaufagenten

6.7.3.1 Marktübersicht

Komplexe Kaufagenten zeichnen sich durch die Möglichkeit zur Unterstützung des gesamten Kaufvorgangs aus. Innerhalb dieser Kategorie beschränkt sich auf die Beschreibung der clientbasierten Anwendung Jango. Auf die gesonderte Beschreibung der Konzepte und der Architektur wird aufgrund des geringen Umfangs an verfügbaren Referenzen verzichtet.

6.7.3.2 Jango

Jango entstand im Rahmen des Forschungsbereiches Intelligent Assistant Technology der Firma Netbot Inc., Seattle, USA, die 1996 gegründet wurde. Jango ist derzeit frei verfügbar.

Das Ziel dieser Anwendung besteht darin, dem Benutzer einen einfachen, bequemen und schnellen Zugang zu einer ganzen Reihe von Online-Anbietern unter einer einheitlichen Oberfläche zu ermöglichen. Zu den ausgewählten Anbietern gehören sowohl virtuelle Einzelhändler als auch Hersteller, Content-Provider und ausgewählte Suchmaschinen. Der Benutzer hat die Möglichkeit, aus derzeit zehn Produktgruppen zu wählen. Je nach Wahl der Produktgruppe, zu der das gewählte Produkt des Benutzers gehört, erfolgt durch die Anwendung die Selektion der Anbieter, die für die Ermittlung des Produktes herangezogen werden.

Die Startoberfläche des Jango ist in zwei zentrale Bereiche gegliedert, wie in Abbildung 6.7/13 zu sehen ist.

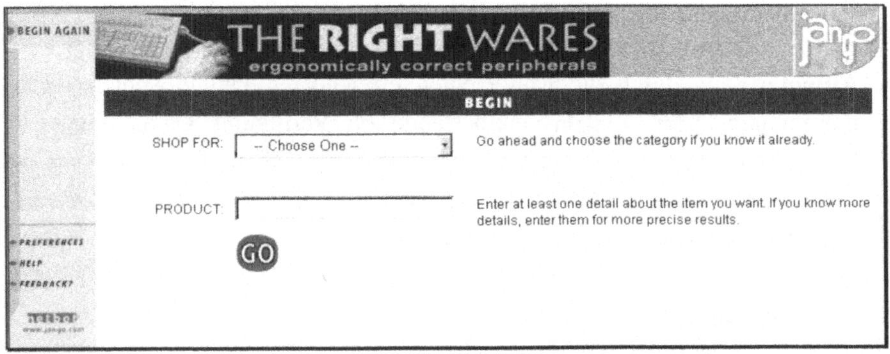

Abbildung 6.7/13: Die Startoberfläche des Jango

Der zentrale Bereich der Startoberfläche präsentiert dem Benutzer zwei Textfelder zur Spezifikation seiner Suchanfrage, deren Bedeutungen in einem kurzen Text neben den Textfeldern erläutert werden. Im oberen Textfeld *Shop for* kann der Benutzer über ein Pulldown-Menü seine gewünschte Produktgruppe auswählen. Jango bietet eine Vielzahl von Produktgruppen an wie beispielsweise Books,

Computer Hardware, Computer Software, Wine, Movies oder Jewelry. Einige dieser Produktgruppen sind derzeit nicht verfügbar. Je nach Wahl der Produktgruppe ändert sich das Aussehen des Textfeldes *Product*. Dieses Feld ist in der Ausgangssituation eindimensional und wird in der Regel um bis zu drei Textfelder für die konkrete Produktbeschreibung erweitert.

Über den Button *Begin Again* im linken Teil der Oberfläche wird der bereits beschriebene zentrale Bereich der Startoberfläche abgebildet. Dieser Button ermöglicht dem Benutzer, von jedem weiteren Fenster dieser Anwendung direkt zu dieser Startoberfläche zu wechseln und somit seine Suchanfrage neu zu definieren.

Der Button *Preferences* ermöglicht die Eintragung der Registrierungsparameter (vgl. Abbildung 6.7/14).

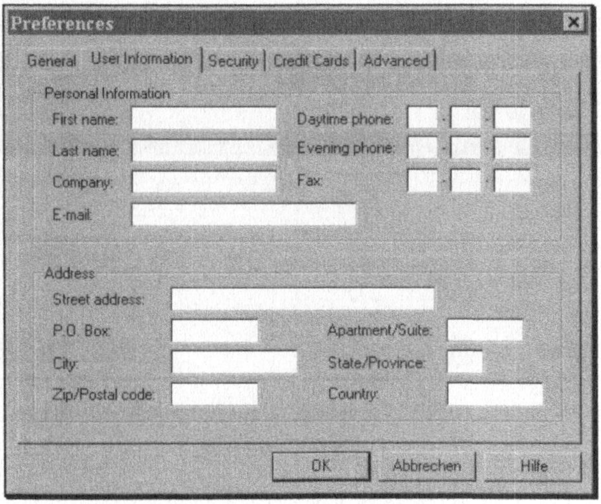

Abbildung 6.7/14: Fenster für die Registrierung

In den einzelnen Registern kann der Benutzer Angaben zu seiner Person oder zu den Zahlungsbedingungen vornehmen. Nach diesen Angaben wird der Benutzer erstmals bei der Installation der Software gefragt, hat jedoch die Möglichkeit, diese Eintragungen offenzulassen und in dieser Oberfläche nachträglich einzutragen.

Der Button *Help* bietet dem Benutzer über die Inhalte der Homepage www.jango.com Hinweise zur Arbeit mit Jango. Außerdem kann sich der Benutzer mit diesem Button über die Anwendung und deren Konzeption informieren. Auch der Button *Feedback* nutzt diesen Verweis zur Homepage, um dem Benutzer die Möglichkeit zu geben, seine Kommentare oder Hinweise via Email an die Entwickler zu senden.

Im folgenden wird anhand der Produktgruppe Books und der Suche nach dem Buch Being Digital von Nicholas Negroponte die Arbeitsweise des Jango demonstriert.

In Abbildung 6.7/15 ist die konkrete Definition der Suchanfrage abgebildet. Nach Auswahl der Produktgruppe *Books* erweitert sich das ursprüngliche Textfeld des Produktes auf drei Produktbeschreibungsmerkmale *Title*, *Author* und *Subject*. Da die genaue Bezeichnung des Buches sowie des Autors bekannt sind, ist es nicht notwendig, das Textfeld *Subject* mit einem Schlagwort auszufüllen. Über den Button *Go* wird die Suchanfrage gestartet.

Abbildung 6.7/15: Textfelder der konkreten Suchanfrage

Über den Beginn der Suche wird der Benutzer von Jango durch ein Hinweisfenster darauf aufmerksam gemacht, wie in Abbildung 6.7/16 zu sehen ist.

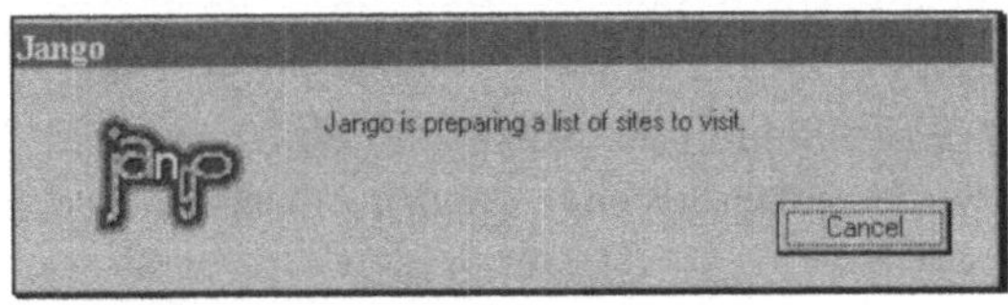

Abbildung 6.7/16: Das Hinweisfenster

Nach wenigen Minuten erscheint ein neues Fenster, in dem nach Kategorien geordnet, die aktuell besuchten Online-Anbieter der gewählten Produktgruppe angezeigt werden (vgl. Abbildung 6.7/17). Dieses Fenster nennt sich *Summary* und wird wie die angezeigten Kategorien *Products/Prices*, *Markers/Sellers*, *Reviews*, *Miscellaneous Hits* in dem linken Bereich des Fensters als Button dargestellt. Diese Verweise kann der Benutzer zum Wechseln in die verschiedenen Anzeigefenster der Ergebnismenge nutzen. Die vier Kategoriefenster enthalten detaillierte Informationen zum gewählten Produkt.

In dem Fenster *Summary* sind sowohl die verbleibende Zeit für die Suche als auch das gesuchte Produkt mit den eingegebenen Produktbeschreibungsmerkmalen und der Produktgruppe zu sehen. Außerdem liefert die Anwendung entsprechend der gewählten Produktgruppe eine geeignete Werbung, die in einem Werbefenster im oberen Bereich des Fensters zu sehen ist.

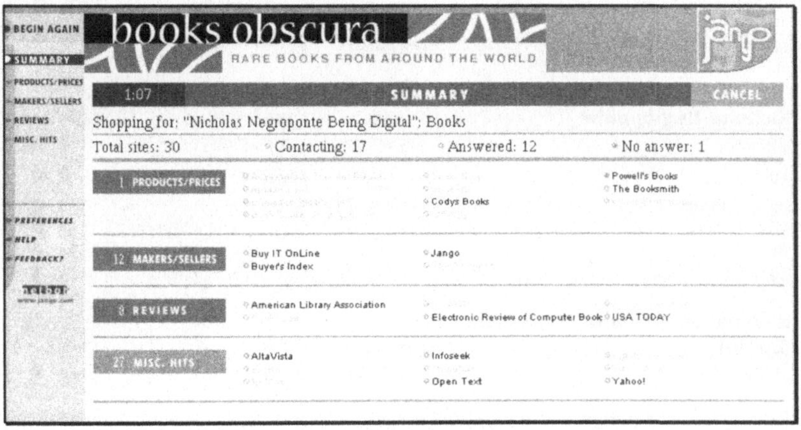

Abbildung 6.7/17: Das Fenster *Summary*

In der Kopfzeile der Übersicht werden die Gesamtanzahl der Anbieter angezeigt. Darüber hinaus wird eine Unterscheidung dieser Anbieter vorgenommen. Ein Merkmal bezieht sich auf die Anzahl der Anbieter, zu denen ein Kontakt hergestellt, jedoch noch kein Ergebnis geliefert wurde, angegeben durch *Contacting*. *Answered* bezieht sich auf die Anbieter, die bereits erfolgreich geantwortet haben, während *No answer* die Anzahl der Anbieter angibt, die das Produkt erfolglos gesucht haben. Diese drei Unterscheidungskriterien werden zusätzlich farbig hervorgehoben.

Die weiteren Zeilen enthalten die vier, bereits erwähnten Kategorien zur Unterscheidung der Anbieter.

Die Kategorie *Products/Prices* enthält alle Online-Anbieter der gewählten Produktgruppe (vgl. Abbildung 6.7/18).

PRODUCTS / PRICES

SHOPPING FOR: "Being Digital Nicholas Negroponte" (Books)
FOUND: 38 ITEMS
PAGES: 1

NEGROPONTE,N	FORMAT	STORE	PRICE BUY
BEING DIGITAL		The Booksmith	12.00 ●

Negroponte, Nicholas	FORMAT	STORE	PRICE BUY
Being Digital	Paperback	Powell's Books	7.95 ●
Being Digital	Paperback	Powell's Books	8.00 ●
Being Digital	Hardback	Powell's Books	9.00 ●
Being Digital	Paperback	Books Now	10.80 ●
Being Digital	Paperback	Books Now	10.80 ●
Being Digital	Hardback	Powell's Books	10.95 ●
Being Digital	Audio Cassette	Books Now	12.60 ●

Nicholas Negroponte	FORMAT	STORE	PRICE BUY
Being Digital	Paperback	BarnesandNoble.com	9.60 ●
Being Digital	Audio Cassette	BarnesandNoble.com	15.00 ●
Being Digital	Hardback	Amazon.com	17.50 ●
Being Digital	Hardback	BarnesandNoble.com	17.50 ●
Being Digital (Cd)	Hardback	Amazon.com	15.00 ●
Being Digital O M	Paperback	BarnesandNoble.com	7.00 ●

Nicholas Negroponte, Marty Asher (Editor)	FORMAT	STORE	PRICE BUY
Being Digital	Paperback	Amazon.com	9.60 ●

Nicholas Negroponte, Penn Jillette	FORMAT	STORE	PRICE BUY
Being Digital	Audio	Amazon.com	9.80 ●

Abbildung 6.7/18: Das Fenster *Products/Prices*

Dieses Fenster enthält im oberen Bereich die Anzahl der gefundenen Ergebnisse für das gesuchte Produkt. In der ersten Spalte der Übersicht ist die Bezeichnung des Autors aufgeführt, wie sie bei den einzelnen Anbietern geführt wird, und der entsprechende Buchtitel. In der zweiten Spalte *Format* wird das Format des Buches angegeben, wenn diese Informationen durch den Anbieter zur Verfügung gestellt wurde. Die dritte Spalte *Store* enthält als Verweis den speziellen Anbieter. Bei Aktivierung dieses Verweises gelangt der Benutzer zur Homepage des Anbieters. Ein Verweis auf die direkte Bestellseite des Anbieters ist nicht möglich und von Jango auch nicht erwünscht. In der vierten Spalte *Price* wird zu jedem gefundenen Produkt der Preis angegeben. Über die letzte Spalte *Buy* kann der Benutzer die für ihn geeignete Variante seines gesuchten Produktes direkt bestellen, indem er den dafür vorhandenen Pfeil anklickt. Es erscheint ein neues Fenster, in das die notwendigen Optionen für die Bestellung des Produktes eingetragen werden. In Abbildung 6.7/19 ist dieses Orderfenster zu sehen.

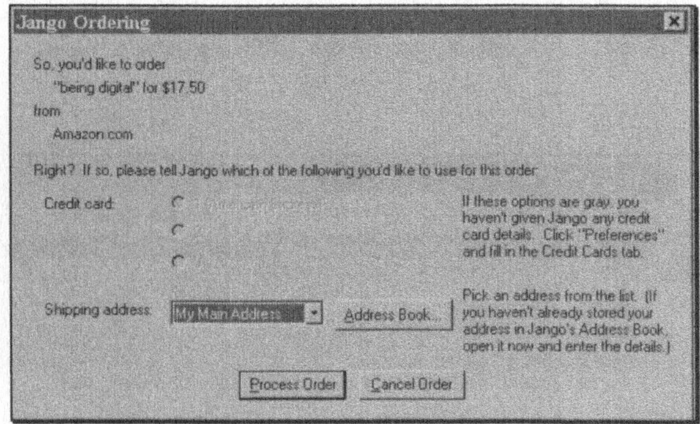

Abbildung 6.7/19: Das Orderfenster

In diesem Fenster müssen sowohl die gewünschte Kreditkarte für den Kauf als auch die Lieferadresse angegeben werden. Wenn diese Parameter noch nicht angegeben wurden, können sie über den Button *Preferences* im linken Bereich jedes Fensters spezifiziert werden.

Abbildung 6.7/20: Das Fenster *Markers/Sellers*

In der Kategorie *Markers/Sellers* sind die Anbieter vertreten, die zum gesuchten Produkt weitere Beschreibungen und detaillierte Informationen bieten können (vgl. Abbildung 6.7/20). Nicht jeder Anbieter besitzt diese Möglichkeit, so daß in dieser Kategorie nicht alle Anbieter enthalten sind, die in der Kategorie *Products/Sellers* angegeben sind. Über Verweise kann der Benutzer zu dem entsprechenden Anbieter wechseln und sich detailliert über das Produkt informieren.

In der Kategorie *Reviews* sind die jeweiligen Magazine und Zeitschriften enthalten, die über das gesuchte Produkt im Rahmen ihrer Rezensionen oder Kritiken informieren. In Abbildung 6.7/21 ist dieses Fenster dargestellt. Der Benutzer kann wiederum über die Verweise direkt zu diesen Anbietern wechseln.

Abbildung 6.7/21: Das Fenster *Reviews*

In der letzten Kategorie *Miscellaneous Hits* sind einige der heute bekannten Suchmaschinen aufgeführt, die dem Benutzer eine Reihe von Ergebnissen bezüglich des gesuchten Produktes liefern. Diese Kategorie rundet die Informationsvielfalt ab, die Jango dem Benutzer innerhalb der gewählten Produktgruppe liefert. In Abbildung 6.7/22 ist ein Ausschnitt aus diesem Fenster zu sehen.

Jango ist eine als clientbasierte Anwendung eines komplexen Kaufagenten und ermöglicht neben der gezielten Lieferung von Produktinformationen auch die Unterstützung des Kaufvorgangs. Der Prozeß der Lieferung der notwendigen Informationen erfolgt simultan und muß koordiniert werden. Diese Koordination umfaßt die Zusammenführung der verschiedenen Informationsquellen, um alle notwendigen Informationen über das gewünschte Produkt zur Verfügung stellen zu können.

Abbildung 6.7/22: Das Fenster *Miscellaneous Hits*

Außerdem werden die ermittelten und zusammengeführten Ergebnisse bewertet, bevor sie dem Benutzer präsentiert werden. Durch die Überprüfung und Bewertung der gesammelten Informationen soll sichergestellt werden, daß identische Informationen erkannt und eliminiert werden. Anschließend werden die Ergebnisse geordnet und auf ihre Relevanz bezüglich der Suchanfrage des Benutzers bewertet.

Die Präsentation der gefundenen Ergebnisse für das gesuchte Produkt des Benutzers erfolgt über eine preisliche Darstellung der Anbieter. Außerdem ist es möglich, die gefundene Anzahl an Produkten nach anderen Informationskriterien anzuzeigen.

Durch die Unterstützung des Kaufvorgangs übernimmt Jango die Rolle eines Zwischenhändlers, so daß der Benutzer mit dem Endanbieter nicht direkt in Kontakt treten muß. Er kombiniert die handelsspezifischen Vorteile der Anbieter mit den Vorteilen des Zwischenhändlers. Der Benutzer wird bei der Abwicklung der Transaktion unterstützt und muß sich nicht mit den jeweiligen Modalitäten der einzelnen Anbieter auseinandersetzen.

6.7.4 Agentenbasierter Marktplatz

6.7.4.1 Marktübersicht

In Abbildung 6.7/23 ist eine Auswahl an derzeit bekannten agentenbasierten
Marktplätzen mit Namen und WWW-Adresse aufgeführt.

Agentenbasierter Marktplatz	*WWW-Adresse*
Kasbah	mandrake.media.mit.edu
Personal Electronic Trader (PET)	Forschungsprojekt
Bazaar	guttman.www.media.mit.edu/people/ guttman/reseach/bazaar/bazaar.html

Abbildung 6.7/23: Eine Auswahl derzeit bekannter agentenbasierter Marktplätze

Die Beschreibung konzentriert sich im folgenden auf die agentenbasierten
Marktplätze Kasbah und Personal Electronic Trader (PET). Sie repräsentieren sehr
eindrucksvoll die Potentiale agentenbasierter Marktplätze.

6.7.4.2 Kasbah

Kasbah wurde als Prototyp eines agentenbasierten Marktplatzes am Media Laboratory des Massachusetts Institute of Technology, Cambridge, USA, entwickelt und
ist als experimenteller Marktplatz kostenlos verfügbar. Das Ziel dieser Entwicklung besteht darin, über autonom handelnde Einkaufs- und Verkaufsagenten einen
virtuellen Marktplatz zu simulieren. Der zentrale Baustein der Funktionsweise
dieses Marktplatzes ist die Fähigkeit der Verhandlung der einzelnen Agenten.
Derzeit bietet Kasbah den Handel mit neun Produkten an, unter anderem CDs und
Kameras.

Die Teilnahme an Kasbah beginnt für den Benutzer über die Mitgliedschaft. In
Abbildung 6.7/24 ist die Eingangsseite des virtuellen Marktplatzes mit diesen
Optionen zu sehen. Eine notwendige Voraussetzung zur Kommunikation inner-
halb des Marktplatzes ist die Kenntnis der Email-Adresse des Benutzers. Über die
Aktivierung des Buttons *click here!* tritt der Benutzer in den Marktplatz ein.

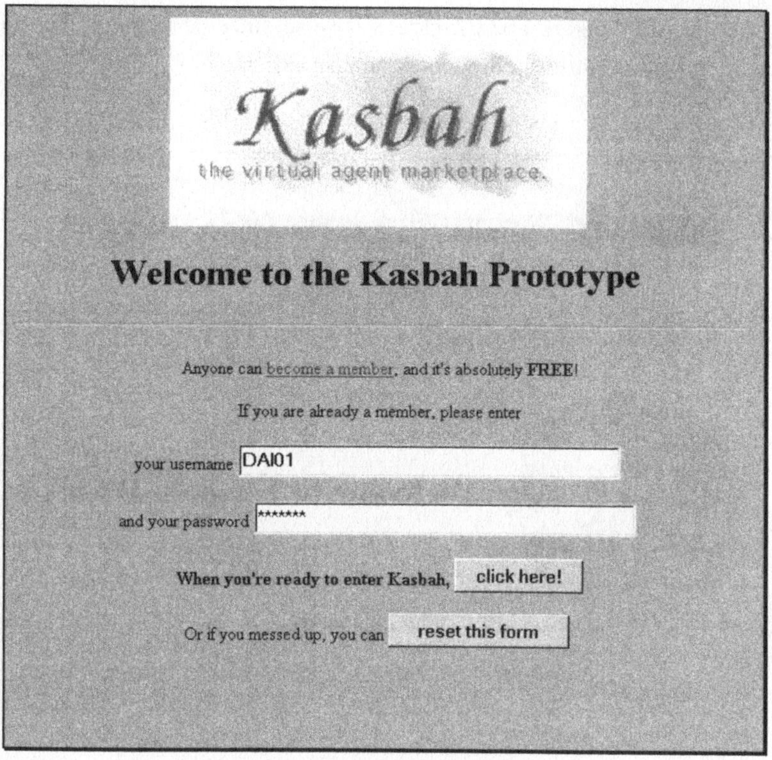

Abbildung 6.7/25: Die Eingangsseite des Kasbah

Nach erfolgreicher Einwahl gelangt der Benutzer als erstes auf seine persönliche Startseite (vgl. Abbildung 6.7/26). Die zentralen Funktionen dieser Seite sind als Buttons im oberen Bereich dargestellt. Sie dienen vor allem der Naviga-tion innerhalb des Marktplatzes. Der Button *home* ermöglicht dem Benutzer den Wechsel auf diese Startseite, sofern er sich nicht auf dieser befindet. In diesem Fall befindet sich der Benutzer bereits auf seiner Homepage. Über den Button *messages* kann der Benutzer die Emails seiner einzelnen Agenten anschauen. Auf dieser Startseite befindet sich direkt unter dieser Toolleiste die Meldung, daß wir keine neuen Nachrichten erhalten haben, so daß der Benutzer diesen Button derzeit nicht aktivieren muß. Der Button *kasbah* bietet dem Benutzer Hinweise, Informationen und Hilfefunktionen an. Der Button *agents* ist für den Benutzer von zentraler Bedeutung, da mit dieser Funktion neue Agenten erstellt werden können. Mit dem Button *logout* meldet sich der Benutzer aus dem Marktplatz ab. Darüber hinaus erhält der Benutzer im unteren Teil weitere Hinweise zur Arbeit mit Kasbah sowie die Möglichkeit, über direkte Verweise einzelne Funktionen, die über die einzelnen Buttons dargestellt werden, anzusprechen.

Abbildung 6.7/26: Die persönliche Startseite des Benutzers

Im folgenden wird anhand der Darstellung von zwei miteinander verhandelnden Agenten die Arbeitsweise des Kasbah demonstrieren. Als Produkt wird die Neunte Sinfonie von Beethoven als Musik-CD gewählt. Zu Demonstrationszwekken werden sowohl ein Verkaufs- als auch Einkaufsagenten erstellt.

Als erstes aktiviert der Benutzer über den Button *agents* ein neues Fenster, das fünf verschiedene Optionen für die Festlegung der Agenten enthält. In Abbildung 6.7/27 ist diese Oberfläche dargestellt. Der Menüpunkt *Create a new selling agent* ermöglicht die Definition aller wichtigen Parameter eines Verkaufsagenten. Über *Create a new buying agent* erfolgt die Festlegung der Kriterien für einen Einkaufsagenten. Der Menüpunkt *Create a new finding agent* dient der Definition eines Agenten, der den virtuellen Marktplatz nach Produkten durchsucht und die Ergebnisse seinem Auftraggeber präsentiert.

Kasbah Agents Menu

DAI01, please select what you would like to do:

* Create a new selling agent.
Your selling agent will find and negotiate with any interested buying agents in the marketplace. It will try to find the best offer available, and will send you messages asking for approval when it begins negotiation or strikes a deal.

* Create a new buying agent.
Your buying agent will find and negotiate with any interested selling agents in the marketplace. It will try to find the best deal available, and will send you messages asking for approval when it begins negotiation or strikes a deal.

* Create a new finding agent.
Your finding agent will search the marketplace for a good or type of good, and report back to you with the item description, either when it finds something which might be of interest to you, or at certain time intervals, depending on which you prefer. It will continue to send you reports until its termination.

* See *your* currently active agents.
From here you can have a look at all of your agents which are presently active, as well as their descriptions. Besides this, you can also see what they are doing, change their parameters, or terminate them.

* Browse the marketplace.
This feature allows you to check out any agents in the marketplace at present. You can choose to view agents which fit a very specific description only, or you can look through every agent in the marketplace. It all depends on what you want!

Abbildung 6.7/27: Die Oberfläche des Agent Menüs

Der Menüpunkt *See your currently active agents* bietet dem Benutzer die Möglichkeit, seine aktiven Agenten zu überprüfen, indem ihm ein Statusbericht hinsichtlich der Zielsetzung und des Grades der Erreichung präsentiert wird. Im letzten Menüpunkt *Browse the marketplace* kann sich der Benutzer über die bei Kasbah aktiven Agenten informieren. Die gewünschte Präsentation der Agenten kann dabei vom Benutzer ausgewählt werden.

Zur Definition eines Verkaufsagenten aktiviert der Benutzer den Menüpunkt *Create a new selling agent* und erhält ein Formular, in dem alle Parameter spezifiziert werden können. In Abbildung 6.7/28 ist der obere Teil dieser Oberfläche zu sehen.

Fill out the form below to create a selling agent that will sell your *music* for you. Please enter all information as accurately as possible, so that your agent will be able to find matches for you more easily. Remember to click the "Create Agent" button at the bottom of the form when you've finished.

Click to clear form: Clear

Each agent has its own identity, and so it must have its own unique name.
What would you like to name your agent?

Alpha

Description of Music to sell:

* I am trying to sell a CD
  of the following music genre: Classical

(Note: *The Genre you enter does not affect negotiations or matching between buying and selling agents. It is used only to help finding agents who might be browsing for music of a particular genre.*)

* The title of this recording/album is:

9th Symphony

* and the Artist is:

Beethoven

* The recording is in the following condition: Used but not damaged

* Description:
(Optional: *Enter anything which you think might help your agent find matches*)

Abbildung 6.7/28: Der obere Teil des Formulars eines Verkaufsagenten

Der Benutzer muß für den Verkaufsagenten einen Namen festlegen, was im ersten Textfeld des Formulars erfolgt. Der gewählte Name lautet Alpha. Danach müssen in den daran anschließenden beiden Textfeldern das Produkt und das Musikgenre über Pulldown-Menüs definiert werden. Außerdem werden sowohl der Titel beziehungsweise das Album und der Interpret spezifiziert, bevor der Benutzer über ein weiteres Pulldown-Menü festlegt, ob das Produkt neu, gebraucht und unbeschädigt oder beschädigt sein soll. Dieses Menü ist in der Abbildung 6.7/28 im unteren Bereich zu sehen. Wahlweise kann der Benutzer in einem größeren Textfeld weitere Beschreibungsmerkmale eintragen. In diesem Beispiel wird als Produkt die CD Beethoven's Neunte Sinfonie aus dem Genre Classical gewählt, die gebraucht jedoch nicht beschädigt sein soll.

Neben diesen Parametern muß der Benutzer sowohl das gewünschte Verkaufsdatum als auch den Preis und die Verhandlungsstrategie festlegen. In Abbildung 6.7/29 ist der untere Teil des Formular zu sehen.

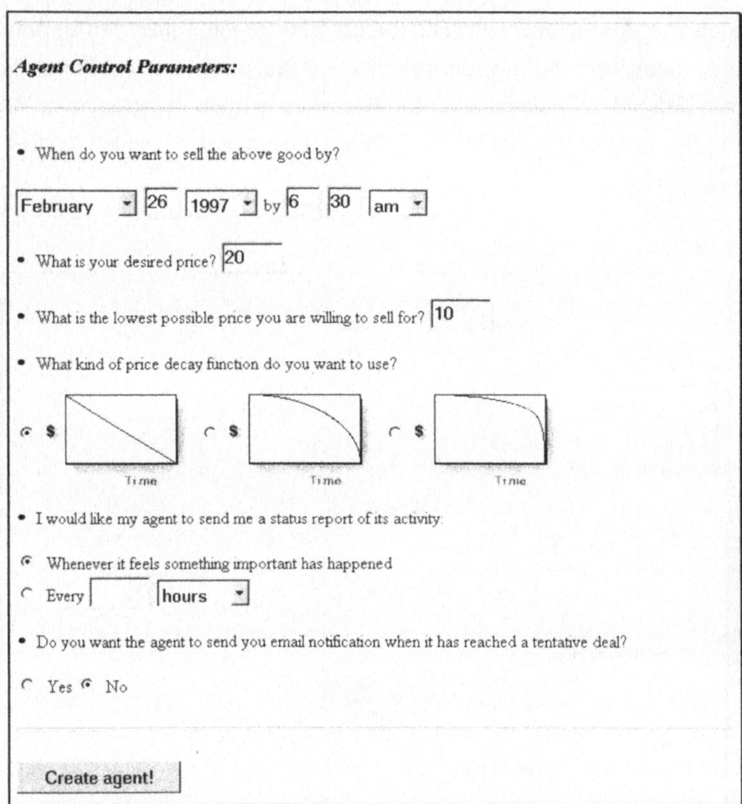

Abbildung 6.7/29: Der untere Teil des Formulars eines Verkaufsagenten

Zur Definition des gewünschten Zeitpunktes des Verkaufs wählt der Benutzer das erste zur Verfügung stehende Pulldown-Menü, über das sowohl das Datum als auch die Zeit eingestellt werden können. Darüber hinaus muß der Benutzer einen Idealpreis sowie einen minimal möglichen Preis als Verhandlungsspanne für den Agenten festlegen. Dafür werden die Textfelder *What is your desired price?* und *What is the lowest possible price you are willing to sell for?* benutzt. Zur Wahl der gewünschten Verhandlungsstrategie des Verkaufsagenten mit anderen Einkaufsagenten stehen dem Benutzer drei Preis-Zeit-Kurven zur Verfügung, eine linear fallend, eine quadratisch fallend und eine kubisch fallende Funktion.

Mit der ersten Grafik wählt der Benutzer als Strategie einen linear fallenden Verlauf der Preis-Zeit-Kurve. Der Agent wird im Laufe der Zeit den maximal gewünschten Preis bis zum minimal möglichen Preis linear senken, um sein Ziel zu erreichen. Er verhält sich ängstlich. Bei der Wahl der kubisch fallenden Kurve verhält sich der Agent eher zurückhaltend. Erst gegen Ende der Verkaufsphase gesteht er seinem Verhandlungspartner größere Preisnachlässe zu. Durch Wahl der quadratisch fallenden Kurve kann der Benutzer seinem Agenten eine Verhandlungsstrategie vorgeben, dessen Verhalten zwischen den beiden Extrema liegt [Chavez et al. 1997].

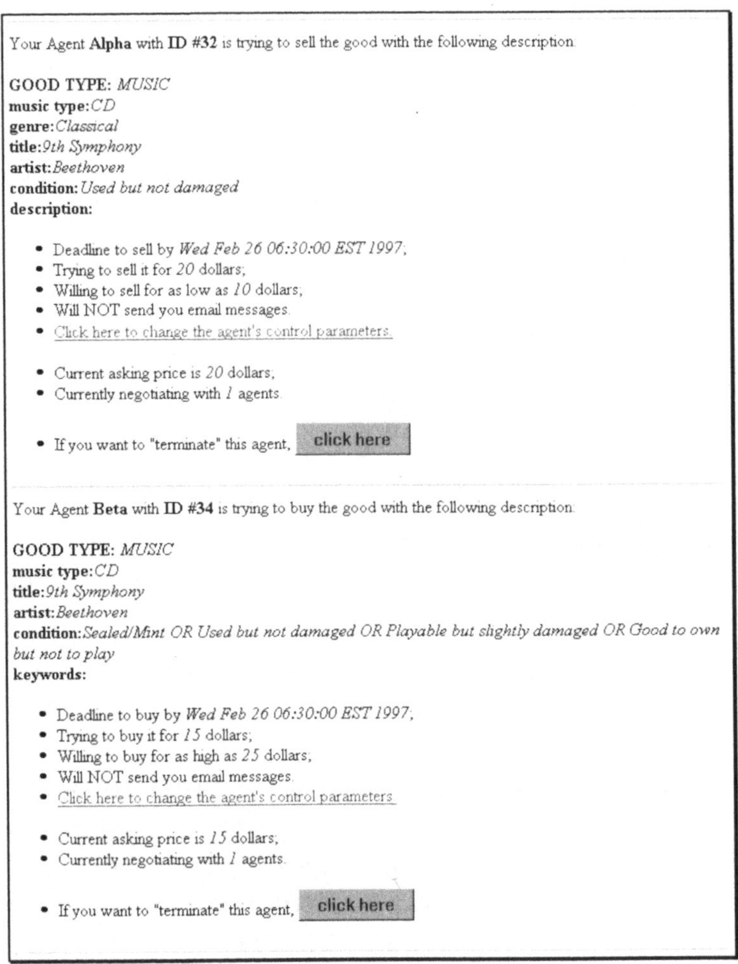

Abbildung 6.7/30: Der Statusbericht der beiden Agenten

Als letzte Parameter werden einige Kriterien zur Kommunikation zwischen Agent und Benutzer spezifiziert. Über den Button *Create Agent!* wird der Verkaufsagent Alpha aktiviert, der Beethoven's Neunte Sinfonie zu einem maximalen

Preis von USD 20 und einem minimal möglichen Preis von USD 10 mit linearer Verkaufsstrategie verkaufen soll. Als Zeitpunkt wurde der 26.02.1997, 6:30 Uhr festgelegt. Der Benutzer soll über alle Handlungen des Agenten informiert werden.

Damit der Verkaufsagent in diesem Beispiel einen Handelspartner findet, wird in einer zweiten Phase ein Einkaufsagent definiert. Der Ausgangspunkt ist die Menüoberfläche der Agenten, wie sie in Abbildung 6.7/27 bereits vorgestellt wurde.

Nachdem der Benutzer den Menüpunkt *Create a new buying agent* gewählt hat, erscheint ein ähnliches Formular wie beim Verkaufsagenten. Die Unterscheidungen beziehen sich auf die Preisvereinbarungen und die Festlegung der Verhandlungsstrategie. Einkaufsagenten haben die Möglichkeit, linear steigend, quadratisch steigend oder kubisch steigend zu verhandeln. Der Einkaufsagent erhält den Namen Beta und soll im Auftrag des Benutzers Beethoven's Neunte Sinfonie als CD kaufen. Diese kann benutzt sein, sollte jedoch nicht beschädigt sein. Der wünschenswerte Preis soll bei USD 15 und der maximal mögliche bei USD 25 liegen. Als Verhandlungsstrategie wird eine kubisch steigende Preis-Zeit-Kurve gewählt.

Über den Menüpunkt *See your currently active agents* der Oberfläche des Buttons *agents* (vgl. Abbildung 6.7/27) kann der Benutzer seine Agenten überprüfen. In Abbildung 6.7/30 ist der Statusbericht beider Agenten zu sehen.

Findet einer der beiden Agenten einen Handelspartner, so wird der Benutzer darüber informiert. Der Benutzer kann über den Button *messages* diese Nachrichten einsehen. Inhalt der Nachricht ist die Anfrage, ob der Agent den Kauf beziehungsweise Verkauf tätigen soll. Bei positiver Entscheidung durch den Benutzer schließt der Agent seine Verhandlungen ab und sendet ihm das Ergebnis in Form einer Nachricht. In diesem Beispiel teilt der Verkaufsagent Alpha mit, daß er einen Einkaufsagenten gefunden hat. In Abbildung 6.7/31 ist der Inhalt der Nachricht dargestellt.

Der Besitzer des Einkaufsagenten wird über die Email-Adresse identifiziert, in diesem Beispiel ist es die Email des aktuellen Benutzers dieser Anwendung, da der Einkaufsagent wie auch der Verkaufsagent einen gemeinsamen Besitzer haben. Da die Produkte über den traditionellen Versand übermittelt werden müssen, wird nicht der Name des Einkaufsagenten angegeben, sondern die Adresse seines Besitzers, mit dem der Besitzer des Verkaufsagenten gegebenenfalls Kontakt aufnehmen muß.

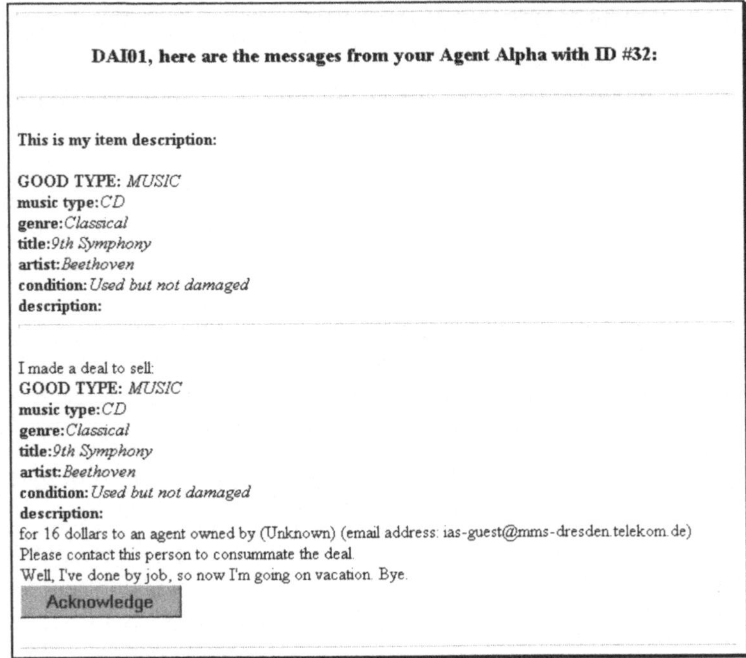

Abbildung: 6.7/31: Das Ergebnis der Verhandlungen

Über den Button *Acknowledge* bestätigt der Besitzer des Agenten dessen Arbeit. Gleichzeitig wird die Existenz des Agenten abgeschlossen, da sein Auftrag erfüllt ist.

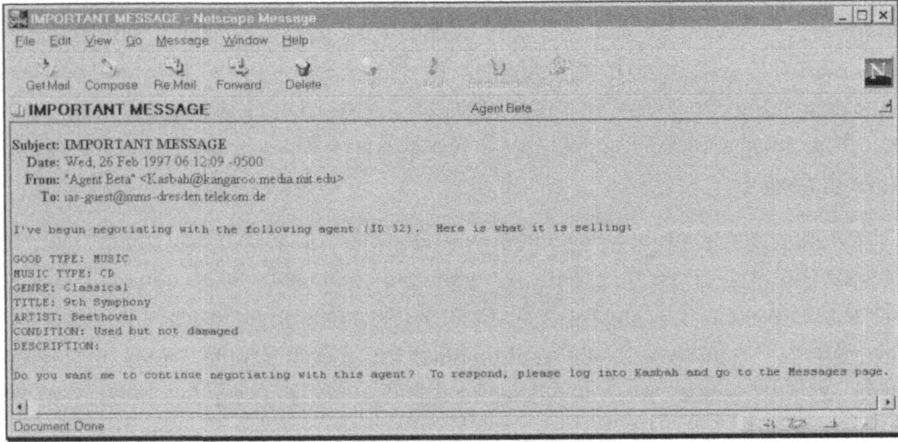

Abbildung 6.7/32: Die Übermittlung der Nachrichten über eine externe Emailoberfläche

Wurde im Formular zur Festlegung der Parameter die Übermittlung der Nachrichten ausschließlich über Email definiert (vgl. Abbildung 6.7/29), erhält der Besitzer des Agenten die Informationen über eine außerhalb der Anwendung existierende Emailoberfläche (vgl. Abbildung 6.7/32).

6.7.4.3 *Der Personal Electronic Trader (PET)*

Der Personal Electronic Trader (PET) wurde im Rahmen eines Forschungsprojektes von der Multimedia Software GmbH Dresden, Deutschland und dem DAI Labor der Technischen Universität Berlin, Deutschland entwickelt. Das Ziel dieses agentenbasierten elektronischen Marktplatzes ist die Unterstützung des Kaufs von Mobilfunkgeräten sowie die Auswahl eines Telefontarifs durch persönliche Kaufagenten. Über die Definition der persönlichen Kaufpräferenzen, wie beispielsweise maximaler Preis und Produktbeschreibungen, ermitteln die persönlichen Kaufagenten die Produkte, die dem Einkaufsprofil des Benutzers entsprechen. Als Prototyp ist der Marktplatz nicht frei verfügbar.

In der derzeitigen Version von PET sind auf einem Marktplatz vier Händler für Mobilfunktelefone und ein Anbieter für allgemeine Mobilfunkdienste von T-Mobil vertreten. Jeder der vier Händler repräsentiert einen oder mehrere Mobilfunkanbieter und bietet deren jeweilige Produkte an. Konkret sind auf dem Marktplatz Händler der Marken Ericsson, Sony/Siemens, Motorola und Nokia aktiv. Der Anbieter allgemeiner Mobilfunkdienste bietet die verschiedenen D1-Tarife an.

Die derzeitige Realisierung des Marktplatzes sieht eine lokale Installation der Zugangssoftware vor. Diese Software stellt dem Benutzer vier Eingabeoberflächen zur Verfügung. Die Angaben zu seinen speziellen Wünschen bilden die Voraussetzung zur Festlegung der persönlichen Agenten, die den Benutzer bei der entsprechenden Auswahl von Tarif und Mobilfunktelefon unterstützen.

Für den Wechsel innerhalb der vier Eingabeoberflächen stehen die beiden Pfeile direkt unterhalb der Fensters für die Festlegung der Parameter zur Verfügung. Mit dem Button *Agenten abschicken* erfolgt die Definition des persönlichen Agenten. Dabei ist der Benutzer nicht gezwungen, alle vier Eingabeoberflächen auszufüllen. Der Button *Agenten zurückstellen* bewirkt, daß die bereits getroffenen Angaben des Benutzers wieder verworfen werden. Die drei unteren Buttons ermöglichen dem Benutzer einmal eine Hilfestellung mit der Anwendung selbst und zum anderen können sowohl aktuelle Agenten gesichert als auch bereits erstellte

Agenten für eine nochmalige Verwendung geladen werden. Diese beschriebenen Funktionen stehen bei jeder Eingabeoberfläche zur Verfügung.

In Abbildung 6.7/33 ist die erste Oberfläche zur Festlegung der Parameter zu sehen. In diesem Fenster wird über die Angabe der monatlichen Telefondauer der Tarif festgelegt. In diesem Beispiel beträgt die monatliche Telefondauer 70 Stunden. Zusätzlich kann der Benutzer mit der dritten Frage direkt einen D1-Tarif wählen. Es bestehen jedoch keine Möglichkeiten der Information über die genauen Konditionen der angegebenen Tarifalternativen, so daß der Benutzer bereits Kenntnis darüber besitzen muß. Daher ist diese Funktion eher als zusätzliche Angabe gedacht. Der Benutzer hat in diesem Beispiel den D1-Tarif ProTel gewählt.

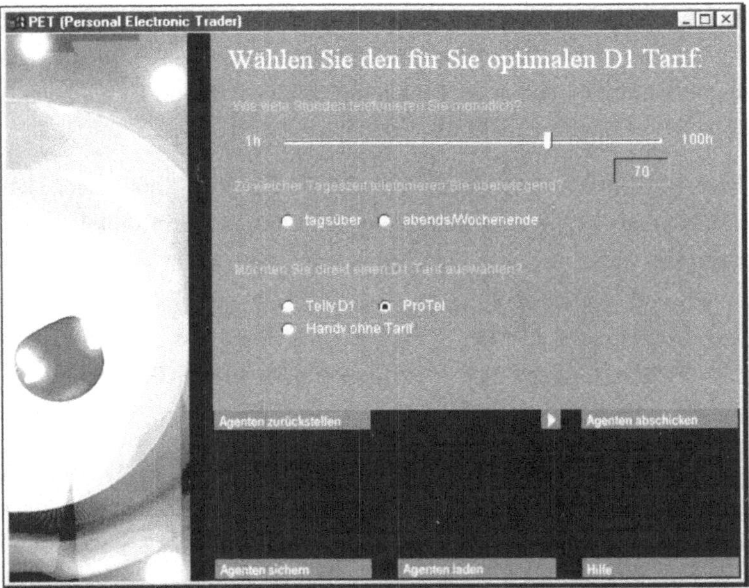

Abbildung 6.7/32: Die erste Eingabeoberfläche

Mit der zweiten Oberfläche besitzt der Benutzer die Möglichkeit, physikalische Eigenschaften für sein gewünschtes Mobilfunktelefon festzulegen, die in Abbildung 6.7/33 zu sehen sind. Für dieses Beispiel bedeutet das, daß ein Handy mit einem Gewicht von 220g und einer Größe von 160 als optimal angegeben wurde. Der Preis und der Hersteller spielen keine Rolle bei der Suche nach einem geeigneten Mobilfunktelefon, so daß diese beiden Auswahlkriterien mit unwichtig gekennzeichnet wurden. Damit ist der erste Teil der Definition der gewünschten Parameter abgeschlossen.

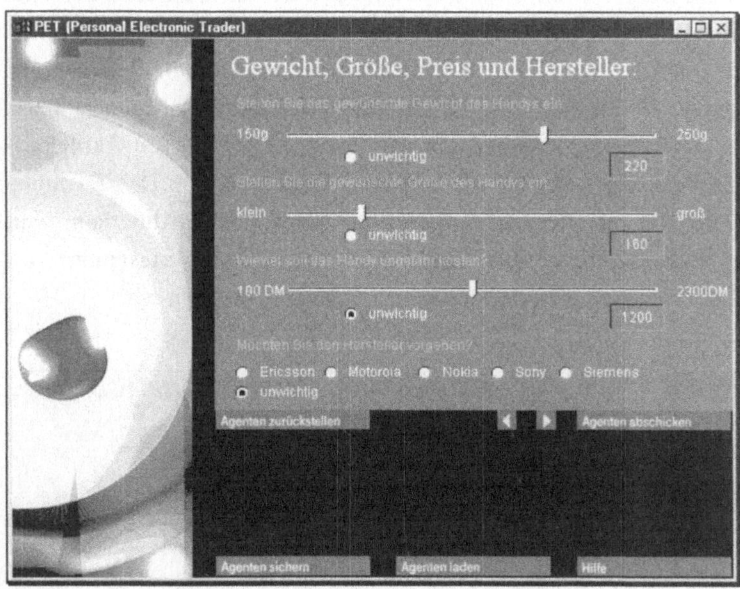

Abbildung 6.7/33: Die zweite Eingabeoberfläche

In der dritten Eingabeoberfläche kann der Benutzer Angaben zur gewünschten Funktionsfähigkeit des Handys vornehmen. Dies betrifft sowohl die Leistungsfähigkeit einer Batterieladung hinsichtlich der Telefondauer und des Stand-by-Modus als auch Fragen zum Aufbau des Anzeigedisplays. Für dieses Beispiel wurde eine aktive Telefondauer von 150 min sowie eine Empfangsbereitschaft von 34 Std. im Stand-by-Modus gewählt. Die Angabe über die Zeilenanzahl des Anzeigedisplays wird als unwichtig erachtet. In der vierten Eingabeoberfläche werden weitere technische Kriterien zur Definition des gewünschtes Mobilfunktelefons angeboten. Zum einen kann der Benutzer festlegen, ob sein Handy Daten und Faxnachrichten übertragen soll. Da der Benutzer in der ersten Eingabeoberfläche den D1-Tarif ProTel gewählt hat, ist es möglich, diesen Service zu nutzen. Außerdem soll das zukünftige Handy des Benutzers in der Lage sein, kurze Textnachrichten zu versenden, die über die Tasten des Handy eingegeben werden können. Die maximale Anzahl der zu speichernden Telefonnummern ist in diesem Beispiel unwichtig. Die dritte und vierte Eingabeoberfläche sind nicht abgebildet.

Nach der Angabe der einzelnen Parameter und einer eventuellen Kontrolle der Eingaben durch Blättern in den vier Oberflächen kann der Benutzer den persönlichen Agenten definieren und abschicken. Als Ergebnis der Arbeit des Agenten werden dem Benutzer sowohl ein geeigneter Tarif als auch dazu passende Mobilfunktelefone in Form dreier Ergebnisoberflächen vorgeschlagen. Innerhalb dieser kann der Benutzer wie bei den Eingabeoberflächen durch Pfeile navigieren. In Abbildung 6.7/34 ist die Präsentation des Tarifs als erste Ergebnisoberfläche abgebildet. Das bedeutet konkret, daß der Benutzer für den D1-Tarif ProTel einen Bereitstellungspreis von DM 49 zu einem Grundpreis von DM 69 zahlen müßte. Dieser Tarif hat eine Mindestlaufzeit von 12 Monaten. Außerdem werden dem Benutzer die einzelnen Preise für die Telefoneinheiten präsentiert, wobei eine Unterscheidung bezüglich der verwendeten Netze getroffen wird.

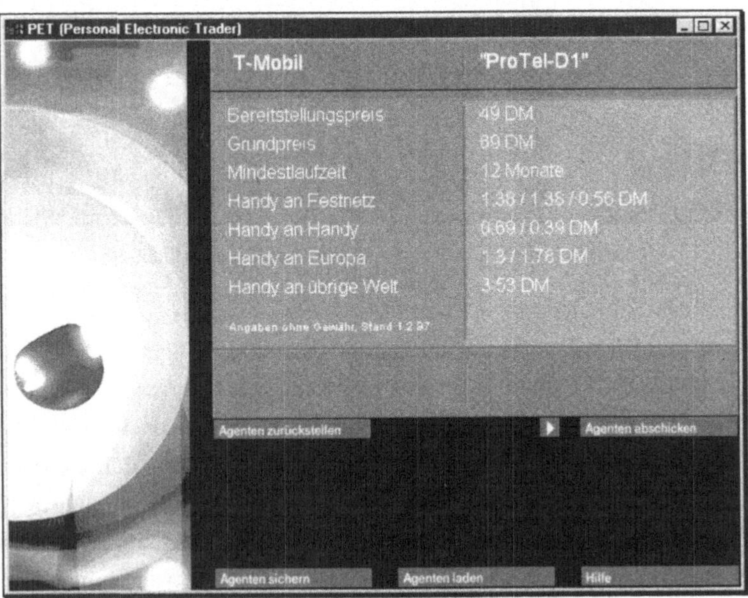

Abbildung 6.7/34: Die erste Ergebnisoberfläche

In der zweiten Ergebnisoberfläche wird eines der beiden vorgeschlagenen Handys vorgestellt, dessen Produktmerkmale in Abbildung 6.7/35 zu sehen sind. Bei diesem ersten Vorschlag handelt es sich um ein Motorola d460 Mobilfunktelefon. Es werden sowohl Aussagen zu den physikalischen Eigenschaften als auch zu den technischen Funktionen dieser Alternative getroffen.

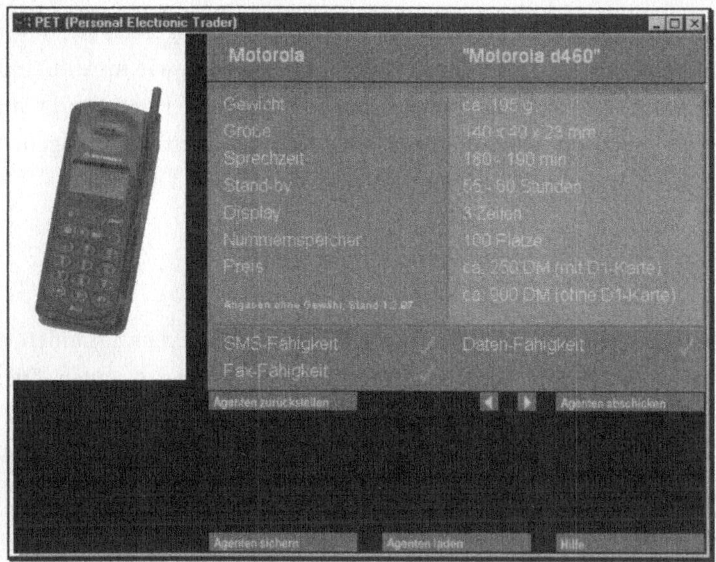

Abbildung 6.7/35: Die zweite Ergebnisoberfläche

Dieses Schema zieht sich durch die Präsentation aller Produktvarianten. Bei dem zweiten Produktangebot handelt es sich um ein Handy der Firma Hagenuk vom Typ Hagenuk Global Handy. Die physikalischen Eigenschaften und die technischen Funktionen sind wie beim ersten Angebot angegeben.

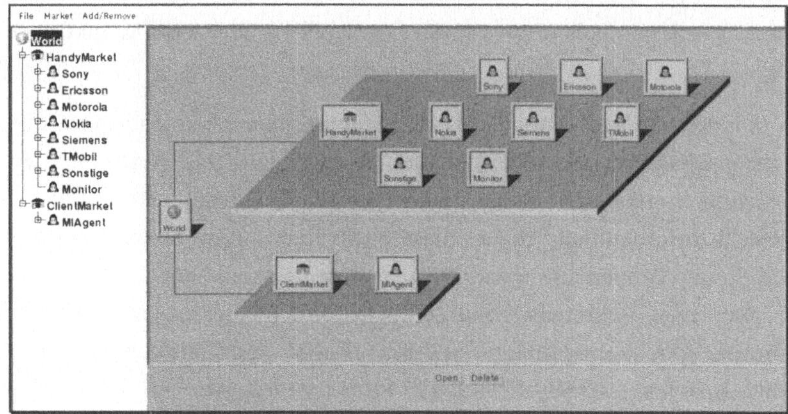

Abbildung 6.7/36: Der Marktplatzmonitor

Der Benutzer kann in Echtzeit die Aktivitäten seiner Agenten auf dem agenten-basierten Marktplatz über ein Monitorfenster beobachten, wie in Abbildung 6.7/36 ersichtlich ist. Dabei sieht er sowohl den vorhandenen Handymarkt mit seinen Vertretern als auch die Clientseite, auf der sich der persönliche Agent befindet. Außerdem wird diese Struktur in einer Verzeichnisebene dargestellt.

6.7.4.4 Konzept

Die Arbeitsweise eines agentenbasierten Marktplatzes beruht auf einem wesentli-chen Konzept, der Zusammenarbeit unabhängig agierender Agenten. Dieses Kon-zept weist für zukünftige Entwicklungen in diesem Bereich die größten Potentiale auf. Die konkrete Ausprägung äußert sich in der Verhandlungsfähigkeit der ein-zelnen Agenten (vgl. Abschnitt 4.3.5). Beide beschriebene Beispiele verfügen über diese Fähigkeit.

Die zentrale Aufgabe eines agentenbasierten Marktplatzes umfaßt die Verhand-lungsfähigkeit der einzelnen Agenten. Die Agenten eines agentenbasierten Marktplatzes haben das Ziel, die gestellten Aufgaben des Benutzers zu erfüllen. Der entscheidende Unterschied zwischen einfachen Kaufagenten und einem agentenbasierten Marktplatz ist die Kommunikationsfähigkeit der Marktplatz-agenten. Einfache Kaufagenten können lediglich auf die statischen Daten- und Produktbestände der Anbieter zurückgreifen. Ihre Handlungsfähigkeit ist durch diese Restriktion begrenzt. In einem Marktplatz sind sowohl der Benutzer als auch die Anbieter durch Agenten vertreten. Dadurch können komplexere Aufgaben erledigt werden, wie beispielsweise die Verhandlung über ein Produkt oder einen Service.

Die konkrete Ausgestaltung der Verhandlungsphase kann in einer einfachen Form die schrittweise Kontaktaufnahme mit dem Ziel des Erwerbs oder Verkaufs eines Produktes umfassen. Die Agenten beider Seiten können in einem ersten Schritt nach Informationen fragen, diese auswerten und in einem zweiten Schritt über die Preise verhandeln, bevor sie sich über die konkreten Lieferbedingungen unterhalten. Eine Weiterentwicklung der Kommunikationsabläufe erfolgt durch den Einsatz von Verhandlungsstrategien. Durch diese Strategien erhalten die Agenten einen gewissen Spielraum, der ihnen die optimale Erfüllung der gestell-ten Aufgaben ermöglicht. In Abschnitt 4.3.5 sind die einzelnen Ausprägungen ausführlich beschrieben. Bei beiden Formen arbeiten die einzelnen Agenten unab-hängig voneinander.

Der Zugang zu solchen Märkten ist für Anbieter und Hersteller relativ einfach, da sie über einen Agenten repräsentiert werden. Eine Veränderung oder Anpassung an ihre Datenbestände ist nicht notwendig.

6.7.4.5 Architektur

Die Architektur agentenbasierter Marktplätze besteht aus zwei zentralen Komponenten, wie in Abbildung 6.7/37 dargestellt ist.

Die zentralen Komponenten Benutzer und Marktplatz setzen sich aus mehreren Einzelkomponenten zusammen, deren Zusammenwirken die zentralen Komponenten bestimmt.

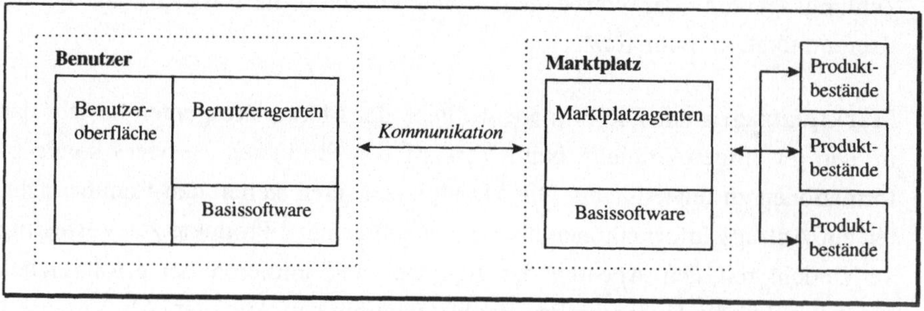

Abbildung 6.7/37: Die Architektur marktplatzbasierter Kaufagenten

Die Benutzerseite setzt sich aus einer Oberfläche, den Benutzeragenten und der Basissoftware zusammen. Der agentenbasierte Marktplatz besteht aus den Marktplatzagenten und der Basissoftware. Zur Erfüllung der Aufgaben greifen die Marktplatzagenten auf die Produktbestände der einzelnen Anbieter zu, die sich in der Regel außerhalb des Marktplatzes befinden.

- **Benutzeroberfläche:** Die Aufgabe der Benutzeroberfläche umfaßt die Bereitstellung der notwendigen Parameter, die der Benutzer zur Definition seiner Agenten benötigt. Zum anderen ist diese Oberfläche das Interface für die Verständigung zwischen Agent und Benutzer. Die beiden beschriebenen Beispiele haben gezeigt, daß diese Benutzeroberfläche sowohl als lokale Software ausgebildet sein als auch über einen Browser benutzt werden kann.

- **Benutzeragent:** Die primäre Aufgabe des Benutzeragenten besteht darin, den Benutzer beim Kauf oder Verkauf von Produkten zu unterstützen. Die Benutzeragenten sammeln Informationen, verhandeln mit den Agenten des Marktplatzes und präsentieren dem Benutzer die erzielten Ergebnisse. Die Voraussetzung für die Unterstützung ist die klare Definition seiner Aufgaben, die der Benutzer über die Benutzeroberfläche an ihn übermittelt. Die Benutzeragenten treten über die Basissoftware mit den Agenten des Marktplatzes in Kontakt.

- **Basissoftware:** Die Aufgabe der Basissoftware umfaßt sowohl die Bereitstellung verschiedener Basisfunktionen für die vollständige Funktionsfähigkeit der darauf aufbauenden Agenten als auch die Integration in das Gesamtsystem (vgl. Abschnitt 4.2.2.3). Der Aufbau der Basissoftware ist für beide Seiten identisch. Auch die anderen Agenten eines Marktplatzes wie beispielsweise Zahlungsagenten oder Werbeagenten werden durch die Basissoftware bei der Kommunikation unterstützt.

- **Marktplatzagenten:** Die primäre Aufgabe der Marktplatzagenten besteht darin, den jeweiligen Anbieter beim Verkauf von Produkten, Services sowie Informationen zu unterstützen. Die Marktplatzagenten stellen den Benutzeragenten auf Anfrage Informationen über die anzubietenden Produkte zur Verfügung, verhandeln mit den Agenten der Benutzer und initiieren bei erfolgreichem Kaufabschluß die Lieferung des Produktes durch den Anbieter. Als Voraussetzung für diese Unterstützung muß der Marktplatzagent auf die Daten- oder Produktbestände des jeweiligen Anbieters zurückgreifen können. In der Regel wird jeder Anbieter in einem Marktplatz über einen konkreten Agenten repräsentiert.

- **Produktbestände:** Die Produktbestände beinhalten alle notwendigen Informationen über die jeweiligen Produkte des Anbieters. In der Regel sind diese Bestände nicht im Marktplatz enthalten und werden dezentral verwaltet. Der Marktplatzagent eines Anbieters hat Zugang zu diesen Beständen.

6.8 Manufacturing

Der Schwerpunkt dieses Anwendungsgebietes liegt in der Unterstützung der Planung und Steuerung von Produktionsprozessen durch Multi-Agentensysteme. Die Grundlage dieser Unterstützung bilden verteilte PPS-Systeme.

Konventionelle PPS-Systeme verstehen sich als computerunterstützte Systeme zur Planung, Steuerung und Überwachung technischer Prozesse, deren konkretes Einsatzgebiet die Fertigungsprozesse des Produktionsbereiches bilden. Ihre wesentlichen Ziele bestehen in der Verkürzung der Durchlaufzeiten, in einer hohen Liefertermintreue, in geringen Beständen sowie in einer hohen und gleichmäßigen Kapazitätsauslastung [Kurbel 1993]. Zu den wichtigsten Aufgabenschwerpunkten zählen die Datenverwaltung sowie die Disposition [Hestermann/Pöck 1995]. Die Disposition wird in eine strategische und operative Planung unterteilt und umfaßt vor allem komplexere Tätigkeiten, wie beispielsweise die Kapazitätsbedarfsrechnung. Während die strategische Planung langfristiger Natur ist, beinhaltet die operative Planung die beiden Zeithorizonte der Mittel- und Kurzfristplanung [Kurbel 1993]. Eine Weiterentwicklung der konventionellen PPS-Systeme zu verteilten PPS-Systemen erfolgte unter anderem über die Anwendung von elektronischen Leitständen [Hestermann/Pöck 1995]. Im Bereich der kurzfristigen Fertigungssteuerung ermöglichen sie den Übergang zu verteilten Produktionsprozessen. Damit kann gleichzeitig der Forderung nach höherer Flexibilität im Fertigungsbereich Rechnung getragen werden [Kassel 1996]. Das zentrale Element verteilter PPS-Systeme ist die autonome Erfüllung von Teilaufgaben und ihre Integration zu einem Gesamtfertigungsprozeß.

Die konkrete Realisierung verteilter PPS-Systeme über eine Unterstützung durch Agenten ermöglichen Multi-Agentensysteme (vgl. Abschnitt 4.1.2). Die Agenten dieses Systems verstehen sich als autonome Einheiten, die als Teilsysteme zur Erfüllung der Aufgabenstellungen des Gesamtsystems mitwirken [Kassel 1995, Zelewski 1997]. Der Fokus der Aufgabenerfüllung der Agenten kann dabei sowohl auf der Disposition, vor allem im operativen Bereich, als auch auf der Prozeßkoordinierung liegen, wie heutige konkrete Forschungsprojekte zeigen [Hestermann et al. 1997, Zelewski 1997]. In Abbildung 6.8/1 ist die Einordnung dieses Anwendungsbereiches in die Klassifikationsmatrix abgebildet (vgl. Abschnitt 3.3).

Die Unterstützung der Planung, Steuerung und Koordinierung in PPS-Systemen durch Multi-Agentensysteme wird in der deutschsprachigen Literatur seit geraumer Zeit intensiv diskutiert. Wissensbasierte Systeme und Expertensysteme im Bereich der Fertigungsprozesse lieferten die Vorarbeiten für die jetzigen Forschungsaktivitäten. Diese, aus der klassischen Künstlichen Intelligenz stammenden, Ansätze (vgl. Abschnitt 4.1.1) wurden durch die Potentiale der Verteilten Künstlichen Intelligenz weiterentwickelt und finden ihren Niederschlag in vielen derzeitigen Forschungsvorhaben. In der Regel beziehen sich diese Projekte auf verteilte PPS-Systeme sowie flexible Fertigungssysteme.

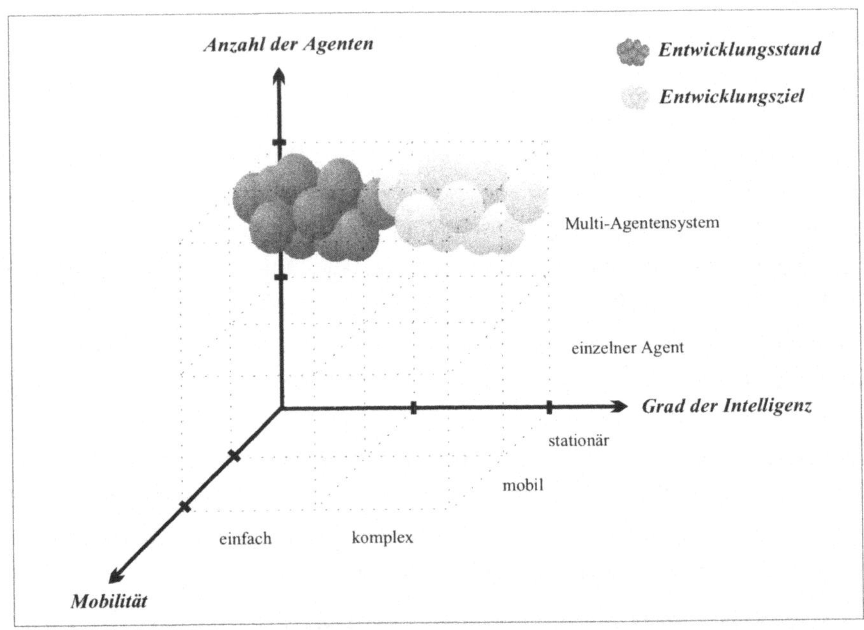

Abbildung 6.8/1: Die Klassifikationsmatrix für das Anwendungsgebiet Manufacturing

In [Müller 1993] sowie in [Klauck/Müller 1995] finden sich eine Reihe von Forschungsprojekten. Das sind unter anderem das Projekt SOPP (Sich selbst organisierende Produktionsprozesse) der TU Chemnitz [Dilger/Kassel 1993], welches in dem Verbundprojekt INKAD 'Intelligentes, kooperatives Assistenzsystem zur Dispositionsunterstützung in PPS-Systemen' in Zusammenarbeit mit der Universität Würzburg weiterentwickelt wird [Hestermann et al. 1997] oder die Forschungsprojekte GEPROPEX und DEPRODEX der Informatik-Forschungsgruppe B der Universität Erlangen-Nürnberg [Möhle et al. 1995, Möhle et al. 1995]. Weitere Beispiele und Details sind in den referenzierten Stellen zu finden.

6.9 Zusammenfassung

Die Anwendungsgebiete intelligenter Agenten lassen sich in eine Vielzahl möglicher Anwendungsschwerpunkte unterteilen. Die Einteilung der einzelnen Anwendungsbeispiele folgt der in Kapitel 3 getroffenen Einteilung in Informationsagenten, Kooperationsagenten und Transaktionsagenten. Innerhalb dieser Kategorisierung werden zehn Anwendungsgebiete vorgestellt, wobei aufgrund des derzeitigen Entwicklungsstandes sieben beschrieben werden. Ein Großteil der dabei dargestellten Beispiele sind Forschungsprojekte und haben dem Leser die zugrunde liegenden Konzepte und Architekturen sowie die zukünftigen Potentiale aufgezeigt. Die derzeit kommerziell genutzten Anwendungen intelligenter Agenten zeichnen sich durch eine hohe Benutzerfreundlichkeit sowie einen großen Verbreitungsgrad aus. Sie verdeutlichen dem Benutzer die Möglichkeiten zur Erleichterung seiner Arbeitsweise und dem Entscheidungsträger die möglichen Wettbewerbsvorteile durch die Nutzung dieser Technologien.

7 Ausblick

Intelligente Softwareagenten besitzen das Potential, zu einem der zentralen Bausteine der zukünftigen Informationsgesellschaft zu werden. Beschäftigten sich die Entwickler intelligenter Agenten bisher in erster Linie mit Technologien und Konzepten, so ist derzeit ein Wandel hin zu einer Konzentration auf kommerzielle Einsatzszenarien und Dienstemodelle zu beobachten. Die technologische Basis für eine kommerzielle Verwertung agentenbasierter Systeme ist bereitet. Der letztendliche Erfolg intelligenter Agenten wird jedoch in hohem Maße von der Akzeptanz der neuen Technologie durch den Endbenutzer abhängig sein. In diesem Zusammenhang sind zwei komplementäre Problembereiche hervorzuheben. Eine breite Akzeptanz intelligenter Agenten ist nur dann möglich, wenn zum einen die mit dem Einsatz von Agententechnologien einhergehenden sozialen, ethischen und rechtlichen Bedenken ausgeräumt werden und zum anderen ein breites Spektrum agentenbasierter Dienstleistungen zur Verfügung steht, dessen Nutzung dem Endbenutzer direkte Vorteile bringt.

Soziale und ethische Fragestellungen beziehen sich in erster Linie darauf, welche Konsequenzen die Repräsentation von Benutzern durch Softwareagenten für die Gesellschaft und die Nutzung elektronischer Medien hat. Auf welche Weise werden Agenten mit menschlichen Personen oder anderen Agenten interagieren? Wie kann sichergestellt werden, daß ein Agent nach den Wünschen seines Benutzers handelt und private Daten vertraulich behandelt? Welche Regeln für das soziale Verhalten von Agenten müssen definiert werden? Und wie können diese Regeln überwacht beziehungsweise wie können Mißachtungen geahndet werden? Die zentrale rechtliche Problematik beim Einsatz intelligenter Softwareagenten liegt in der Übernahme von Verantwortung durch Softwareobjekte. Führt ein Agent für seinen Benutzer Handlungen aus, aus denen sich rechtliche oder finanzielle Konsequenzen ergeben, so muß die Frage der Verantwortung eindeutig geklärt sein. Offen ist in diesem Zusammenhang, inwieweit ein Softwareagent im rechtlichen Sinne überhaupt Verantwortung übernehmen kann, inwieweit der Benutzer gewillt ist, seinem Agenten Verantwortung zu übergeben, und wie der Benutzer sich vor Mißbrauch seines Agenten schützen kann. Nur wenn alle diese

Fragen zufriedenstellend beantwortet sind, kann eine Vertrauensbasis zwischen Mensch und Agent geschaffen werden, auf deren Basis die diskutierten Anwendungsgebiete intelligenter Agenten realisierbar sind.

Die zweite Fragestellung nach der Entwicklung eines möglichst breiten Spektrums an Agentenanwendungen kann nur im Laufe der Zeit beantwortet werden. Kapitel 6 dieses Buches hat verdeutlicht, wie vielfältig die denkbaren Einsatzpotentiale intelligenter Softwareagenten schon heute sind und welche konkreten Dienste mit den derzeit zur Verfügung stehenden Technologien entwickelt werden können. Ein fehlender zentraler Baustein bei der Konzeption von Anwendungsszenarien sind weltweite Standards. Zwar beschäftigen sich mittlerweile sowohl allgemeine Standardisierungsgremien (zum Beispiel das WWW Consortium oder die Object Management Group), als auch eine Reihe rein agentenorientierter Gremien, wie die Foundation for Intelligent Physical Agents (FIPA) oder die Agent Society mit der Standardisierung von Agenten und Agentensystemen, allerdings stehen diese Entwicklungen allesamt noch am Anfang.

Für viele Anwendungen sind anerkannte Standards aber eine der Grundvoraussetzungen. Beispielsweise macht der Einsatz mobiler Agenten nur dann Sinn, wenn diesen eine möglichst große Zahl von Anlaufpunkten (das heißt Rechnersystemen) im Netzwerk zur Verfügung stehen. Alle Anlaufpunkte müssen den Agenten eine standardisierte Laufzeitumgebung zur Verfügung stellen, um ihre Ausführung zu ermöglichen. Als zweites Beispiel sei an dieser Stelle, stellvertretend für viele andere Anwendungsfelder, auf das Gebiet des Electronic Commerce hingewiesen. In agentenbasierten Commerce-Systemen müssen eine Vielzahl standardisierter Schnittstellen existieren, um ein funktionierendes, sicheres System bereitstellen zu können [Zarnekow et al. 1996]. Hierzu zählen unter anderem Kommunikationsstandards, Verhandlungsstandards, standardisierte Verzeichnisdienste, Abrechnungsschnittstellen und Sicherheitsmechanismen. Soll ein Agent elektronische Marktplätze verschiedener Anbieter aufsuchen, so ist zusätzlich eine systemübergreifende Standardisierung erforderlich.

Wir hoffen, mit diesem Buch einen Beitrag zur Steigerung der Akzeptanz sowie einem besseren Verständnis der Technologien und Konzepte agentenbasierter Systeme geliefert zu haben. Denn letztendlich wird dieses Verständnis über den weiteren Erfolg oder Mißerfolg intelligenter Softwareagenten entscheiden.

Literaturverzeichnis

[Agha 1986]

Agha, G., Actors: A Model of Concurrent Computation in Distributed Systems, MIT Press, London 1986

[Albayrak/Bussmann 1993]

Albayrak, S., Bussmann, S., Kommunikation und Verhandlungen in Mehragenten-Systemen, in: Müller, J. (Hrsg.), Verteilte Künstliche Intelligenz: Methoden und Anwendungen, BI-Wissenschaftsverlag, Mannheim e. a. 1993

[Albayrak 1996]

Albayrak, S., Intelligente Agenten: Grundlagen, Anwendungen, Werkzeuge & Sprachen, in: Foliensatz zur Vorlesung, Technische Universität Berlin, DAI Lab, Berlin 1996

[Aoun 1996]

Aoun, B., Agent Technology in Electronic Commerce and Information Retrieval on the Internet, in: Internet URL: http://www.ece.curtin.edu.au/~saounb/bargainbot/paper/ (Stand 1997)

[Austin 1962]

Austin, J.L., How to do things with words, Harvard University Press, Cambridge 1962

[Bean/Segev 1996]

Bean, C., Segev, A., Electronic Catalogs and Negotiations, in: CITM Working Paper 96-WP-1016, University of California, Walter A. Haas School of Business, Fisher Center for Information Technology and Management, Berkeley 1996

[Belgrave 1995]

Belgrave, M., The Unified Agent Architecture: A White Paper, in: Internet URL: http://www.ee.mcgill.ca/elmarc/uua_paper.html (Stand 1997)

[Bond/Gasser 1988]

Bond, A., Gasser, L. (Hrsg.), Readings in Distributed Artificial Intelligence, Morgan Kaufman Publishers, San Mateo 1988

[Booch 1991]

Booch, G., Object-oriented Design with Applications, Benjamin/Cummings, Redwood City, 1991

[Brenner/Zarnekow 1997]

Brenner, W., Zarnekow, R., Noch fehlt die schnelle, komplette Marktinformation. Elektronische Märkte - ein Überblick, in: Office Management, 45(1997)4, S. 15 - 18

[Brooks 1986]

Brooks, R. A., A robust layered control system for a mobile robot, in: IEEE Journal of Robotics and Automation, RA-2(1986)1, S. 14-23

[Brooks 1990]

Brooks, R.A., The Behavior Language; User's Guide, in: M.I.T. Artificial Intelligence Laboratory, AI Memo 1227, Cambridge 990

[Brooks 1991]

Brooks, R.A., Intelligence withour representation, in: Artificial Intelligence, 47(1991), S. 139-159

[Burmeister 1996]

Burmeister, B., Models and Methodology for Agent-oriented Analysis and Design, in: Fischer, K. (Hrsg.), Working Notes of the KI'96 Workshop on Agent-Oriented Programming and Distributed Systems, DFKI Document D-96-06, Saarbrücken1996

[Chavez/Maes 1996]

Chavez, A., Maes, P., Kasbah: An Agent Marketplace for Buying and Selling Goods, in: Proccedings of the First International Conference on the Practical Application of Intelligent Agents and Multi-Agent Technology (PAAM '96), London 1996

[Chavez et al. 1997]

Chavez, A., Dreilinger, D., Guttman, R., Maes P., A Real-Life Experiment in Creating an Agent Marketplace, in: Proccedings of the First International Conference on the Practical Application of Intelligent Agents and Multi-Agent Technology (PAAM '97), London 1997

[Coad/Yourdon 1991a]

Coad, P., Yourdon, E., Object-Oriented Analysis, Yourdon Press, Englewood Cliffs 1991

[Coad/Yourdon 1991b]

Coad, P., Yourdon, E., Object-Oriented Design, Yourdon Press, Englewood Cliffs 1991

[Coleman et al. 1994]

Coleman, D. et al., Object-Oriented Development: The Fusion Method, Prentice-Hall, Englewood Cliffs 1994

[Decker/Lesser 1992]

Decker, K. S., Lesser, V. R., Generalizing the Partial Global Planning Algorithm, in: International Journal of Intelligent Cooperative Information Systems, 1(1992)2, S. 319-346

[Decker/Lesser 1994]

Decker, K. S., Lesser, V. R., Designing a Family of Coordination Algorithms, in: Technical Report 94-14, University of Massachusetts, Department of Computer Science, Amherst 1994

[DeMarco 1985]

DeMarco, T., Structured Analysis and System Specification, Prentice Hall, Englewood Cliffs 1985

[Dilger/Kassel 1993]

Dilger, W., Kassel, S., Sich selbst organisierende Produktionsprozesse als Möglichkeit der flexiblen Fertigungssteuerung, in: Müller, J. (Hrsg.), Verteilte Künstliche Intelligenz: Methoden und Anwendungen, BI-Wissenschaftsverlag, Mannheim e. a. 1993

[Doran et al. 1997]

Doran, J. E., Franklin, S., Jennings, N. R., Norman, T. J., On cooperation in Multi-Agent Systems, in: The Knowledge Engineering Review, 12(1997)3, Internet URL: http://www.elec.qmw.ac.uk/dai/pubs/fomas.html (Stand 1997)

[Durfee/Lesser 1991]

Durfee, E. H., Lesser, V. R., Partial global planning: A coordination framework for distributed hypothesis formation, in: IEEE Transactions on Systems, Man and Cybernetics, 21(1991)5, S. 1167-1183

[El-Hamdouchi/Willett 1989]

El-Hamdouchi, A., Willett P., Comparison of hierarchical agglomerative clustering methods for document retrieval, Computer Journal, 32(1989)3, S. 220 - 227

[Fiedler 1996]

Fiedler, J., Intelligente Softwareagenten, Praktikumsbericht, IBM European Networking Center, Heidelberg 1996

[Fiedler 1997]

Fiedler, J., Mobile Agenten im Umfeld personalisierter Nachrichtendienste, Diplomarbeit, Brandenburgische Technische Universität Cottbus, Institut für Informatik, Lehrstuhl für Rechnernetze und Kommunikationssysteme, Cottbus 1997

[Fikes et al. 1971]

Fikes, R. E., Hart, P. E., Nilsson, N., STRIPS: A New Approach to the Application of Theorem Proving, in: Artificial Intelligence, 2(1971), S. 189-208

[Finin 1993]

Finin, T., Draft Specification of the KQML Agent-Communication Language, in: Internet URL: http://www.cs.umbc.edu/kqml/kqmlspec/spec.html (Stand 1997)

[Finin et al. 1994]
Finin, T., Fritzson, R., McKay, D., McEntire, R., KQML as an Agent Communication Language, in: Proceedings of the third International Conference on Information and Knowledge Management (CIKM'94), ACM Press, 1994

[Firefly 1997a]
Firefly, Building Intelligent Relationships: The Firefly Tools, in: Internet URL: http://www.firefly.net/products/FireFlyTools.html (Stand 1997)

[Firefly 1997b]
Firefly, Collaborative Filtering Technology: An Overview, in: Internet URL: http://www.firefly.net/products/CollaborativeFiltering.html (Stand 1997)

[Fritzinger/Mueller 1996]
Fritzinger, J. S., Mueller, M., Java Security, in: Internet URL: www.javasoft.com

[GeneralMagic 1996]
General Magic, An Introduction to Safety and Security in Telescript, in: Internet URL: http://www.genmagic.com (Stand 1996)

[Georgeff/Lansky 1986]
Georgeff, M. P., Lansky, A. L., Procedural Knowledge, in: Proceedings of the IEEE Special Issue on Knowledge Representation, 74(1986), S. 1383-1398

[Gilbert 1996]
Gilbert, D., IBM Intelligent Agents, White Paper, in: Internet URL: http://www.raleigh.ibm.com/iag/iaghome.html (Stand 1996)

[Gilbert 1997]
Gilbert, D., Intelligent Agents: The right information at the right time, in: Internet URL: http://www.networking.ibm.com/iag/iaghome.html (Stand 1997)

[Gray 1995]
Gray, R.S., Agent Tcl: A transportable agent system, in: Proceedings of the fourth International Conference on Information and Knowledge Management (CIKM'95), Workshop on Intelligent Agents, Baltimore 1995, Internet URL: http://www.cs.dartmouth.edu/~agent/papers/cikm95.ps.Z (Stand 1997)

[Gray et al. 1996]
Gray, R., Kotz, D., Nog, S., Rus, D., Cybenko, G., Mobile Agents for mobile computing, in: Technical Report PCS-TR96-285, Department of Computer Science, Dartmouth College, Hanover 1996, Internet URL: http://www.cs.dartmouth.edu/reports/abstracts/TR96-285/ (Stand 1997)

[Gray 1997a]

Gray, R., Agent Tcl architecture, in: Internet URL: http://www.cs.dartmouth.edu/~agent/architecture.html (Stand 1997)

[Gray 1997b]

Gray, R., Agent Tcl, in: Internet URL: http://www.cs.dartmouth.edu/~agent/agenttcl.html (Stand 1997)

[Green et al. 1997]

Green, S., Hurst, L., Nangle, B., Cunningham, P., Somers, F., Evans, R., Software Agents: A review, in: Internet URL: http://www.cs.tcd.ie/research_groups/aig/iag/pub-review.ps.gz (Stand 1997)

[Guilfoyle et al. 1997]

Guilfoyle, C., Jeffcoate, J., Stark, H. (Hrsg.), Agents on the Web: Catalyst for E-commerce, Ovum Reports, Ovum Ltd., London 1997

[Hansen 1996]

Hansen, H. R., Wirtschaftsinformatik I, Lucius und Lucius, Stuttgart 1996, 7. Auflage

[Harrison et al. 1996]

Harrison, C. G., Chess, D. M., Kershenbaum, A., Mobile Agents: Are they a good idea?, in: Internet URL: http://www.research.ibm.com/massive/mobag.ps (Stand 1996)

[Hayes-Roth 1971]

Hayes-Roth, B., A blackboard architecture for control, Artifical Intelligence, 17(1971)3, S. 211-321

[Hestermann et al. 1997]

Hestermann, C., Wolber, M., Wellner, J., Intelligentes kooperatives Assistenzsystem zur Dispositionsunterstützung in Produktionsplanungs- und -steuerungs-Systemen, in: Internet URL: http://ki-server.informatik.uni-wuerzburg.de/HTML...ann-puk-97/ (Stand 1997)

[Hestermann/Pöck 1995]

Hestermann, C., Pöck, K., Intelligentes kooperatives Assistenzsystem zur Dispositionsunterstützung in Produktionsplanungs- und -steuerungs-Systemen (INKAD) in: Klauck, C., Müller H. J. (Hrsg.), Künstliche Intelligenz und Verteilte PPS-Systeme, Interne Berichte Universität Bremen, Fachbereich Mathematik und Informatik, Bremen 1995, Internet URL: http://www.informatik.uni-bremen.de/grp/ag-ik/activities/ws-prog.html (Stand 1997)

[Hohl 1995]

Hohl, F., Konzeption eines einfachen Agentensystems und Implementation eines Prototyps, in: Diplomarbeit Nr. 1267, Universität Stuttgart, Fakultät Informatik, Suttgart 1995

[HotBot 1997]

HotBot, HotBot FAQ, in: Internet URL: http://www.hotbot.com/FAQ/faq.html (Stand 1997)

[Hughes 1997a]

Hughes, M., Building a bevy of beans, in: Internet URL: http://www.javaworld.com/javaworld/jw-08-1997/jw-08-step.html (Stand 1997)

[Hughes 1997b]

Hughes, M., JavaBeans and ActiveX go head to head, in: Internet URL: http://www.javaworld.com/javaworld/jw-03-1997/jw-03-avb-tech.html (Stand 1997)

[Iglesias et al. 1996]

Iglesias, C. A., Garijo, M., Gonzalez, J. C., Velasco, J. R., A Methodological Proposal for Multiagent Systems Development extending CommonKADS, in: Proceedings of tenth Knowledge Aquisition for Knowledge-based Systems Workshop, Banff 1996

[Kalfa 1988]

Kalfa, W., Betriebssysteme, Akademie-Verlag, Berlin 1988

[Kassel 1996]

[Kassel S., Multiagentensysteme als Ansatz zur Produktionsplanung und -steuerung, in: Information Management, 11(1996)1, S. 46 - 50

[Kinny et al. 1995]

Kinny, D., Georgeff, M, Rao, A., A Methodology and Modelling Technique for Systems of BDI-Agents, in: Technical Report 58, Australian AI Institute, Melbourne 1995, Internet URL: http://www.aaii.oz.au (Stand 1997)

[Kirn 1996]

Kirn, S., Kooperativ-Intelligente Softwareagenten, in: Information Management, 11(1996)1

[Klauck/Müller 1995]

Klauck, C., Müller H. J. (Hrsg.), Künstliche Intelligenz und Verteilte PPS-Systeme, Interne Berichte Universität Bremen, Fachbereich Mathematik und Informatik, Bremen 1995, Internet URL: http://www.informatik.uni-bremen.de/grp/ag-ik/activities/ws-prog.html (Stand 1997)

[Knabe 1996]

Knabe, F., An overview of Mobile Agent Programming, in: Proceedings of fifth LOMAPS Workshop on Analysis and Verification of Multiple-Agent Languages, Stockholm 1996, Internet URL: http://matecumbe.ing.puc.cl/~knabe/lomaps96.ps.gz (Stand 1997)

[Koster 1995]

Koster, M., Robots in the Web: threat or treat?, in: Internet URL: http://info.webcrawler.com/mak/projects/robots/threat-or-treat.html (Stand 1995)

[Kraetzschmar/Reinema 1993]

Kraetzschmar, G.K., Reinema, R., VKI Tools und Experimentierumgebungen, in: Müller, J. (Hrsg.), Verteilte Künstliche Intelligenz: Methoden und Anwendungen, BI-Wissenschaftsverlag, Mannheim e. a. 1993

[Kurbel 1993]

Kurbel, K., Produktionsplanung und -steuerung: Methodische Grundlagen von PPS-Systemen und Erweiterungen, Oldenbourg, München e. a. 1993

[Labrou/Finin 1997]

Labrou, Y., Finin, T., A Proposal for a new KQML Specification, in: Technical Report TR CS-97-03, University of Maryland, Computer Science and Electrical Engineering Department, Baltimore 1997, Internet URL: http://www.cs.umbc.edu/~jklabrou/publications/tr9703.ps (Stand 1997)

[Lashkari et al. 1994]

Lashkari, Y., Metral, M., Maes, P., Collaborative Interface Agents, in: Proceedings of AAAI'94, Seattle 1994, Internet FTP: ftp://ftp.media.mit.edu/pub/agents/interface-agents/coll-agents.ps (Stand 1997)

[Lieberman 1997]

Lieberman, H., Autonomous Interface Agents, in: Proceedings of the ACM Conference on Computers and Human Interface (CHI-97), Atlanta 1997, Internet URL: http://lieber.www.media.mit.edu/people/Lieber/Lieberary/Letizia/AIA/AIA.html (Stand 1997)

[Maes 1994a]

Maes, P., Agents that reduce work and information overload, in: Proceedings of the CACM '94, in: Internet URL: http://paettie.www.media.mit.edu/people/paettie/CACM-94/CACM-94.pl.html (Stand 1996)

[Maes 1994b]

Maes, P., Modeling Adaptive Autonomous Agents, in: Artificial Life Journal, 1(1994)1+2, Internet URL: http://paettie.www.media.mit.edu/people/paettie/alife-journal.ps (Stand 1997)

[Magedanz et al. 1996]

Magedanz, T., Rothermel, K., Krause, S., Intelligent Agents: An Emerging Technology for Next Generation Telecommunications?, in: Proceedings INFOCOM '96, San Francisco 1996

[March/Simon 1958]

March, J., Simon, H. A., Organization, John Wiley, New York 1958

[Martial 1993]

Martial, v. F., Planen in Multi-Agenten Systemen, in: Müller, J. (Hrsg.), Verteilte Künstliche Intelligenz: Methoden und Anwendungen, BI-Wissenschaftsverlag, Mannheim e. a. 1993

[McCabe 1995]

McCabe, F. G., APRIL Reference Manual, Version 2.1, Department of Computer Science, Imperial College, London 1995

[McCabe/Clark 1995]

McCabe, F. G., Clark, K. L., APRIL - Agent Process Interaction Language, in: Wooldridge, M., Jennings, N.R. (Hrsg.), Intelligent Agents - Theories, Architectures, and Languages, Lecture Notes in Artificial Intelligence 890, Springer Verlag, Heidelberg e. a. 1995

[Mertens et al. 1995]

Mertens, P, Bodendorf, F., König, W., Picot, A., Schumann, M., Grundzüge der Wirtschaftsinformatik, Springer Verlag, Heidelberg e. a. 1995, 3. Auflage

[Metral 1997]

Metral, M., MAXIMS: A Learning Interface Agent for Eudora. A User's Guide to the System, in Internet FTP: ftp://ftp.media.mit.edu/pub/agents/interface-agents/MAXIMS-manual.ps (Stand 1997)

[Möhle et al. 1995]

Möhle, S., Weigelt, M, Mertens, P., DEPRODEX: Denzentrale Produktionssteuerungsexperten, in: Klauck, C., Müller H. J. (Hrsg.), Künstliche Intelligenz und Verteilte PPS-Systeme, Interne Berichte Universität Bremen, Fachbereich Mathematik und Informatik, Bremen 1995, Internet URL: http://www.informatik.uni-bremen.de/grp/ag-ik/activities/ws-prog.html (Stand 1997)

[Möhle et al. 1995]

Möhle, S., Braun, M, Mertens, P., GEPRODEXS: Gesamt-Denzentrale Produktionsplanung- und -steuerungs-Experten: Kombination Wissensbasierter Ansätze mit ComponentWare, in: Klauck, C., Müller H. J. (Hrsg.), Künstliche Intelligenz und Verteilte PPS-Systeme, Interne Berichte Universität Bremen, Fachbereich Mathematik und Informatik, Bremen 1995, Internet URL: http://www.informatik.uni-bremen.de/grp/ag-ik/activities/ws-prog.html (Stand 1997)

[Montgomery 1997]

Montgomery, J., Distributing Components: For CORBA and DCOM it's time to get practical, in: Byte, (1997)4, S. 93-98

[Müller 1993]

Müller, J. (Hrsg.), Verteilte Künstliche Intelligenz: Methoden und Anwendungen, BI-Wissenschaftsverlag, Mannheim e. a. 1993

[Müller 1996]

Müller, J. P., The design of intelligent agents: a layered approach, Lecture Notes in Computer Science, Vol. 1177, Springer Verlag, Heidelberg e. a. 1996

[Nickisch1997]

Nikisch, H., Zahlungssysteme für einen elektronischen Marktplatz, Diplomarbeit, Fakultät Informatik, Technische Universität Dresden, Dresden 1997

[Nwana 1996]

Nwana, H. S., Software Agents: An Overview, in: Knowledge Engineering Review, 11(1996)3, S.205-244

[Nwana/Azarmi 1997]

Nwana, H. S., Azarmi, N. (Hrsg.), Software Agents and soft computing: Towards enhancing machine intelligence, Springer Verlag, Heidelberg e. a. 1997

[Nwana/Wooldridge 1997]

Nwana, H.S., Wooldridge, M., Software Agent Technologies, in: Nwana, H. S., Azarmi, N. (Hrsg.), Software Agents and soft computing: Towards enhancing machine intelligence, Springer Verlag, Heidelberg e. a. 1997

[OMG 1997a]

Object Management Group, A discussion of the Object Management Architecture, in: Internet URL: http://www.omg.org/library/omaindx.htm (Stand 1997)

[OMG 1997b]

Object Management Group, Java, RMI and Corba, in: Internet URL: http://www.omg.org/news/wpjava.htm (Stand 1997)

[Oustershout 1994]

Oustershout, J.K., Tcl and the Tk Toolkit, Addison Wesley, New York 1994

[o.V. 1997a]

o.V., Notes: The subsumption architecture, in: Internet URL: http://www.janus.demon.co.uk/alife/notes/subsump.html (Stand 1997)

[o.V. 1997b]

o.V., Methodological Assumptions of Subsumption, in: Internet URL: http://krusty.eecs.umich.edu/cogarch4/brooks/method.html (Stand 1997)

[Pinkerton 1997]

Pinkerton, B., Finding What People Want: Experiences with the WebCrawler, in: Internet URL: http://info.webcrawler.com/bp/www94.html (Stand 1997)

[Ranganathan et al. 1996]

Ranganathan, M., Acharya, A., Sharma, S., Saltz, J., Network-aware Mobile Programs, in: University of Maryland, College Park, Department of Computer Science, Technical Report CS-TR-3659, Baltimore 1996, Internet URL: http://www.cs.umd.edu/~acha/papers/usenix97.ps.Z (Stand 1996)

[Rao/Georgeff 1991]

Rao, A. S., Georgeff, M. P., Modeling rational agents within a BDI-Architecture, in: Technical Report 14, Australian AI Institute, Carlton 1991

[Rao/Georgeff 1995]

Rao, A. S., Georgeff, M. P., BDI Agents: From Theory to Practice, in: Proceedings of the First International Conference on Multi-Agent-Systems (ICMAS), San Francisco 1995

[Rasmusson/Jansson 1996]

Rasmusson, A., Jansson, S., Personal Security Assistance for Secure Internet Commerce, in: Internet URL: http://www.sics.se/ ara/exjobb/NSP/NSP.html (Stand 1996)

[Rosenschein et al. 1986]

Rosenschein, S., Genesereth, M., Ginsberg, M., Cooperation without communication, in: Proceedings of AAAI-86, 1986, S. 51-57

[Rumbaugh 1993]

Rumbaugh, J., Objektorientiertes Modellieren und Entwerfen, Hanser, München 1993

[Sandholm et al. 1995]

Sandholm, T., Lesser, V., Issues in Automated Negotiation and Electronic Commerce: Extending the Contract Net Framework, Proceedings of the First International Conference on Multi-Agent-Systems (ICMAS), San Fransisco 1995

[Selberg/Etzioni 1995]

Selberg, E., Etzioni, O., Multi-Service Search and Comparison Using the MetaCrawler, in: Proceedings of the 1995 World Wide Web Conference, Internet URL: http://www.washington.edu/research/projects/softbots/www/metacrawler.ps (Stand 1997)

[Selberg/Etzioni 1997]

Selberg, E., Etzioni, O., The MetaCrawler Architecture for Resource Aggregation on the Web, in: Internet URL: http://www.cs.washington.edu/speed/papers/ieee/ieee-meta-crawler/ieee-metacrawler.html (Stand 1997)

[Shoffner 1997]

Shoffner, M., JavaBeans vs. ActiveX: Strategic analysis, in: Internet URL: http:/www.javaworld.com/javaworld/jw-02-1997/jw-02-activex-beans.html   (Stand 1997)

[Shoham 1993]

Shoham, Y., Agent-oriented Programming, in: Artificial Intelligence, (1993)1

[Smith 1980]

Smith, R. G., The contract net protocol: High-level communication and control in a distributed problem solver, in: IEEE Transactions on Computers, 29(1980)12, S. 1104-1113

[SUN 1997a]

SUN Microsystems, Java Distributed Systems, in: Internet URL: http://chatsubo.java-soft.com/current/index.html (Stand 1997)

[SUN 1997b]

SUN Microsystems, Component-Based Software with JavaBeans and ActiveX, in: Internet URL: http://www.sun.com/javastation/whitepapers/javabeans/javabean_ch1.htm (Stand 1997)

[SUN 1997c]

SUN Microsystems, Security: Safe-Tcl, in: Internet URL: http://www.sun.com/960710/co-ver/tcl-safe.htm (Stand 1997)

[SUN 1997d]

SUN Microsystems, Why Tcl?, in: Internet URL: http://sunscript.sun.com/tcltext.htm (Stand 1997)

[Sundermeyer 1993]

Sundermeyer, K., Modellierung von Agentensystemen, in: Müller, J. (Hrsg.), Verteilte Künstliche Intelligenz: Methoden und Anwendungen, BI-Wissenschaftsverlag, Mannheim e. a. 1993

[Sycara et al. 1996]

Sycara, K., Decker, K., Pannu, A., Williamson, M., Zeng, D., Distributed Intelligent Agents, in: IEEE Expert 1996, Internet URL: http://www.cs.cmu.edu/˜softagents/ (Stand 1996)

[Tanenbaum1989]

Tanenbaum, A. S., Computer Networks, Prentice Hall, Englewood Cliffs 1989

[Tardo/Valente 1996]
Tardo, J., Valente, L., Mobile Agent Security and Telescript, in: Proceedings of COMP-
CON '96

[Thomas 1995]
Thomas, S. R., The PLACA Agent Programming Language, in: Wooldridge, M., Jennings,
N. R. (Hrsg.), Intelligent Agents - Theories, Architectures, and Languages, Lecture No-
tes in Artificial Intelligence 890, Springer Verlag, Heidelberg e. a. 1995

[Vogel 1996]
Vogel, A., Java Programming with CORBA, OMG, John Wiley, New York 1996

[Wavish/Graham 1996]
Wavish, P., Graham, M., A Situated Action Approach to Implementing Characters in
Computer Games, in: Applied AI Journal, (1996)1

[W3 1997]
World Wide Web Consortium, HTML 3.2 Reference Specification, in: Internet URL:
http://www.w3.org/TR/REC-html32 (Stand 1997)

[WebCrawler 1997]
WebCrawler, Help - How WebCrawler Works, in: Internet URL: http://www.web-
crawler.com/WebCrawler/Help/AboutWC/HowITWorks.html (Stand 1997)

[Weiß 1997]
Weiß, G. (Hrsg.), Distributed Artificial Intelligence meets Machine Learning - Learning in
Multi-Agent Environments, Lecture Notes in Artificial Intelligence, Vol. 1221, Springer
Verlag, Heidelberg e. a. 1997

[Weiß/Sandip 1996]
Weiß, G., Sandip, S. (Hrsg.), Adaption and Learning in Multi-Agent Systems, Lecture
Notes in Artificial Intelligence, Vol. 1042, Springer Verlag, Heidelberg e. a. 1996

[White 1996]
White, J. E., Mobile Agents, in: Bradshaw, J. (Hrsg.), Software Agents, AAAI Press / The
MIT Press, Menlo Park 1996, Internet URL: http://www.genmagic.com/agents/White-
paper/whitepaper.html (Stand 1997)

[Wildstrom 1997]
Wildstrom, S. H., A way out of the web maze, in: Business Week, 24.02.1997, S. 94 - 107

[Winston 1987]
Winston, P. H., Künstliche Intelligenz, Addison-Wesley, Bonn e. a. 1987

[Wirfs-Brock et al. 1990]

Wirfs-Brock, R., Wilkerson, B., Wiener, L., Designing Object-Oriented Software, Prentice-Hall, Englewood Cliffs 1990

[Wittig 1995]

Wittig, H., Agents and Intelligent Agents as DAVIC Applications, Seventh DAVIC Meeting, London 1995

[Wittig/Griwodz 1995]

Wittig, H., Griwodz, C., Intelligent Media Agents in Interactive Television Systems, International Conference on Multimedia Computing and Systems, Boston 1995

[Wooldridge/Jennings 1995]

Wooldridge, M., Jennings, N. R., Intelligent Agents: Theory and Practice, in: Knowledge Engineering Review, 10(1995)2

[Yourdon 1991]

Yourdon, E., Modern Structured Analysis, Yourdon Press, Englewood Cliffs 1991

[Zarnekow et al. 1994]

Zarnekow, R., Wittig, H., Meyer, A., Agent Standardization Issues in Electronic Commerce Systems, Proceedings FIPA Opening Forum, Yorktown 1996

[Zelekwski 1997]

Zelewski, S., Elektronische Märkte zur Prozeßoptimierung in Produktionsnetzwerken, in: Wirtschaftsinformatik, 39(1997)3, S. 231 - 243

[Zlotkin/Rosenschein 1996]

Zlotkin, G., Rosenschein, J. S., Mechanisms for Automated Negotiation in State Oriented Domains, in: Journal of Artificial Intelligence Research, (1996)5, S.163-238

Index

Springer und Umwelt

Als internationaler wissenschaftlicher Verlag sind wir uns unserer besonderen Verpflichtung der Umwelt gegenüber bewußt und beziehen umweltorientierte Grundsätze in Unternehmensentscheidungen mit ein. Von unseren Geschäftspartnern (Druckereien, Papierfabriken, Verpackungsherstellern usw.) verlangen wir, daß sie sowohl beim Herstellungsprozess selbst als auch beim Einsatz der zur Verwendung kommenden Materialien ökologische Gesichtspunkte berücksichtigen.

Das für dieses Buch verwendete Papier ist aus chlorfrei bzw. chlorarm hergestelltem Zellstoff gefertigt und im pH-Wert neutral.